Rüdiger Liwak
Israel in der altorientalischen Welt

Beihefte zur Zeitschrift für die alttestamentliche Wissenschaft

Herausgegeben von
John Barton · Reinhard G. Kratz
Markus Witte

Band 444

De Gruyter

Rüdiger Liwak

Israel in der altorientalischen Welt

Gesammelte Studien zur Kultur- und Religionsgeschichte
des antiken Israel

Herausgegeben von
Dagmar Pruin und Markus Witte

De Gruyter

MIX
Papier aus verantwor-
tungsvollen Quellen
FSC® C016439
FSC
www.fsc.org

ISBN 978-3-11-027141-6
e-ISBN 978-3-11-030183-0
ISSN 0934-2575

Library of Congress Cataloging-in-Publication Data

A CIP catalog record for this book has been applied for at the Library of Congress.

Bibliografische Information der Deutschen Nationalbibliothek

Die Deutsche Nationalbibliothek verzeichnet diese Publikation in der Deutschen
Nationalbibliografie; detaillierte bibliografische Daten sind im Internet
über http://dnb.dnb.de abrufbar.

© 2013 Walter de Gruyter GmbH, Berlin/Boston

Druck: Hubert & Co. GmbH & Co. KG, Göttingen
∞ Gedruckt auf säurefreiem Papier

Printed in Germany

www.degruyter.com

Für Ilse
(1944–2012)

Inhalt

3. Zur Forschungsgeschichte

Zum Geleit

Als Durchzugsgebiet für den Handel zwischen Ägypten, Nordsyrien, Kleinasien und Mesopotamien, Arabien und der Ägäis waren Israel und Juda während des gesamten Altertums Teil der vorderorientalischen und levantinischen Welt. Dabei partizipierten das antike Israel und Juda stets an den kulturellen Entwicklungen in den vorderorientalischen Metropolen und entfalteten ihre eigenen politischen und religiösen Systeme mit jeweils regionalen Differenzen im Kontext der im 2. und 1. Jahrtausend v. Chr. von Ägypten, Assyrien, Babylonien, Persien und schließlich dem griechischen Raum geprägten Vorstellungen. Über weite Strecken sind die Entwicklungen in Israel und Juda sehr viel stärker von Analogie und Kontinuität als von Differenz und Diskontinuität geprägt. Dass der Alte Orient, Ägypten und der ostmediterrane Raum von der Welt Israels und Judas zur Umwelt wurden, ist erst ein Ergebnis der vor allem in der Zeit nach dem sogenannten babylonischen Exil in judäischen Kreisen konstruierten jüdischen Identität, die sich entschieden von der eigenen kanaanäischen, mithin syrischpalästinischen Herkunft distanziert und einen radikalen Unterschied zwischen dem um den Jerusalemer Tempel versammelten Volk des *einen* und bildlos zu verehrenden Gottes Jhwh und den umliegenden Völkern und deren Göttern postuliert.

Das Alte Testament, das sich in seiner Endgestalt eben diesen in der Zeit der Achämeniden und des frühen Hellenismus tätigen jüdischen Weisen verdankt, welche die königszeitlichen mythischen, historischen, juridischen und rituellen Überlieferungen Israels und Judas aus der Perspektive des Glaubens an den *einen* die Schöpfung und die Geschichte gestaltenden Gottes Jhwh redigierten, spiegelt diesen bewussten Prozess der Emanzipation Israels und Judas aus der altorientalischen Welt und begründet zugleich die Besonderheit des Judentums seit der hellenistisch-römischen Zeit. Die kritische Analyse des Alten Testaments vermag, im Verbund mit der vorderasiatischen und klassischen Archäologie, der vergleichenden Literatur- und Religionsgeschichte sowie allgemeiner kulturanthropologischer und soziologischer Forschungen, die geschichtlichen Orte und Wege Israels sowie dessen politischen, religiösen und kulturellen Vorstellungen in der von Mittelmeer, Rotem Meer, Schwarzem Meer und Persischem Golf begrenzten Welt nachzuzeichnen.

Genau auf diese Standortbestimmung Israels und Judas in der Welt des Alten Orients zielen seit nunmehr über vierzig Jahren die Arbeiten Rüdiger Liwaks, aus denen die Unterzeichnenden stellvertretend vierzehn Aufsätze aus den Jahren 1986 bis 2012 ausgewählt und als dankbaren Gruß an den akademischen Lehrer, Kollegen, Vorgänger und Freund anlässlich seines 70. Geburtstages für den Nachdruck aufbereitet haben. Konzeptionell verbunden durch ihren gleichermaßen historischen und kulturwissenschaftlichen Zugang, sind diese Beiträge folgenden Themen gewidmet:

– methodologischen und hermeneutischen Fragen, zumal der Korrelation von biblischer Exegese und vorderasiatischer Archäologie,

– ereignis-, literatur-, motiv- und religionsgeschichtlichen Problemen, insbesondere der politischen Geschichte Israels und Judas in der Königszeit und in der Zeit des Zweiten Tempels,

– forschungsgeschichtlichen Entwicklungen in der alttestamentlichen Wissenschaft, vor allem im Kontext einer sich um die Integration der Kulturwissenschaften und der jüdischen Bibelwissenschaft bemühenden christlichen Exegese.

Diese Aufsätze spiegeln eine besondere Fokussierung Rüdiger Liwaks auf die alttestamentliche Prophetie wider, wie sie sich von seiner von Siegfried Herrmann (1926–1999) betreuten Dissertation über späte, zumal deuteronomistische Redaktionen des Ezechielbuchs[1] und seiner ebenfalls von Herrmann angeregten Habilitationsschrift zur Literar- und Zeitgeschichte des Jeremiabuch[2] an bis hin zu seinem kürzlich erschienenen ausführlichen Forschungsbericht zum Jeremiabuch[3] zeigt. Zugleich sind diese Artikel Ausdruck der Profile der von Rüdiger Liwak ausgeübten Professuren, wie der Professur für Altes Testament mit dem Schwerpunkt der Geschichte Israels in der Altorientalischen Welt an der Theologischen Fakultät der Humboldt-Universität zu Berlin[4] und der Benno-Jacob-Gastprofessur am Abraham-Geiger-Kolleg

---

1 Überlieferungsgeschichtliche Probleme des Ezechielbuches. Eine Studie zu post-ezechielischen Interpretationen und Kompositionen, Diss. Bochum 1976 (354 S.).

2 Der Prophet und die Geschichte. Eine literar-historische Untersuchung zum Jeremiabuch, BWANT 137, Stuttgart u.a. 1985 (412 S.).

3 Vierzig Jahre Forschung zum Jeremiabuch I. Grundlagen, in: ThR 76 (2011), 131–179; II. Zur Entstehungsgeschichte, in: ThR 76 (2011), 265–295; III. Texte und Themen, in: ThR 76 (2011), 415–475; IV. Intertextualität und Rezeption, in: ThR 77 (2012), 1–53.

4 Von 1993 bis 2008. Vor der Fusion der Kirchlichen Hochschule Berlin (West) mit der Theologischen Fakultät an der Humboldt-Universität im Jahr 1993, der bereits 1991

der Universität Potsdam. Kennzeichnend für die stets auf geschichtliches Verstehen, inter- und transdisziplinäre Vermittlung sowie interkulturellen und interreligiösen Dialog ausgerichtete Forschung Rüdiger Liwaks sind neben der Wahrnehmung der genannten Potsdamer Professur seine zeitweilige Leitung des an der Berliner Theologischen Fakultät angesiedelten Instituts Kirche und Judentum (von 2007–2009)[5], seine Funktion als Ephorus (2001–2008) des studentischen Wohnheims der 1869 eingerichteten Stiftung Johanneum, und sein langjähriger Vorsitz der Landeskirchlichen Stiftung für evangelische Theologie, der sogenannten Strack-Stiftung.[6]

---

die Fusion der Sektion Theologie bzw. der Theologischen Fakultät an der Humboldt-Universität mit der Kirchlichen Hochschule Berlin (Ost), dem sogenannten Sprachenkonvikt, vorausgegangen war, hatte Rüdiger Liwak eine Professur für Altes Testament an der Kirchlichen Hochschule Berlin (West) inne (von 1988 bis 1993), davor eine Professur für Altes Testament an der Ruhr-Universität Bochum (von 1984 bis 1988). Zur Geschichte der Berliner Theologischen Fakultät sowie zu den Vorgängerinstitutionen der heutigen Theologischen Fakultät siehe neben dem Beitrag von R. Liwak in diesem Band: Wilhelm Gräb, Die Begründung der Theologie als Wissenschaft vom Christentum. Friedrich Schleiermacher und die Neugründung der Berliner Universität, in: Heinz-Elmar Tenorth (Hg.), Geschichte der Universität Unter den Linden 1810–2010, Bd. 4: Genese der Disziplinen. Die Konstitution der Universität, Berlin 2010, 43–92; Notger Slenczka, Die Theologische Fakultät 1880–1945, in: Tenorth, Heinz-Elmar (Hg.), Geschichte der Universität Unter den Linden 1810–2010, Bd. 5: Transformation der Wissensordnung, Berlin 2010, S. 53–106; Wolf Krötke, Die Theologische Fakultät der Humboldt-Universität zu Berlin 1945–2010, in: Heinz-Elmar Tenorth (Hg.), Geschichte der Universität Unter den Linden 1810–2010, Bd. 6: Selbstbehauptung einer Vision, Berlin 2010, 47–87; Rudolf Mau, Das „Sprachenkonvikt". Theologische Ausbildungsstätte der Evangelischen Kirche in Berlin-Brandenburg („Kirchliche Hochschule Berlin") 1950–1991, in: BThZ 9 (1992), 107–118; Matthias Köckert, Vom Sprachenkonvikt zum Theologischen Konvikt, in: BThZ 26 (2009), 256–272; Heinrich Vogel/Günter Harder, Aufgabe und Weg der Kirchlichen Hochschule Berlin 1935–1955, Berlin 1956.Christof Gestrich, Kirchliche Hochschule Berlin 1935–1985, Berlin 1985. Die anlässlich der Fusion 1993 gehaltenen Reden sind dokumentiert in BThZ 11 (1994), 124–137.

5   Zur Geschichte dieses 1960 an der Kirchlichen Hochschule Berlin (West) von dem Neutestamentler Günter Harder (1902–1978) gegründeten Instituts siehe Peter von der Osten Sacken, Perspektiven und Ziele im christlich-jüdischen Verhältnis am Beispiel der Geschichte des Instituts Kirche und Judentum in Berlin (1960–2010), in: Markus Witte/Tanja Pilger (Hgg.), Mazel Tov. Interdisziplinäre Beiträge zum Verhältnis von Christentum und Judentum. Festschrift anlässlich des 50. Geburtstages des Instituts Kirche und Judentum, Studien zu Kirche und Israel. Neue Folge 1, Leipzig 2012, 331–371.

6   Die Stiftung trägt den Namen des 1877 zum außerordentlichen Professor an die Theologische Fakultät der Berliner Universität berufenen Alttestamentlers und Judaisten Hermann Leberecht Strack (1848–1922), dem die Wissenschaft nicht nur zahlreiche Kommentare zu alttestamentlichen Büchern, aramaistische und hebraistische Studien und das zusammen mit Paul Billerbeck (1853–1932) erstellte *opus magnum*

Die folgende Aufsatzsammlung wird in einem ersten Hauptteil mit zwei stärker methodologisch und hermeneutisch orientierten Beiträge eröffnet. Dabei führt der auf die Antrittsvorlesung an der Theologischen Fakultät der Humboldt-Universität zurückgehende Aufsatz über den Babel-Bibel-Streit nicht nur in die Wissenschafts- und Geistesgeschichte der Wilhelminischen Zeit ein, sondern bestimmt auch am Beispiel der vorderorientalischen Ikonographie und einer Exegese der biblischen Paradieserzählung (Gen 2,4–3,24) die grundsätzliche Beziehung zwischen Theologie und Religionsgeschichte. Der ursprünglich dem Kollegen Peter Welten anlässlich seines 65. Geburtstages gewidmete Beitrag zum Verhältnis von Archäologie und Exegese thematisiert die Silberröllchen vom Ketef Hinnom in ihrem Gegenüber zum Aaronitischen Segen in Num 6,24–26 und skizziert weitergehend die Rekonstruktion der Vorstellungen des alten Israel vom Tod auf der Basis von Grabfunden, Grabinschriften und alttestamentlichen Texten.

Die Mehrzahl der Aufsätze, die hier in einem zweiten Teil geboten werden, ist religions- und zeitgeschichtlichen Themen gewidmet. Den Anfang macht eine Analyse von Metaphern für die vorderorientalischen Großmächte, Ägypten, Assyrien und Babylonien, in den prophetischen Schriften des Alten Testaments, mit einem Schwerpunkt auf den Büchern Jesaja, Jeremia und Ezechiel, wobei Liwak hier nicht nur einen Beitrag zur alttestamentlichen Linguistik und Poetologie leistet, sondern auch zum Verhältnis von Mythos und Logos und zum Wahrheitsgehalt von Metaphern. Dieser ursprünglich in der Festschrift für Siegfried Herrmann[7] erschienene Beitrag fügt sich, gerade hinsichtlich der aus Ezechiel und Jeremia gewählten Beispiele, zur oben genannten „Ezechiel-Dissertation" und „Jeremia-Habilitation". Die darauf folgende Gegenüberstellung politischer Prophetie in Ägypten und Israel arbeitet Parallelen und Unterschiede im Geschichtsverständnis zwischen

---

des Kommentars zum Neuen Testament aus Talmud und Midrasch (Bd. 1–4, 1922–1928, seither zahlreiche Neuauflagen), sondern auch die Gründung des *Institutum Judaicum Berolinense* (1883) verdankt, dessen Tradition in dem genannten Institut Kirche und Judentum fortlebt. Zu Strack und zur Geschichte des *Institutum Judaicum Berolinense* siehe Rolf Golling/Peter von der Osten-Sacken (Hgg.), Hermann L. Strack und das Institutum Judaicum in Berlin. Mit einem Anhang über das Institut Kirche und Judentum, SKI 17, Berlin 1996; Rolf Golling, Das ehemalige Institutum Judaicum in Berlin und seine Bibliothek. Schriftenreihe der Humboldt-Universität zu Berlin 57, Berlin 1993.

7   Die Verbundenheit Liwaks zu seinem Lehrer Herrmann zeigt sich nicht nur an der Herausgabe der Festschrift (Prophetie und geschichtliche Wirklichkeit im alten Israel, Stuttgart u.a. 1991), sondern auch in der gemeinsam mit Winfried Thiel verantworteten Edition ausgewählter Aufsätze (S. Herrmann, Geschichte und Prophetie. Kleine Schriften zum Alten Testament, BWANT 157, Stuttgart u.a. 2002).

der Prophezeiung des Neferti, dem Lamm des Bokchoris, der Demotischen Chronik, dem Töpferorakel und einem prophetischen Text aus Tebtynis (Papyrus Carlsberg 399 + Papyrus PSI Inv. D. 17 + Papyrus Tebtunis Tait 13 VS) einerseits und israelitisch-jüdischen (Herrscher-)Weissagungen, zumal aus persischer und aus hellenistischer Zeit, andererseits heraus und liefert damit auch einen Beitrag zur frühjüdischen Apokalyptik und zu Messiasvorstellungen. Der auf die Antrittsvorlesung an der Ruhr-Universität Bochum zurückgehende Aufsatz über die Bewahrung Jerusalems vor den Truppen Sanheribs im Jahr 701 v. Chr. wertet die einschlägigen Feldzugsberichte der neuassyrischen Könige im 8./7. Jh. v. Chr. aus, setzt diese mit dem archäologischen Befund im syrisch-palästinischen Bereich und mit der Darstellung in 2Kön 18–20 in Beziehung, um dann vor dem Hintergrund moderner Historik das grundsätzliche Verhältnis von historischen und theologischen Aussagen zu bestimmen. Der ursprünglich in der Theologischen Realenzyklopädie[8] erschienene Artikel zu Phönizien und Israel bietet nicht nur eine trotz neuerer Befunde bis heute wichtige Bestandsaufnahme der für die Geschichte, Kunst, Kultur und Religion der Phönizier verfügbaren archäologischen und literarischen Quellen, womit sich Liwak in den Bahnen der basalen Studien zu den Phöniziern des Berliner Alttestamentlers und Orientalisten Wolf Wilhelm Graf Baudissin (1847–1926)[9] bewegt, sondern verweist nachdrücklich auf die Bedeutung der Phönizier für den Kulturtransfer zwischen dem griechisch-ägäischen Raum, Syrien-Palästina, Ägypten und dem Vordern Orient[10]. Die zwei komplementären Aufsätze zum Herrscher als Wohltäter und zur solaren Motivik im Verhältnis von Gott und König bieten *in nuce* eine Geschichte des Königtums in Israel und Juda von seinen historischen Anfängen bis zu seiner Transformation im Kontext messianischer Ideen in der Zeit des Zweiten Tempels, werten Königsvorstellungen und damit verbundene Konzeptionen von kosmischer und gesellschaft-

---

8   Für die lexikographische Arbeit Rüdiger Liwaks sei hier nur auf seine Artikel im Wörterbuch des Christentums (hg. v. Volker Drehsen u.a., München 1995, ²2001), im Wissenschaflichen Bibellexikon im Internet (www.wibilex.de: „Friede/Schalom"; „Herrschaft"; „Hofstil"; „Weltreiche") sowie in der vierten Auflage in der RGG (Bd. VII , 2004, 231f.: Reichtum II. Altes Testament) verwiesen.

9   Siehe zu diesem Markus Witte, Das Alte Testament und die Religionsgeschichte, in: Stefan Alkier/Hans-Günter Heimbrock (Hgg.), Evangelische Theologie an staatlichen Universitäten, Göttingen 2011, 300–321.

10 Siehe dazu aus jüngerer Zeit Markus Witte/Johannes F. Diehl (Hgg.), Israeliten und Phönizier. Ihre Beziehungen im Spiegel der Archäologie und der Literatur des Alten Testaments und seiner Umwelt, OBO 235, Fribourg/Göttingen 2008; Corinne Bonnet/Herbert Niehr, Religionen in der Umwelt des Alten Testaments II. Phönizier, Punier, Aramäer, KStTh 4,2, Stuttgart u.a. 2010.

licher Ordnung und Gerechtigkeit in vorderorientalischen und alttestamentlichen Texten aus und stehen im Zusammenhang der vor allem
seit den 90er Jahren des 20. Jahrhunderts in der alttestamentliche Forschung heftig diskutierten Frage der Rezeption solarer und lunarer
Elemente in der israelitischen und judäischen Königs- und Gottesvor-
stellung.[11] Mit der komparativen Analyse der autobiographischen Statueninschrift des ägyptischen Beamten Udjahorresnet aus der Zeit der
26./27. Dynastie, ergänzt um Beobachtungen zum sogenannten Kyros-
Zylinder, zu den Elephantine-Papyri und erneut zur Demotischen
Chronik stehen dezidiert die Geschichte Judas/Jehuds in der Perserzeit
und die Literargeschichte der Bücher Esra und Nehemia im Mittelpunkt. Der Teil der religionsgeschichtlich orientierten Aufsätze wird
durch zwei thematisch den Phänomen Bildung und Kult gewidmeten
Artikeln abgeschlossen. Die Überlegungen zum Schulbetrieb in Israel
liefern eine breit angelegte forschungs- und kulturgeschichtliche Übersicht zu der in der alttestamentlichen Forschung durch Untersuchungen von August Klostermann (1837–1915)[12] begründeten und durch
neuere soziologische Überlegungen zur Schrift- und Erinnerungskul-
tur[13] beförderten Diskussion über die institutionellen Orte schriftlicher
Überlieferungen im Alten Orient. Größen wie das ägyptische Lebenshaus, das mesopotamische Tafelhaus sowie Tempel- und Palastarchive
in Ebla und Ugarit werden hier ebenso bedacht wie die Proverbien und
das Sirachbuch, Jer 36, das sogenannte Deuteronomistische Ge-

---

11 Siehe dazu Hans-Peter Stähli, Solare Elemente im Jahweglauben des Alten Testa-
    ments, OBO 66, Fribourg u.a. 1985; Mark S. Smith, The Near Eastern Background of
    Solar Laguage for Yahweh, JBL 109 (1990), 29–39; Bernd Janowski, JHWH und der
    Sonnengott. Aspekte der Solarisierung JHWHs in vorexilischer Zeit (1995), in: Ders.,
    Die rettende Gerechtigkeit. Beiträge zur Theologie des Alten Testaments 2, Neukir-
    chen-Vluyn 1999, 192–219; Othmar Keel, Die Geschichte Jerusalems und die Entste-
    hung des Monotheismus, Teil 1, OLB IV/1, Göttingen 2007, 380–385; 416–420 u.ö.;
    Martin Leuenberger, Die Solarisierung des Wettergottes Jhwh, in: Ders., Gott in Be-
    wegung. Religions- und theologiegeschichtliche Beiträge zu Gottesvorstellungen im
    alten Israel, FAT 76, Tübingen 2011, 34–71.
12 Siehe zu diesem Dirck Ackermann: August Klostermann und der Pentateuch. Ein
    forschungsgeschichtlicher Beitrag zum Pentateuchproblem, Neukirchener theologi-
    sche Dissertationen und Habilitationen 14, Neukirchen-Vluyn 1997,
13 Vgl. dazu David W. Jamieson Drake, Scribes and Schools in Monarchic Judah: A
    Socio-Archaeological Approach, JSOT.S 109, Sheffield 1991; Stuart Weeks, Early Is-
    raelite Wisdom, 1994, 132–156; G.I. Davies, Were There Schools in Ancient Israel?, in:
    John Day/Robert P. Gordon/H.G.M. Williamson (Hgg.), Wisdom in Ancient Israel,
    FS J.A. Emerton, Cambridge 1995 (1998), 199–211; David Carr, Writing on the Tablet
    of the Heart. Origins of Scripture and Literature, Oxford 2005, 12f.; 113–115; 283f.;
    Frank Ueberschaer, Weisheit aus der Begegnung. Bildung nach dem Buch Ben Sira,
    BZAW 379, Berlin/New York 2007, 87–122.

schichtswerk, althebräische Inschriften und Fragen eines Kanons. Die Skizze zu Wallfahrtstraditionen im Alten Orient setzt ein mit Erwägungen zur interreligiösen Bedeutung Jerusalems und zum Beginn christlicher Pilgerfahrten ins Heilige Land, um dann den Besuch von Orakelstätten, Ahnengräbern, überregional bedeutsamen Kultbildern und die Teilnahme an besonderen Opfer- und Jahresfesten im Alten Orient und besonders in Juda zur Zeit des Zweiten Tempels in den Blick zu nehmen. Neben den einschlägigen alttestamentlichen Texten wird hier auch der Befund bei Flavius Josephus, in der Mischna und im Neuen Testament ausgewertet.

Die im dritten Hauptteil zusammengestellten Aufsätze sind vor allem forschungsgeschichtlich orientiert. Die anlässlich des 450jährigen Jubiläums evangelischer Theologie in Berlin erschienene Darstellung der Anfangsjahre des Fachs Altes Testament an der 1810 gegründeten Theologischen Fakultät der Friedrich-Wilhelms-Universität beleuchtet die zeit- und kirchengeschichtlichen Hintergründe sowie fachlichen Profilierungen der Tätigkeiten von Wilhelm Martin Leberecht de Wette (1780–1849), Wilhelm Vatke (1806–1882) und Ernst Wilhelm Theodor Hengstenberg (1802–1869). Die ursprünglich als Einleitung für die Neuausgabe der literaturgeschichtlichen Arbeiten Hermann Gunkels (1862–1932) verfasste Würdigung des Programms einer israelitischen Literaturgeschichte setzt die Reihe der Porträts Berliner Alttestamentler fort, führt in die Anfangsjahre der Religionsgeschichtlichen Schule zurück und diskutiert Stärken und Schwächen des Gunkelschen Konzepts[14]: Liwaks entscheidender Einwand gegen Gunkel, dass das Alte Testament nämlich eine über sich hinausweisende Tradition und offene Geschichte habe, schlägt sich dann auch nieder in der abschließenden Würdigung von Leben und Werk des in Göttingen und Dortmund tätigen und im Exil in London gestorbenen Rabbiners und Bibelwissenschaftlers Benno Jacob (1862–1945). Dieser, neben der Darstellung der Wallfahrtstraditionen im Alten Israel, jüngste Beitrag in der vorliegenden Sammlung gibt nicht nur einen tiefen Einblick in die jüdische Geistes- und Zeitgeschichte des ausgehenden 19. Jahrhunderts und der ersten Hälfte des 20. Jahrhunderts, sondern gehört zur gegenwärtigen Benno-Jacob-Renaissance, vor allem im Rahmen christlicher Exegese, und steht im Kontext der sich nach der Shoah endlich wieder in Deutschland etablierenden jüdischen Kulturgeschichte und Theologie,

---

14 Siehe dazu auch Markus Witte, Von der Analyse zur Synthese. Historisch-kritische Anmerkungen zu Hermann Gunkels Konzept einer israelitischen Literaturgeschichte, in: Ute E. Eisen/Erhard S. Gerstenberger (Hgg.), Hermann Gunkel revisited. Literatur- und religionsgeschichtliche Studien, Exegese in unserer Zeit 20, Münster 2010, 21–51.

für welche das Abraham-Geiger-Kolleg und das Moses-Mendelssohn-Zentrum in Potsdam sowie das 2012 gegründete Zentrum für Jüdische Studien Berlin–Brandenburg (ZJS) nur drei institutionelle Beispiele aus dem unmittelbaren Umfeld der gegenwärtigen akademischen Tätigkeit Rüdiger Liwaks sind.

Am Zustandekommen dieses Sammelbandes haben eine Reihe von Mitarbeiterinnen und Mitarbeitern mitgewirkt, denen dafür herzlich gedankt sei: Um die elektronische Erfassung der Beiträge und eine behutsame Vereinheitlichung des Layouts haben sich Wolfgang Häfele und Ilka Wehrend verdient gemacht. Bei der Erstellung der Register hat uns Paul Bismarck unterstützt. Für einen namhaften Druckkostenzuschuss sind wir der Evangelisch-reformierten Kirche zu sehr großem Dank verpflichtet. Weiterhin danken wir den Organen und Verlagen, in denen die hier gesammelten Aufsätze zuerst erschienen sind, für die freundliche Genehmigung des Nachdrucks. Die äußere Gestalt der Beiträge sowie die mitunter divergierende Form der Zitation und der bibliographischen Angaben entspricht weitgehend den Originalpublikationen und wurde nur minimal vereinheitlicht. Schließlich danken wir den Herausgebern der Reihe der Beihefte zur Zeitschrift für die Alttestamentliche Wissenschaft für die Aufnahme des Bandes und den Mitarbeitern und Mitarbeiterinnen des Verlags de Gruyter für die Erstellung des Satzes und die verlegerische Betreuung. Die Last des Korrekturlesens hat der Jubilar selbst mit uns getragen. Für die Einwilligung, seinen 70. Geburtstag mit der Gabe eines Aufsatzbandes zu begleiten, danken wir ihm ebenso herzlich wie wir ihm für die kommenden Jahre Gottes Segen wünschen.

Markus Witte / Dagmar Pruin   Berlin, im Frühjahr 2013

1. Zur Methodologie

Bibel und Babel

Wider die theologische und religionsgeschichtliche Naivität[*]

Bibel und Babel. Das ist mehr als ein einprägsames Schlagwortpaar mit zwei ungleichen Begriffen. Lautmalerisch effektvoll, können sich in ihm verschiedene Auffassungen vom Verhältnis zwischen Altem Testament und Altem Orient zur abstrakten Formel verdichten. Als Bezeichnung für einen Wissenschaftsstreit[1], der fast einhundert Jahre zurückliegt, ist die Wortverbindung umzukehren: *Babel und Bibel* war der programmatische Titel mehrerer Vorträge, die Friedrich Delitzsch am Anfang unseres Jahrhunderts hielt.[2] Die Aufmerksamkeit, die dem ersten Vortrag in der Öffentlichkeit zuteil wurde, ist im exegetischen Wissenschaftsbetrieb singulär und nur von ferne mit Reaktionen vergleichbar, die in unseren Tagen provozierende Thesen zur Beziehung von Qumran-Schriften und Neuem Testament auslösen.

In den folgenden Abschnitten soll zunächst der Babel-Bibel-Streit als Paradigma für eine extreme Auseinandersetzung um das Alte Testament im Verhältnis zum Alten Orient skizziert (1.) und am Beispiel der Interpretation eines Siegelbildes auf seine hermeneutische Sorglo-

---

[*] Bearbeitete Antrittsvorlesung am 26. April 1995 vor der Theologischen Fakultät der Humboldt-Universität zu Berlin.

[1] Zum Babel-Bibel-Streit sind über zahlreiche Aufsätze hinaus zwei umfangreiche Monographien erschienen: K. Johanning, Der Bibel-Babel-Streit. Eine forschungsgeschichtliche Studie (EHS.XXIII/343), Frankfurt a.M. u.a. 1988; R. Lehmann, Friedrich Delitzsch und der Babel-Bibel-Streit (OBO 133), Fribourg/Göttingen 1994.

[2] Am wirksamsten war der erste Vortrag (F. Delitzsch, Babel und Bibel. Ein Vortrag. Mit 50 Abbildungen, Leipzig 1902), der bis 1905 in fünf Auflagen mit insgesamt 60.000 Exemplaren erschien. Bei der sechsten Auflage 1921 wurden noch einmal 3000 Exemplare verkauft. Der zweite Vortrag (F. Delitzsch, Zweiter Vortrag über Babel und Bibel. Mit 20 Abbildungen, Stuttgart 1903) erreichte vier Auflagen mit 45.000 Exemplaren, der dritte Vortrag (F. Delitzsch, Babel und Bibel. Dritter (Schluß-)Vortrag mit 21 Abbildungen, Stuttgart 1905) kam nur noch auf 10.000 Exemplare. Zur offensichtlich von vornherein geplanten Folge von drei Vorträgen und zum heuristischen Wert einer zwischen dem 2. und 3. Vortrag erschienenen Schrift (F. Delitzsch, Babel und Bibel. Ein Rückblick und Ausblick, Stuttgart 1904) s. R. Lehmann, a.a.O. (Anm. 1), 50f.

sigkeit zugespitzt werden (2.). Da mit der Darstellung auf dem Siegel ein Bezug zu Gen 3 verknüpft wird, stehen anschließend die Kapitel Gen 2-3 mit ihren Auslegungsmöglichkeiten und -schwierigkeiten als Referenzrahmen zur Diskussion, wobei exemplarisch das Problem der Schlange besonders herausgehoben wird (3.). Das wird weiterverfolgt, wenn nach dem religionsgeschichtlichen Kontext gefragt wird, in dessen Zusammenhang darüber hinaus altorientalische Texte als Interpretationsbezüge zur Sprache kommen (4.). Die Chancen und Risiken, die sich bei der theologisch und religionsgeschichtlich motivierten Arbeit auftun, sollen dabei diskursiv entfaltet und zum Schluß zusammenfassend bewertet werden (5.).

I. Der Babel-Bibel-Streit

Die Altorientalistik hatte im 19. Jh. einen grandiosen Aufstieg erlebt[3]: 1802 war dem Göttinger Georg August Grotefend die Entzifferung der ersten Keilschriftzeichen gelungen. 1872 hatte Eberhard Schrader (1836-1908), damals noch Professor für Altes Testament in Jena, in 1. Auflage sein Buch *Keilinschriften und Altes Testament* herausgebracht. Drei Jahre später, 1875, wurde er als Professor für semitische Sprachen nach Berlin berufen, suchte aber weiterhin eine Verbindung zum Alten Testament. Die Zeit für einen folgenreichen Einfluß der Keilschriftforschung auf die alttestamentliche Wissenschaft war reif. Im selben Jahr, als Schrader nach Berlin kam, berichtete George Smith im Daily Telegraph vom 4. März 1875 von der Entdeckung der Sintflutgeschichte auf der 11. Tafel des Gilgamesch-Epos. Nur ein Jahr später ließ Friedrich Delitzsch (1850-1922), der sich 1874 in Leipzig für das Fach Assyriologie habilitiert hatte, das inzwischen erschienene Buch von George Smith mit dem Titel *The Chaldean Genesis* von seinem Bruder übersetzen und ergänzte das Werk in einem ausführlichen Kapitel durch Erläuterungen[4].

---

3   Vgl. dazu J. Renger, Die Geschichte der Altorientalistik und der vorderasiatischen Archäologie in Berlin von 1875 bis 1945, in: W. Arenhövel/Chr. Schreiber (Hgg.), Berlin und die Antike, Berlin 1979, 151-192.

4   Der Originaltitel lautete: The Chaldean Account of Genesis. Containing the Description of the Creation, the Fall of the Man, the Deluge, the Tower of Babel, the Times of the Patriarchs, and Nimrod; Babylonian Fables, and Legends of the Gods; from the cuneiform Inscriptions, by George Smith, with Illustrations, London 1876; die Übersetzung trug den Titel: G. Smith, Chaldäische Genesis. Keilschriftliche Berichte über Schöpfung, Sündenfall, Sintflut, Thurmbau und Nimrod, nebst vielen anderen Fragmenten ältesten babylonisch-assyrischen Schrifttums. Autorisierte Übersetzung von Hermann Delitzsch. Nebst Erläuterungen und fortgesetzten Forschungen von Dr. Friedrich Delitzsch, Leipzig 1876.

Wissenschaftlicher Forschungsdrang und eine zunehmend weite Kreise der Bevölkerung erfassende Faszination der orientalischen Kultur waren zu jener Zeit auch ein fruchtbarer Boden für den politischen Willen, der nach Expansion strebte und auf neue industrielle Absatzmärkte drängte. 1898 besuchte das deutsche Kaiserpaar Konstantinopel und anschließend auf einer politisch und wirtschaftlich motivierten Pilgerreise Palästina, wo Jerusalem und Damaskus Höhepunkte der Reise waren. Ein wesentlicher und erfolgreicher Aspekt der kaiserlichen Reise betraf die sog. Bagdad-Bahn, eine Verbindung für den Ferngüterverkehr zwischen dem Bosporus und dem Persischen Golf[5]. Damit durch den Bahnbau keine Kulturgüter zerstört würden, forderte die Deutsche Orient-Gesellschaft[6], eine der zahlreichen Neugründungen von wissenschaftlichen Vereinigungen, die sich dem Vorderen Orient widmeten, eine wissenschaftliche Begleitung des Bahnprojekts. Eifrigster Propagandist dieser Gesellschaft, die unter dem Protektorat Wilhelms II. stand und vor allem Industrielle, Bankiers und hohe Beamte als fördernde Mitglieder hatte, war Friedrich Delitzsch[7].

Delitzsch folgte 1899 als Nachfolger Eberhard Schraders einem Ruf auf eine Professur für orientalische Philologie unter besonderer Berücksichtigung der Assyriologie nach Berlin und übernahm hier auch die Leitung der Vorderasiatischen Abteilung der Königlichen Museen. Er hatte im letzten Viertel des 19. Jhs. wesentlichen Anteil an der philologischen Grundlegung der Assyriologie. Seine Berliner Zeit erreichte zwar nicht die Höhe der Leipziger Forschungsleistungen, der Wechsel an die Friedrich-Wilhelms-Universität war aber kein Umzug von der wissenschaftlichen Spielwiese zur populärwissenschaftlichen Liegewiese. Seine rastlose, bis nach Amerika führende Vortragstätigkeit, die im Dienst der Deutschen Orient-Gesellschaft stand, kam dem noch jungen Fachgebiet sehr zugute. Spektakulär, aber nur von der kaiser-

---

5 Vgl. zur Orientpolitik des Deutschen Reiches G. Schöllgen, Imperialismus und Gleichgewicht. Deutschland, England und die orientalische Frage 1871-1914, München 1984, zur Bagdad-Bahn 118ff; J.S. Richter, die Orientreise Kaiser Wilhelms II. 1898. Eine Studie zur deutschen Außenpolitik an der Wende zum 20. Jahrhundert (Studien zur Geschichtsforschung der Neuzeit 9), Hamburg 1997, zur Bagdad-Bahn 113ff.

6 Vgl. zur Deutschen Orient-Gesellschaft, die in diesem Jahr in Berlin mit einem Festakt und einem internationalen Colloquium ihr 100jähriges Bestehen feiert. J. Renger, a.a.O. (Anm. 3), 158ff., zur Geschichte dieser Gesellschaft und zum Wirken ihrer Förderer vgl. E. von Schuler, Siebzig Jahre Deutsche Orient-Gesellschaft, in: MDOG 100 (1968), 6ff.

7 Zur Biographie F. Delitzschs vgl. E. Littmann, Friedrich Conrad Delitzsch, in: NDB 3 (1957), 582; K. H. Bernhardt, Friedrich Delitzsch, in: TRE 8, 1981, 433f.; über seine Zeit in Berlin vgl. J. Renger, a.a.O. (Anm. 3), 167-171.

treuen Presse gefeiert, war Delitzschs Gestaltung der historischen Pantomime ‚Sardanapel‘ im Berliner Opernhaus. Von Wilhelm II. beauftragt, machte Delitzsch aus der Pantomime eine gegen die griechische Überlieferung gerichtete Rehabilitierung des Assyrerkönigs Assurbanipal, der als Eroberer und Förderer von Kunst und Gelehrsamkeit den Kaiser faszinierte[8].

In Forschung und Lehre änderte sich die wissenschaftliche Situation rasch, mit der Delitzsch sich auseinandersetzen mußte. Anders als in der Leipziger Zeit wuchsen ihm die altorientalischen Verhältnisse in Berlin über den Kopf. Als das assyrische Weltreich 1908 auf die Opernbühne gezwungen wurde, war der Babel-Bibel-Streit im Grunde genommen schon Vergangenheit. Am Anfang dieses Streits hatte ein mit Lichtbildern dekorierter Vortrag gestanden, den Friedrich Delitzsch am 13. Januar 1902 im Saal der Singakademie zu Berlin vor der Deutschen Orient-Gesellschaft in Anwesenheit von Kaiser Wilhelm II. und höfischem Gefolge hielt. Delitzsch sagte zu Beginn emphatisch:

> „Wozu diese Mühen im fernen, unwirtlichen, gefahrvollen Lande? Wozu dieses kostspielige Umwühlen vieltausendjährigen Schuttes bis hinab auf das Grundwasser, wo doch kein Gold und kein Silber zu finden? Wozu der Wetteifer der Nationen, sich je mehr je lieber von diesen öden Hügeln für die Grabung zu sichern? Und woher andererseits das immer steigende opferfreudige Interesse, das diesseits und jenseits des Ozeans den Grabungen in Babylonien – Assyrien zuteil wird?
> Auf beide Fragen nennt Eine Antwort, wenn auch nicht erschöpfend, so doch zu einem guten Teil Ursache und Zweck: die Bibel“.[9]

Und einige Sätze weiter dann:

> „Hierbei aber bricht immer allgemeiner die Überzeugung sich Bahn, daß obenan die Ergebnisse der babylonisch-assyrischen Ausgrabungen berufen sind, eine neue Epoche, wie im Verständnis, so in der Beurteilung des Alten Testaments herbeizuführen, und daß für alle Zukunft eng verbunden bleiben Babel und Bibel“.[10]

Unter dieser Voraussetzung nannte Delitzsch zunächst Beispiele, die zur Klärung und Präzisierung geschichtlicher Befunde des Alten Testaments dienen sollten, und faßte seine Erkenntnis in der zweiten Auflage des Vortrags in dem Satz zusammen: „Babel wird uns zum Inter-

---

8   Vgl. zur Pantomime ‚Sardanapel‘ als Ausdruck für die Faszination des Orients: K. Kohlmeyer/E. Strommenger (Hgg.), Wiedererstehendes Babylon. Eine antike Weltstadt im Blick der Forschung. Begleitschrift zur Ausstellung „Wiedererstehendes Babylon“, Berlin 1991, 13-18.

9   F. Delitzsch, Babel und Bibel. Ein Vortrag, a.a.O. (Anm. 2), 3.

10   A.a.O., 4.

preten und Illustrator der Bibel".[11] Für den gesamten Orient nahm er die babylonische Literatur als schriftliche Vorlage an und stellte die provokative Frage:

> „Ist es da Wunder zu nehmen, wenn eine ganze Reihe biblischer Erzählungen jetzt auf einmal in reinerer und ursprünglicherer Form aus der Nacht der babylonischen Schatzhügel ans Licht treten?"[12]

Den Nachweis versuchte Delitzsch an der Kindheitsgeschichte des Mose, an der Sintflut- und an der priesterlichen Schöpfungserzählung zu führen. Im letzten Teil seines Vortrags proklamiert er über den literarischen Einfluß hinaus unter anderem eine Inkulturation babylonischer Ethik und Sündenvorstellung. Als Erklärung für den Transfer mesopotamischer Vorstellungen diente ihm anfangs eine Historisierung von Gen 11,31. Demnach zog die Terachsippe auf eine Art *Hedschra* von Ur in Chaldäa nach Kanaan und überlieferte dort die nicht-israelitischen Traditionen weiter[13].

Nicht viel von dem, was Delitzsch präsentierte, war fachlich originell, für das breite Publikum aber, allen voran Wilhelm II., und die spätere Leserschaft wirkte alles sensationell, insbesondere die Behauptung der Abhängigkeit des Alten Testaments von babylonischer, also heidnischer Literatur. Die ersten Reaktionen auf den Vortrag waren geteilt: „Warum hat man uns von alledem vorher nichts gesagt?"[14] soll der Kaiser den Redner spontan gefragt haben. Bei der Wiederholung des Vortrags im Schloß mußte Delitzsch allerdings eine leidenschaftliche Aussprache über sich ergehen lassen. Cläre von Gersdorff, die fromme Hofdame der Kaiserin, muß einen besonders eindrücklichen Auftritt gehabt haben: „Sie drang nach dem Vortrag so stark auf den Professor ein, daß er bis zur Wand zurückwich und dort resigniert auf jede Widerrede verzichtete."[15] Delitzschs Anschauungen waren explosiv: Seine These, nach der Texte und Anschauungen des Alten Testaments von Babylonien herzuleiten sind, erschütterte die Glaubwürdigkeit von Theologie und Kirche. Nach der kirchlichen Entfremdung der

---

11   F. Delitzsch, Babel und Bibel. Ein Vortrag. Mit 50 Abbildungen. Durch Anmerkungen erweitert, Leipzig ²1903, 53.

12   F. Delitzsch, Babel und Bibel (Anm. 2), 29.

13   So in seinen „Erläuterungen und fortgesetzte(n) Forschungen" zur Chaldäischen Genesis", F. Delitzsch, a.a.O. (Anm. 4), 279. Vgl. zur überlieferungsgeschichtlichen Bedeutung von Gen 11,31 im Werk von Delitzsch R. Lehmann, a.a.O. (Anm. 1), 66f.96.188.258.

14   Nach E. Kautzsch, in: RKZ 28 (1905), 133.

15   H. von Schönburg-Waldenburg, Erinnerungen, Leipzig ²1929, 192.

Arbeiterschaft drohte nun auch der Abschied des Bürgertums aus der Kirche.[16]

Die Breitenwirkung des Vortrags beruhte auf einer zügigen Drucklegung und einem Bericht in einem amtlichen Mitteilungsblatt, dem *Deutschen Reichsanzeiger und königlich-preussischen Staatsanzeiger*[17]. Beides entsprach dem Wunsch Wilhelms II., der als Kaiser und *summus episcopus* der Preußischen Landeskirche hinter dem Projekt stand. Gerade darin lag die Brisanz des Vorgangs, der 1902 und 1903 Reaktionen aus ganz unterschiedlichen Lagern hervorrief. Am vehementesten betroffen, reagierten am schnellsten jüdische Kritiker.[18] Von den christlichen Liberalen theologischer und politischer Provenienz wurde Delitzsch aufgrund seiner religionskritischen Haltung zum Teil gefeiert, auf Seiten der Supranaturalisten dagegen scharf angegriffen. Eine große Zahl von Artikeln und Broschüren war die Folge der emotional geführten Debatte.[19] Rückblickend überrascht es nicht, daß sich in der Öffentlichkeit die Verwunderung über ein ganzes Volk von Babylon-Kennern in humoristischen und satirischen Erzeugnissen niederschlug, auch wenn die Fülle von Anspielungen, Karikaturen und Satiren nur schwer erklärbar ist.[20]

Delitzsch radikalisierte in zwei weiteren Vorträgen seine Anschauungen. In seinem zweiten Vortrag von 1903, wieder vor der Deutschen Orient-Gesellschaft, bestritt er den Offenbarungscharakter des althebräischen Schrifttums und reduzierte das Alte Testament auf ein „einzigartiges Denkmal eines grossen, bis in unsere Zeit hineinragenden, reli-

---

16   Th. Nipperdey, Deutsche Geschichte 1866-1918. I. Arbeitswelt und Bürgergeist, München 1990, 507-528.

17   Deutscher Reichsanzeiger Nr. 19 vom 22. Januar 1902, 2c-3b.

18   Zu einzelnen Stimmen vgl. K. Johanning, a.a.O. (Anm. 1), 219-247; R. Lehmann, a.a.O. (Anm. 1), 114-121.

19   Zu den verschiedenen Positionen vgl. R. Lehmann, a.a.O. (Anm. 1), 111-114. Die Wirkungsgeschichte jenseits der Theologie war nicht von langer Dauer. Tief beeindruckt vom Babel-Bibel-Streit war übrigens Karl May, der alle Literatur zum Thema sammelte und 1906 als sein einziges Theaterstück das erfolglose, aber von ihm selbst hochgeschätzte Drama „Babel und Bibel. Arabische Fantasia" (in: Ders., Werke, Bd. 49 [Lichte Höhen], Bamberg) schrieb. Während Thomas Mann aus jenem Streit Material bezog, finden sich weder Spuren bei Max Weber noch bei Walter Benjamin, der später eine besondere Rolle in der Rezeption geistesgeschichtlicher Zusammenhänge des Alten Orients spielte, vgl. dazu G. Schmidt, Die babylonische Renaissance. Walter Benjamin und die Einflüsse der altorientalischen Geisteskultur auf das Denken des 20. Jahrhunderts, in: Altorientalische Forschungen 22 (1995), 187-196.

20   Wie in Karikaturen und Reimen mit effektvollen Wortspielen der Streit öffentlich verarbeitet und dabei auch politisch instrumentalisiert wurde, zeigt R. Lehmann, a.a.O. (Anm. 1), 236-241 mit Tafel 4.12 (360-377).

gionsgeschichtlichen Prozesses"[21] ohne theologische Bedeutung. Damit forderte er den Kaiser als *summus episcopus* heraus, der im sog. Hollmannbrief[22] reagierte, aber keine eindeutige Stellung bezog. Im dritten Vortrag, nicht in Berlin, sondern 1904 in Barmen, Köln und Frankfurt am Main gehalten, gab Delitzsch das Alte Testament als Teil des christlichen Kanons im Grunde genommen preis. Eine öffentliche Wirkung wurde beiden Vorträgen nicht mehr zuteil. Delitzsch, der weder zum wissenschaftlichen Panbabylonismus Hugo Wincklers mit seiner astralmythologischen Weltanschauung gehörte[23] noch in die Nähe der Religionsgeschichtlichen Schule um Hermann Gunkel gerückt werden kann[24], hatte jetzt endgültig den Einflußbereich der neulutherischen Orthodoxie seines Vaters, des Alttestamentlers Franz Delitzsch[25], hinter sich gelassen. Seit 1905 ist eine antisemitische Gesinnung erkennbar[26], wenig später nahm er Beziehungen zu dem völkischen Publizisten Wilhelm Schwaner auf, dessen sog. *Germanen-Bibel* er in seinem Spätwerk *Die Grosse Täuschung* dem Alten Testament vorzog.[27]

II. Der sog. Sündenfallzylinder

Eine für die damalige und heutige Diskussion aufschlußreiche Beobachtung von Delitzsch aus dem ersten Vortrag soll den Blick vom Babel-Bibel-Streit zu gegenwärtigen Forschungsfragen führen.

Nicht nur Tontäfelchen sind gegenüber willkürlichen Interpretationen wehrlos. Auch Bilder! Delitzsch hatte den Primat ethischen Le-

---

21 F. Delitzsch, Zweiter Vortrag über Babel und Bibel, a.a.O. (Anm. 2), 39.

22 Es handelt sich dabei um einen Brief vom 15. Februar 1903 an den Admiral Friedrich Hollmann, dem stellvertretenden Vorsitzenden der Deutschen Orient-Gesellschaft. Am 19. Februar erschien der Brief in den Grenzboten 8 (1903), 493-496, und wurde dann wiederholt nachgedruckt; abgedruckt ist der Brief auch bei K. Johanning, a.a.O. (Anm. 1), 408-413; zur Beurteilung des Briefes vgl. R. Lehmann, a.a.O. (Anm. 1), 220-230.

23 Zu Hugo Winckler vgl. J. Renger, a.a.O. (Anm. 3), 162-166. Für eine gewisse Eigenständigkeit von Babel-Bibel-Streit und Panbabylonismus votiert R. Lehmann, a.a.O. (Anm. 1), 38-49.

24 H. Gunkel hat sich vor allem mit seiner Streitschrift: Israel und Babylonien. Der Einfluß Babyloniens auf die israelitische Religion, Göttingen 1903, entschieden gegen F. Delitzsch gewandt.

25 Vgl. S. Wagner, Franz Delitzsch. Leben und Werk (TVGMS), Gießen/Basel ²1991.

26 Vgl. dazu R. Lehmann, a.a.O. (Anm. 1), 268-271, bes. 269.

27 F. Delitzsch, Die Grosse Täuschung. Kritische Betrachtungen zu den alttestamentlichen Berichten über Israels Eindringen in Kanaan, die Gottesoffenbarung vom Sinai und die Wirksamkeit der Propheten, Stuttgart/Berlin 1920, 95.

bensvollzugs bei den Babyloniern gefunden[28]. In diesem Zusammenhang suchte er nach einem babylonischen Vorbild für die Paradieserzählung. Weil ihm ein entsprechender Text nicht bekannt war, legte er seinem Publikum einen Siegelabdruck (s. Abb.) vor, den er mit folgenden Worten kommentierte:

> „Die Frage nach dem Ursprung der biblischen Sündenfallerzählung ist wie keine zweite von eminenter religionsgeschichtlicher Wichtigkeit, vor allem für die neutestamentliche Theologie, welche bekanntlich dem ersten Adam, durch welchen die Sünde und der Tod in die Welt gekommen, den zweiten Adam entgegensetzt. Darf ich den Schleier lüften? hinweisen auf einen alten babylonischen Siegelcylinder … in der Mitte der Baum mit herabhängenden Früchten, rechts der Mann, kenntlich durch die Hörner, das Symbol der Kraft, links das Weib, beide ausstreckend ihre Hände nach der Frucht, und hinter dem Weibe die Schlange – sollte nicht ein Zusammenhang stattfinden zwischen diesem altbabylonischen Bilde und der biblischen Sündenfallerzählung?"[29]

Die Vorstellung, daß sich – zugespitzt formuliert – die paulinische Soteriologie auf ein nach der Akkad-Zeit entstandenes Siegel zurückführen läßt, ist absurd. Methodisch unkontrolliert, wird die Phanta-

„Der Sündenfall in babylonischer Darstellung"
aus: Friedrich Delitzsch, Babel und Bibel. Ein Vortrag, Leipzig 1902, 38.

sie des Interpreten hier zügellos. Nicht erst aus einem großen Abstand mit neuen Funden drängt sich dieses Urteil auf. Schon Zeitgenossen von Delitzsch interpretierten die Bildszene behutsamer und wiesen die Deutung der Paradieserzählung als Reflex babylonischer Schlangenmythologie zurück.[30] Es handelt sich bei dem Zylinder, der für ein halbes

---

28 F. Delitzsch, Babel und Bibel. Ein Vortrag, a.a.O. (Anm. 2), 28.35ff.

29 A.a.O., 37. Ein Bezug zu Gen 3 wird schon hergestellt bei: G. Smith, Chaldäische Genesis, a.a.O. (Anm. 4), 87, und unter dem Eintrag ‚Sünde, sündigen' in: Bibellexikon. Biblisches Handwörterbuch, illustriert, Calwer/Stuttgart 1885, 914, mit der Erläuterung: „Das erste Menschenpaar unter dem Baum der Erkenntnis. Nach einem babylonischen Cylinder."

30 Vgl. z.B. A. Jirku, Altorientalischer Kommentar, Leipzig 1923, 23; W. Weber, Altorientalische Siegelbilder, Leipzig 1920, 110; A. Jeremias, Das Alte Testament im Lichte des alten Orients, Leipzig 1904 (³1916), 104f. mit Abb. 36. H. Gressmann (Hg.), Altorientalische Bilder zum Alten Testament, Tübingen ²1927, 169, setzt zum Begriff Sündenfallzylinder ein Fragezeichen und bestreitet eine überzeugende Deutung. Zu Recht moniert R. Lehmann, a.a.O. (Anm. 1), 167, Anm. 52, daß noch in Reclams Bi-

Jahrhundert lang die am häufigsten diskutierte altorientalische Bild-szene darstellte, um ein am Ende des 3. Jts. gefertigtes Rollsiegel, das rechts eine an ihrer Hörnerkrone erkennbare Gottheit, links eine weite-re Person – ob eine Gottheit, eine Frau oder ein Mann, ist nicht zu er-kennen –, dahinter eine Schlange und in der Mitte einen stilisierten Baum zeigt und wahrscheinlich in die Tradition der Bankettszenen gehört.[31] Die Deutung ist mangels vergleichbarer Stücke schwierig. Othmar Keel kommentiert die Motivik jedenfalls grundlegend anders als Delitzsch.

> „Von der Tradition des stilisierten Baumes her, der von zwei Lebewesen flankiert wird, ist das Bild als ein Stück Kosmos zu sehen, das gleicherma-ßen durch Leben wie durch Ordnung charakterisiert wird. Die Schlange wird dabei, wie das Meer in der Bibel, bald als Teil, bald als Gefährdung dieses Kosmos betrachtet."[32]

Bei Keel wird weder nach Texten für das Bild gesucht, noch wird das Bild als Illustration eines Textes und seiner religiösen bzw. theologi-schen Vorstellungen instrumentalisiert. Worauf aber gründet dann die Interpretation, zumal eine Bildlegende fehlt? Sind nicht die Grenzen der Interpretation bei schriftlosen Bildträgern noch enger zu ziehen als bei Texten? Sollte man Zustimmung verwehren, wenn Mephisto der wissenschaftlichen Hilfskraft des Dr. Faust rät, in den Vorlesungen fleißig mitzuschreiben, weil man getrost nach Hause tragen könne, was man schwarz auf weiß besitzt? Oder steht vielleicht doch die gängige Behauptung der Textpriorität unter literarischem Positivismusver-dacht? Bei der Deutung ist Papyrus ebenso geduldig wie eine Tontafel und ein Bildträger. Auf die Notwendigkeit, Text und Bild in ihrer Ei-genständigkeit und Beziehung als Medium und Ausdruck kommuni-kativer Handlungen wahr- und ernstzunehmen, ist weiter einzugehen.

---

bellexikon, [3]1982, 300, wenn auch in Anführungszeichen, vom „Sündenfall-Zylinder" die Rede ist. Vgl. zu den älteren ablehnenden Deutungen im einzelnen J. Feldmann, Paradies und Sündenfall. Der Sinn der biblischen Erzählung nach der Auffassung der Exegese und unter Berücksichtigung der außerbiblischen Überliefe-rungen (ATA 4), Münster 1913, 183-190.

31   Das Rollsiegel liegt im Britischen Museum unter der Registriernummer 89326. Vgl. dazu D. Collon, Catalogue of the Western Asiatic Seals in the British Museum. Vol. 2, London 1982, 124, No. 302 und Pl. XI; dies., First Impressions: Cylinder Seals in the Ancient Near East, London 1987, 37, Nr. 112. Vgl. auch S. Schroer, Art. Ikono-graphie, Biblische, in: NBL II, 1995, 219-226, hier 223; A. Green, Art. Mythologie B.I, in: RA 8, 1993-1997, 572-586, hier 579-582.

32   O. Keel, Bibel und Ikonographie. Kleine Geschichte des Themas mit ein paar Bemer-kungen zur Methode, in: BiKi 40 (1985), 143-147, hier 146, vgl. Ders., Art. Iconogra-phy and the Bible, in: The Anchor Bible Dictionary, Vol. 3, ed. by D.N. Freedman, New York a.o. 1992, 358-374, hier 370.

Zunächst aber müssen die Erzählung von Gen 2-3 und ihr religionsge-schichtlicher Kontext als Bezugsgrößen zur Sprache kommen.

III. Die Schöpfungs- und Paradieserzählung

Welche andere alttestamentliche Erzählung hat eine ähnliche Faszinati-on und Wirkung auf Theologie und Philosophie, Kunst und Literatur ausgeübt wie Gen 2-3?[33] Im Alten Testament selbst fehlt ein unmittelba-rer Reflex der Paradiesgeschichte, wenn auch die mythische Vorstel-lung eines ‚Urmenschen' nicht singulär ist, wie Hiob 15,7-8 und Ez 28,11-19 zeigen. Den kontroversen Diskussionsstand zur literarischen Entstehung von Gen 1-11, der sog. Urgeschichte, im Blick, spricht eini-ges dafür, daß ein vorpriesterlicher Bestand sich zunächst als eigen-ständige Überlieferung entwickelte, die aufgrund ihrer komplexen theologischen Wahrnehmung eines vielfältig handelnden Gottes – „der gute Schöpfergott, der strafende und der fürsorgliche Gott, der aus Barmherzigkeit rettende Gott, der Gott, der sich angesichts der Bosheit der Menschen göttliche Selbstbeschränkung auferlegt"[34] – insgesamt wahrscheinlich nicht vor der exilischen Zeit entstanden ist.[35]

Auf die vielen unterschiedlichen Versuche, den vorliterarischen und literarischen Weg der durch Gen 2,4b-3,24 abgegrenzten nicht-priesterschriftlichen Schöpfungs- und Paradieserzählung zu beschrei-ben,[36] kann und muß an dieser Stelle nicht eingegangen werden, weil

---

33 S. zu den verschiedenen Rezeptionsräumen z.B. die Aufsatzsammlungen: M. Fuhr-mann/H.R. Jauss/W. Pannenberg (Hgg.), Text und Applikation. Theologie, Jurispru-denz und Literaturwissenschaft im hermeneutischen Gespräch (Poetik und Herme-neutik IX), München 1981, 15-127; A Walk in the Garden. Biblical, Iconographical and Literary Images of Eden, ed. by P. Morris/D. Sawyer (JSOT.S 136), Sheffield 1992.

34 E. Zenger, in: E. Zenger u.a., Einleitung in das Alte Testament (Studienbücher Theo-logie 1,1), Stuttgart u.a. 1995, 115.

35 Dazu a.a.O. , 114f.

36 Lit. in Auswahl: J. Begrich, Die Paradieserzählung. Eine literargeschichtliche Studie. ZAW 50 (1932), 93-116; K. Budde, Die biblische Paradiesgeschichte (BZAW 60), Gie-ßen 1932; W. Fuss, Die sogenannte Paradieserzählung, Gütersloh 1968; O. H. Steck, Die Paradieserzählung (BSt 60), Neukirchen-Vluyn 1970; L Ruppert, Die Sündenfall-erzählung (Gn 3) in vorjahwistischer Tradition und Interpretation, in: BZ 15 (1971), 185-202; J. Scharbert, Quellen und Redaktion in Gen 2,4b-4,16, in: BZ 18 (1974), 45-64; Ders., Noch einmal zur Vorgeschichte der Paradieserzählung (Gen 2,4b-3,24), in: BN 67 (1993), 43-53; E. Kutsch, Die Paradieserzählung Gen 3 und ihr Verfasser, in: G. Braulik (Hg.), Studien zum Pentateuch (FS W. Kornfeld), Wien u.a. 1977, 9-24; S. Dockx, O.P., Le récit du paradis. Gen II-III, Paris-Gembloux 1981; H.N. Wallace, The Eden Narrative (HSM 32), Atlanta, Georgia 1985; Chr. Dohmen, Schöpfung und Tod.

unsere exemplarische Fragestellung einen flächendeckenden Fragen- und Antwortkatalog nicht notwendig macht. Von literarischer Ästhetik angeregt, ist es üblich geworden, auf Spannungen oder gar Widersprüche im Erzählduktus hinzuweisen. So ist z.B. auffällig, daß im Kontext von 3,1-7 von *dem Menschen* (האדם) erzählt wird, der am Anfang (2,7) und am Ende (3,22-24) allein ist, während die Versuchungsszene im Garten (3,1-7) *die Schlange* (הנחש), *die Frau* (האשה) und ihren *Mann* (איש) nennt. Unausgeglichen stehen auch andere Erzählzüge nebeneinander: Da sind vor allem die zwei Bäume, die nicht nur schöne Früchte, sondern auch reichlich Diskussion hervorgebracht haben. In der Mitte des Gartens stehen der Baum des Lebens (2,9; 3,22) und der Baum der Erkenntnis (2,9.17; vgl. 3,5.11). Das wissen aber nur Leserin und Leser, nicht die Gartenbewohner, denn die Versuchungsszene kennt nur *einen* Baum. Die Ankündigung Gottes, daß die Menschen sterben, wenn sie von dem Baum der Erkenntnis essen (2,16f.), trifft nicht ein, ebenfalls nicht die Weissagung der Schlange, daß sie gar nicht sterben werden (3,4). Aus der Rede von Schlange und Frau geht hervor, daß in der Mitte des Gartens nur *ein* Baum steht, der nach der Argumentation der Schlange die Eigenschaften beider Bäume in sich vereint. Unsterblichkeit kann aber nur der Baum des Lebens bringen und Gottähnlichkeit bzw. Wissen um das Gute und Böse nur der Baum der Erkenntnis. Bevor der *Mensch* die Frucht der Unsterblichkeit essen kann, wird *er* (nicht die Frau) aus dem Garten vertrieben (2,22-24). „Die Überwindung des Widerspruchs zwischen menschlicher Gottähnlichkeit und göttlicher Unsterblichkeit bleibt dem Menschen verschlossen"[37].

Es hat den Anschein, als würden in der Paradieserzählung Widersprüche behandelt, aber zugleich auch in die Geschichte integriert und nicht aufgelöst.[38] Steht dabei im Zentrum ein Konflikt zwischen Er-

---

Die Entfaltung theologischer und anthropologischer Konzeptionen in Gen 2/3 (SBB 17), Stuttgart 1988; E.J. van Wolde, A Semiotic Analysis of Genesis 2-3 (SSN 25), Assen 1989; P. Kuebel, Zur Entstehung der Paradieserzählung, in: BN 65 (1992), 74-85; D. Carr, The Politics of Textual Subversion: A Diachronic Perspective on the Garden of Eden Story, in: JBL 112 (1993), 577-595; Ph. A. Bird, Genesis 3 in der gegenwärtigen biblischen Forschung in: JBTh 9 (1994), 3-24; B.J. Stratton, Out of Eden. Reading. Rhetoric, and Ideology in Genesis 2-3 (JSOT.S 208), Sheffield 1995.

37   R. Schlesier, Mehr als eine Stimme: Zur Anstößigkeit der Paradieserzählung in der „Genesis", in: Chr. Elsas/H.G. Kippenberg (Hgg.), Loyalitätskonflikte in der Religionsgeschichte (FS C. Colpe), Würzburg 1990, 103-120, hier 119.

38   Zu dem Versuch, die Widersprüchlichkeit zwischen der Logik des Narrativen und der Logik der Grammatik in Gen 2-3 aufzudecken, s. J. Ebach, Liebe und Paradies. Die Logik einer Erzählung und die Logik der Grammatik, in: Ders., Ursprung und Ziel. Erinnerte Zukunft und erhoffte Vergangenheit. Biblische Exegesen, Reflexionen, Geschichten, Neukirchen-Vluyn 1986, 111-125.

kenntnis und Gehorsam?[39] In der Beantwortung der Frage ist die Auslegungsgeschichte unterschiedliche Wege gegangen, die sich scheinbar widersprechen. Hatte die kirchliche Tradition mit Gen 3 den Verlust des Paradieses durch den ,Sündenfall' als Preisgabe eines unschuldigen Urstandes beklagt, feierten Philosophen der Aufklärung und des Idealismus „die Positivierung des Sündenfalls zu einer felix culpa, die kaum noch culpa, sondern nur noch felix ist"[40], weil sie als entscheidender Schritt zur wahren Menschwerdung verstanden wurde.[41] Was den einen als Sünde galt, war für die anderen Voraussetzung für Sittlichkeit und Moralität. So sehr sich die beiden Interpretationslinien zu widersprechen scheinen, sie koinzidieren im „Postulat der Beherrschung des Triebes"[42], sofern einerseits im altkirchlichen und reformatorischen Verständnis trotz eines allgemeinen Sündenbegriffs im Sinne einer Auflehnung gegen die göttlichen Gebote mit dem zentralen Begriff der *concupiscentia* ein Bezug der Sünde zur Sexualität unterstellt und andererseits in der philosophischen Tradition der Aufklärung mit dem ,Sündenfall' die Vorstellung verknüpft wurde, daß „aus einem Sklaven des Naturtriebes ein frei handelndes Geschöpf"[43] wird.

Von Gott weder kritisiert noch aufgehoben, kommt es in der Erzählung zu der Erkenntnis von Gut und Böse, die von der Schlange in Aussicht gestellt worden war (3,5-7.22). Die Frage ist oft gestellt worden, worin die Bedeutung von טוב und רע liegt, was nur annähernd mit *gut* und *böse* wiedergegeben werden kann.[44] Problematisch ist die üblich gewordene Übersetzung, weil die vor allem in der früheren Ausle-

---

39 Das ist die Meinung von R. Schlesier (a.a.O. [Anm. 37], 105), die eine Versöhnung des Konflikts in Gen 4,1, also außerhalb des Paradieses, konfiguriert sieht (a.a.O., S. 118).

40 O. Marquard, Felix Culpa? – Bemerkungen zu einem Applikationsschicksal von Genesis 3, in: Text und Applikation, a.a.O. (Anm. 33), 53-71, hier 59.

41 Vgl. zur Auslegungsgeschichte im 18 Jh.: M. Metzger, Die Paradieserzählung – Die Geschichte ihrer Auslegung von J. Clericus bis W.M.L. de Wette, Bonn 1959; zu Gen 3 in der Philosophie von Kant bis Schleiermacher vgl. E. Laemmerzahl, Der Sündenfall in der Philosophie des deutschen Idealismus, Berlin 1934. Weitere Lit. zur philosophischen Rezeptionsgeschichte bei O. Marquard, a.a.O. (Anm. 40), 54, Anm. 4.

42 J. Ebach, a.a.O. (Anm. 38), 120.

43 A.a.O., 119.

44 S. zum Bedeutungsspektrum von טוב und רע die einschlägigen Lexika und Theologischen Wörterbücher, zu טוב W. Gesenius, Hebräisches und Aramäisches Handwörterbuch über das AT, 2. Lfg., 18. Aufl. Berlin u.a. 418-420; HALAT II, 355f; H.J. Stoebe, Art. טוב *ṭôb* gut, in: THAT I, 652-664; I. Höver-Johag, Art. טוב *ṭôb*, in: ThWAT III, 315-339; zu רע: W. Gesenius, Hebräisches und Aramäisches Handwörterbuch über das AT, [17]1915 = Berlin u.a. 1962, 764-768; HALAT IV, 1165-1169; H.J. Stoebe, Art. רעע *rʿʿ* schlecht sein, in: THAT II, 794-803; Chr. Dohmen (-D. Rick), Art. רעע *rʿʿ*, in: ThWAT VII, 582-612.

gungsgeschichte[45] bevorzugte ethisch-sittliche Deutung nicht das Richtige trifft. Eher müßte mit *gut* und *schlecht* übersetzt werden, falls ein funktionales und inklusives Verständnis im Vordergrund steht, also universales Wissen gemeint ist, das theoretisches und praktisches Urteilsvermögen[46] impliziert und die Fähigkeit zum Ausdruck bringt, zwischen einer nützlichen (טוב) und abträglichen (רע) Lebensaneignung unterscheiden zu können. Daß dies faktisch mißlingt, könnte die Paradieserzählung zeigen, sofern mit der *autonomen*, gott-losen Erkenntnis die Nacktheit jetzt (vgl. 2,25 mit 3,7b.10) Scham hervorruft, die auf die gestörte Beziehung zwischen Mann und Frau und zwischen ihm und Gott weist.[47]

Freilich läßt sich Gen 3,7 auch anders lesen: Frau und Mann erkennen nach dem Genuß der Frucht die Andersartigkeit des Gegenüber in seiner/ihrer Geschlechtlichkeit. „Da gingen beiden die Augen auf, und sie erkannten, daß sie nackt waren. Sie hefteten Feigenblätter zusammen und machten sich einen Schurz" (3,7). Versöhnt wird danach der sprachlose Konflikt, der nicht sprachlos gemacht hat (vgl. 3,10), erst jenseits der Paradieserzählung: „Und der Mensch erkannte Eva, seine Frau, und sie wurde schwanger und gebar den Kain" (4,1). Ist es vielleicht doch berechtigt, wenn eine sexuelle Deutung[48] neuerdings wieder aufgenommen und pointiert als religionsgeschichtlich vermittelt

---

45 Vgl. zu den unterschiedlichen Interpretationen in der Geschichte der Auslegung: C. Westermann, Genesis (BK I/1), Neukirchen-Vluyn ³1983, 330-333, H.N. Wallace, a.a.O. (Anm. 36), 115-132, bes. 116-122.

46 Vgl. 2. Sam 19,36; 1. Kön 3,9; Jes 7,16. Die zunächst vor allem von H.J. Stoebe (Ders., Gut und Böse in der jahwistischen Quelle des Pentateuch, in: ZAW 65 [1953], 188-204) im Anschluß an J. Wellhausen (Ders., Die Composition des Hexateuchs und der historischen Bücher des AT, Berlin ³1899 [Nachdruck 1963] , 301) vertretene Sicht, das Erkennen funktional, d.h. Gutes und Böses als für den Menschen Förderliches und Schädliches zu verstehen, wird neuerdings stärker auf die Fähigkeit zur Unterscheidung bezogen, so J. Barr, The Garden of Eden and the Hope of Immortality, Minneapolis 1993, 62, Ph. A. Bird, a.a.O. (Anm. 36), 17f., und R. Albertz, „Ihr werdet sein wie Gott". Gen 3,1-7 auf dem Hintergrund des alttestamentlichen und des sumerisch-babylonischen Menschenbildes, in: WO 24 (1993), 89-111, hier 91-94, der statt von Autonomie als neuzeitlich besetztem Begriff lieber von Weisheit als Bedingung differenzierter Lebensgestaltung sprechen will.

47 O.H. Steck, a.a.O. (Anm. 36), 35f.

48 So unter anderem H. Schmidt, Die Erzählung von Paradies und Sündenfall, Tübingen 1931, 26-28; I. Engnell, ‚Knowledge' and ‚Life' in the Creation Story, VT.S 3 (1955), 103-119, bes. 115, Anm. 2; R. Gordis, The Knowledge of Good and Evil in the Old Testament and the Qumran Scrolls, in: JBL 76 (1957), 123-138. Weitere Lit. bei D.U. Rottzoll, „…ihr werdet sein wie Gott, indem ihr ‚Gut & Böse' kennt", in: ZAW 102 (1990), 385-391, hier 385, Anm. 1. Zu einer sexuellen Deutung kommt auch die Religionswissenschaftlerin R. Schlesier (a.a.O. [Anm. 37], 113), ohne Berücksichtigung der Forschungsgeschichte.

akzentuiert wird? Steht hinter 3,1-7.22.24 ein kanaanäischer Mythos, der „die Geschlechtlichkeit (Sexualität) als dasjenige Element im menschlichen Leben, durch das die Menschen ihre normalen Alltagsgrenzen transzendieren und gottgleich werden können", verherrlicht und erst sekundär durch eine (polemisierende) *interpretatio israelitica* seine sexuellen Bezüge zugunsten einer primär kognitiven Erkenntnisfähigkeit verloren hat?[49] Da ein entsprechender Mythos bisher nicht bekannt ist und Erkenntnis (ידע) zwar sexuell konnotiert sein kann, aber darin nicht aufgeht, d.h. in Verbindung mit טוב und רע aufgrund der biblischen Parallelen, wie angedeutet, eher unwahrscheinlich ist[50], scheint Zurückhaltung gegenüber Deutungen geboten, die das sexuelle Wissen in den Vordergrund rücken. Freilich ist Nacktheit nicht ganz ohne einen geschlechtlichen Bezug denkbar, aber der ist in der Erzählung nicht dominant, allerdings auch nicht abwesend. Insofern steht Delitzsch noch einmal vor dem Garten, der nach der Septuaginta ein *Paradeisos*, also ein ‚umzäunter Park' ist, der den Eintritt erschwert.

Eine weitere schwierige Frage betrifft die Schlange. Warum hat gerade sie einen Platz in der Erzählung gefunden? Die meisten Auslegungen übersehen, daß die Schlange im Hebräischen wie in den meisten antiken und modernen Sprachen ein männliches Wesen ist. Damit

---

49 So D. Michel, Ihr werdet sein wie Gott. Gedanken zur Sündenfallgeschichte in Genesis 3, in: D. Zeller (Hg.), Menschwerdung Gottes – Vergöttlichung von Menschen (NTOA 7), Fribourg/Göttingen 1988, 61-87, das Zitat 78. Michel weist am Schluß seiner Arbeit auf einen religionsgeschichtlichen Vergleichstext, den *Physiologus*, einen in griechischer Sprache verfaßten frühchristlichen Naturkunde-Text, hin, in dem von Elephanten gesagt wird, daß sie „als Abbild von Adam und Eva" in der Nähe des Paradieses von Früchten des Mandragora-Baumes essen, um geschlechtlich aktiv zu werden und Nachwuchs zeugen zu können. Das entsprechende 43. Kap. des Textes ist neu ediert von D.U. Rottzoll, a.a.O. (Anm. 48), 385-391, der die Deutung Michels stützt. Der gegenüber 3,1-7 mindestens ein halbes Jahrtausend jüngere Text kann im Grunde genommen nur als frühes Beispiel für eine sexuelle Deutungsmöglichkeit gelten. Auf der Basis des Physiologus versucht jetzt auch B. Lang (Trois lectures du récit concernant le paradis perdu [Gen 2-3], in: Ders., *Drewermann interprète de la Bible*, Paris 1994, 59-78) einen alten Mythos zu rekonstruieren, der die Entdeckung der Sexualität und das Mysterium der Fruchtbarkeit reflektiert.

50 R. Albertz, a.a.O. (Anm. 46), 91-94, spricht sich dezidiert gegen eine sexuelle Deutung aus. Kulturelle, zivilisatorische und sexuelle Bezüge zusammen wirksam sieht H.N. Wallace, a.a.O. (Anm. 36), 115-132, bes. 128f. Eine Vieldeutigkeit, die eine Deutung auf sexuelle Adoleszenz einschließt, findet sich schon bei H. Gunkel, Genesis (HK I/1), Göttingen ³1910, 14-17f. 29. Zu sexuellen, sozialgeschichtlichen, magischen und gnoseologischen Interpretationsmöglichkeiten als miteinander vermittelbare Deutungen von Gen 2-3 insgesamt s. H.-P. Müller, Erkenntnis und Verfehlung. Prototypen und Antitypen zu Gen 2-3 in der altorientalischen Literatur, in: T. Rendtorff (Hg.), Glaube und Toleranz. Das theologische Erbe der Aufklärung, Gütersloh 1982, 191-210.

wird zumindest die in der Rezeptionsgeschichte betonte Nähe von Frau und Schlange unter dem Aspekt der Verführer*in* hinfällig. Eine zu einfache Antwort wäre es, wenn man die Schlange nur auf ihre Worte hin zur Kenntnis nimmt und sie selbst sozusagen zum Adiaphoron erklärt, das sich dem Mangel an Erstbewohnern im Paradies verdankt.[51] Hilft ein Blick über die Grenzen von Gen 2-3 hinaus weiter?

Der atl. Befund ist ambivalent: נחש ist als zoologisches Reptil „häßlich, widerwärtig, unheimlich und lebensgefährlich"[52]. Als Bedeutungsträger ist er einerseits ein zur Chaoskampfmotivik gehörendes mythisches Ungeheuer (Jes 27,1; Am 9,3; Hi 26,13), andererseits ein Machtträger, wenn er in den Moseerzählungen zum Erweis von Legitimation und Stärke dient (Ex 4,3; 7,9-12.15), wenn er in den Erzählungen über die Wüstenwanderung bei Schlangenplagen ein Apotropaion für Heilungen ist (Num 21,4-9) und wenn er als Bronzeschlange zur Zeit Hiskias, weil er offenbar ein Objekt der Verehrung war, abgeschafft wurde (2Kön 18,4).[53]

Sofern in der Weisheitsliteratur das Verhalten der Schlange den Weisen staunen läßt (Spr 30,19) und der Begriff ערום (klug) hier zum Programm wird (Spr 12,16.23; 13,16 u.a.), könnte eine Verbindung von Schlange und weisheitlicher Kenntnis gedeckt sein. Eine Beziehung zwischen Sexualität und Erkenntnis ließe sich dann aus der lautlichen Nähe der hebräischen Lexeme für *nackt* (ערום) und *klug* (ערום) ableiten. Die Grenze zur Spekulation ist damit zwar noch nicht überschritten, die Konfigurationen sind aber ein kombinatorisches Ergebnis, das die Mehrdeutigkeit von Gen 3 nicht aufzuheben vermag.

Viele Deutungsversuche[54] zur Schlange von Gen 3 schreiben ihr einen Symbolwert zu, sehen sie als Verkörperung von Leben, Weisheit

---

51   Vgl. G. von Rad, Das erste Buch Mose (Genesis) (ATD 2-4), Göttingen [12]1987, 62, und C. Westermann, a.a.O. (Anm. 45), 322-325.

52   H.-J. Fabry, Art. נחש *nāḥāš*, in: ThWAT V, 1986, 384-397, hier 387.

53   Vgl. zum Verständnis und zum Zusammenhang von Num 21,4-9 und 2. Kön 18,4. S. Schroer, In Israel gab es Bilder. Nachrichten von darstellender Kunst im AT (OBO 74), Fribourg/Göttingen 1987, 104-111.

54   In kategorialen Gruppen erfaßt bei C. Westermann, a.a.O. (Anm. 45), 323, und H.-J. Fabry, a.a.O. (Anm. 52), 392f. Ältere Literatur (bis zu den sechziger Jahren) zur Bedeutung und Funktion der Schlange in Gen 3 bei C. Westermann, a.a.O. (Anm. 45), 322f. Darüber hinaus vor allem: K. R. Joines, Serpent Symbolism in the Old Testament. A Linguistic, Archaeological and Literary Study, Haddonfield, New Jersey 1974, 16-41; Dies., The Serpent in Gen 3, ZAW 87 (1975), 1-11; J.A. Soggin, The Fall of the Man in the Third Chapter of Genesis, in: Old Testament and Oriental Studies, Rom 1975, 88-111, bes. 94-100; H. N. Wallace, a.a.O. (Anm. 36), 147-161; K. Holter, The Serpent in Eden as a Symbol of Israel's Political Enemies. A Yahwistic Criticism of the Solomonic Foreign Policy?, in: SJOT 1 (1990), 106-112; E. van Wolde, A Reader-

und Chaos, legen sich auf das eine oder andere oder auf alles zusammen fest,[55] geraten dabei aber in Spannung zu Gen 3,1, wo ausdrücklich von ihr als Geschöpf Gottes gesprochen wird. Zur Voraussetzung hat jenes Verständnis einen Blick über das Alte Testament und seine theologischen Fragestellungen hinaus in religionsgeschichtliche Zusammenhänge, die auch die Grundlage der Vermutung sind, daß hinter Gen 3 ein kanaanäischer Fruchtbarkeitskult und hinter der Schlange der dafür zuständige Gott Baal stehe.[56] Weil entsprechende (ugaritische) Texte fehlen, ist dieser Lösungsvorschlag spekulativ. Das gilt im Grunde ebenso für eine zeitgeschichtliche Interpretation, die in der Schlange die für Nahrung und Kleidung des Menschen sorgende ägyptische Göttin Renenutet (Thermutis) sieht und die Erzählung Gen 3,1-7 als Ablehnung eines zur Zeit Salomos nach Jerusalem transferierten ägyptischen Schlangenkults versteht und das als Kritik an der Heirat Salomos mit einer ägyptischen Pharaonentochter (1Kön 3,1), auf die die Frau der Paradieserzählung gedeutet wird, auffaßt.[57] Zu viel hängt für diesen Vorschlag an der genauen Datierung des Textes,[58] zu wenig an

---

Oriented Exegesis illustrated by a Study of the Serpent in Genesis 2-3, in: C. Breckelmans/J. Lust (Hgg.), Pentateuchal and Deuteronomistic Studies (BEThL XCIV), Leuven 1990, 11-21; J.F.A. Sawyer, The Image of God, the Wisdom of Serpent and the Knowledge of Good and Evil, in: P. Morris/D. Sawyer, a.a.O. (Anm. 33), 64-73, bes. 66-68; A. S. Kapelrud, You shall surely not die, in: A. Lemaire et alii (Hgg.), History and Traditions of Early Israel (VT.S 50), Leiden 1993, 50-61.

55   Eine Kombination von Leben, Weisheit und Chaos vertritt K. R. Joines, Serpent Symbolism, a.a.O. (Anm. 54), 16-41; Dies., The Serpent in Gen 3, a.a.O. (Anm. 54), 1-11.

56   So zum ersten Mal pointiert F. Hvidberg, The Canaanite Background of Gen. I-III, VT 10 (1960), 285-294. Geteilt wird die Meinung u.a. von J. A. Soggin, a.a.O. (Anm. 54), bes. 98ff., etwas zurückhaltender Ders., Das Buch Genesis. Kommentar, Darmstadt 1997, 78-85; O. Loretz, Schöpfung und Mythos, Mensch und Welt nach den Anfangskapiteln der Genesis (SBS 32), Stuttgart 1968; neuerdings auch L. Ruppert, Genesis. Ein kritischer und theologischer Kommentar. 1. Teilband: Gen 1,1-11,26 (FzB 70), Würzburg 1992, 145f.

57   M. Görg, Die ‚Sünde‘ Salomos. Zeitkritische Aspekte der jehowistischen Sündenfallerzählung, in: BN 16 (1981), 42-59, hier 50-54; vgl. auch Ders., Geschichte der Sünde – Sünde der Geschichte. Gen 3,1-7 im Licht tendenzkritischer Beobachtungen, in: NThZ 41 (1990), 315-325; Ders., Weisheit als Provokation. Religionsgeschichtliche und theologische Aspekte der Sündenfallerzählung, in: Die Kraft der Hoffnung (FS J. Schreiner), Bamberg 1986, 19-34. K. Holter (a.a.O. [Anm. 54] schließt sich der Deutung auf die Zeit Salomos an, deutet aber die Schlange als Metapher nicht nur auf Ägypten, sondern auf jeden potentiellen politischen Gegner Israels.

58   Vorausgesetzt wird die traditionelle Datierung des *Jahwisten* in die Salomonische Zeit. L. Ruppert, a.a.O. (Anm. 56), 146, weist die Auffassung damit zurück, daß er die Gestalt der Frau erst einer später anzusetzenden „jehowistischen Fassung" zuschreibt.

dem kontextuellen Bezugsfeld[59]. Das soll nicht heißen, die Suche nach historischen Bezügen, die den vorliegenden Text mitkonstitutieren, preiszugeben. Jeder Text hat nicht nur eine Geschichte, er entsteht auch in der Geschichte. Deshalb ist es nicht zwingend, eine Exegese zu fordern, „die das Allgemein-Menschliche an der Schlangengestalt verständlich machen kann"[60]. Es ist auch nicht einsichtig, aufgrund allgemein-anthropologischer Gesetzmäßigkeiten psychischen Erlebens und angesichts des in der Schlangensymbolik verbreiteten Motivs von Fruchtbarkeit und Sexualität, mit Hilfe der Annahme, Angst sei ein zentrales Thema der ‚jahwistischen' Urgeschichte, zu folgern, die Schlange sei auch in Gen 3 „ein Wesen, das in seiner Zweideutigkeit an der Grenze zum Nichtsein, zum Chaotischen, zum Triebhaften, zum Unbewußten Angst verbreitet"[61]. Der allenfalls mythologisch (und philosophisch) vermittelbare Angstbegriff ist nur tiefenpsychologisch gedeckt, keine Form der Positivierung wird bei diesem reduktionistischen Modell geduldet.

Ebenfalls ohne zeitgeschichtliche Rückkoppelung, aber im Gegensatz zur tiefenpsychologischen Deutung mit positiver Sinngebung und damit die Interpretationslinie der Aufklärung fortsetzend, legt eine feministische Auslegung eine ätiologische Lesart vor, die in Gen 3 verdeckte Befreiungsimpulse aufspürt und so einen „Freispruch für Eva?!" fordert.[62]

---

59 Ohne auf die Frage einer ‚kanonischen Auslegung' (s. dazu z.B. R. Rendtorff, Die Hermeneutik einer kanonischen Theologie des Alten Testaments, in: Religionsgeschichte Israels oder Theologie des Alten Testaments, in: JBTh 10 (1995), 35-44) einzugehen, wird zumindest die ‚Urgeschichte' Gen 1-11 als zusammenhängende und zunächst eigenständige Größe (F. Crüsemann, Die Eigenständigkeit der Urgeschichte. Ein Beitrag zur Diskussion um den „Jahwisten", in: J. Jeremias/L. Perlitt (Hgg.), Die Botschaft und die Boten (FS H. W. Wolff), Neukirchen-Vluyn 1981, 11-29) insgesamt zu berücksichtigen sein.

60 E. Drewermann, Exegese und Tiefenpsychologie. Von der Ergänzungsbedürftigkeit der historisch-kritischen Methode am Beispiel der Schlangensymbolik in der jahwistischen Urgeschichte, in: BiKi 38 (1983), 91-105, hier 93. Der Beitrag ist ein Wiederabdruck aus: Ders., Strukturen des Bösen. Die jahwistische Urgeschichte in exegetischer, psychoanalytischer und philosophischer Sicht, Bd. 1, Paderborn ³1981, LXIV-XCIII (Vorrede zur 2. Aufl.).

61 E. Drewermann, Exegese und Tiefenpsychologie, a.a.O. (Anm. 60), 98.

62 H. Kuhlmann, Freispruch für Eva?! Eva und der Sündenfall in der feministischen Theologie – Ein Vergleich der Positionen Elga Sorges und Luise Schottroffs, in: BThZ 7 (1990), 36-50. Die Autorin setzt sich in ihrem Beitrag auch kritisch mit den spekulativen und unbefangenen Thesen E. Sorges (Dies., Religion und Frau. Weibliche Spiritualität im Christentum, Stuttgart ²1987, 94-115: Der Fall Eva: Zur Wiederentdeckung des Mythos für die Theologie) auseinander, die meint, in Gen 3 sei zum Zwecke der Herrschaft des Mannes über die Frau (wie des Königs über sein Volk) ein ‚matriar-

Soweit zum widersprüchlichen Text und zu sich widersprechenden Deutungen, die nur einen Ausschnitt der vielfältigen Probleme um Gen 2-3 spiegeln. Bisher unberücksichtigt geblieben sind religionsgeschichtliche Argumente. Existieren Bilder, Gegenstände und Texte, die sich als Interpretationshilfen eignen, als Bestätigung, Ergänzung oder gar als Störfaktoren von Deutungsmustern?

IV. Der religionsgeschichtliche Kontext

Am Anfang dieses Abschnittes soll die Schwierigkeit eines angemessenen Verständnisses der Schlange wiederaufgenommen werden. Zunächst zur Schlange auf Bildern bzw. als Gegenstand. Um falschen Erwartungen vorzubeugen: Der Mehrdeutigkeit der Schlange von Gen 3 in der exegetischen Literatur entspricht in Syrien-Palästina als dem unmittelbaren Kontext des Alten Testaments in gewissem Sinne eine ikonographische „Polyvalenz der Schlange"[63].

Wenig aussagekräftig sind zwischen 7 und 22 cm lange Bronzeblech-Schlangen, die von der Mittelbronzezeit II bis zur Eisenzeit I, also etwa von 1750 – 1000 v.Chr. vorkommen und am ehesten apotropäische Funktion haben.[64] Für unsere Fragestellung interessanter sind vor allem Kultgeräte, etwa ein bronzezeitlicher Kultständer aus Byblos, auf dem Schlangen neben Stieren und Tauben appliziert sind, so daß sich aufgrund vergleichbarer Anordnung und Motivik apotropäische und

---

chaler' Mythos umgedeutet, in dem die Schlange als Symbol weiblicher Fruchtbarkeit und Klugheit eine Muttergöttin (Göttin-Weisheit) verkörpert habe. Sorges Programm, das die Texte nicht hergeben können, ist nicht (rationale) Emanzipation, sondern (irrationale) Remythisierung als Methoden- und Lebenskonzept. Viel Phantasie bedarf es auch, wenn man hinter Gen 3 eine ökonomisch begründete Auflehnung von Bauern (der Mensch und seine Frau) gegenüber der königlichen Elite mit dem Ergebnis des Erfolgs der königlichen Zentralautorität (Jahwe) gesehen wird, so. J. M. Kennedy, Peasants in Revolt: Political Allegory in Genesis 2-3, in: JSOT 47 (1990), 3-14. Wiederum anders S. Dragga, Genesis 2-3: A Story of Liberation, in: JSOT 55 (1992), 3-13, der die Erzählung als Befreiung der Menschen vom Käfig ihres Schöpfers liest.

63 So die Überschrift zu Schlangendarstellungen aus Syrien-Palästina bei O. Keel, Das Recht der Bilder, gesehen zu werden. Drei Fallstudien zur Methode der Interpretation altorientalischer Bilder (OBO 122), Fribourg /Göttingen 1992, 195.

64 Zum archäologischen Befund allgemein s. P. Welten, Art. Schlange, BRL², 280-282; K. R. Joines, a.a.O. (Anm. 54), 62-73; K. Jaroš, Die Stellung des Elohisten zur kanaanäischen Religion (OBO 4), Fribourg/Göttingen 1982, 154-159; S. Schroer, a.a.O. (Anm. 53), 111-115. Zu Beispielen aus der Glyptik s. O. Keel, Jahwe-Visionen und Siegelkunst. Eine neue Deutung der Majestätsschilderungen in Jes 6, Ez 1 und 10 und Sach 4 (SBS 84/85), Stuttgart 1977, 70-110.

daneben sexuelle Bezüge nahelegen.[65] Auf Vitalität im weitesten Sinne weist vor allem die Schlange (neben der Lotusblume), die von einer meist auf einem Löwen stehenden Göttin in der Hand gehalten wird.[66] Eine primär sexuelle Konnotation läßt ein Goldanhänger erkennen, der die Göttin zeigt, wie sie zwei Capriden hält, mit zwei Schlangen im Bereich ihrer Scham, jeweils als Symbol für „Lebensgier und -kraft"[67], das ebenso andere, als ägyptische Qedeschet (Qudschu-)Stelen bzw. Terrakotten bekannte Beispiele prägt, die auch palästinischer Herkunft sind.[68]

Dies ist aber nur die eine Seit der Schlangenikonik, denn in der syrisch-palästinischen Siegelkunst, die ägyptische und vorderasiatische Vorbilder hat, wird die mit konträren Bedeutungen behaftete Schlange in spätbronze- und eisenzeitlichen Darstellungen als ordnungs- und lebensbedrohende Macht verstanden und bekämpft[69]. Erotische und sexuelle Züge fehlen im 1. Jt. ganz. Es ist jetzt im Zusammenhang neuassyrischer Chaoskampf-Darstellungen eine gehörnte Schlange, die offensichtlich vom Wettergott angegriffen wird, damit die Vegetation vor einem Chaoseinbruch geschützt wird.[70] „So kann die Schlange als aspektreiches Geschöpf je nach Zusammenhang Numinosität eines Ortes, Schutz, Vitalität, vor allem im sexuellen Bereich, oder negativ Bedrohung des Kosmos oder individuellen Lebens, hinterhältige Krankheit und Tod bedeuten".[71]

Das Problem der Erklärungskraft von Analogien im vorliegenden Fall liegt offen: Die Bildträger sind geographisch gestreut und insgesamt um Jahrhunderte älter, zumindest im Blick auf die Verschriftung der Paradiesgeschichte. Im Bewußtsein dieser Einschränkung und aus der Abstraktion des polaren Bedeutungsspektrums mit selektiv-semantischen Aspekten heraus läßt sich unter Vorbehalt ein Bezug der Ikonographie zu Gen 3 herstellen: So ist nach Auswertung des Bildmaterials die Schlange in Gen 3 als Widersacher[72] Gottes und als Verkör-

---

65 O. Keel, a.a.O. (Anm. 63), 198 und Abb. 191, weitere Beispiele 198-202.
66 A.a.O., 204ff.
67 A.a.O., 208. 205-230 und Abb. 218.
68 A.a.O., 203-206.
69 A.a.O., 209-220.
70 A.a.O., 216-220.
71 A.a.O., 232.
72 Im Zusammenhang von Num 21,4-9 und 2. Kön 18,4 ist der Antagonismus auf seine Weise wirksam, sofern die Bronzeschlange mit ihrem apotropäischen Charakter als Heilssymbol bis ins 8. Jh. im Zuge populärer Schlangensymbolik verbreitet war, dann aber von Hiskia abgeschafft wurde, weil sie den Ausschließlichkeitsanspruch Jahwes gefährdete. S. dazu S. Schroer, a.a.O. (Anm. 53), 105-115.

perung sexueller Vitalität deutbar. Wie gesagt: religionsgeschichtlich. Ob diese Deutung die naheliegendste ist, steht damit nicht außer Zweifel. Die Leistung der Bilder im Blick auf Texte liegt jedenfalls in der Pointierung und Typisierung von Strukturen und Konstellationen[73], die Texten zugrunde liegen und durch die Bilder offengelegt werden können. Daß damit amythische bzw. monomythische Deutungen prinzipiell in Frage gestellt werden, sei nicht nur am Rande vermerkt. Im übrigen führen die vorderasiatischen Siegelbilder im Blick auf Gen 3 nicht weiter. Das durch Delitzsch berühmt gewordene Rollsiegel ist ohnehin singulär, denn die vergleichbaren Siegel weisen fast immer ein Dreipersonen-Schema auf, das in den Bereich von Vegetation und Fruchtbarkeit gehört.[74]

Alle bisher genannten Beispiele von Gegenständen und Bildträgern sind schriftlos. Was trägt ein literarischer Vergleich zum Verständnis von Gen 2-3 bei? Wenn altorientalische Texte herangezogen werden, dann sind es vor allem der Adapa-Mythos[75] und das Gilgamesch-Epos[76].

Im Mythos von Adapa verleiht in der Wassertiefe der weise Gott Ea dem Adapa ‚weiten Verstand' und ‚Weisheit', nicht aber ‚ewiges Leben'. Als Adapa zum Himmelsgott Anu gerufen wird, weil er dem Südwind die Flügel zerbrochen hat, rät ihm Ea, das von Anu angebotene Brot und Wasser nicht zu sich zu nehmen, weil es den Tod brächte. Anders als erwartet, läßt Anu dem Adapa durch Tammuz und den Schlangengott Gizzida Speise des Lebens bringen. Adapa ist seinem Gott Ea gehorsam und lehnt ab. Er behält den ‚weiten Verstand' und die ‚Weisheit', hat aber das ‚ewige Leben' verspielt. Was im eigentli-

---

73 Auf diesen wichtigen Aspekt hat O. Keel, Bibel und Ikonographie, a.a.O. (Anm.32) 143-147, hier 146f., aufmerksam gemacht.

74 D. Collon, a.a.O. (Anm. 31), 124.

75 Zum Adapa-Mythos, seinem wahrscheinlich aus altbabylonischer Zeit stammenden Stoff und den Textrezensionen aus Amarna und der Bibliothek Assurbanipals, s. die Textausgabe von S. A. Picchioni, Il poemetto di Adapa (Assyriologia 6), Budapest 1981; vgl. die Übersetzungen in ANET[3], 101-103, und AOT[2], 143-146.

76 S. zu den sumerischen Stoffen und den akkadischen, hurritischen und hethitischen Formen des Gilgamesch-Epos D. O. Edzard, Art. Literatur, in: RLA 7, 1987, 35-48, hier 39f; vgl. J. H. Tigay, The Evolution of the Gilgamesch Epic, Philadelphia 1982; von den Übersetzungen seien neben ANET[3], 72-99, und AOT[2], 150-198, vor allem genannt: Das Gilgamesch-Epos. Übersetzt und mit Anmerkungen versehen von A. Schott. Neu hg. v. W. von Soden, Stuttgart (1958) 1989; TUAT III/3, 540-549 (D. O. Edzard); TUAT III/4, 646-744 (K. Hecker), mit ausführlichem Kommentar S. Dalley, Myths from Mesopotamia, Oxford/New York 1989, 39-153; G. Pettinato, La saga di Gilgamesh, Milano 1992.

chen Sinne vergleichbar[77] ist, sind Gemeinsamkeit und Unterschied konstellativer Typik: Während Ea von der ‚Götterspeise' abrät, verbietet Jahwe, die Frucht des Erkenntnisbaumes zu essen (2,17). Dort soll es die Sterblichkeit der Menschen vermeiden, hier die göttliche Erkenntnis. Am Schluß des Adapa-Mythos ist die Unsterblichkeit durch eine tragische Fehlentscheidung verloren, am Ende von Gen 3 hat der Mensch infolge einer Gebotsübertretung eine erkenntnisstiftende Gottähnlichkeit gewonnen und die Unsterblichkeit wie Adapa verloren (3,22.24). Das Verhalten von Jahwe und Ea entspricht sich und widerspricht sich. Darüber hinaus wiederholen sich Analogie und Differenz auf der strukturellen Ebene: Die polyzentrische und polytheistische Struktur mit ihren Antagonismen (was oben bei Anu als Speise des Lebens gilt unten bei Ea als Speise des Todes) ist in Gen 2-3 aufgehoben in dem einen Gott, dessen im Verbot konkretisierter Ordnungsrahmen mißachtet wird und den Daseinswiderspruch als Schuld heraufführt.[78]

Sterblichkeit als conditio humana ist auch am Ende des Gilgamesch-Epos ein unabänderliches Schicksal. Zunächst aber ist im Blick auf Gen 2-3 ein anderer Zusammenhang auffällig: die Verbindung zwischen Schöpfung, Akkulturation/Erkenntnis und Sexualität. In der kanonischen Gestalt des Epos, die zum größten Teil aus der Bibliothek Assurbanipals stammt, schafft die Muttergöttin Aruru aus Lehm den Helden Enkidu (I:II, 33-35), der mit den Tieren zusammenlebt (I:II, 36ff.) und erst durch den sexuellen Umgang mit einer Hure Kultur und Zivilisation kennenlernt, dadurch aber den Tieren fremd wird und an Kraft verliert (I:IV,16-26). Das ist der Preis dafür, daß seine Weisheit zunimmt (I:IV, 29).[79] Bei diesem zweiten Akt der ‚Schöpfung' stellt die Hure nach sieben Liebesnächten fest: „Wie ein Gott bist du" (I:IV, 34)[80] und bietet das als Kompensation für den Verlust von tieri-

---

77   Vgl. H.-P. Müller, Drei Deutungen des Todes: Genesis 3, der Mythos von Adapa und die Sage von Gilgamesch, in: JBTh 6 (1991), 117-134, hier 122-128; Ders., Erkenntnis und Verfehlung. Prototypen und Antitypen zu Gen 2-3 in der altorientalischen Literatur (1982), in: Ders., Mythos – Kerygma – Wahrheit. Gesammelte Aufsätze zum AT in seiner Umwelt und zur Biblischen Theologie (BZAW 200), Berlin/New York 1991, 68-87, hier 81-84.

78   Zu diesen Zusammenhängen H.-P. Müller, Erkenntnis, a.a.O. (Anm. 77), 206f.

79   Zu ḫasīsu (‚Weisheit') s. AHw I, 330. A. Schott/W. v. Soden, a.a.O. (Anm. 76), 21 übersetzen: ‚weiter Sinn', TUAT III/4, 678: ‚seinen Verstand erweitern'. Der Zusammenhang von Weisheit und Sexualität findet sich im Mythos von Nergal und Ereschkigal, s. Zeile 83f. in der El-Amarna-Version, TUAT III/4, 769.

80   kīma DINGIR tabašši. Ob ein unmittelbarer Bezug zur Weisheit vorliegt, ist unklar, weil die Lesung des ersten Wortes in der Zeile unsicher ist, vgl. dazu R. Albertz, a.a.O. (Anm. 46), 103f. Statt [eu]qata („weise bist du") muß nach einem in neuerer Zeit in Boğazköy gefundenen akkadischen Gilgameschtext eher [dam]qata („schön

scher Gewandtheit und Stärke an. Nach Enkidus Tod hält sein Freund
Gilgamesch die Totenklage und macht sich auf den Weg zum Sint-
fluthelden Utnapischtim, um zu erfahren, wie auch er selber sich Unsterblichkeit aneignen kann. Durch Utnapischtims Initiative erhält er
das notwendige Lebenskraut, das er aber an eine Schlange verliert, die
daraufhin die Fähigkeit erhält, sich zu verjüngen (XI:266-289). Mit der
Schlange, die in Gen 3 geschickt gegen Gottes Gebot opponiert, hat die
Gestalt, die Gilgamesch beim Baden die Lebenspflanze stiehlt, allenfalls
die Tragik der Folgen gemeinsam. Und auch die Schlange als Schutz
eines heiligen Baumes, wie sie im sumerischen Mythos „Gilgamesch,
Enkidu und die Unterwelt" auftaucht,[81] ist nur auf einer höheren Ab-
straktionsstufe mit Gen 3 vergleichbar.

Die Möglichkeiten eines Vergleichs zwischen atl. und altorientalischen Texten[82] stehen deutlich vor Augen, die Gefahren der Harmoni-
sierung freilich auch. Wo Analogien auffallen, sind es vor allem konstellative und strukturelle Topoi, deren ‚Lösungen' aber durchaus
variieren. Das zeigt nicht zuletzt das Lebensmotiv. Bei Adapa,
Gilgamesch und in Gen 3 wird die Unsterblichkeit mit einer Speise
verknüpft: Gilgamesch sucht das ewige Leben und verliert es, Adapa,
der es gar nicht gesucht hat, schlägt das Angebot ab und der Mensch
von Gen 3 verfehlt es, nachdem er sich verfehlt hat. Gilgamesch und
Adapa wird Erkenntnis/Weisheit von Anfang an zugestanden, der
Mensch von Gen 3 gewinnt sie erst durch Mißachtung eines göttlichen
Verbots, die zugleich die Unsterblichkeit verspielt. Die Begabung des
Menschen mit Weisheit ist eine wesentliche anthropologische Aussage,
grundsätzlich positiv, aber durchweg im Eingeständnis ihrer Ambiva-

---

bist du") gelesen werden, s. dazu H.-P. Müller, Mythische Elemente in der jahwistischen Schöpfungsgeschichte (1972), in: Ders., Mythos (Anm. 77), 3-42, hier 30, Anm.
99.

81 H.-P. Müller, Erkenntnis (Anm. 77), 198 mit Anm. 43, weist auf diesen Text hin und
auf die arabische Vorstellung von Schlangen als möglichem ‚Wachschutz' heiliger
Haine; 202 nennt er darüber hinaus den Chaosdrachen *Lotan* (KTU 1.5 I 1f.; Jes 27,1),
weist aber einen Zusammenhang zurück und läßt eine Berührung nur in einer Tie-
fenschicht zu.

82 Zu Parallelen, insbesondere im Gilgamesch-Epos s. H.-P. Müller, Gilgamesch-Epos
und Altes Testament, in: D. R. Daniels/U. Glessmer/M. Rösel (Hgg.), Ernten, was
man sät (FS K. Koch), Neukirchen-Vluyn 1992, 75-99; Ders., Parallelen zu Gen 2f.
und Ez 28 aus dem Gilgamesch-Epos, in ZAH 3 (1990), 167-178; Ders., Babylonischer
und biblischer Mythos von Menschenschöpfung und Sintflut. Ein Paradigma zur
Frage nach dem Recht mythischer Rede (1986), in: Ders., Mythos (Anm. 77), 110-135,
vgl. auch die in Anm. 77 genannten Arbeiten des Verfassers. Daneben vor allem R.
Albertz, a.a.O. (Anm. 46).

lenz, die auch die Seiten eines Verlusts zu erkennen gibt, in Gen 3 wie in altorientalischen Texten.[83]

Der entscheidende Unterschied zwischen beiden Textbereichen liegt im Verhältnis zwischen Gott und Mensch. Man kann den mythischen Charakter auch von Gen 2-3 herausstellen[84] und den Sachverhalt, daß hier nur ein einziger Gott handelt, mit dem Vorliegen eines frühkulturellen Mythos erklären[85] – die Erschaffung des Menschen und seine Funktion in der Welt ist fundamental unterschiedlich: In dem altbabylonischen, aus drei Tafeln bestehenden Atramḫasis-Epos[86], in dem zu Anfang Götter und Menschen eine Gattung bilden, tritt die zu Frondiensten gezwungene kleine Göttergruppe der Igigu gegen die Gruppe der Anunna in den Streik. Verhandlungen mit dem die Anunna führenden Enlil ergeben, daß die göttliche Kulturarbeit des babylonischen Kanalnetzes von zu erschaffenden Menschen übernommen werden soll. Aus Lehm und Blut eines geopferten Gottes erschafft die Muttergöttin den ersten Menschen, der von dem getöteten Gott Verstand im Sinne von Planungsfähigkeit (ṭemu) erbt, aber wohl nicht göttliche Weisheit, die er für seine Arbeiten, die den Göttern und den Menschen dienen, nicht benötigt: „Große Kanaldeiche bauten sie für die Hungerstillung der Menschen, den Unterhalt [der Götter]".[87] Nach Gen 2,15 wird dem Menschen Selbstverantwortung übereignet, wenn er den Garten zu seinem Zwecke bebauen und bewahren soll, er hat nicht das Joch auf sich zu nehmen und den Tragkorb des Gottes zu tragen (I: 196f.).[88] Der Mensch nach den Schöpfungserzählungen des Alten Testaments ist nicht eine Antwort auf einen Konflikt in der Götterwelt, wie im Atramḫasis-Epos. Er ist auch nicht, was in diesem Epos

---

83 Dazu R. Albertz, a.a.O. (Anm. 46).

84 H.-P. Müller, Mythische Elemente in der jahwistischen Schöpfungserzählung (1972/1991), in: Ders., Mythos (Anm. 77), 3-42.

85 H.-P. Müller, Erkenntnis (Anm. 77), 74.

86 Die inzwischen in vielem überholte Erstedition haben besorgt: W. G. Lambert/A. R. Millard, Atraḫasīs. The Babylonian Story of the Flood, Oxford 1969; eine Neubearbeitung der Tafel 1 liegt von W.v. Soden, Die erste Tafel des altbabylonischen Atramḫasīs–Mythos. ›Haupttext‹ und Parallelversionen, in: ZA 68 (1978), 50-94, vor; W. v. Soden hat auch die Übersetzung und Einführung in TUAT III/4, 612-645, vorgelegt.

87 I 338f. Übersetzung nach TUAT III/4, 626. Vgl. auch den Weltschöpfungsmythos Enuma eliš, VI 1-8 (TUAT III/4, 565-602, hier 591f.).

88 Vgl. jetzt auch W. R. Mayer, Ein Mythos von der Erschaffung des Menschen und des Königs, in: Or. 56 (1987), 55-68, und dazu H.-P. Müller, Eine neue babylonische Menschenschöpfungserzählung im Licht keilschriftlicher und biblischer Parallelen – zur Wirklichkeitsauffassung im Mythos – (1989), in: Ders., Mythos (Anm. 77), 43-67, hier 55.

ebenfalls zum Ausdruck kommt, einem ‚blinden' Schicksal unterworfen, das zwar gegebenenfalls erkenn- und vermeidbar, aber nicht ethisch begründet ist, sondern hat die Möglichkeit zu Entscheidungen, die sein Leben gestalten, damit freilich auch das Risiko, sich zu verfehlen.[89] Im Atramḫasis-Epos fassen die Götter auf Anregung Enlils den Entschluß, durch drei Reihen von Plagen die Menschen zu reduzieren und schließlich durch eine Sintflut, die dann nur Atramḫasis mit seiner Familie überlebt, gänzlich zu vernichten, weil sie sich jahrhundertelang vermehrt und durch ihr ‚lautes Tun' Ruhe und Schlaf in der Götterwelt gestört hätten.[90] Von einer Schuld der Menschen, wie sie in Gen 6,5-8 und 6,13 die Sintflut begründet, kann keine Rede sein.

Es fällt auf, daß vor allem die altorientalischen Schöpfungstexte den Referenzrahmen für komparatistische Forschungen bilden. Will man nicht zu viel Gewicht auf die Vermutung legen, daß nachweislich schon seit der Spätbronzezeit in Palästina Texte mit altorientalischen Mythentraditionen bekannt waren[91] und daß gegebenenfalls Wissensstoffe im Zuge von Handelsverbindungen übermittelt wurden, so daß die für Delitzsch zentrale Stelle Gen 11,31, wenn auch erst aus exilischer Zeit, ihr Recht bekäme, läßt sich unter der Voraussetzung einer erst späten Entstehung von Gen 2-3 dieser Text auch als Auseinandersetzung mit mesopotamischen Traditionen des 1. Jt. verstehen.[92]

Aus dem geographisch näherliegenden Raum ist kein vergleichbarer Text bekannt, es sei denn, er wird konstruiert.[93] Spekulativ ist, wie schon an anderer Stelle vermerkt,[94] der Versuch, in der Schlange von Gen 3 ein Fruchtbarkeitssymbol und eine Anspielung auf einen kanaanäischen Fruchtbarkeitskult zu sehen. Damit wird nur die atl. Polemik gegen alles Kanaanäische in die Gegenwart verlängert.[95]

---

89 Auf diese Differenz weist nachdrücklich hin: E. Otto, Die Paradieserzählung Genesis 2-3: Eine nachpriesterschriftliche Lehrerzählung in ihrem religionshistorischen Kontext, in: A.A. Diesel/R.G. Lehmann/E. Otto./A. Wagner (Hgg.), „Jedes Ding hat seine Zeit…" Studien zur israelitischen und altorientalischen Weisheit. D. Michel zum 65. Geb. (BZAW 241), Berlin/New York 1996, 167-192, hier 167-172.

90 I 352-359, Zu ḫubūru (‚lautes Tun') s. AHw I 352 und TUAT III/4, 627.

91 Als Beispiel mag das in Megiddo aus der Spätbronzezeit stammende Bruchstück der 7. Tafel des Gilgamesch-Epos dienen, s. dazu TUAT III/4, 670.

92 So jetzt E. Otto, a.a.O. (Anm. 89).

93 S. die in Anm. 49 genannte Arbeit von D. Michel.

94 S. oben und Anm. 56. Der sog. Schlangentext von Ugarit (KTU 1.100) ist in seiner Deutung höchst umstritten. Es ist nicht deutlich, ob etwa eine sexuelle Konnotation vorliegt oder gar die Schlange als apotropäisches Mittel aufgefaßt ist, s. dazu I. Kottsieper, KTU 1.100 – Versuch einer Deutung, in: UF 16 (1984), 97-110.

95 Mesopotamische und kanaanäische Vorstellungen zusammen dürften sich in der Vorstellung des Gartens von Gen 2-3 finden. Zu Einzelheiten s. W. Fauth, Der Gar-

V. Folgerungen

Welche Konsequenzen ergeben sich? Der Babel-Bibel-Streit hat die theologische Problematik der religionsgeschichtlich gestützten und verabsolutierten Bibeldeutung und die religionsgeschichtlichen Anfragen an die theologische Bibelinterpretation überscharf deutlich gemacht und ins öffentliche Bewußtsein gehoben. Auch wenn die unterschiedlichen Programme: Babel und Bibel, Bibel und Babel, Babel gegen Bibel mit großer Leidenschaft vertreten wurden, so erscheint freilich der Streit selber rückblickend nur als ein „Druckfehler der Weltgeschichte"[96]. Die Fragen dagegen, die er gestellt und provoziert hat, sind nicht erledigt.

Seit dem ausgehenden 19. Jh. und in den ersten beiden Jahrzehnten des 20. Jh. war die sog. Religionsgeschichtliche Schule, durch schnell wachsende Entdeckungen und Kenntnisse beflügelt, zu einem über Deutschland hinausweisenden Forschungszweig geworden, der sich den Umweltbezügen des Alten Testaments und des Neuen Testaments stellte. Wenn auch Berlin in den folgenden Jahrzehnten nicht die Hochburg der Religionswissenschaft in Deutschland war, hier wurde jedenfalls 1910 der erste Lehrstuhl an der Theologischen Fakultät eingerichtet.[97] Das Verhältnis zwischen Theologie und Religionswissenschaft, zwischen normativem Anspruch und historischer Bedingtheit, war ein Problem, dem sich schon zu Beginn des Jahrhunderts Adolf von Harnack in seiner berühmten Berliner Rektoratsrede vom 3. August 1901, einige Monate vor dem ersten Vortrag Delitzschs, zuwandte und dabei entschieden gegen eine Umwandlung Theologischer Fakultäten in Fakultäten für Allgemeine Religionsgeschichte Stellung bezog sowie religionsgeschichtliche Lehrstühle in Theologischen Fakultäten ablehnte.[98]

---

ten des Königs von Tyros bei Hesekiel vor dem Hintergrund vorderorientalischer und frühjüdischer Paradiesvorstellungen, in: Kairos 29 (1987), 57-84.

96 So F. Dernburg, Berliner Tageblatt Nr. 31 vom 18. Januar 1903; mit Kontext als Motto zitiert von R. Lehmann, a.a.O. (Anm. 1), VII.

97 Zur Geschichte der Religionswissenschaft allgemein und als akademischer Disziplin s. K.-H. Kohl, in: H. Cancik/B. Gladigow/M. Laubscher (Hgg.), Handbuch religionswissenschaftlicher Grundbegriffe, Bd. I, Stuttgart u.a. 1988, 217-262. Zur Geschichte des Faches Allgemeine Religionsgeschichte an der Berliner Universität s. K.-W. Tröger, in: WZ (B). GS 7 (1985), 577-579.

98 A. Harnack, Die Aufgabe der theologischen Facultäten und die allgemeine Religionsgeschichte, Gießen [1-3]1901 = Dies., Reden und Aufsätze II, Gießen [2]1906, 159-187. Dazu C. Colpe, Bemerkungen zu Adolf von Harnacks Einschätzung der Disziplin „Allgemeine Religionsgeschichte", in: NZSTh 6 (1964), 51-69 = Ders., Theologie, Ideologie, Religionswissenschaft (TB 68), München 1980, 18-39. Es entbehrt nicht einer gewissen Wissenschaftstragik, daß 100 Jahre nach jenen Auseinandersetzungen das Fach ‚Religions- und Missionswissenschaft sowie Ökumenik' in der Theologischen

Nachdem in den 30er Jahren eine theologische Reaktion auf die Religionsgeschichtliche Schule erfolgt war, ist in der zweiten Hälfte unseres Jahrhunderts, ausgehend von England und Skandinavien, wieder zunehmend religionsgeschichtliches Fragen auf Interesse gestoßen.[99] Getragen und befördert hat das die Erkenntnis, daß das Alte Israel ein Teil der altorientalischen Welt im 1. vorchr. Jt. war und damit nicht ohne Verkürzungen und Fehleinschätzungen aus dem Beziehungsgeflecht von Geschichte und Kultur, das heißt insbesondere von Religion und Literatur herauszulösen ist. Positiv formuliert: Eine breitere Kontextualisierung garantiert einen besseren Blick von dem Allgemeinen auf das Besondere und zwingt, das Vertraute gegebenenfalls durch ‚Verfremdungen' des Textverständnisses preiszugeben, das durch die atl. Zusammenhänge geformt und die christliche Tradition im wesentlichen mitgeprägt ist sowie weitgehend auf einer den Texten abverlangten aufgeklärten und aufklärerischen Rationalität beruht.

Wie schnell ohne religionsgeschichtlichen Blick die theologische Textaneignung abstrakt und theologisch verengt zu werden droht, zeigt das Beispiel Gerhard von Rads, der die Vielstimmigkeit von Gen 3 auf die Aussage reduziert: „Gen 3 behauptet, daß alles Leid aus der Sünde kommt."[100] Aber auch bei konkreterem Verständnis kann die Auslegungstradition den Textsinn okkupieren. Die für Gen 3 bevorzugte theologische Metapher vom Sündenfall neigt zu falschen Assoziationen: Vom Teufel und einer Verführung zum Bösen erzählt der Text ebensowenig etwas wie von der Frau als Verführerin des Mannes oder der Schlange als Verkörperung eines bösen Prinzips.[101] Ohne an dieser Stelle auch nur annähernd eine Auseinandersetzung mit dem Problem des antiken Wirklichkeitsverständnisses führen zu können, wird man es als religionsgeschichtlich defizitäre Vorstellung sehen müssen, wenn, um noch einmal von Rad zu zitieren, angenommen wird, „daß hinter unserer Erzählung in großer Ferne einmal ein Mythus gestanden hat. Aber so wie sie uns jetzt vorliegt, in dieser ihrer Durchsichtigkeit

---

Fakultät der Humboldt-Universität zu Berlin wissenschaftshermeneutisch unumstritten ist, dafür aber durch Vorgaben des Landeshaushalts, der die künftige Fakultätsstruktur diktiert, in Bedrängnis gerät.

99   Dies stellt schon 1964 programmatisch C. Westermann fest, s. Ders., Das Verhältnis des Jahweglaubens zu den außerisraelitischen Religionen, in: Ders., Forschung am AT. Gesammelte Studien (TB 24), München 1964, 189-218.

100   G. von Rad, Das erste Buch Mose, Genesis Kapitel 1-12, 9 (ATD 1), Göttingen [12]1987, 73, wo er das Problem selbst erkennt. Eine auch religionsgeschichtlich begründete Korrektur der negativen Sicht von Gen 3 findet sich bei R. Albertz, a.a.O. (Anm. 46).

101   Vgl. dagegen Weish 2,24; Offb 12,9.

und Verständlichkeit ist sie alles andere als ein Mythus. Nicht was die Schlange ist, sondern was sie sagt, soll uns beschäftigen."[102]

Das eine ist aber vom anderen nicht zu trennen und beides gründet in einer urgeschichtlich postulierten mythischen Weltaneignung,[103] die die Gegenwart begründet, normiert und trägt, aber sich nicht durch eine ‚salomonische Aufklärung'[104] in die Rumpelkammer der Geschichte verbannen läßt. Der Gedanke mythenzerstörender Rationalität verkennt, „daß die Mythen allemal ihren Logos haben, anders gesagt: daß das mythische Denken rational ist, nämlich ungeschiedene Wirklichkeit ordnet, kausale Verknüpfungen anbietet... Man kann einen Mythos nicht widerlegen, wohl aber kann man einen anderen Mythos an seiner Stelle oder mit dem ersten zusammen erzählen. Die mythische Wirklichkeit ist damit allemal eine vieldeutige."[105] Auch für Gen 2-3 gilt, daß mit einer Polysemie zu rechnen ist, die durch Überlagerungen und Ergänzungen in mündlichen und schriftlichen Überlieferungsprozessen entstanden ist,[106] so daß semantisch eindeutige Auslegungen unter Reduktionsverdacht geraten. Was die polysemen altorientalischen Texte nicht für die Exegese leisten können, dürfte auch deutlich sein: Sie eignen sich nicht als Hilfe für die Auflösung von Mehrdeutigkeiten, Spannungen und Widersprüchen.

Neben die theologische Unbefangenheit kann eine religionsgeschichtliche Naivität treten, die sich in verschiedenen Facetten zeigt. Sie kann einerseits in der konsequenzlosen Erwähnung altorientalischer Parallelen bzw. in der eklektischen Aufnahme von Motiven altorienta-

---

102 G. von Rad, a.a.O. (Anm. 100), 62.

103 Zum Mythos als literarische Gattung und zum Mythischen als Denk- und Erzählform z.B. C. Petersen, Mythos im Alten Testament (BZAW 157), Berlin/New York 1982; R. Lux, „Die Rache des Mythos". Überlegungen zur Rezeption des Mythischen im Alten Testament, in: Die Zeichen der Zeit 38 (1984), 157-170, und vor allem die Arbeiten H.-P. Müllers, im Blick auf die Schöpfungserzählungen bes. die unter dem Titel ‚Mythos-Kerygma-Wahrheit' zusammengefaßten, in BZAW 200 erschienenen Aufsätze.

104 So G. von Rad, Theologie des Alten Testaments, I: Die Theologie der geschichtlichen Überlieferungen Israels, München [10]1992, 62-70, bes. 68f. zur Charakterisierung des ‚jahwistischen Geschichtswerks'; vgl. dazu H.-P. Müller, Mythische Elemente in der jahwistischen Schöpfungserzählung, in: Ders., Mythos (Anm. 77), 3-42.

105 J. Ebach, Liebe und Paradies. Oder: Wider die Denunzierung des Sündenfalls als Sünde der Sexualität, in: Anstöße 30 (1983), 54-60, hier 55.

106 Einen besonders bemerkenswerten Versuch, eine mit der altorientalischen Literatur vermittelte Polysemie bei Gen 2-3 herauszuarbeiten, hat H.-P. Müller, Erkenntnis (Anm. 77), 191-210, vorgelegt. Als Stationen der Bedeutungsgeschichte, die er aber nicht mit literarkritisch oder traditionsgeschichtlich erhebbaren Textfassungen identifizieren will, unterscheidet er eine sexuelle, eine sozialgeschichtliche, eine magische und eine gnoseologische Deutung.

lischer Texte liegen, die das Grundsätzliche und Zeit wie Ort Übergreifende illustrieren oder das Andere und Fremde von den atl. Texten absetzen will.[107] Sie kann andererseits in der Verabsolutierung religionsgeschichtlicher Analogien liegen, die den atl. Texten jede Eigenständigkeit verwehrt. So erfaßt die besonders auf religionswissenschaftlicher Seite dominante Deutung der Erkenntnis von Gen 3 im Blick auf die Schlange als Bewußtwerdung der Sexualität[108] längst nicht alle Signale des Textes, die nicht hinter dem Text, sondern in ihm liegen.

Die künftige Forschung wird stärker darauf zu achten haben, daß sich nicht die Vergleiche zwischen atl. und altorientalischen Texten zu einer ,Parallelomania' entwickeln, die methodisch unkontrolliert beiläufige Einzelzüge und einzelne Formelemente und Motive segmentiert und neu zuordnet, ohne auf Alter, formale Gestaltung, traditionsgeschichtlichen Ort und Zusammenhang der Texte zu achten.[109] Davon unberührt ist, daß typische oder antitypische Situationen und Konstellationen erfaßt werden, die nicht auf dem Wege direkter Beeinflussung verrechenbar sein müssen, sondern aus vergleichbaren religiösen und kulturellen Lebensaneignungen resultieren können. Strukturvergleiche setzen notwendig ,Konfigurationen' der Texte insgesamt voraus und verdichten erst auf dieser Grundlage die Textaussagen zu semantischen Topoi, freilich unter der Gefahr einer unkontrollierten Abstraktion. Deshalb müssen Kategorien beachtet werden, die das Verhältnis zwischen den atl. und altorientalischen Texten bestimmen.[110] Erst dann ist

---

107 Der Kommentar von C. Westermann, Genesis 1. Teilband Genesis 1-11 (BK I/1), Neukirchen-Vluyn ³1983, vgl. 1-103 und 245-380 passim, vermittelt diesen Eindruck. Andererseits ist es auch C. Westermann, der sich (mit Blick auf Gen 1-3) gegen kontextlose Parzellierungen wendet: „Ein dem Verstehen biblischer Texte dienendes Vergleichen muß von phänomenologischen Ganzheiten herkommen und auf sie zielen." (Ders., Sinn und Grenze religionsgeschichtlicher Parallelen [1965], in: R. Albertz/E. Ruprecht (Hgg.), Forschung am AT. Ges. Studien II, (TB 55), München 1974, 84-93, hier 85. Vgl. jetzt auch H. Seebass, Genesis I. Urgeschichte (1,1-11,26), Neukirchen-Vluyn 1996, 96-142.

108 So R. Schlesier, a.a.O. (Anm. 39).

109 Dazu B. S. Rummel, Using Ancient Near Eastern Parallels in Old Testament Study, in: The Biblical Archaeology Review 3 (1977), 3-11.

110 In Ansätzen schon H. Ringgren, The Impact of the Ancient Near East on Israelite Tradition, in: D.A. Knight (Hg.), Tradition and Theology in the Old Testament, Philadelphia 1977, 31-46; C. Colpe, Nicht „Theologie der Religionsgeschichte", sondern „Formalisierung religionsgeschichtlicher Kategorien zur Verwendung für theologische Aussagen" (1967), in: Ders., Theologie, Ideologie, Religionswissenschaft. Demonstrationen ihrer Unterscheidung (TB Religionswissenschaft 68), München 1980, 278-288f., hier 281: „Voraussetzung, Rezeption unter polemischen Vorzeichen, Metamorphose, Bezugnahme, Parallele, Kontrast, Umkehrung, Analogie mit oder ohne

Erkenntnisgewinn möglich: „Der Exeget rekonstruiert dabei den Dialog (im weitesten Sinne des Wortes), dessen Teil der biblische Text einst gewesen ist. So werden die Fragen neu gestellt, auf die der Bibeltext Antwort war, die Erwartungen, die man mit ihm verbinden konnte, die Voraussetzungen, aufgrund derer er rezipiert wurde, und die Alternativen, die es – unter gleichen oder ähnlichen Voraussetzungen – zu ihm gab."[111]

Neben den Texten gewinnen immer mehr Bilder Beachtung. Delitzsch hatte dem Bild nicht nur einen realienkundlichen Wert zugestanden, sondern die Möglichkeiten erkannt, darin über religiöse und theologische Zusammenhänge zu lesen. Das ist zutreffend, sofern die Sprachlichkeit der Bilder und die Bildlichkeit der Sprache korrelieren können. Die bisher noch nicht umfassend gelöste Schwierigkeit ist freilich, die synchronen und diachronen Ebenen der Bild- und Textwelt in Zusammenhängen zu erfassen und sie zunächst je in ihr eigenes Recht zu setzen, bevor beide Bereiche miteinander ins Verhältnis gebracht werden.[112] Die Miniaturkunst Syrien-Palästinas zeigt eine große Vertrautheit mit altägyptischen und vorderasiatischen Motiven.[113] Weil das Alte Israel entsprechende Bildthemen und -elemente kannte und rezipierte, ist der ikonographische Zweig der religionsgeschichtlichen Deutung von autochthonen Bildträgern unverzichtbar. In einer Kultur, in der ein verschwindend geringer Teil der Bevölkerung lesen und schreiben konnte, ist das Bild ein ganz wesentliches Mittel des kulturellen und religiösen Ausdrucks. Wenn Theodor Adorno vom „verzweifelten Überschwang jener Kunstreligion" spricht, die „sich einredet, die Welt sei nur eines schönen Verses oder einer vollkommenen Satzperiode

---

implizite Antithese, Aufhebung innerhalb und außerhalb von Konvergenz: das sind Vorschläge für Formalisierungen." Eine noch feinere Gliederung hat C. Colpe zusammen mit K. Berger, Religionsgeschichtliches Textbuch zum Neuen Testament (Texte zum Neuen Testament 1), Göttingen/Zürich 1987, 18-26, vorgelegt. Unterschieden werden Kategorien, die Unterschiede und Ähnlichkeiten erfassen.

111 K. Berger/C. Colpe, a.a.O. (Anm. 110), 11.

112 Vgl. dazu O. Keel, a.a.O. (Anm. 63), XI-XIV und 267-273. Vgl. die Auseinandersetzung zwischen H. Weippert (Siegel und Mondsichelstandarten aus Palästina, in: BN 5 [1978], 43-55) und O. Keel (Grundsätzliches und das Neumondemblem zwischen den Bäumen, in: BN 6 [1978], 40-55).

113 O. Keel/Chr. Uehlinger, Göttinnen, Götter und Gottessymbole. Neue Erkenntnisse zur Religionsgeschichte Kanaans und Israels aufgrund bislang unerschlossener ikonographischer Quellen (QD 134), Freiburg u.a. ²1998; Dies., Altorientalische Miniaturkunst. Die ältesten visuellen Massenkommunikationsmittel. Ein Blick in die Sammlungen des Bibl. Instituts der Universität Freiburg Schweiz, Fribourg/Göttingen 1996.

willen geschaffen worden"[114], dann ist das ein indirektes Votum für die
Bedeutung der Bilder, die mit ihrer Tendenz, Typisches, Korrelationen
und Konstellationen zu erfassen, besonders geeignet sind, Texte im
Blick auf ihre Konfigurationen zu verfremden und wiederzuerkennen.
„Eine Besonderheit ao. [altorientalischer, R.L.] Bilder ist zudem, daß es
sich bei ihnen in hohem Maße um Denkbilder handelt, die aspektivisch
typische und wesentliche Konstellationen darstellen, aber nicht, wie die
Kunst seit dem Hellenismus, perspektivisch wiedergeben wollten, wie
etwas (von einem ganz bestimmten Punkt aus) aussieht. Die ao. Bilder
wollen zeigen, wie etwas ist. Sie zwingen den/die Betrachterin, mit den
Augen des AO zu sehen und können so auch Mißverständnisse verhindern oder korrigieren, wo heutige Vorverständnisse naiv in die bibl.
Texte hineingetragen werden…"[115]

Vor allem die Fribourger Schule unter ihrem *spiritus rector* Othmar
Keel hat im letzten Vierteljahrhundert in rastlosen Bemühungen das
altorientalische Bildmaterial mit syrisch-palästinischem Schwerpunkt
zusammengetragen, interpretiert und dabei zunehmend das hermeneutische und methodische Instrumentarium präzisiert: die Fragen um
Chronologie und Produktionsbedingungen, um Tradition und Innovation, um Sitz im Leben und Funktion, um „Die Welt der altorientalischen Bildsymbolik und das Alte Testament"[116] in ihrem Beziehungsgeflecht besser zu verstehen. Daß dabei noch viele Probleme ungeklärt
sind, spricht ebensowenig gegen die religionsgeschichtlich notwendige
Aufgabe, ein ikonographisch erhobenes religiöses Symbolsystem zu
rekonstruieren, wie für die exegetische Präferenz des Textes gegenüber
dem Bild, die Sir 38,24-34 nahezulegen scheint.

Der Babel-Bibel-Streit stand am Anfang des Jahrhunderts, am Ende
steht wieder, nun freilich durch eine hundertjährige Forschungsgeschichte differenziert, für extreme Positionen sensibilisiert und auf die
geschlossenen Kreise fachwissenschaftlicher Diskurse begrenzt, eine
Debatte über Religionsgeschichte und Theologie, die in eine falsche
Alternative mündet, wenn die Frage gestellt wird: „Religionsgeschichte
Israels oder Theologie des Alten Testaments?"[117]

Ist auch mit der Religionsgeschichte Israels der Referenzrahmen
enger als zur Zeit jenes Streits, so ist doch die Auseinandersetzung, in

---

114 Th. Adorno, Ästhetische Theorie, Frankfurt a.M. 1973, 476f.
115 S. Schroer, Art. Ikonographie, Biblische, in: NBL II, 1995, 220.
116 So der Titel einer Monographie O. Keels, die 1972 erschienen ist und zur Zeit in 5.
     Aufl. 1996 vorliegt. Zu methodischen Überlegungen s. daneben die in Anm. 32.63
     genannten Arbeiten desselben Verfassers.
117 So der Titel des Jahrbuches für Biblische Theologie, Band 10 (1995).

der ebenfalls außergewöhnliche Meinungen vertreten werden,[118] hermeneutisch darin vergleichbar, daß der Streit weiterhin im wesentlichen um theologische Normativität und religionsgeschichtliche Relativität geführt wird, um Synchronie und Diachronie, um geschlossene Systeme und offene Paradigmata. Die Alternative[119] dürfte falsch sein, ihre Aufhebung[120] bzw. ihre sich bedingende Ergänzung[121] für eine angemessene Texterschließung ist sicher auf dem richtigen Weg.

Nicht zuletzt die mit der Religionsgeschichte verbundenen Fragen, besonders die, die über das Alte Testament im engeren Sinne hinausweisen, bedürfen der inter- und transdisziplinären Zusammenarbeit, für die die Theologische Fakultät mit ihrer Fächerstruktur einstehen will und Gesprächspartner innerhalb, aber auch außerhalb der Universität bereitstehen. Im Rückblick auf Friedrich Delitzsch und den Babel-Bibel-Streit – freilich nicht in karnevalisierender Tragik –, wäre eine größere Publizität der Forschung, ein Dialog über die fachwissenschaftlichen Grenzen hinaus, für die Theologie eine selbstkritische und wohl auch kathartische Aufgabe. Der indische Dichter und Philosoph Rabindranath Tagore hat eine tiefe Erkenntnis zum Ausdruck gebracht, als er sagte: „Wenn ihr eure Türen allen Irrtümern verschließt, schließt ihr die Wahrheit aus."[122]

---

118 S. die Beiträge von N. P. Lemche, Warum die Theologie des Alten Testaments einen Irrweg darstellt, a.a.O. (Anm. 117), 79-92, und Th. L. Thompson, Das Alte Testament als theologische Disziplin, a.a.O. (Anm. 117), 157-173.

119 S. einerseits R. Albertz, Religionsgeschichte Israels statt Theologie des Alten Testaments! Plädoyer für eine forschungsgeschichtliche Umorientierung, a.a.O. (Anm. 117), 3-24, vgl. 177-187, und andererseits R. Rendtorff, Alttestamentliche Theologie nach Albertz?, a.a.O. (Anm. 117), 25-44.

120 S. F. Crüsemann, Religionsgeschichte oder Theologie? Elementare Überlegungen zu einer falschen Alternative, a.a.O. (Anm. 117), 69-77.

121 Th. Sundermeier, Religionswissenschaft versus Theologie? Zur Verhältnisbestimmung von Religionswissenschaft und Theologie aus religionswissenschaftlicher Sicht, a.a.O. (Anm. 117), 189-206; N. Lohfink, Fächerpoker und Theologie. Herausgeber-Nachgedanken zu der Diskussion, a.a.O. (Anm. 117), 207-230.

122 R. Tagore, Verirrte Vögel. Aphorismen, aus dem Englischen übersetzt von H. Meyer-Franck, o. J., Nr. 130.

„Wer eine Grube gräbt..."

Zum Verhältnis von Archäologie und Exegese am Beispiel einer Ausgrabung in Jerusalem

Biblische Weisheitserfahrungen sind seit alten Zeiten zum Bildungsgut geworden und gehören heute zum klassischen Zitatenschatz, auch wenn die alttestamentliche Herkunft oft nicht mehr bekannt ist.[1] Wenn in einem Fachbeitrag, der nach dem Verhältnis von archäologischer und exegetischer Forschung fragt, im Titel aus der Weisheitstradition zitiert wird, dann ist ein wissenschaftlich redlicher Umgang mit dem Text zu erwarten. Das Zitat spielt auf Koh 10,8 an. Dort beklagt der Weisheitslehrer die unbeabsichtigte Folge, daß jemand in die Grube fallen kann, die er selber gegraben hat. Für das Verständnis des Wortes will der Kontext von Koh 10,8, d.h. die Spruchsequenz Koh 10,8-11, beachtet sein,[2] damit jene Aussage nicht unter der Hand mit der ebenso zeitlosen Einsicht verwechselt wird, nach der jemand in die Grube fällt, die er eigentlich für andere ausgehoben hat, der Täter also selber zum Opfer wird. Auch dies ist der Spruchweisheit vertraut,[3] aber nicht in Koh 10,8 zum Ausdruck gebracht und auch nicht im vorliegenden Beitrag zu assoziieren! Worauf im Titel angespielt werden soll, ist Kohelets Erkenntnis, daß redliche Absichten durchaus unerwünschte Konsequenzen haben können. Im übrigen ist der Begriff ‚Grube'[4] mehrdeutig.

---

1   Ein amüsantes Beispiel aus einem Fernsehgespräch zwischen Politikerin und Moderator, die bei der Quelle der Sentenz „Der Mensch lebt nicht vom Brot allein" um Brecht und Schiller streiten, nennt J. Ebach (Die Bibel beginnt mit „b". Vielfalt ohne Beliebigkeit, in: Ders., Gott im Wort. Drei Studien zur biblischen Exegese und Hermeneutik, Neukirchen-Vluyn 1997, 85-114, hier: 102f.).

2   Vgl. A. Lauha, Kohelet (BK XIX), Neukirchen-Vluyn 1978, 186-189.

3   Ps 7,16; 9,16; 57,7; Prov 26,27, besonders klar Sir 27,26. Daß die Grube für *andere* gedacht ist, wie es sprichwörtlich heißt, wird übrigens an keiner Stelle explizit gesagt.

4   In Koh 10,8 steht das *hapax legomenon* גומץ. Weitere Termini sind בור (Ps 7,16), שׁיחה (Ps 57,7) und vor allem שׁחת (Ps 7,16; 9,16; Prov 26,27).

Er wird im Zitat im üblichen Sinn verwandt, meint aber auch metaphorisch das, worum es im folgenden geht: ein Grab.[5]

Noch eine andere weisheitliche Erfahrung hat das Koheletbuch populär gemacht, nämlich die Erkenntnis, daß alles seine Zeit hat (Koh 3,1-9). Daß dieses Urteil auch für wissenschaftliche ‚Entdeckungen' Bestand hat, wird sich in den folgenden Abschnitten zeigen. Zunächst wird die Ausgrabung einer Grabanlage im Hinnomtal (*Wādī er-Rābābe*) vorgestellt (I). Danach werden Fragen um zwei in einem der Gräber gefundene Silberstreifen mit einer an Num 6,24-27 erinnernden Inschrift erörtert (II) und mit der biblischen Tradition ins Gespräch gebracht (III). Schließlich sollen der breitere archäologische Kontext (IV) und alttestamentliche Zusammenhänge (V) um Grab und Tod zur Darstellung kommen, bevor dann eine Auswertung zum Verhältnis von Archäologie und Bibelwissenschaft (VI) vorgenommen wird.

I.

Im Sommer 1986 brachte die Internationale Ausgabe der Jerusalem Post einen mit Abbildung versehenen dreispaltigen Bericht mit der Überschrift "Scholars decipher oldest Bible text"[6]. Dem Zeitungsartikel lag ein Interview mit dem Ausgräber Gabriel Barkay zugrunde, der von zwei zusammengerollten Silberamuletten berichtet hatte, die 1979 im *Wādī er-Rābābe* in einer aus vorexilischer Zeit stammenden Familiengruft entdeckt, drei Jahre später in einem komplizierten Verfahren ge-

---

5   Vgl. zu den ‚Bereichen des Todes' O. Keel, Die Welt der altorientalischen Bildsymbolik und das Alte Testament, Neukirchen-Vluyn [5]1996, 53-68, speziell zu Grab und Grube 54-63. Zur Grube als Metapher für Grab und Unterwelt s. L. Wächter, Art. שְׁאוֹל *šeʾōl*, in: ThWAT VII, 1993, 901-910, hier: 904f.

6   Jerusalem Post – International Edition vom 20. Juni 1986, 1. A. Rabinovich schreibt zu Beginn seines Berichts: „The oldest biblical text ever found – a seventh century extract from Numbers – has been deciphered in Jerusalem from faint scratchings on two tiny silver amulets excavated in the Hinnom Valley in 1979." Vgl. weitere Notizen desselben Verfassers in Jerusalem Post – International Edition vom 17. Juli 1986, 10, und vom 9. August 1986, 16f. Über die Presseagenturen erreichte die Nachricht zur selben Zeit auch in Deutschland viele Zeitungsleser und -leserinnen. So schrieb die Westdeutsche Allgemeine Zeitung am 10. Juli 1986 unter der Rubrik ‚Kulturelles in Kürze': „Die ältesten bisher gefundenen Bibeltexte [Plural! R.L.] aus dem Alten Testament sind bei Ausgrabungen in Jerusalem auf zwei kleinen Silberamuletten aus dem siebten Jahrhundert entdeckt worden."

öffnet, aber wiederum erst nach Jahren zum Teil entziffert worden waren.[7]

Über die Pressemitteilungen hinaus erschien noch während des Sommers 1986 eine kleine Abhandlung in Form eines Katalogs zur Ausstellung der Fundstücke im Israel-Museum von Jerusalem mit einem ausführlichen Überblick über die Ergebnisse der Grabungen von 1979 und 1980 und – als Höhepunkt – mit einem Einblick in die bis dahin unentzifferten Inschriften der Silberstreifen als „fragmentary text almost completely identical with the biblical verses in *Numbers* 6:24-26, known as the Priestly Benediction"[8]. Der plakative Titel des zweisprachigen Katalogs: „Ketef Hinnom. A Treasure Facing Jerusalem's Walls" entspringt der Suche nach einem biblischen Haftpunkt, der mit *Ketef Hinnom* („die Schulter Hinnoms') angedeutet wird.[9]

Der Ort der Ausgrabung liegt dort, wo der Jerusalem westlich vorgelagerte Höhenzug an seinem Ende in einem Ostabfall auf eine etwa 760 m hohe Kuppe mit dem Namen *Rās ed-Dabbūs* am östlichen Abhang des *Wādī er-Rābābe* zuläuft. Es handelt sich um ein Gebiet etwa 700 m Luftlinie südwestlich der Altstadt von Jerusalem, unmittelbar an der schottischen St. Andrew-Kirche, in der Nähe einer Straße, die nach Bethlehem und weiter nach Hebron führt.[10]

An anderen Grabanlagen gemessen, sind die Funde zum Teil spektakulär, zum Teil allerdings nur spektakulär interpretiert, wie die Diskussion um die beiden Silberplättchen zeigt. Die archäologisch nach-

---

7   Zunächst stand allein das entzifferte Tetragramm, also der Gottesname JHWH, im Vordergrund, s. G. Barkay, The Divine Name found in Jerusalem, in: BarR 9 (1983), 14-19.

8   G. Barkay, Ketef Hinnom. A Treasure Facing Jerusalem's Walls, Cat. No. 274, Summer 1986, The Israel Museum, Jerusalem 1986, 29, englischer Teil. Auf dem 12. ‚Congress of the International Organization for the Study of the Old Testament' (IOSOT), der vom 24. August bis zum 2. September 1986 in Jerusalem stattfand, hat G. Barkay ein Referat mit dem Titel „Silver Plaques with the Priestly Benediction" gehalten, der aber nicht im Kongreß-Band (VT.S 40, Congress Volume Jerusalem 1986, Leiden 1988) abgedruckt ist. Eine Zusammenfassung findet sich in den IOSOT-Abstracts, 12.

9   Vgl. zum Hinnomtal und zur ‚Schulter der Jebusiter' die Grenzbeschreibung des Stammes Juda in Jos 15,8 und des Stammes Benjamin in Jos 18,16.

10   Zu den topographischen Verhältnissen s. G. Dalman, Jerusalem und sein Gelände. Mit einer Einführung von K. H. Rengstorf und mit Nachträgen aufgrund des Handexemplars des Verfassers von P. Freimark, Hildesheim/New York 1972 (Reprogr. Nachdruck der Ausgabe Gütersloh 1930), 141ff., bes. 144. Eine Skizze und ein Bild vom Ausgrabungsgelände bietet G. Barkay, The Priestly Benediction on Silver Plaques from Ketef Hinnom in Jerusalem, in: Tel Aviv 19 (1992), 139-192, hier: 140f. Es handelt sich bei dem Aufsatz Barkays um die revidierte Übersetzung eines in Cathedra 52 (1989), 37-76, erschienenen hebräischen Beitrags.

gewiesenen Epochen reichen von der Eisenzeit II bis zur türkisch-
ottomanischen Zeit. In türkischer Zeit diente *Rās ed-Dabbūs* offensichtlich dazu, den südlichen Zugang zu Jerusalem zu schützen: Türkische
Gewehre wurden entdeckt, die zum Teil ‚lebensnah' in einer Grabhöhle
auf den aus dem Felsen gehauenen und ursprünglich für die Toten
vorgesehenen Bänken lagen: das Grab als symbolträchtiges Waffen-
und Munitionslager.[11] Eine in den Grundrissen und durch dekorative
Relikte erkennbare Kirche repräsentiert die byzantinische Zeit.[12] Auf
den Zeitraum der Römer weisen Bestattungsindizien, sofern Feuerbestattungen mit römischen Legionären verbunden werden können und
darüber hinaus in die Felsen getriebene Schachtgräber mit spätrömi-
schen Gefäßen und Schmuckstücken auf jene Epoche deuten.[13] Die
Grabanlagen scheinen von der Eisenzeit II an kontinuierlich über die
persische und hellenistische bis hin zur römischen Zeit benutzt worden
zu sein. Besonders bemerkenswert ist, daß neben den Grabhöhlen in
einer Schicht unterhalb der Feuerbestattungen auch Reste von Erdbestattungen nachgewiesen werden konnten. Es handelt sich dabei um
Gräber, die aus dem Boden ausgehoben und in einigen Fällen von Stei-
nen eingefaßt wurden. Bis auf wenige Münzen – unter anderem auch
von Pontius Pilatus – sind hier keine Gegenstände gefunden worden.

Die ertragreichste Entdeckung hat G. Barkay, unter dessen Leitung
das archäologische Institut der Universität von Tel Aviv nach vorange-
henden Oberflächenuntersuchungen (1971 bis 1975) fünf Grabungs-
kampagnen (zwischen 1975 und 1989) durchgeführt hat, in neun spät-
eisenzeitlichen, zum Teil durch Steinbrucharbeiten zerstörten Grabanlagen gemacht. Die Gestalt der aus hartem Kalkstein ausgehauenen
Gräber[14], die nur in Einzelheiten voneinander abweichen, entspricht
den Grabtypen der späten Eisenzeit in Juda und Jerusalem. Bis auf eine
Anlage, die neben zwei weiteren Räumen drei eigentliche Bestattungs-

---

11 G. Barkay, a. a. O. (Anm. 8), 12, englischer Teil.

12 G. Barkay, a. a. O., 13, englischer Teil.

13 G. Barkay, a. a. O., 15-18, englischer Teil. Feuerbestattung scheint in Israel die Aus-
    nahme gewesen zu sein, vgl. G. Quell, Die Auffassung des Todes in Israel, Darm-
    stadt 1967 (Reprogr. Nachdruck der Ausgabe Leipzig / Erlangen 1925), 5ff.

14 Dazu G. Barkay, a. a. O. (Anm. 8), 19, englischer Teil; Ders., a. a. O. (Anm. 10), 141-
    148 mit Zeichnungen der Grabanlagen und isometrischen Rekonstruktionsversu-
    chen. Grundlegend für die Gräbertypologie der Eisenzeit ist noch immer S. Loffreda,
    Typological Sequence of Iron Age Rock-Cut Tombs in Palestine, in: SBFLA 18 (1968),
    244-287, hier: 271ff.; vgl. weiter L. Y. Rahman, Ancient Jerusalem's Funerary
    Customs and Tombs. Part Two, in: BA 44 (1981), 229-235, hier: 231ff.; H. Weippert,
    Palästina in vorhellenistischer Zeit (Handbuch der Archäologie. Vorderasien II/I),
    München 1988, 413-415.484-492.631-634; E. Bloch-Smith, Judahite Burial Practices
    and Beliefs about the Dead (JSOT.S 123), Sheffield 1992,25-62. 152-245.

räume aufweist, bestehen die Gräber aus einem einzigen Raum, der ungefähr 3 x 3 m groß ist. In den Einzelräumen befinden sich an drei Seiten Bänke, in einigen Fällen mit Mulden für die Lage des Kopfes.[15] Mit vielen Ausgräbern mußte auch das Team um G. Barkay die Enttäuschung teilen, daß Raubgräber bzw. Grabräuber schon vorher aktiv waren. Es gab aber einen noch unentdeckten Ort: ein unversehrtes Depositorium, das unter einem der Grabbänke ausgehauen war, um die verwesten Gebeine mit den entsprechenden Grabbeigaben dort zu ‚lagern', wenn im Familiengrab Platz für neue Bestattungen benötigt wurde. Über 1000 Einzelstücke, die nach anthropologischen Untersuchungen zu mindestens 95 Individuen gehören, wurden gefunden. Sie gehören aufgrund der datierbaren Keramikgegenstände, von denen 263 Gefäße vollständig erhalten sind, in die späte Königszeit, in die Zeit des babylonischen Exils sowie in die persische und hellenistische Zeit. Zu den auffälligsten Funden zählen die Reste eines aus Mesopotamien bekannten, wegen des sepulkralen Kontextes als Sarkophag aufzufassenden wannenförmigen Keramik-Gegenstands[16], etwa 40 eiserne Pfeilspitzen und eine bronzene Pfeilspitze[17], einige aus Knochen und

---

15 Auch diese Vertiefungen (‚headrest') sind inzwischen häufig für die späte Eisenzeit in Juda und Jerusalem nachgewiesen, s. G. Barkay, a. a. O. (Anm. 10), 143f; E. Bloch-Smith, a. a. O. (Anm. 14), 42. Ein Photo und eine isometrische Zeichnung finden sich bei G. Barkay, a. a. O. (Anm. 8), 24f., hebräischer Teil. Die Deutung ist unklar. Während G. Barkay / A. Kloner (Jerusalem Tombs From the Days of the First Temple, in: BarR 12 [1986], 22-39) die omegaförmige Mulde als Hathorperücke bzw. als Variante einer u-förmigen Vertiefung verstehen, will O. Keel (The Peculiar Headrests for the Dead in the First Temple Times, in: BarR 12 [1987], 50-53) auf der Grundlage assyrischer Vorstellungen die Vertiefung als Uterus, d. h. als Symbol für Leben und Fruchtbarkeit der Muttergottheit deuten und damit den Tod als Rückkehr in die ‚Mutter Erde' verstehen. G. Barkay (Burial Headrest As a Return to the Womb – A Reevaluation, in: BarR 14 [1988], 48-59) hat eine symbolische Deutung zurückgewiesen. Er hält die ‚headrests' jetzt für ein dekoratives Element, das realen Betten in israelitischen Häusern nachgebildet sei. Gegen eine religiöse Deutung spricht sich auch R. Wenning (Bestattungen im königszeitlichen Juda, in: ThQ [1997], 82-93, hier: 88) aus.

16 Zu unterschiedlichen Funktionen der wannenförmigen Gefäße s. M. Weippert, Art. Sarkophag, Urne, Ossuar, in: BRL², Tübingen ²1977, 269-276, hier: 271.

17 G. Barkay (a. a. O. [Anm. 8], 22) spricht von einem skytho-iranischen Pfeiltyp und denkt an die babylonischen Eroberer als Benutzer. Nach der Photographie (a. a. O. [Anm. 8], 25) ist eine allochthone Herkunft nicht verifizierbar. Die Merkmale skythischer Pfeile (mehrflügelig, vorwiegend aus Bronze, meistens mit Tülle, oft mit Dorn, s. R. Rolle, Art. Bewaffnung. Die B[ewaffnung] der Reiternomaden. § 17. B[ewaffnung] der Skythen, in: Reallexikon der germanischen Altertumskunde, von J. Hoops. Zweite, völlig neu bearb. und stark erw. Aufl., in Zusammenarbeit mit H. Arbman u. a., hg. v. H. Beck u.a., Bd. 2, Berlin / New York 1996, 450-453, hier: 451) sind jedenfalls nicht nachweisbar. Aus jener Zeit sind in der sog. Davidsstadt nur

Elfenbein hergestellte Intarsien[18], eine für die Eisenzeit seltene Glasamphora[19], eine Kosmetikschale aus Alabaster[20] und hervorragende Schmuckgegenstände[21] aus Gold und Silber, vor allem Ohrringe, die in verschiedenen Techniken und Gestaltungen gefertigt wurden und an fremdländische Einflüsse denken lassen. Darüber hinaus hervorzuheben sind eine von der ägäischen Insel Kos stammende Silbermünze aus dem 6. Jh. und ein beschriftetes Bildsiegel mit der Legende *plṭh*.[22] Dabei ist das Siegel eine Art Präludium zu den schon genannten Silberstreifen, die nach Erscheinen des Ausstellungskatalogs die Diskussion um die Grabanlage eindeutig und z.T. auch einseitig beherrschten.[23]

II.

Die beiden zylinderförmig aufgerollten Streifen wurden 1979 entdeckt und geöffnet[24]. Streifen I, der größer als Streifen II ist, mißt ausgerollt 9,7 x 2,7 cm (aufgerollt 2,75 x 1,1 cm). Zunächst wurden 51 Buchstaben

---

wenige ‚skythische' Pfeile gefunden worden und die gehörten wohl eher zur Ausrüstung der Verteidiger, s. Y. Shilo, A Group of Hebrew Bullae from the City of David, in: IEJ 36 (1986), 16-38, hier: 23 und Anm. 20. Der Schluß von Streufunden auf Trägergruppen ist ohnehin problematisch, s. dazu R. Rolle, Urartu und die Reiternomaden, in: Saeculum 28 (1977), 291-339, bes. 295ff. Den Versuch einer Historisierung macht auch T. Vuk (Neue Ausgrabungen in Jerusalem – Ketef Hinnom, in: BiKi 42 [1987], 28-36, hier: 32), der aus dem Befund, daß „einige von diesen Pfeilspitzen verbogen sind und den Eindruck hinterlassen, im Kampf gebraucht worden zu sein", den Schluß zieht, daß „sich unter den hier Begrabenen auch Verteidiger Jerusalems während der Belagerungen 597 und 586 v. Chr. befinden" könnten.

18 Abbildungen bei G. Barkay, a. a. O. (Anm. 8), 32, hebräischer Teil.

19 G. Barkay, a. a. O., 8, hebräischer Teil, mit einer Abbildung von Glasamphoren aus einem anderen Grab. Zum Herstellungsverfahren und Nachweis von Glasgefäßen in der späten Eisenzeit s. H. Weippert, Art. Glas, in: BRL², Tübingen ²1977,98f.

20 Abbildung in G. Barkay, a. a. O. (Anm. 8), 33, hebräischer Teil.

21 Abbildungen in G. Barkay, a. a. O., 26-28, englischer Teil, 31, hebräischer Teil. Die stilistischen Bezüge scheinen von den Etruskern bis zu den Phönikern zu reichen, a. a. O., 26.

22 Münze und Siegel sind in G. Barkay (a. a. O., 34, hebräischer Teil) abgebildet, Erläuterungen a. a. O., 29, englischer Teil. Auf die Insel Kos als Herkunft der Münze weisen Krabbe und eingetieftes Quadrat auf Vorder- und Rückseite.

23 Vgl. R. Riesner, Der Priestersegen aus dem Hinnom-Tal, in: ThBeitr 18 (1987), 104-108; T. Vuk, a. a. O. (Anm. 17); A. Yardeni, Remarks on the Priestly Blessing on Two Ancient Amulets from Jerusalem, in: VT 41 (1991), 176-185; G. Barkay, a. a. O. (Anm. 10).

24 Dazu G. Barkay, a. a. O. (Anm. 10), 148-151, und zu Einzelheiten des komplizierten Verfahrens: M. Rasovsky / D. Bigelajzen / D. Shenhav, Cleaning and unrolling the Silver Plaques, in: Tel Aviv 19 (1992), 192-194.

vermutet, aber nur wenige Worte identifiziert, darunter das Tetragramm. Erst im Jahr 1986 konnte A. Yardeni[25] auf der Grundlage vergrößerter Photographien und mikroskopischer Untersuchungen 17 bzw. 18 Zeilen mit insgesamt 85 Buchstaben – sechs bis acht pro Zeile –, von denen 67 identifizierbar schienen, erkennen und lesen. Weitere Aufklärung brachten nach 1986 Infrarot-Untersuchungen und Aufnahmen mit Hilfe eines koaxial-illuminierten Mikroskops. Danach wird mit etwa 53 % des ursprünglichen Zeilenbestands gerechnet. Der kleinere Streifen II ist ausgerollt 3,9 x 1,1 cm groß (aufgerollt 1,15 x 0,55 cm). A. Yardeni nahm hier 17 Zeilen mit 62 Buchstaben an. Es wird daneben auch mit 14 von ursprünglich 18 Zeilen und 53 von ursprünglich wenigstens 102 Buchstaben – fünf bis sieben pro Zeile – gerechnet, so daß nur etwa 39% der Originalinschrift erhalten geblieben wären.[26] Beide Inschriften sind schwer lesbar, weil sie zum Teil beschädigt sind, durch das Aufrollen rissig und brüchig wurden und nur schwach eingeritzte Buchstaben aufweisen, deren durchschnittliche Höhe auf dem ersten Streifen 0,5 cm beträgt. Wegen der unterschiedlichen Formung von gleichen Buchstaben auf beiden Streifen kann mit verschiedenen Schreibern gerechnet werden. Nachfolgend sollen bisher unterbreitete Vorschläge zu Lesung und Rekonstruktion der beiden Texte zusammengestellt werden, ohne daß alle Einzelheiten gewürdigt oder kritisiert werden können.

Schon im Ausstellungskatalog von 1986 wurde die Beziehung der Inschriften zu Num 6,24-26 hervorgehoben und als vorläufiges Ergebnis nur der entsprechende Inschriftenteil synoptisch veröffentlicht.[27] Zum Vergleich wird der Masoretische Text von Num 6,24-26 mitaufgeführt.

Streifen I	Streifen II	Masoretischer Text
ybr	ybr[k]	ybrkk
[k] yhwh [w]	yhwh w	yhwh
[y]šmrk [y]	[y]šmrk	wyšmrk
[ʾ]r yhwh	yʾr yh	yʾr yhwh
	[wh] pnyw	pnyw
	[ʾl]yk w[y]	ʾlyk

---

25 A. Yardeni, a. a. O. (Anm. 23).
26 G. Barkay, a. a. O. (Anm. 10), 150.
27 G. Barkay, a. a. O. (Anm. 8), 29f., englischer Teil. In eckigen Klammern stehen rekonstruierte Buchstaben. Dem Vorschlag folgen T. Vuk, a. a. O. (Anm. 17), 35; R. Riesner, a. a O. (Anm. 23), 105; F. Dexinger, Die Funde von Gehinnom, in: BiLi 59 (1986), 259-261, hier: 260, und auch D. Conrad, Ein hebräischer Segen, in: TUAT II, Gütersloh 1986-1991, 929 (nur Übersetzung).

wyḥnk yś˙
yhwh pnyw ˊlyk

[ś]m lk š	wyśm lk š
[l]wm	lwm

Nach der Lesung von 1986 bietet Streifen I eine Entsprechung zu Num 6,24 und den ersten beiden Wörtern von Num 6,25, während Streifen II Num 6,24-26 insgesamt gleicht, allerdings ohne den zweiten Teil von V. 25 und den ersten von V. 26.

1991 publizierte A. Yardeni ihre komplette Rekonstruktion mit Zeilenzählung und unter Berücksichtigung des Masoretischen Textes:[28]

Streifen I	Streifen II	Masoretischer Text
1. [ ]. ḣẇ		
2. [ ]		
3. [ ]		
4. . hbṙẏ̇ [w]		? (šmr hbryt
5. [h]ḥsd lˊh		whḥsd lˊhbyw
6. b šmry [ ]		wlšmry mṣwtyw)
7. [ ]		(Dtn 7,9)?
8. h ˊl ṁš [k]		
9. bh. . ˊ/hmkl		
10. . wmhr/dˋ	1. [ ] ˊ/t/ zbẇ ẇ	
11. ky bw gˊl	2. [ ] lṅyhw	
12. h ky yhwh	3. [ ] ˊ/d/r. yh	
13. [y] šybṅw [ ]	4. [ ] w ˋ/ṭr/d [ ]	
14. .wr ybr[k]	5. [ ] ybr [k]	ybrkk
15. k yhwh w	6. k yhwh w	yhwh
16. [y]šmrk [y]	7. [y]šmrk	wyšmrk
17. [ˊ]r yhwh	8. yˋr yh	yˋr yhwh
18. [p]ṅ[yw]	9. [w]ḣ pnyẇ	pnyw
[fehlende Zeilen]	10. [ˊl]yk w[y]	ˊlyk wyḥnk yś˙ yhwh
		pnyw ˊlyk
	11. śm lk š	wyśm lk
	12. l̇[m]	šlwm
	13. [ ]	(Num 6,24-26)
	14. [ ]	

---

28   A. Yardeni, a. a. O. (Anm. 23), 178. Punkte über Buchstaben deuten auf unsichere Lesungen, eckige Klammern auf zerstörte bzw. rekonstruierte Stellen, Schrägstriche auf alternative Lesarten. Leider wird keine Übersetzung vorgeschlagen.

15. m. [   ]
16. dl [   ]
17. [ ] l [ ]

Nach der vorläufig endgültigen Publikation von G. Barkay[29] hat der gesamte Text folgende Gestalt:

Streifen I	Streifen II
1. -//yḥw - -	1. - -ḥbṙẇ[k]
2. - - - - - -	2. - ᾿/ẇnyhw -
3. - - - - -	3. - r·yh[w]
4. [᾿]hb hḃr[yt w]	4. - - ṙ῾h -
5. [h]ḥsd - l᾿h -	5. š ybr/dk
6. b/lšṁry -	6. ẏhwh w
7. - - - ḃk -	7. [y]šmrk
8. - ḫh῾/blmš	8. y᾿r \ \ yh
9. bh • • hmkl •	9. [w]ḥ \ \ pnyẇ
10. • wmhr῾ -	10. [᾿l]yk wy
11. ky bw ġ᾿l	11. ṡm lk š
12. hky yhwh •	12. lẇ[m] - -
13. šym/nmw -	13. - - - - -
14. ḳḃ/wr ybr	14. - - • - -
15. k yhwh [w]	15. - - ḳṁ
16. [y]šmrk [y]	16. -----
17. ᾿r yhwh	17. - ẇṙ - ṅ -
18. [p]ṅ[yw ᾿ly]	18. - - - - -
19. [k wyḥnk]	

Einen umfassenden Übersetzungsversuch aufgrund eigenständiger Transliterationen bieten zwei deutschsprachige Arbeiten. Kurz nach A.

---

29 G. Barkay, a. a. O. (Anm. 10), 159 und 167 mit getrennter Wiedergabe. Waagerechte Striche zeigen bei ihm nicht erhaltene Buchstaben an, Punkte über Buchstaben unvollständige, aber identifizierbare Buchstaben, dicke Punkte erhaltene, aber kaum lesbare Buchstaben, eckige Klammern deuten auf Rekonstruktionen, ein Schrägstrich (bei ihm zwei Buchstaben über- bzw. untereinander) läßt alternative Lesungen offen. Beide Inschriften werden kommentiert (a. a. O. [Anm. 10], 151-169, aber nur der an Num 6 erinnernde Teil (auf Streifen I Zeile 14-19, auf Streifen II Zeile 5-12) wird übersetzt. Auf der Rückseite von Streifen II sind einige Buchstaben zu erkennen, die möglicherweise zu einem Namen gehören, a. a. O. (Anm. 10), 167f.

Yardeni und G. Barkay legten O. Keel und Chr. Uehlinger ihre Textre-
konstruktion und -deutung vor:[30]

Streifen I

(…)

Z.4	šm]r̂?? hbr̂yt [w]	"... er be]wahrt??den Bund und
Z.5	[h]ḥsd l̓h[by(w)??]	die Gnade für die, die [ihn] lie-ben
Z.6	[w]bšmry[…	und bei denen, die halten [...
Z.7	[…]	[seine Gebote??]
Z.8	h ᶜl mš[k]	…]auf dem Lager??[...
Z.9	bh [xx]h mkl [x?]	…] von allem [...
Z.10	…] wmhrᶜ […	…] und vom Bösen [...
Z.11	ky bw g̓l	Denn bei ihm ist Erlösung,
Z.12	h ky yhwh	denn Jahwe
Z.13	[y]šybn̂w [x?]	bringt uns zurück
Z.14	ᵓwr ybr[k?]	Licht. Es segne dich
Z.15	k yhwh [w]	Jahwe, und
Z.16	[y]šmrk [y]	er bewahre dich,
Z.17	[ᵓ]r yhwh	Jahwe lasse aufscheinen
Z.18	[p]n̂[yw…	sein Antlitz.

Streifen II

Z.1	ᵓt]ĥ br̂w[k]	„[Du seist??] gesegnet,
Z.2	[ᵓ/w??]nyhw	[O]nijahu
Z.3	…	…
Z.4	[h]rᶜ h[…	vom??] Bösen […
Z.5	[h] ybr[k?]	Es segne
Z.6	k yhwh w	dich Jahwe, und
Z.7	[y]šmrk	er bewahre dich,
Z.8	yᵓr yh	Jahwe lasse aufscheinen
Z.9	[w]ĥ pnyẇ	sein Antlitz
Z.10	[ᵓl]yk wẏ	über dir und
Z.11	śm lk š	gewähre dir
Z.12	l̇w[m…]	Frieden."

---

30 O. Keel / Chr. Uehlinger, Göttinnen, Götter und Gottessymbole. Neue Erkenntnisse
    zur Religionsgeschichte Kanaans und Israels aufgrund bislang unerschlossener iko-
    nographischer Quellen (QD 134), Freiburg u.a. ⁴1998, 417-422.

Eine neue Edition der beiden Inschriften einschließlich eines Überset-
zungsversuchs hat neuerdings J. Renz[31] präsentiert. Danach ist folgen-
dermaßen zu lesen und zu übersetzen:

Streifen I

[.] yhw// [.]	1	[..] yᵉhô [..]
[..]	2	[..]
[..]	3	[..]
[ˈ]hb hṅr [.]	4	(?) der [li]ebt [..]
[wh]ḥsd lˈh[b]	5	(?) und [die] Gnade (?) dem, der [ihn] lieb[t]
[w w]lšṁry [.]	6	(?) [und] denen, die bewahren
[..] ḇk [.]	7	[..]
[.] ḥ hˈlm š	8	[..] (?) die Ewigkeit [.]
ḇḥ •• h mkl [.]	9	[..] (?) von allem [.]
[.] wmhrˈ	10	[.] und (?) vom Bösen
ṁˈbw gˈl	11	[..] hat er erlöst.
hky yhwh	12	Ist Jahwe denn
[ˈ]š ynm w [.]	13	(?) ein [Men]sch, der schlummert oder
[.]šẇr ybr	14	[..]? Es segne dich
k yhwh [w]	15	Jahwe [und]
[y]šmrk [y]	16	behüte dich; [es] lasse
ˈr yhwh	17	Jahwe leuchten
[p]ṅ[(y)w ˈly]	18	[sein An]ge[sicht über dir]
[k wyḥnk]	19	[und sei dir gnädig.]

Streifen II

[..] ḥ bṙẇ[k]	1	[..] (?) geseg[net]
[.] • ṅyhw [.]	2	[..]yāhû
[.] ṙ • yh[w]	3	[..]yāh[û]
[..] ṙˈḥ [.]	4	[..das] (?) Böse [..]
[.]š ybrk	5	[..] Es segne dich

---

31 J. Renz, Handbuch der althebräischen Epigraphik, Bd. I: Die althebräischen Inschriften, Teil 1: Text und Kommentar, Darmstadt 1995, 447-456. Renz bezieht sich auf
Photos und Zeichnungen bei Barkay. Er benutzt die hebräische Quadratschrift; aus
Gründen der Einheitlichkeit wird hier transliteriert und Schin bzw. Sin kontextge-
mäß aufgelöst. Punkte über den Buchstaben kennzeichnen unsichere Lesungen, dicke schwarze Punkte weisen auf nicht mehr identifizierbare Buchstaben hin, zerstörte und rekonstruierte Stellen sind durch eckige Klammern ausgewiesen, in denen ein
einziger Punkt auf einen anzusetzenden Buchstaben, zwei Punkte auf wenige fehlende Buchstaben etwa in Wortumfang und drei Punkte auf mehrere nicht vorhandene Worte abzielen.

ẏhwh ẇ	6	Jahwe und
[y] šmrk	7	[be]hüte dich.
ẏʾṙ// yḣ	8	Es lasse leuchten Jah-
[wh]// pnyẇ	9	[we] sein Angesicht
[ʾl]yk wẏ	10	[über] dir und set-
śm lk š	11	ze dir Frie-
lẇ[m...]	12	de[n...]
[..]	13	[..]
[..]	14	[..]
[..]kṁ [..]	15	[..]
[..]	16	[..]
[.] ẇṙ [.] ṅ [.]	17	[..]
[..]	18	[..]

Eine zufriedenstellende Paraphrasierung der beiden Streifen insgesamt will kaum gelingen, weil die Inschriften nur fragmentarisch erhalten sind und das, was als Buchstaben lesbar scheint, in vielen Fällen strittig ist. Die bisher veröffentlichten Photographien[32] eignen sich kaum – besonders bei Streifen I – für eine nachprüfbare Auswertung, die Nachzeichnungen sind Interpretationen, die ihrerseits mehrdeutig sind. Viele Fragezeichen in der Übersetzung von J. Renz sind berechtigt. Im Rahmen des vorliegenden Beitrags kann nur zu einigen Lesungen Stellung genommen werden und auch das nicht in wünschenswerter Ausführlichkeit.

Zunächst zu Streifen I: In Zeile 1 dürfte das theophore Element eines Eigennamens vorliegen, wahrscheinlich des Eigentümers.[33] In Zeile 4 liegt die Wurzel ʾhb (lieben) vor, ob allerdings das Nomen bryt[34] (Bund) folgt, wie A. Yardeni und G. Barkay meinen, ist ganz unsicher. Die Buchstaben /b/ und /r/ könnten auch zu brkh (Segen) ergänzt wer-

---

32 Photographien in: G. Barkay, a. a. O. (Anm. 8), 35f., hebräischer Teil, und Ders., a. a. O. (Anm. 10), 152 und 162f.

33 So G. Barkay, a. a. O. (Anm. 10), 153f.; J. Renz, a. a. O. (Anm. 31), 452, Anm. 9; O. Keel / Chr. Uehlinger, a. a. O. (Anm. 30), 418, die sich bei ihrer Lesung von Dtn 7,9 leiten lassen.

34 So A. Yardeni, a. a. O. (Anm. 23),178, und G. Barkay, a. a. O. (Anm. 10), 154. Schon das /b/ ist nicht über alle Zweifel erhaben. J. Renz (a. a. O. [Anm. 31], 453), der jene Lesung mit dem Argument ablehnt, daß die Wendung ,Bund lieben' alttestamentlich nicht belegt ist, liest /n/ statt /b/, erhält dann aber kein rekonstruierbares Wort. Die Verbindung bryt (Bund) und ḥsd (Gnade) ist jedenfalls häufiger belegt, in Dtn 7,9 im Zusammenhang der Wurzeln ʾhb (lieben) und šmr (bewahren), wie die Synopse A. Yardenis zeigt.

den. Sehr fraglich ist, ob in der Zeile 8 von *'lm*[35] – ohne *mater lectionis* –, also von ‚Ewigkeit' die Rede ist oder gar mit O. Keel und Chr. Uehlinger *'l mš[k]bh* (auf dem Lager) gelesen werden kann; ebenso unsicher ist die von J. Renz vorgeschlagene Übersetzung „Ist Jahwe denn (?) ein [Men]sch, der schlummert oder" in Zeile 12f., da statt *ynm* (von *nwm* ‚schlummern', vgl. Ps 121,3f.) auch *ymm* (Tage) angesetzt werden kann.[36] Leider ist der Anfang der Zeile 14 nicht zufriedenstellend zu rekonstruieren. Es wäre hilfreich, wenn man wüßte, woran der Abschnitt, der an Num 6,22-24 erinnert, unmittelbar anschließt. Die Rekonstruktion der folgenden Segensformulierung bezieht ihre Sicherheit aus dem biblischen Quelltext, auch das ist als Präjudiz nicht unproblematisch. Von den sechs Segenssprüchen aus Num 6,22-24 stehen in der Inschrift nur die ersten vier (Num 6,24f.). Insgesamt scheinen in dem Text hymnische Elemente (Zeile 4-14) mit Segenswünschen (Zeile 14-19) florilegienartig verknüpft zu sein.

Zu Streifen II: Auch hier sind am Anfang (Zeile 2f.) Fragmente theophorer Eigennamen, vielleicht erneut der des Eigentümers mit Patronymikon, zu erkennen; auch hier ist vom Segnen *(brwk,* Zeile 1) und vom Bösen / Unheil *(r'h,* Zeile 4) die Rede. Bei den Segensformulierungen in Zeile 5-12 stehen von den sechs Wünschen aus Num 6,22-24 der vierte und fünfte Wunsch (gnädig sein und Angesicht erheben) nicht in der Inschrift. Nach einer einleitenden Segensformulierung für den Eigentümer (Zeile 1-3) könnte eine apotropäische Formulierung gegen Unheil folgen (Zeile 4-5)[37], an die sich eine Segensformulierung anschließt, die in Num 6,22-24 deutliche Parallelen hat.

Es ist nicht nur dem fragmentarischen Zustand der Inschriften geschuldet, daß die aufgrund des biblischen ‚Vorbilds' dem Anschein nach gut lesbaren bzw. rekonstruierbaren Passagen die ganze Aufmerksamkeit der wissenschaftlichen Diskussion auf sich gelenkt haben. Von vornherein zog der scheinbar ‚älteste Bibeltext' in Inschriften die interessierte Öffentlichkeit in seinen Bann, meinte man doch einen Text „almost completely identical"[38] mit Num 6,24-26 entdeckt zu haben, so

---

35 Das Ajin hat (wie in Zeile 11) einen ganz untypischen kleinen Abstrich. Zu Alternativen s. G. Barkay, a. a. O. (Anm. 10), 155. Ein ‚Lager' setzen hier O. Keel / Chr. Uehlinger, a. a. O. (Anm. 30), 418, an.

36 M.E. sind sowohl das Nun als auch das Mem nicht eindeutig identifizierbar. Vertretbar ist die Übersetzung von Zeile 10f. durch J. Renz; „Vom Bösen [..] hat er erlöst". *g'l* ist klar zu erkennen, und es gibt keinen Grund, drei Konsonanten auf zwei Wörter aufzuteilen, wie G. Barkay, a. a. O. (Anm. 10), 156, erwägt. Vgl. zur Verbindung von *y'l* mit *r'* Gen 48,16; Sir 51,8.

37 So G. Barkay, a. a. O. (Anm. 10), 166, und im Anschluß an ihn J. Renz, a. a. O. (Anm. 31), 452.

38 G. Barkay, a. a. O. (Anm. 8), 29, englischer Teil.

daß in den Titeln entsprechender Aufsätze fast ausschließlich vom „Priestly Blessing", „Priestly Benediction" oder „Priestersegen" die Rede war, obwohl Num 6,22f. in den Inschriften gar keine Rolle spielt. Wurde im Ausstellungskatalog die Beziehung der in die Mitte des 7. Jh. datierten Inschriften zur Priesterschrift noch zurückhaltend beurteilt,[39] haben in der Folgezeit vor allem populäre Darstellungen kurzschlüssig in den Inschriften einen Beweis für die vorexilische Entstehung der Priesterschrift sehen wollen.[40] So unsinnig in diesem Fall ein *pars pro toto*-Argument ist, für die Inschriften selbst stellt sich freilich die Frage nach ihrem Alter. Nun scheint es die Ironie der Datierungsgeschichte zu sein, daß nicht nur bei den biblischen Traditionen und Schriften zunehmend später datiert wird. Hatte der Ausgräber noch im Ausstellungskatalog die Mitte des 7. Jhs. vorgeschlagen, so nannte er später aufgrund einer paläographischen Evidenz das letzte Viertel des 7. Jhs.[41] Etwas weiter herunter ging A. Yardeni, die das frühe 6. Jh. vorzog.[42] Weil im Depositorium zusammen mit den Silberröllchen auch Gegenstände aus den letzten Jahrhunderten v. Chr. gefunden wurden und auch in vorgerückter Zeit noch die althebräische Schrift Verwendung fand, erwog F. Dexinger die Zeit des 2. und 1. Jhs.[43] Auf denselben Zeitraum, wenn auch offener gehalten, kommt im Zuge einer höchst ausführlichen paläographischen Diskussion J. Renz[44], aber seine Argumente sind nicht zwingend, weil keine der Konsonantengestalten eindeutig und ausschließlich auf die nachexilische Zeit fixierbar ist. Eine Überprüfung anhand paläographischer Tabellen[45] ergibt kein signifikantes Bild. Ein Teil der Buchstabenformen ist sowohl vorexilisch – vom 8. bis 6. Jh. – als auch nachexilisch belegt, so daß in diesen Fällen schwerlich eine späte Entstehung behauptet werden kann.[46] Aus meh-

---

39 G. Barkay, a. a. O., 30, englischer Teil.

40 Dazu T. Vuk, a. a. O. (Anm. 17), 34.

41 G. Barkay, a. a. O. (Anm. 10), 169-174.

42 A. Yardeni, a. a. O. (Anm. 23),180.

43 F. Dexinger, a. a. O. (Anm. 27), 261.

44 J. Renz, a. a. O. (Anm. 31), 448: „Nachexilisch, evtl. 2.-1. Jhdt. v. Chr."

45 Vgl. die ausführlichen Tabellen in J. Renz/W. Röllig, Handbuch der althebräischen Epigraphik, Bd. 3: J. Renz, Texte und Tafeln, Darmstadt 1995, Tf. 1-37; Tf. 35 zeigt die Buchstabenformen der beiden Streifen.

46 Das gilt besonders für die Konsonanten /ʾ/, /l/, /n/, /ʿ/, /p/. Nach den Tabellen zu urteilen, ist die späte Bestimmung von /d/, /y/ und /w/ falsch; für beide Konsonanten sind reichlich vorexilische Analogien vorhanden. Bei seiner Analyse läßt J. Renz /g/ und /s/ beiseite: Für beide Buchstaben lassen sich nur vorexilische Belege nachweisen. Im übrigen muß Renz, um die späte Entstehung zu halten, auf abschwächende Formulierungen zurückgreifen: „archaisierende Form" (/b/), „grundsätzlich vorexi-

reren Gründen ist es schwierig, die Inschriften zu datieren: Weil Silber härter als Papyrus und weicher als Stein ist, hat das Material die kursiv ausfallenden Formen der Buchstaben mitbeeinflußt. Die Schreiber scheinen darüber hinaus mit recht ungeübter und freier Hand die Buchstaben wenig sorgfältig in die Silberplättchen eingeritzt zu haben, wie z. B. die unterschiedlich langen Abstriche bzw. überhaupt die Buchstabenvarianten zeigen.[47] Bei einem Vergleich der Silberstreifen mit anderen hebräischen Inschriften kommt m.E. am ehesten eine Datierung in das 7. bzw. 6. Jh. v. Chr. in Betracht.

Für eine Beziehung der Inschriften zu Num 6,22-27 ist damit ebenso wenig gewonnen wie für das Verhältnis von Num 6,22-27 zur Priesterschrift, deren Traditionsgeschichte nicht mit ihrer Entstehungsgeschichte verwechselt werden darf.[48]

III.

Die bisherigen Lösungsvorschläge zum Verhältnis von Inschrift und biblischem Text lassen sich auf drei Grundtypen reduzieren: Es wird erstens vorgeschlagen, daß der Text des kleineren Silberstreifens eine gegenüber der Masoretischen Textform von Num 6,24-26 ältere Fassung repräsentiert;[49] es wird zweitens angenommen, daß es sich bei den Silberstreifen um eine Kürzung des Masoretischen Textes handelt,[50] und es wird drittens diskutiert, ob nicht verschiedene Varianten der Segenssprüche nebeneinander umliefen, so daß die Alternative

---

lisch denkbar" (/m/), „auch nachexilisch belegt" (/š/), s. J. Renz, a. a. O. (Anm. 31), 450-452.

47 Vgl. vor allem die Buchstaben /h/ und /y/. Zu den paläographischen Problemen vgl. A. Yardeni, a. a. O. (Anm. 23), 178-180; G. Barkay, a. a. O. (Anm. 10), 169-174.

48 Schon M. Noth (Das vierte Buch Mose. Numeri [ATD 7], Göttingen 1966, 53) trennte die Segensformulierungen von der Zeit der Priesterschrift.

49 So H. N. Rösel, Zur Formulierung des aaronitischen Segens auf den Amuletten von Ketef Hinnom, in: BN 35 (1986), 30-36. Rösel will Num 6,25b.26a, also die auf dem Silberstreifen nicht bezeugten Wendungen, als sekundär erweisen. Eine Widerlegung seiner Analyse hat M. C. A. Korpel (The Poetic Structure of the Priestly Blessing, in: JSOT 45 [1989], 3-13) vorgelegt.

50 Die Begründungen können unterschiedlich sein: A. Yardeni (a. a. O. [Anm. 23], 180) rechnet mit Haplographie (sie spricht von Homoioteleuton, meint aber den Ausfall des Passus zwischen 'lyk in Num 6,24 und 25), geht also von einer unabsichtlichen Kürzung aus, G. Barkay (a. a. O. [Anm. 10], 177) rechnet dagegen mit einer gezielten Abbreviatur, die eine Kontraktion von Segenssprüchen auf Streifen II im Blick auf ihre Funktion (Amulett) vorgenommen habe. Ähnlich, wenn auch vorsichtiger, J. Renz, a. a. O. (Anm. 31), 448.

Kürzung oder Erweiterung strenggenommen falsch wäre.[51] Eine Entscheidung wird dadurch erschwert, daß bei Streifen I in Zeile 18 zwar die Wendung „sein Angesicht über dir" nach Zeile 16f. („[es lasse] Jahwe leuchten") richtig rekonstruiert sein dürfte, aber die Ansetzung von „und sei dir gnädig" in Zeile 19 ganz unsicher ist, zumal *wyḥnk* auf Streifen II fehlt. Zweifelsfrei ist nur der gegenüber Num 6,22-24 kürzere Text auf dem kleineren Silberstreifen. Aber das Prinzip *lectio brevior lectio potior* trifft hier nicht zu. An Num 6,24-26 ‚erinnern' auch zwei Psalm-Stellen, doch sie unterscheiden sich ihrerseits vom Num-Text und auch von den Silberplättchen. In Ps 4,7 ist – anders als in Numeri 6 – vom ‚Licht seines Angesichts'[52] die Rede, während Ps 67,2 davon spricht, daß Gott gnädig sein möge (חנן) – dies fehlt ganz sicher auf dem kleineren Plättchen – und daß er segnen und sein Angesicht leuchten lassen möge,[53] so daß eine andere Reihenfolge der Segenswünsche als in Num 6 und auf den Silberstreifen vorliegt. Während die Entstehungszeit von Ps 4 und Ps 67 im Dunkeln liegt, ist die Datierung einer weiteren vergleichbaren Inschrift schon eher möglich. Vermutlich im 9. Jh. wurde auf einem in *Kuntillet ʿAğrūd* gefundenen Pithos die Verbindung von Segen, Schutz und Mitsein als Variante zu Num 6,24 zum Ausdruck gebracht.[54]

Kurzum: Die unterschiedlichen Formulierungen ergeben ein Spektrum, das ein überschaubares Wortfeld um Segen und Bewahrung, aber keine Entwicklungsgeschichte bzw. Abhängigkeiten der Segenssprüche zu erkennen gibt. Mögen auch traditionsgeschichtliche Zusammenhän-

---

51 Auch bei dieser Lösung gibt es Varianten: Nach T. Vuk (a a. O. [Anm. 17], 35) liegt bei dem kleineren Streifen keine Version des biblischen Textes vor, sondern ein „freies Zitat einer Gebetsformel, die auch im literarischen Werk der Priesterschrift nicht ursprünglich, sondern aus derselben gemeinsamen Quelle, nämlich aus der Tempelliturgie übernommen wurde". Aus poetologischen Gründen kommt M. C. A. Korpel (a. a. O. [Anm. 49], 9) zu einem ähnlichen Ergebnis.

52 אור פניך steht mit נסה. Nur aufgrund von Num 6,26 wird man eine Gleichung mit נשא vornehmen. H.-J. Kraus (Psalmen [BK XVII], Neukirchen-Vluyn ⁶1989, 166) liest נסעה („Gewichen ist von uns deines Antlitzes ‚Licht'"); damit läge eher eine Beziehung zu Ps 44,4; 89,16 vor als zu Num 6,24-26.

53 Auch hier sind die Abweichungen beträchtlich: Im Psalmtext steht die Präposition את anstelle von אל in Num 6, שמר findet sich im Ps-Text ebensowenig wie נשא אל פנים und שלום שים. Zu den verschiedenen Formen der Segensworte s. W. Schottroff, Der altisraelitische Fluchspruch (WMANT 30), Neukirchen-Vluyn 1969, 163-177.

54 Zu *Kuntillet ʿAğrūd* s. Z. Meshel, Kuntillet ʿAjrud. A Religious Center from the Time of the Judaean Monarchy on the Border of Sinai (Israel Museum Katalog Nr. 175), Jerusalem 1978. A. Lemaire (Date et Origine des Inscriptions hébraiques et phéniciennes de *Kuntillet ʿAğrūd*, in: Studi epigrafici e linguistici 1 [1984], 131-143) votiert für die Mitte des 8. Jhs. Zum Text (*brk* mit *šmr* und *hyy ʿm*) s. jetzt auch J. Renz, a. a. O. (Anm. 31), 62f.

ge bestehen, die einzelnen Belege unterscheiden sich nicht zuletzt in der Verwendungsweise: Priester rufen den Segen Jahwes auf das Volk herab (Num 6,22-27), das Volk selbst bittet um den Segen (Ps 4,7; 67,2), ein einzelner Namensträger erbittet den Segen für einen einzelnen (*Kuntillet 'Aǧrūd*). Schon dies zeigt, daß entsprechende Segensformulierungen nicht auf die Liturgie des Gottesdienstes beschränkt sind. Die Silberstreifen bestätigen das eindrücklich. Läßt sich denn ihre Funktion bestimmen? Der Konsens auf archäologischer und exegetischer Seite ist fast beunruhigend. Die aufgerollten Plättchen hatten in der Mitte eine Öffnung, durch die ein Band geführt werden konnte, so daß es in der Tat gut vorstellbar ist, daß die Röllchen um den Hals getragen wurden. Damit war von Anfang an die Deutung auf ein Amulett unumstritten.[55] Aus den Israel benachbarten Kulturen sind für die mögliche Entstehungszeit der Silberplättchen Amulette nachweisbar, die ebenfalls in Gräbern gefunden wurden. Das gilt für kleine zusammengerollte und in Behältern gesicherte Papyrusstreifen mit Schutzformulierungen aus Ägypten (8. Jh. v. Chr.) und für phönizische Nachfolger, die auch als aufgerollte Silberplättchen auftauchten (7.-6. Jh. v. Chr.).[56]

Archäologisch sind Amulette, die Unheil verhindern bzw. Schutz und Lebenskraft sichern sollten, durchaus auch für Israel im 1. Jt. v. Chr. nachweisbar,[57] aber ein mit den Silberplättchen vergleichbarer Fund liegt für die vorexilische Zeit bisher nicht vor. Ohnehin wird man differenzieren müssen: In der Form mit den Silberstreifen vergleichbare jüdische Amulette, die aus dem 4.-7. Jh. n. Chr. bekannt sind,[58] beschwören den Schutz gegen Dämonen und unterscheiden sich damit wie auch andere ältere Amulette des syrisch-palästinischen Raums, die magische Formeln gegen Übeltäter mitteilen, erheblich von den beiden Silberstreifen. Allerdings ist bemerkenswert, daß auf samaritanischen Amuletten[59] jener Jahrhunderte der aaronitische Segen von Num 6 erscheint und auch noch später auf einem Amulett aus der Kairoer Geniza[60]. Ein direkter Rückschluß auf die beiden Plättchen ist aber

---

55 So schon G. Barkay, a. a. O. (Anm. 8), 30, englischer Teil, und alle folgenden Arbeiten. J. Renz (a. a. O. [Anm. 31], 452) spricht unter der Rubrik ‚Inhalt / Gattung' von „Amulett: Priestersegen".

56 Einzelheiten bei G. Barkay, a. a. O. (Anm. 10),181-183.

57 K. Galling, Art. Amulett, in: BRL², Tübingen ²1977, 10f.

58 Vgl. J. Nave / Sh. Shaked, Amulets and Magic Bowls. Aramaic Incantations of Late Antiquity, Jerusalem ²1987, 40-110.

59 M. Gaster, Samaritan Amulets, in: Ders., Studies and Texts, New York 1971 (Reprint der Ausgabe 1928), I, 400; III, 115f. 177f. Bei den später von der Kabbala sanktionierten Texten für Amulette stehen Bibeltexte im Vordergrund und dabei bevorzugt Num 6,24-26, s. E. A. Wallis Budge, Amulets and Superstitions, London 1930, 219f.

60 J. Nave / Sh. Shaked, a. a. O. (Anm. 58), 237f., hier: 238 (Zeile 33-35).

nicht ohne weiteres möglich. Wenn Siegelringe getragen wurden,[61] konnten z.B. in Ägypten lebenswirksame Worte in einen Ring mit Skarabäus-Form eingraviert werden.[62] Ein ähnliches Verständnis liegt vor, wenn im Alten Testament die Belehrung als ein um den Hals getragener Schmuck bezeichnet wird.[63] So wird man die Silberstreifen auch als Vorläufer späterer Phylakterien sehen können,[64] d.h. als Vorboten der Tefillin, die seit der Zeitenwende von Juden am linken Arm und an der Stirn festgebunden getragen wurden und die Textabschnitte Ex 13,1-10. 11-16; Dtn 6,4-9 und 11, 13-21 (in Qumran zusätzlich den Dekalog) enthielten. Der Text von Num 6 ist allerdings nicht auf Phylakterien belegt. Die Bezeichnung selbst ist aber schon um 300 v. Chr. auf einem aramäischen Papyrus aus Edfu in Oberägypten, und zwar in der Wendung ‚tefilla aus Silber' (tplh zy ksp), belegt.[65] Die talmudische Literatur wollte später den Unterschied zwischen Amulett und Tefillin gewahrt wissen, damit die Verwendung der Tefillin nicht beeinträchtigt wird.[66]

Ein Amulett mit genuin apotropäischer Funktion dürfte mit den beiden Silberstreifen nicht vorliegen. In der freilich viel späteren Midrasch-Literatur wird allgemein die Tora bzw. speziell der Segen von Num 6,24 gerade an die Stelle von schützenden Amuletten gerückt.[67] Ob schon für die vorexilische Zeit mit einer klaren Grenzziehung zwischen dem, was Jahrhunderte danach mit Amuletten und Phylakterien assoziiert wurde, zu rechnen ist, bleibt ungewiß, ist aber eher unwahrscheinlich. Erst im griechisch-römischen Kulturzusammenhang, in dem bei beschrifteten Metallamuletten ein größerer apotropäischer Wert bestand, den die Toten besonders nötig hatten, wurden viele Amulette in Gräbern gefunden,[68] anders als in Israel.[69] Um so bemerkenswerter ist der vorliegende Fund. Dabei sind unabhängig von der Frage einer genauen Datierung und einer eindeutigen Funktionszuweisung zwei Aspekte besonders zu beachten: Der Text, der durch seine feste Struk-

---

61 Vgl. P. Welten, Art. Siegel und Stempel, in: BRL², Tübingen, ²1977, 299-307, hier: 299.

62 H. Brunner, Altägyptische Erziehung, Wiesbaden, 1957, 54.

63 Prov 1,8f.; 3,3; 6,20f.; s. auch 7,3, vgl. ebenfalls Ex 13,9.16; Dtn 6,7f.; 11,18.

64 So dezidiert G. Barkay, a. a. O. (Anm. 10), 183-186.

65 A. Cowley, Aramaic Papyri of the Fifth Century B. C., Oxford 1923, 192 (Nr. 81, Zeile 30).

66 A. Yardeni, a. a. O. (Anm. 23), 185.

67 WaR 25,1; BemR 12,4.

68 F. Eckstein / J. H. Waszink, Art. Amulett, in: RAC 1, 1950, 397-411, hier: 403-406.

69 E. R. Goodenough, Jewish Symbols in Greco-Roman Period, Vol. I, New York 1953, 164-177; Vol. II, 208-295.

tur[70] die Wirksamkeit der Worte mitprägt, liegt hier in schriftlicher Gestalt vor. Der Segen als lebensfördernde Kraft ist damit nicht ausschließlich an ein wirkungsmächtig gesprochenes Wort gebunden.[71] Neben die Bedeutung der Funde für die Frage um Mündlichkeit und Schriftlichkeit tritt unter der Voraussetzung, daß die Silberröllchen nicht in wert- und prestigeorientierten Zwecken aufgehen, eine weitere beachtliche, aber bisher selten gewürdigte religionsgeschichtliche Konsequenz: Schon in vorexilischer Zeit ist offenbar die Überzeugung vertreten worden, daß Jahwe nicht nur ein Gott der Lebenden war, sondern auch Macht über den Bereich des Todes hatte, daß also auch gegen Ps 88,6 und andere Stellen die Verstorbenen am Segen Jahwes, an seinem heilschaffenden Wirken, teilhaben konnten.[72] Wie in der aus dem 8. Jh. v. Chr. stammenden Grabinschrift von *Ḥirbet el-Qōm*[73] wird der Segen Jahwes für den Toten im Grab erwartet. „Der Wunsch, ‚JHWH segne dich und behüte dich, er lasse leuchten sein Angesicht zu dir hin' kann nur bedeuten, daß der Verstorbene nicht nur vom Segen seines Gottes, sondern vom Leuchten seines Angesichtes begleitet bleibt (im Gegensatz zu Aussagen wie Ps 88!)."[74] Ob allerdings „die

---

70   Beim aaronitischen Segen ist immer der stufenförmige Aufbau aufgefallen: In den drei Versen steigt jeweils die Zahl der Wörter (3 - 5 - 7), die insgesamt 60 Konsonanten aufweisen. Vgl. zum kunstvollen sprachlichen Profil K. Seybold, Der aaronitische Segen. Studien zu Numeri 6,22-27, Neukirchen-Vluyn 1977, 18-23.

71   Zur Auffassung in rabbinischen Quellen A. Yardeni, a. a. O. (Anm. 23), 183f. Zum Problem s. auch C. A. Keller, Art. ברך *brk* pi. segnen, in: THAT I, München ⁵1994, 354f.

72   Vgl. dagegen G. von Rad, Theologie des Alten Testaments, Bd. 1, München ¹⁰1992, 399-403. K. Spronk (Beatific Afterlife in Ancient Israel and in the Ancient Near East [AOAT 219], Neukirchen-Vluyn 1986, 306ff.) nimmt an, daß in der Volksfrömmigkeit schon früh die Vorstellung eines Lebens mit Jahwe nach dem Tod ausgebildet wurde. M. C. A. Korpel (a. a. O. [Anm. 49] teilt diese Meinung angesichts der Silberstreifen und begründet das mit einer ‚eigenen' Lesung der ersten Zeilen von Streifen II „(1) šbt (2) [b]nyhw (3) [w]qw. yh[w] (4)[h] w´r[I](5)[h]" und folgender Übersetzung „Rest, [Be]nayahu, [and] await YH[WH], and be awake [for him]!" Vorausgesetzt ist dabei, daß die Hoffnung auf Jahwe (auch) für die Zeit nach dem Tod gilt. Dabei wird der Tote direkt angeredet; vgl. O. Keel / Chr. Uehlinger, a. a. O. (Anm. 30), 418.

73   TUAT II, 1986-1991, 557f., vgl. aber J. Renz, a. a. O. (Anm. 31), 207-211.

74   K. Koch, Art. קָבַר, in: ThWAT VI, 1989, 1149-1156, hier: 1154. Das ‚Leuchten des Antlitzes' Jahwes wollen O. Keel / Chr. Uehlinger (a. a. O. [Anm. 30], 421) „mit der Vorstellung von Jahwe als lunar konnotiertem El verbunden" sehen. Sie heben anschaulich hervor, „daß der Segen Jahwes schon in vorexilischer Zeit wesentlich mehr sein konnte als Sozialprestige, nämlich geradezu Hoffnung für Tote, die keine Erfolge mehr zu sammeln vermochten" (a. a. O., 421f.).

Amulette speziell für Verstorbene bestimmt waren"[75], wird man angesichts des unsicheren Wortbestands nicht sagen können.[76] Ebenso kühn ist der aus einer punktuellen Affinität zu Dtn 7,9 gezogene Schluß auf „eine Verbindung von priesterlichem und ‚früh-deuteronomistischem' Gedankengut, die das religiöse Ambiente der Jerusalemer Eliten im frühen 6. Jh., das uns ähnlich im Jeremia-Buch und etwas anders auch bei Ezechiel entgegentritt, stark geprägt zu haben scheint".[77] Die Basis für solche traditionsgeschichtlichen Schlüsse ist zu schmal!

IV.

Was kann eine Auswertung der Befunde leisten? Welche Rolle spielt dabei die Archäologie und welche das Alte Testament? Im Zentrum stehen in diesem Fall Fragen um Bestattung und Tod. Dabei hat der Jubilar Peter Welten unmißverständlich festgestellt: „Es gibt grundsätzlich zwei Wege, um Einblick in Praxis und Brauchtum der Totenbestattung in alttestamentlicher Zeit zu nehmen. Einerseits ist das Alte Testament selbst zu konsultieren, andererseits liefern die Ausgrabungen wichtige Einblicke aufgrund von Grabformen, Grabbeigaben und gelegentlich auch Grabinschriften. Beide Wege sind zu beschreiten, dabei ist nicht von vornherein gesagt, daß die Ergebnisse übereinstimmen müssen."[78] Für Peter Welten ist das immer auch eine „Frage nach Kontakt und Kontrast der beiden Bereiche". Wenn im folgenden zunächst der Umgang mit archäologischen Befunden gewürdigt und kritisiert wird, dann leitet das schon, nachdem auch die Sicht alttestamentlicher Texte zu Wort gekommen ist, zur abschließenden Frage des Verhältnisses zwischen Archäologie und Altem Testament über.

Auffällig bei der Ausgrabungspräsentation von *Rās ed-Dabbūs* ist zunächst der Versuch, Einzelheiten mit bekannten Ereignissen und Personen zu verknüpfen, um materielle Indikatoren der Ereignisgeschichte zu gewinnen. Was kann es denn schon bedeuten, wenn einige der gefundenen Pfeilspitzen verbogen sind? Eigentlich doch nichts anderes, als daß sie benutzt wurden! Wenn es die Datierung zuläßt, kann man freilich über die historische Situation, im konkreten Fall: über den Kampf der Babylonier gegen Jerusalem nachdenken. Eine Antwort auf die Frage: „Could this be the burial place of the fallen in

---

75   O. Keel / Chr. Uehlinger (a. a. O. [Anm. 30], 421) schließen das aus ihrer Übersetzung der Zeilen 8.11-14.

76   O. Keel / Chr. Uehlinger, ebd.

77   O. Keel / Chr. Uehlinger, ebd.

78   P. Welten, Art. Bestattung. II. Altes Testament, in: TRE 5, 1980, 734-738, hier: 734.

the war with the Babylonians over Jerusalem?"[79] ist höchst spekulativ. Der Erkenntnisgewinn, den die Frage scheinbar verspricht, kann sich allzu leicht als Stabilisierung eines Wunsches erweisen, der erst ver- harrt, wenn er sein Ziel, das *hic et nunc* zu identifizieren, erreicht hat.

Der Ausgräber stellt weitere Identifikationsfragen, nachdem er die Legende des Siegels (*plṭh*) als den Namen Palta, den er als Kurzform von Pelatjahu versteht, aufgelöst hat: „Who is Palta, the owner of the seal? Does the fact that the seal fails to mention his father's name signi- fy that he was a well-known person? Could this be the name of the family whose burial site we discovered? Can we link this name to any of those known from written sources?"[80] Die vielen Fragen zielen hier aber nicht auf die Absicht, mehr über die Welt des Siegelträgers zu wissen, sondern auf den Zwang, ihn zu ‚individualisieren' und zu kata- logisieren. Es könnte sich übrigens auch um ein Frauensiegel handeln.[81]

Das Siegel kann allenfalls ein kleines Mosaiksteinchen in der (Re)Konstruktion der Sozialgeschichte Jerusalems in spätvorexilischer Zeit sein. Von Bedeutung sind die Funde insgesamt und ihr ‚Sitz im Leben'. Weil in Jerusalem zum ersten Mal ein unversehrtes Grab zum Vorschein kam, sind die reichhaltigen Grabbeigaben u.a. mit kostbarem Schmuck ein wichtiges Indiz für den Wohlstand eines Teils der Bevöl- kerung, der sich ein Felsengrab leisten konnte und am Ende der Kö- nigszeit über beachtliche Luxusgegenstände verfügte, die auch über diese Zeit hinaus existierten![82] Was inzwischen weitgehend bekannt ist, bestätigt sich an den Grabanlagen von *Rās ed-Dabbūs*, daß nämlich Jeru- salem und sein Umfeld in der Exilszeit keine *tabula rasa* waren,[83] son- dern weiter bevölkert wurden, nicht nur von mittellosen Leuten. Wei- ter ist die Lage der Gräber für die historische Topographie bedeutend: Noch während der letzten Phase der Königszeit aus den Felsen gehau- en, sind die Gräber ein weiteres Indiz für die Ausdehnung der Stadt Jerusalem vom Südosthügel auf den Südwesthügel, unter der Voraus-

---

79 G. Barkay, a. a. O. (Anm. 8), 22, englischer Teil.

80 G. Barkay, a. a. O., 29, englischer Teil.

81 In den aramäischen Papyri von Elephantine wird *plṭh* als ‚Schwester des X' bezeich- net, s. A. Cowley, a. a. O. (Anm. 65), Nr. 82, Zeile 10. Weil ein Siegel vorliegt (bei dem das *l-auctoris* fehlen kann), ist eine Interpretation der Legende als Nomen (‚Rettung', jiddisch ‚Pleite') angesichts des Fundorts erheiternd, aber ausgeschlossen.

82 Ausführlicher als im Ausstellungskatalog werden die Funde der Ausgrabung vorge- stellt in G. Barkay, Excavations at Ketef Hinnom in Jerusalem, in: Ancient Jerusalem Revealed, ed. by H. Geva, Jerusalem 1994, 85-106.

83 E. A. Knauf (Wie kann ich singen im fremden Land? Die „babylonische Gefangen- schaft" Israels, in: BiKi 55 [2000], 132-139, hier: 133) rechnet damit, daß lediglich 10% der Bevölkerung deportiert wurde.

setzung, daß die Nekropolen – von den Königsgräbern abgesehen – außerhalb der Stadt und nicht weit von ihr entfernt lagen.[84]

Neben den sozial- und territorialgeschichtlichen Aspekten bietet die Ausgrabung wesentliche religionsgeschichtliche Einblicke: Dort, wo Jeremia nach deuteronomistischer Meinung Fremdgötterverehrung aufdeckt und verurteilt (Jer 19,1ff.), wird der Segen *Jahwes* erwartet. Dabei überrascht, daß im Vergleich zum aaronitischen Segen von Num 6 weder die Rezitation noch der priesterliche Sprecher noch das Volk eine Rolle spielt. Der Kontext ist augenscheinlich die Familienfrömmigkeit, nicht die offizielle Religion. Schon an dieser Stelle drängt sich freilich der Eindruck auf, daß die regelmäßig erhobene Forderung nach getrennter Analyse von Archäologie und Textwissenschaft ein idealtypisches Konstrukt ist, denn ,vorlaufendes' Wissen bestimmt die Deutung und macht gewiß Probleme wie im Falle des Textes auf den Silberstreifen erst bewußt. Wieviel freilich an der Interpretation der Befunde hängt, muß nicht eigens betont werden. Was läßt sich denn z.B. an dem Fund des unberührten Grabes für das Verständnis des Todes ablesen, oder besser gesagt: herauslesen? In jenem Grab sind 263 vollständige Keramikgefäße gefunden worden, ohne daß ein Kochtopf oder ein Eßgeschirr zum Vorschein gekommen wäre. Kann dieser Umstand, der durch die Grabbeigaben in anderen eisenzeitlichen Gräbern bestätigt wird, die Annahme einer Totenspeisung begünstigen? Man sollte freilich *argumenta e silentio* nicht überbewerten. In verschiedenen Gräbern der Eisenzeit II sind Speisereste nachgewiesen,[85] die auf Totenversorgung schließen lassen, also doch offenbar mit einer bestimmten Form des Lebens von Toten rechnen. Ob damit auch ein regelrechter Totenkult zu verbinden ist, sei dahingestellt.[86] Leider sind die Gräber und ihre Relikte nicht besonders beredt und Grabinschriften sind recht selten.[87] Insgesamt erlaubt die Gräberanlage von *Rās ed-*

---

84 Vgl. die Beschreibung bei G. Barkay, a. a. O. (Anm. 82), 105f.

85 Eine Zusammenstellung der Funde bei E. Bloch-Smith, a. a. O. (Anm. 14), 105-108. Sie schließt aus dem häufigen Nachweis von Schalen, Krügen und Kännchen auf den ,Lebensunterhalt' der Toten, a. a. O. 140f. Vgl. allerdings zu den Interpretationen der Verfasserin die Rezension von R. Wenning, in: ZDPV 109 (1993), 177-181.

86 So E. Bloch-Smith, a. a. O. (Anm. 14), 147-151. So auch schon K. Spronk, a. a. O. (Anm. 72), 247-250 und passim. S. zu den Fragen um einen Totenkult die bei P. Welten angefertigte Dissertation von T. S. Tsan, Ahnenkult im Alten Israel. Eine archäologische und exegetische Studie zu Ritualen des Ahnenkults und Opfergaben an Tote bzw. Ahnen, Diss. theol. Berlin 1999. Sehr skeptisch äußert sich R. Wenning, a. a. O. (Anm. 15), 91.

87 Eine Zusammenstellung in Übersetzung: TUAT II, 1986-1991, 556-561. Allerdings sind nicht alle in Gräbern gefundenen Inschriften im strengen Sinne Grabinschriften, vgl. dazu E. Bloch-Smith, a. a. O. (Anm. 14), 103-105.

Dabbūs, auch in ihren architektonischen Besonderheiten[88] gegenüber bisher bekannten Typen, einen aufgrund der vielen Funde recht umfassenden Blick in die Welt der Toten. Wie steht es dabei um den von Peter Welten zur Diskussion gestellten „Kontakt und Kontrast der beiden Bereiche", wenn der Blick auf das Alte Testament geht?[89]

V.

Auf weiten Strecken gibt das Alte Testament zu erkennen, daß der Gott Israels ein Gott der Lebenden war,[90] die im Tod den „Weg aller Welt" (Jos 23,14; I Reg 2,2) gehen, d.h. in die Unterwelt steigen müssen, in die Finsternis (Hi 10,21f.), in das Land ohne Wiederkehr (II Sam 12,23; 14,14 u.a.), in dem es weder Planen noch Schaffen, weder Erkenntnis noch Weisheit gibt (Koh 9,10), in dem die Gemeinschaft mit der Familie (Hi 14,21) und vor allem mit Jahwe (Jes 38,10f.18f.; Ps 6,6; 30,10; 88,11-13 u.a.) verlorengeht.

Daneben, vielleicht nicht von Anfang an, ist die Erkenntnis in Worte gefaßt worden, daß Jahwes Macht sich über die Lebenden hinaus auch auf die Toten erstreckt (I Sam 2,6; Am 9,2; Ps 139,8)[91]. Erst nach tastenden Versuchen, die Endgültigkeit des Todes in Frage zu stellen,[92] wurde in der Spätzeit des Alten Testaments im apokalyptischen Denken mit einer Beseitigung des Todes bzw. mit der Erwartung einer Auferstehung gerechnet.[93] Weder Tod noch Grab waren vorher ein zentrales Thema. Von der ausführlichen Erzählung über das Begräbnis Jakobs in Gen 50 abgesehen, kann die Mitteilung des Todes auf die Formel „NN wurde zu seinen Stammesangehörigen versammelt"[94]

---

88   Dazu G. Barkay, a. a. O. (Anm. 82), 93-95.

89   Im Rahmen dieses Beitrags können nicht alle Fragen diskutiert werden, geschweige denn in einer gebührlichen Ausführlichkeit. Ein kurzer Überblick steht immer in der Gefahr, die nicht einheitlichen Vorstellungen unsachgemäß zu systematisieren und geschichtliches Gefälle einzuebnen.

90   Chr. Barth, Die Errettung vom Tode in den individuellen Klage- und Dankliedern des Alten Testaments, Zollikon 1947, neu hg. v. B. Janowski, Zürich 1997, 36-44; O. Kaiser / (E. Lohse), Tod und Leben, Stuttgart u.a. 1977, 48-53.

91   Es handelt sich dabei freilich nicht um grundsätzliche Feststellungen, es geht konkret darum, daß es keinen Ort gibt, der von dem Zugriff Jahwes ausgenommen ist.

92   Vgl. Ps 49,16 und Ps 73,23ff., vor allem V.24. Was mit der Entrückung aus dem Tod (nicht vor dem Tod wie in Gen 5,24 und II Reg 2,3.5) gemeint sein könnte, ist unklar. O. Kaiser (a. a. O. [Anm. 90], 70) denkt an „die Befreiung der Totenseele aus dem Todesschlaf."

93   Vgl. Jes 25,8 mit Jes 26,14; Dan 12,1-3.

94   So in priesterlichen Texten: Gen 25,8.17; 35,29; 49,33 u.a.

bzw. „NN legte sich zu seinen Vätern"[95] reduziert und verdichtet werden. Weil zumindest die zweite Formel meistens vor der Notiz über die Bestattung steht, ist sie nicht auf eine Art Sekundärbestattung im Depositorium unter den Grabbänken zu beziehen,[96] sie illustriert also nicht unmittelbar die archäologischen Zusammenhänge.[97] Ihr Zweck besteht vor allem darin, dem Tod den Schrecken der individualisierenden Isolation zu nehmen.

Über Funktion und Bedeutung des Grabes nach alttestamentlichen Vorstellungen klare Aussagen zu machen, ist kaum möglich. Das hat primär seinen Grund in dem unausgeglichenen und wenig entfalteten Verhältnis von Grab und Unterwelt sowie im Verständnis der Unterwelt (שאול)[98] selbst. ‚Grube' und ‚Zisterne' als parallele Begriffe[99] korrelieren mit der ‚Unterwelt' und assoziieren eine Verbindung zu Wasser und Morast,[100] stehen aber trotz dieser Beziehung recht unverbunden mit der Vorstellung sozusagen infernalischer Wasser als Wohnstadt oder Umgebung der Toten.[101] Nur vielfältig-metaphorische Zugänge können das eigentlich Unbeschreibbare erschließen.

Zu diesem Pluralismus gehört auch eine Charakterisierung, die den Aufenthaltsort der Toten in Analogie zu ihrer irdischen Existenz als ‚Haus' (בית) sieht: So nennt Hi 17,13 die Unterwelt ein Haus mit einem Lager[102] für den Verstorbenen. Unschärfer ist Hi 30,23, wo parallel zu ‚Tod' das Haus als Versammlungsort aller Lebenden steht, also eventuell Unterwelt oder Grab im Blick sind.[103] Wahrscheinlich ist בית עולמו in

---

95 In der Regel bei Königen mitgeteilt: I Reg 1,21; 2,10; 11,21 u.a.

96 Dazu R. Wenning / E. Zenger, Tod und Bestattung im biblischen Israel, in: L. Hagemann / E. Pulsfort (Hg.), „Ihr alle aber seid Brüder", FS A. Th. Khoury, Würzburg 1990, 285-303, hier: 293f mit Anm. 19; R. Wenning, a. a. O. (Anm. 15), 89.

97 So z.B. E. M. Meyers, Secondary Burials in Palestine, in: BA 33 (1970), 2-29, für die Grabanlage von *Rās ed-Dabbūs* auch G. Barkay, a. a O. (Anm. 82), 95.

98 Zu Fragen der Unterwelt s. vor allem Chr. Barth, a. a. O. (Anm. 90), 76-122; O. Kaiser, a. a. O. (Anm. 90), 25-48; K. Spronk, a. a. O. (Anm. 72), 66-71; L. Wächter, a. a. O. (Anm. 5), 901-910.

99 בור in Jes 14,15; 38;18; Ez 26,20; 31,14.16 u.a.; שחת in Jes 38,17; 51;14; Ez 28,8; Jon 2,7 u.a.

100 Ps 40,3; 69,3; andererseits kann auch ‚Staub' (עפר) die Unterwelt repräsentieren, so Ps 22,30; 30,10 u.a., bzw. die Unterwelt in der Erde gesucht werden (Num 16,27ff.).

101 N. J. Tromp, Primitive Conceptions of Death and the Nether World in the Old Testament (BibOr 21), Rom 1969, 59-66. Unterwelt, Grube, Zisterne und zerstörerische Wasser können auch zusammen kombiniert werden, s. Jon 2,3.6.7.

102 יצוע: Jes 14,11; vgl. auch Ps 139,8 (Verbum יצע); s. auch in Ez 32,25 und vgl. II Chr 16,14, wo eine Grabbank gemeint ist. Zu *byt* als Grab in westsemitischen Inschriften s. DISO 35.

103 Zimmer / Kammer (חדר) können sich auf die Unterwelt beziehen (Prov 7,27) oder das Grab, s. J. Renz, a. a. O. (Anm. 31), 201 (*Ḥirbet el-Qōm*). 263 (Jerusalem, *Silwan*); S.

Koh 12,5 auf das Grab zu beziehen, allerdings ist eine Anspielung auf die Unterwelt nicht ausgeschlossen. In Ps 49,12 sind einerseits die Gräber als ‚ewiges Haus' aufgefaßt, andererseits erscheint in Ps 49,15 die Unterwelt als Aufenthaltsort der Toten. Unterwelt und Grab sind auch in Jes 14,9.11.15.20 nicht voneinander getrennt. Daraus kann nicht geschlossen werden, daß sie identisch sind. Vielleicht muß die Meinung, das Totenreich sei da, wo der Tod herrscht,[104] als qualitativer Aspekt von der lokalen Dimension eines unterirdischen Totenreichs unterschieden werden,[105] dessen Verhältnis zum Grab bzw. den Gräbern zu bestimmen nicht recht gelingen will. Ob die שאול die einzelnen Gräber integriert oder sich als eine Art Urgrab in den verschiedenen Gräbern manifestiert, also partiell identisch ist, läßt sich aus den Texten nicht beantworten. Das mag damit zusammenhängen, daß der kollektive Gedanke des Familiengrabs unter kosmologischen und anthropologischen Aspekten angesichts einer Universalität, wie sie etwa in Jes 14 zum Ausdruck kommt, weiter entschränkt und in der Vorstellung der שאול aufgehoben wird. Begrifflich wird diese Kohärenz durch den Terminus ארץ erfaßt, denn die ‚Erde', der eigentliche Ort der Lebenden (Jes 38,11; 53,8 u.a.), ist mit ihren Felsgräbern und Erdbestattungen zugleich auch das Totenland.[106]

Über die Gräber selbst teilt das Alte Testament nur wenig Konkretes mit. Mehr beiläufig wird erwähnt, daß es in Jerusalem eine Begräbnisstätte gab, in der Menschen begraben wurden, die sich keine Felsengräber leisten konnten. Wenn die Überlieferung schwankt und einmal von dem Grab (קבר בני העם, II Reg 23,6), einmal von den Gräbern (קברי בני העם, Jer 26,23) spricht, dann ist wohl jeweils an eine Grabanlage als eine Gruppe von Gräbern gedacht, die im Sinne einer einfachen Erdbestattung[107] zu verstehen ist. Auch bei der am ausführlichsten dargestellten Bestattung, der Beisetzung Jakobs, wird nur flüchtig bemerkt, daß Jakob in dem Grab beigesetzt werden möchte, das er sich bereitet hatte (Gen 50,5). Wahrscheinlich handelt es sich um ein Felsgrab[108], also et-

---

auch die Wendung *ḥdr bt 'lm qbr* als Bezeichnung für ein Grab in einer punischen Inschrift (CIS I, 124,1; KAI 161,3) und die Wendung *ḥdr ḥšk* in einer phönizischen Inschrift (KAI 27,19).

104 Chr. Barth, a. a. O. (Anm. 90), 76-91.

105 So N. J. Tromp, a. a. O. (Anm. 101), 129-140.

106 Nachweise bei N. J. Tromp: a a. O. (Anm. 101),23-46.

107 Zu den Erdbestattungen, die der Normalfall waren, aber archäologisch naturgemäß bisher nicht sehr häufig nachgewiesen wurden, s. R. Wenning / E. Zenger, a. a. O. (Anm. 96), 286-290; R. Wenning, a. a. O. (Anm. 15), 86.

108 Dafür spricht das Verbum כרה I (Gen 50,5) im Vergleich mit II Chr 16,14, wo es um ein Königsgrab geht.

was Besonderes, ein Statussymbol, das der Kritik unterzogen werden kann wie im Fall des königlichen Beamten nach Jes 22,15-19. In diesem Text werden Art und Funktion des Grabes begrifflich prägnant bestimmt: Es ist aus dem Felsen gehauen (חקק/חצב) und soll als Wohnstatt (משכן) für den Toten dienen.

Damit sind wesentliche Fragen angesprochen, die eine Schnittmenge archäologischer und bibelwissenschaftlicher Forschung bilden. Weitergehende Aspekte, wie etwa die Lebenden dem Tod und den Toten gegenübertreten, sind im wesentlichen allein ein Problem der Texte und sollen deshalb hier nur noch kurz gestreift werden. Dazu gehören besonders die Trauerbräuche[109] und ihr Verständnis. Stärker auf die Befunde um Grab und Grabbeigaben sind einige Stellen zu beziehen, die im Zusammenhang der Trauer von Brot / Speise (לחם) sprechen. Ob z.B. Jer 16,5-7 im Zusammenhang mit Todesriten und der Speisung von Toten steht oder ob es in jenem Text um eine Kultgemeinschaft oder ein Kultmahl geht, wenn Jeremia angesichts kommenden Unheils untersagt wird, ein בית מרזח zu betreten,[110] ist schwer zu entscheiden. Noch am ehesten ist Dtn 26,14 ein Indiz für eine Totenspeisung, denn hier wird beteuert, vom Zehnten des Ertrags nichts zur Zeit der Trauer gegessen und nichts davon einem Toten gegeben zu haben.[111] Es ist freilich verlockend, die spärlichen biblischen Hinweise mit archäologischen Befunden zu kombinieren. Dies kann allerdings nur mit größter Zurückhaltung geschehen: Es sind zweifellos organische Speisereste in Gräbern nachgewiesen, aber deshalb ist noch nicht ein Schluß auf eine regelmäßige Speisung möglich, die angesichts der spärlichen Nachweise allein aus der Existenz von Keramikgefäßen gefolgert wird.[112] Auffällig ist ohnehin, daß Gefäße für Libationen in der Eisenzeit seltener werden und nur noch bei wenigen Gräbern kanalartige Öffnungen offenbar für die Zufuhr von Flüssigkeit vorhanden sind. Aber selbst

---

109 Nachweise z.B. bei P. Heinisch, Die Trauergebräuche bei den Israeliten, Münster 1931; E. Kutsch, „Trauerbräuche" und „Selbstminderungsriten" im Alten Testament (1965), in: Ders., Kleine Schriften zum Alten Testament (BZAW 168), Berlin / New York 1986, 78-95, hier: 79; s. auch die von P. Welten betreute Arbeit von Th. Podella, Şôm-Fasten. Kollektive Trauer um den verborgenen Gott im Alten Testament (AOAT 224), Neukirchen-Vluyn 1989, 73-78.

110 Auch hierüber haben Schülerin und Schüler von P. Welten gearbeitet, s. C. Maier / E.-M. Dörrfuß, „Um mit ihnen zu sitzen, zu essen und zu trinken". Am 6,7; Jer 16,5 und die Bedeutung von marzeªḥ, in: ZAW 111 (1999), 45-57. Es handelt sich dabei um eine überarbeitete Fassung eines Beitrags für P. Welten anläßlich seines 60. Geburtstages, in: Am Fuß der Himmelsleiter – Gott suchen, den Menschen begegnen, hg. v. C. Maier / E.-M. Dörrfuß, Berlin 1996, 121-131.

111 Vgl. die späten Stellen Sir 30,18; Bar 6,26; vgl. auch Tob 4,17.

112 E. Bloch-Smith, a. a. o. (Anm. 14), 105-108, bes. 105.

diese Öffnungen sind nicht klar zu bestimmen, sie sind auch als Lüftungsanlagen für eine schnellere Verwesung, als Öffnung für den Austritt der נפש (‚Seele') und als funktionsloses architektonisches Relikt der Bronzezeit interpretiert worden.[113] Man muß besonders im Umfeld von Tod und Bestattung mit Traditionen rechnen, die sich durchhalten, ohne daß sie immer ihren ursprünglichen Sinn bewahren.

VI.

Was bedeuten die Befunde insgesamt für das Verhältnis von Archäologie und Bibelwissenschaft? Kann hier beliebig zur Deckung gebracht und kombiniert werden, um wechselseitig Indizien für ein komplettes Bild zu gewinnen? Peter Welten schreibt in seinem Artikel über ‚Bestattung' in der Theologischen Realenzyklopädie: „Eine Skizze der archäologischen Funde und eine knappe Übersicht über die alttestamentlichen Tatbestände zeigen zunächst ein verwirrend vielfältiges Bild. Bei näherem Zusehen wird aber deutlich, daß sich die je gewonnenen Ergebnisse durchaus ergänzen und gegenseitig erhellen."[114] Der vorliegende Beitrag kann dem Urteil mit einigen Ergänzungen nur beipflichten. Im Blick ist dabei kein reduktionistisches Modell, das den kleinsten gemeinsamen Nenner sucht, sondern eine korrelierbare Vielfalt ohne Beliebigkeit.

Die oft nachgesprochene Forderung, zunächst jeweils eigenständig eine kritische Textanalyse und eine Rekonstruktion der archäologischen Zusammenhänge vorzunehmen und dann beides aufeinander zu beziehen,[115] ist als kritisches Korrektiv gegenüber unkontrolliert-vorläufigem Wissen notwendig, wenn auch praktisch längst nicht immer einlösbar. Literarischer und archäologischer Befund stehen sich nicht als zwei abgeschlossene Größen gegenüber. Sie repräsentieren je einen Ausschnitt der kulturellen Wirklichkeit, können in sich und untereinander vielfältig und vielgestaltig und durchaus auch analogielos sein, immer angewiesen auf (Re)Konstruktion und Interpretation. Da-

---

113 Dazu R. Wenning / E. Zenger, a. a. O. (Anm. 96), 295f. Viel deutlicher ist für Mesopotamien eine bei der Grablegung praktizierte und dann wiederholte Totenversorgung nachzuzeichnen, die aus Wasserspenden, Totenspeisung und Namensrufung bestand, s. z.B. J. Ribar, Death Cult Practices in Ancient Palestine, Diss. Michigan 1973, 88-135; A. Tsukimoto, Untersuchungen zur Totenpflege (Kispum) im alten Mesopotamien (AOAT 216), Neukirchen-Vluyn 1985; K. Spronk, a. a. o. (Anm. 72), 104ff.

114 P. Welten, a. a. O. (Anm. 78), 737.

115 So z.B. schon G. E. Wright, What Archaeology Can and Cannot do, in: BA 34 (1971), 70-76.

bei muß einerseits die Archäologie die durch Literarkritik, Form- und Traditionsgeschichte sichtbar werdende ‚Stratigraphie' der Texte berücksichtigen und andererseits die Textwissenschaft die Schichten der Grabung wahrnehmen, damit dann Vergleichbares verglichen werden kann. Eine zeitliche und sachliche Priorität der Archäologie[116] ist ebenso unangemessen wie die Beschränkung auf eine materiell scheinbar unberührbare Spiritualität des biblischen Glaubens.[117] Die Artefakte und die Bibel als Artefakt müssen zunächst idealtypisch je nach ihren wissenschaftlichen Methoden und Techniken getrennt analysiert und auf ihre Bedeutung hin erschlossen werden: „Archäologische Fakten und Texte können also nicht unmittelbar in Beziehung gebracht werden, sondern ‚nur' je ihre Interpretationen."[118] Ein ganz entscheidender Punkt bei der Beurteilung ist das Fragmentarische der Erkenntnisse, angesichts begrenzter Grabungen und biblischer Texte, die nur einen Ausschnitt der Literatur im alten Israel darstellen. Schon deshalb kann es immer nur um eine Annäherung an die religiösen, kulturellen, wirtschaftlichen und sozialgeschichtlichen Verhältnisse gehen. Die Chance einer interdisziplinären Aufgabe besteht nicht zuletzt darin, daß es auf das Ganze gesehen die unterschiedlichen Blickrichtungen von Archäologie und Altem Testament sind, die vergangene Wirklichkeiten erschließen, sofern die Archäologie mit der Rekonstruktion der Alltagswelt *cum grano salis* eher einen Blick ‚von unten', die Literatur des Alten Testaments als elitäres Produkt dagegen eher ‚von oben' ermöglicht.[119]

Was es heißen kann, daß sich archäologische und exegetische Wissenschaft „ergänzen und gegenseitig erhellen"[120], wie Peter Welten sagt, zeigt sich sozusagen negativ am vorliegenden Beispiel besonders an dem Textfund, der immer nur für eine literargeschichtliche Erklärung des biblischen ‚Pendants' in Beschlag genommen, aber kaum sozial- und religionsgeschichtlich bedacht wird. Der Text auf den beiden

---

116 Nur auf der Basis von Artefakten – zu der die Bibel strenggenommen auch gehört – will E. A. Knauf (From History to Interpretation, in: D. V. Edelman [Hg.], The Fabric of History [JSOT.S 127], Sheffield 1991, 26-64; vgl. dagegen J. R. Bartlett, What has Archaeology to do with the Bible – or vice versa?, in: Archaeology and Biblical Interpretation, hg. v. R. Bartlett, London /New York 1979, 1-19) vergangene Wirklichkeit rekonstruieren.

117 Eine archäologisch nicht faßbare Wahrheit der Bibel betont z.B. R. de Vaux, On Right and Wrong Uses of Archaeology, in: New Eastern Archaeology in the Twentieth Century (FS N. Glueck), hg. v. J. A. Sanders, Garden City / New York 1970, 64-80, hier: 68f.

118 D. Conrad, Biblische Archäologie heute, in: VF 40 (1995), 51-74, hier: 58f.

119 Daß dies nur mit Einschränkungen gilt, zeigt der Befund von *Rās ed-Dabbūs*, denn die Grabanlagen aus dem Felsen entsprechen soziologisch dem Blick ‚von oben'.

120 P. Welten, a. a. O. (Anm. 78), 737.

Silberstreifen ist ein schönes Beispiel für die mit demselben ‚Gegenstand' vertraute ‚Orthodoxie' der offiziellen Religion und ‚Orthopraxie' der Familienfrömmigkeit: dort die vom Priester der Gemeinschaft im Gottesdienst zugesagten liturgischen Segenssprüche, hier die dauerhaft eingravierten Segenswünsche, die das Individuum ständig begleiten, im Leben und darüber hinaus auch im Tod. Durch den archäologischen Fund wird auf besondere Weise deutlich, daß theologisches Wort und anthropologischer Ort in mehrfachen Brechungen aufeinander bezogen sind. Auch daraus folgt, daß zwischen Archäologie und Exegese ein ständiger Diskurs auf der Interpretationsebene zu führen ist.[121] Das Beispiel von *Rās ed-Dabbūs* spricht bisher eine andere Sprache. Die Chance einer kultur-, sozial- und religionsgeschichtlichen Analyse wurde bisher nicht genutzt. Aufgrund des offensichtlichen Zwangs zur Korrelierung der Funde mit biblischen Texten ist der Ausgräber so oft wie möglich bemüht, Erkenntnisse zu historisieren, Funde mit biblischen Befunden zu identifizieren und biblische Befunde mit Funden zu illustrieren. Die Bibelwissenschaft ihrerseits nimmt allenfalls die Entdeckung der Silberstreifen zur Kenntnis. In neueren Numeri-Kommentaren wird der Textfund entweder gar nicht erwähnt[122] oder er wird mißverständlich bzw. falsch auf Entstehung und Alter von Num 6,22-27 bezogen.[123]

Im Rahmen dieses Beitrages können auch nicht annäherungsweise die Probleme einer ‚Biblischen Archäologie' diskutiert werden.[124] Seit den Umbrüchen in den 70er Jahren hat sich die archäologische Forschung aus dem engen Verhältnis zur Bibelwissenschaft gelöst, bibelunabhängige Fragestellungen entwickelt und neue technische und methodische Möglichkeiten erprobt. Nur noch für populär-biblizistisches Wunschdenken besteht die Aufgabe der Archäologie darin, „die Kulisse und die Bühneneinrichtungen für das ‚Drehbuch Bibel' zu beschaffen"[125]. Die Unabhängigkeit von der biblischen Wissenschaft fand auch eine begriffliche Widerspiegelung. In vielen Beiträgen ließ der ameri-

---

121 Das kann nicht gelingen, wenn ein Dialog allein über literarische und inzwischen auch elektronische Medien geführt wird. Es bedarf in Forschung und Lehre der Kooperation zwischen Bibelwissenschaft und Archäologie vor Ort in den Universitäten und Fakultäten!

122 Z.B. B. A. Levine, Numbers 1-20 (AncB 4), New York u.a. 1993.

123 J. Schabert, Numeri (NEB), Würzburg 1992, 32; Th. Staubli, Die Bücher Levitikus, Numeri (Neuer Stuttgarter Kommentar – Altes Testament 3), Stuttgart 1996, 227.

124 Zu Einzelheiten s. D. Vieweger, Biblische Archäologie. Geschichte und gegenwärtige Herausforderungen, in: C. Maier / K.-P. Jörns / R. Liwak, (Hg.), Exegese vor Ort (FS P. Welten), Leipzig 2001, 369-387.

125 So A. R. Millard, Bibel und Archäologie (ThDi 23), Gießen 1980, 7.

kanische Archäologe William G. Dever nur eine wissenschaftstheoretisch begründete ‚Archäologie Palästinas' bzw. eine ‚Syro-palästinische Archäologie' gelten und propagierte Ziele einer mit den Natur- und Sozialwissenschaften kooperierenden kulturanthropologisch fundierten und prozessorientierten, nicht beschreibenden, sondern erklärenden *New Archaeology*.[126] Inzwischen geht Dever auf eine die historische und religionsgeschichtliche Dimension wieder ernster nehmende postprozessuale *Newer Archaeology* (‚contextual archaeology') zu und plädiert für eine Korrelation von Artefakten und Texten im Rahmen einer *New Biblical Archaeology*.[127] Dabei aber können nicht Artefakte und Texte auf Kultur- und Mentalitätsgeschichte ‚verteilt' werden: „Die Tatsache einer wechselseitigen Beeinflussung von Vorstellungen und Fakten verbietet die radikale Trennung von Archäologie (Fakten) und Theologie (Interpretation)."[128] Beide Formen der Beschäftigung mit der Vergangenheit zielen weder auf den Aufweis historischer Kontingenzen noch kulturgeschichtlicher Gesetzmäßigkeiten. „Eine gemeinsame Orientierung von Archäologie und Exegese an der von beiden, von verschiedenen Seiten her angehbaren sozialen Gestalt des alten Israel und ihrer Wandlungen könnte auf eine ganz neue gegenseitige Befruchtung hinauslaufen."[129] Darüber hinaus sind Lebensäußerungen und Lebensvollzüge, wie sie die materielle Kultur und die Texte je auf ihre Weise zum Ausdruck bringen, miteinander ins Gespräch zu bringen, ohne historische Beweislasten tragen und apologetische Rückschlüsse ziehen zu müssen.[130]

---

126 Eine kurze Besprechung der Arbeiten von Dever bei D. Conrad, a. a. O. (Anm. 118), 57-60.

127 Grundlegend: W. G. Dever, Biblical Archaeology: Death and Rebirth, in: Biblical Archaeology Today, 1990. Proceedings of the Second International Congress on Biblical Archaeology, Jerusalem, June-July 1990, Jerusalem 1993, 706-722; ebenso programmatisch Ders., Archaeology, Syro-Palestinian and Biblical, in: The Anchor Bible Dictionary, Vol. 1, 1992, 354-367, bes. 364-366.

128 O. Keel / M. Küchler / Chr. Uehlinger, Orte und Landschaften der Bibel. Ein Handbuch und Studien-Reiseführer zum Heiligen Land. Bd. 1: Geographisch-geschichtliche Landeskunde. Mit Beiträgen von U. Staub, Zürich u.a. 1984, 366-377, hier: 374. Zur Würdigung s. P. Welten, Bibelwissenschaft und Pilgerfrömmigkeit, in: BThZ 2 (1985), 138-149.

129 F. Crüsemann, Alttestamentliche Exegese und Archäologie. Erwägungen angesichts des gegenwärtigen Methodenstreits in der Archäologie Palästinas, in: ZAW 91 (1979), 177-193, hier: 193. Dieses 1979 formulierte Programm ist weiterhin aktuell. Vgl. zum Verhältnis von Biblischer Archäologie und Exegese auch die ausführlichen Überlegungen von E. Noort, Biblisch-archäologische Hermeneutik und alttestamentliche Exegese, Kampen 1979, bes. 28-32.

130 Dazu V. Fritz, Von der Aufgabe Biblischer Archäologie, in: Jahrbuch des Deutschen Evangelischen Instituts für Altertumswissenschaft des Heiligen Landes 4 (1995), 66-

Der Jubilar ist auf seinem Lehrstuhl für Altes Testament und Biblische Archäologie in besonderem Maße einer Kultur- und Sozialgeschichte des alten Israel aufgeschlossen und hat dieses Interesse bei seinen Schülerinnen und Schülern zu wecken und fördern gewußt.[131] Er selbst hat eine Reihe wichtiger Artikel in der zweiten Auflage des von seinem Lehrer Kurt Galling herausgegebenen Biblischen Reallexikons verfaßt,[132] das eine wesentliche Vorarbeit für eine aus den archäologischen Quellen erarbeitete Synthese von Kultur- und Sozialgeschichte darstellt.[133] Das Beispiel der Ausgrabung von *Rās ed-Dabbūs* sollte deutlich machen, daß in einer hermeneutisch und methodisch reflektierten und verantworteten Erkenntnis und Kommunikation von Archäologie und Bibelwissenschaft kulturanthropologische sowie religions- und sozialgeschichtliche Fragen mit Erfolg gestellt und dann vielleicht auch weiterführend beantwortet werden können. Die Anspielung im Titel will auf erkenntniskritische Problemdefizite einer monologisch und ephemer gestimmten Forschung hinweisen, sie aber nicht dogmatisieren. Wer auf wissenschaftlichem Terrain eine Grube gräbt, muß nicht notwendig ein (Biblischer) Archäologe sein. Ob er selbst oder andere in sie hineinfallen, hängt dabei letzten Endes nicht vom Funktionieren alttestamentlicher Erfahrungssätze ab.

69; Ders., Art. Bibelwissenschaft. I/1. Archäologie (Alter Orient und Palästina), in: TRE 6, 1980, 316-345, hier: 341f.; Ders., Einführung in die biblische Archäologie, Darmstadt 1985, 225-228; Ders., Art. Archäologie. Biblische Archäologie, in: NBL 1, 1991, 154-160; D. Conrad, Hobby oder Wissenschaft? Biblische Archäologie und ihre Stellung im Kanon der theologischen Fächer, in: ZDPV 116 (1999), 1-11.

131 P. Welten, Ansätze sozialgeschichtlicher Betrachtungsweise des AT im 20. Jh., in: BThZ 6 (1989), 207-221. Unter P. Weltens Betreuung wurden bisher viele Dissertationen mit entsprechenden Implikationen verfaßt, so von D. H. Bak, Th. Podella, D. Jericke, K. Strübind, E.-M. Dörrfuß, C. Maier, M. Ehrmann, H. H. Lee, T. S. Tsan und T. Reinmuth.

132 S. die Artikel: Baum, sakraler; Götterbild, männliches; Göttergruppe; Kulthöhe; Mischwesen; Salbe und Salbgefäße; Schlange; Siegel und Stempel; Stele.

133 Nur ein Jahrzehnt später wurde aus derselben Schule ein auf geschichtlichen Zusammenhang bedachtes *opus magnum* archäologischer Erkenntnisse vorgelegt: H. Weippert, a. a. O. (Anm.14).

2. Zur Religions- und Kulturgeschichte

Die altorientalischen Großmächte in der
Metaphorik der Prophetie*

Nach S. Herrmann erschließen die Propheten „in einer das Durch-
schnittsbewußtsein ihrer Zeitgenossen weit überragenden Weise das,
was in einem ganz umfassenden Sinne ‚die Wirklichkeit' genannt werden muß. Es geht aller prophetischen Erkenntnis um Aufdeckung letzter Wirklichkeit, nicht nur im Blick auf unwägbar transzendente Sach-
verhalte, sondern nicht minder um die vorfindlichen Probleme ihrer
Zeit..."[1]

Die Möglichkeit der Erkenntnis dessen, was die alttestamentlichen
Zeugen sahen und hörten, anders ausgedrückt: die Wahrnehmung von
Geschichte und Überlieferung[2] ermöglicht und gefördert zu haben, ist
eine der weiterwirkenden Gaben des verehrten Lehrers an seinen Schüler, der auf den folgenden Seiten als Zeichen der Dankbarkeit und Verbundenheit zum Gespräch über „Prophetie und geschichtliche Wirklichkeit im alten Israel" etwas beitragen möchte. Dazu werden zunächst
über die alttestamentlichen Fachgrenzen hinaus interdisziplinäre Aspekte der Diskussion um ein angemessenes Metaphernverständnis
vorgetragen (I), im Anschluß daran prophetisch-metaphorische Äußerungen zu den Israel gegenüberstehenden Großmächten exemplarisch
untersucht (II) und abschließend Konsequenzen erwogen, die sich aus
dem Verhältnis von Metapher-Diskussion und exegetischem Befund
für den Zusammenhang von Prophetie, Geschichte und Wirklichkeit
ergeben (III).

---

*   Der Beitrag ist eine erweiterte Fassung eines Vortrags, der auf dem VI. Europäischen
     Theologenkongreß in Wien 1987 gehalten wurde.
1   S. Herrmann, Prophetie und Wirklichkeit in der Epoche des babylonischen Exils,
     AzTh 1/32, 1967, 6, = ders., Gesammelte Studien zur Geschichte und Theologie des
     Alten Testaments, TB 75, 1986, 80.
2   Zum Verhältnis von Sehen und Hören als Voraussetzung von Erfahrung (‚Geschich-
     te') und Überlieferung (‚Historie') s. S. Herrmann, Geschichtsbild und Gotteser-
     kenntnis. Zum Problem altorientalischen und alttestamentlichen Geschichtsdenkens,
     in: Isaac Leo Seeligmann Volume, ed. by A. Rofé/Y. Zakovitch, Vol. III, Jerusa-
     lem 1983, 15-38, = ders., Gesammelte Studien, a.a.O., 9-31.

I.

„Alles kracht in den Fugen und schwankt./Die Luft erzittert vor Vergleichen./Kein Wort ist besser als das andere./Die Erde dröhnt vor Metaphern..."[3]

Die Metaphorik dieses Textes ist unübersehbar, oder besser gesagt: unüberhörbar. Sie läßt sich auf die prophetische Schilderung eines herannahenden Heeres ebenso beziehen wie auf den in den vergangenen zwei Jahrzehnten geführten Streit um die Theorie der Metapher. Seit über zweitausend Jahren muß der Löwe zugunsten Achills (Achill ist ein Löwe) als Schulbeispiel der Rhetorik und rhetorisches Beispiel, das Schule gemacht hat, dem beherzten Zugriff der Theoretiker verschiedener Wissenschaften standhalten. So könnte seine schwindende Kraft einen Lyriker unserer Tage zu dem Satz bewogen haben: „Ich möchte den Mut beschreiben / ohne den staubigen Löwen hinter mir herzuziehen."[4]

Gegen die Metapher wurde seit ihrer theoretischen Grundlegung aufbegehrt, nicht in allen Epochen und in unterschiedlicher Intensität vorgetragen, am vehementesten in der Neuzeit. Die Ablehnung betrifft sowohl die Vergleiche, die z.B. für Diderot[5] als Argumente von Frauen und Dichtern galten, als auch die Metaphern, denen etwa der Expressionist Karl Sternheim[6] buchstäblich den „Kampf" ansagte. „Diese Attacken sind im Grunde Variationen zu einem Thema, das so alt ist wie die Metapher selbst und das da heißt: Die Metapher ist überflüssiges Schmuckwerk, sie verunklärt, sie ist unlogisch, ein Umweg zur Wahrheit usw."[7]

Rhetorik und Poetik – das sind, von Aristoteles an, die beiden Bereiche, in denen bis zum letzten Jahrhundert im wesentlichen die wissenschaftliche Beschäftigung mit der Metapher erfolgte. Im folgenden sollen für das Verständnis der prophetischen Sprache und Gedanken

---

3   Die Sätze Ossip Emiljewitsch Mandelschtams (1891-1938), des russischen Lyrikers, der sich an der klassischen Antike orientierte, aber eine symbollose ‚Klarheit' der Sprache anstrebte, sind zitiert nach J. Nieraad, „Bildgesegnet und bildverflucht". Forschungen zur sprachlichen Metaphorik, EdF 63, 1977, 1.

4   So der polnische Schriftsteller und Professor für europäische Literatur Zbigniew Herbert, s. ders., Gedicht „Ich möchte beschreiben", in: Inschrift. Gedichte aus zehn Jahren, übers. und hg. v. K. Dedecius, Frankfurt a.M. 1967, 168.

5   Le rêve de d'Alembert, Bibl. Pléiade, Paris 1951, 928.

6   Gesammelte Werke, Bd. 6, Neuwied 1966, 32f.

7   J. Nieraad, a.a.O. (Anm. 3), 44. Zu kritischen Stimmen gegenüber metaphorischer Rede in der Geschichte des Umgangs mit der Metapher s. J. Nieraad, a.a.O., 34.43f.85.90; H. Weinrich, Art. Metapher, in: HWP 5, 1980, 1179-1186.

heuristische Aspekte der antiken, aber auch der von mehreren Wissenschaften getragenen neuzeitlichen Metapherntheorie genannt und bewertet werden. Die Definitionen der Metapher, für die viele entsprechende, z.T. synonyme Ausdrücke verwandt werden – am häufigsten der Begriff ‚Bild' – sind kaum noch zu überschauen.[8] Am Anfang stand Aristoteles[9] mit seiner Formulierung μεταφορὰ δέ ἐστιν ὀνόματος ἀλλοτρίου ἐπιφορά. Bei der „Übertragung eines fremden Namens" unterschied er einige Typen und bezeichnete als wichtigsten, wie viele nach ihm, die im Sinne einer Proportionalität aufgefaßte Übertragung κατὰ τὸ ἀνάλογον[10], der er sprachschöpferische Fähigkeiten zutraute. Dabei differenzierte er, indem er den Vergleich (er ist wie ein Löwe) von der Metapher (er ist ein Löwe) trennte. Den Vergleich wies er der Poesie zu, die Metapher der Prosa.

Die für lange Zeit wirkungsvollste der antiken Definitionen lieferte Quintilian. Auch er verstand die Metapher als Übertragung (translatio) und bezeichnete sie – die weitere Forschungsgeschichte damit entscheidend prägend – als verkürzten Vergleich (brevitas), der auf Ähn-

---

8   H.-H. Lieb, Der Umfang des historischen Metaphernbegriffs, Diss. phil. 1963, Köln 1964, zählt 125 Definitionen! Eine Liste synonymer Begriffsverwendungen bei H. A. Pausch, in: Kommunikative Metaphorik, hg. und eingeleitet von H. A. Pausch, Studien zur Germanistik, Anglistik und Komparatistik 20, Bonn 1976, 5.
    Zu Forschungsergebnissen verschiedener Wissenschaften und zur Geschichte des Metaphernbegriffs geben u.a. neben H. H. Lieb, a.a.O., Auskunft: C.F.P. Sutterheim, Het begrip metaphor. Een taalkundig en wijsgerig onderzoek, Diss. Amsterdam 1932; J. Nieraad, a.a.O. (Anm. 3). Es liegen umfangreiche Bibliographien zur Metapher vor: Bibliographie zur antiken Bildersprache, unter Leitung von V. Pöschl bearbeitet von H. Gärtner und W. Heyke, Heidelberg 1964; W. A. Shibles, Metaphor: Annotated Bibliography and History, Whitewater, Wisconsin 1971; Metaphor. A Bibliography of Post-1970 Publications compiled by J. P. van Noppen/S. de Knop/R. Jongen with the assistance of B. Nitelet, A. Nysenholc and W. Shibles, Amsterdam Studies in the Theory and History of Linguistic Science, Serie V, Vol.17, Amsterdam/Philadelphia 1985.
9   Aristoteles hat die Metapher in seiner ‚Poetik' (1457b) und in seiner ‚Rhetorik' (1406b/1407a) definiert. Zu Aristoteles s. H. Jürgensen, Der antike Metaphernbegriff, Diss. phil. Kiel 1968, 27-72; J. Sinnreich, Die Aristotelische Theorie der Metapher. Ein Versuch ihrer Rekonstruktion, Diss. phil. München 1969; J. Nieraad, a.a.O. (Anm. 3), 7-14; E. Jüngel, Metaphorische Wahrheit. Erwägungen zur theologischen Relevanz der Metapher als Beitrag zur Hermeneutik einer narrativen Theologie, in: P. Ricœur/E. Jüngel, Metapher, EvTh Sonderheft, München 1974, 71-122, hier 86-103. Zur Metapher als dem gebräuchlichsten Tropus der antiken Rhetorik s. H. Lausberg, Handbuch der literarischen Rhetorik. Eine Grundlegung der Literaturwissenschaft, München 1960 (mit Registerband), 285-291 (§§ 558-564).
10 Poetik 1457b; sein Beispiel: „Wie das Alter sich zum Leben verhält, so verhält sich der Abend zum Tage. Man wird also den Abend ‚Alter des Tages' nennen und das Alter ‚Abend des Lebens'".

lichkeit (similitudo) beruhe: „metaphora brevior est similitudo, eoque distat, quod illa comparatur rei quam volumus exprimere, haec pro ipsa re dicitur; comparatio est, cum dico fecisse quid hominem ‚ut leonem'; translatio, cum dico de homine ‚leo est'"[11].

Von der aristotelischen Auffassung beeinflußt, wurde die metaphorische Weise zu reden neben anderen Figuren zu den Tropen, den verba alia pro aliis, geschlagen, die den Text sprachlich zu formen hatten und je nach Textbereich – Rhetorik oder Poetik – persuasive oder dekorative Funktion erhielten. Die Metaphorik sollte in erster Linie der Überzeugungskraft und dem poetischen Glanz der Sprache dienen. Von den bedeutungsähnlichen bzw. –gleichen Wörtern hätte man im Verfahren des Austausches die zu wählen, die „anständiger, erhabener, glänzender, ansprechender, wohlklingender"[12] sind. Einige Faktoren des antiken Verständnisses wurden bis heute angeeignet, andere wiederum aufgegeben oder verdeckt. Hatte Aristoteles auf die kommunikative und argumentative Bedeutung der Metaphern und Vergleiche hingewiesen,[13] so reduziert sie die neuzeitliche Beschäftigung oft auf eine formalistische Figurenlehre.[14] Aus der Tradition übernommen wurde die Meinung, bei der Metapher handele es sich um ein einzelnes Wort, das im übertragenen Sinne benutzt wird, also ‚uneigentlich' ist und grundsätzlich wieder in ein ‚eigentliches' zurückverwandelt werden kann. Beerbt wurde ebenfalls der Gedanke der Analogiestruktur und die Vorstellung des Bildes[15].

---

11   Institutio oratoria 8,6,8; s. auch 9,3,1. Über Quintilian, der auf dem ersten öffentlich besoldeten Lehrstuhl der westlichen Welt saß, informiert kurz B. Steinbrink, in: G. Ueding, Einführung in die Rhetorik, unter Mitarbeit von C. Brüggemann u.a., Stuttgart 1976, 53-60; zu Vergleich und Metapher s. C. Assfahl, Vergleich und Metapher bei Quintilian, TBAW 15, 1932.

12   Quintilian, Institutio oratoria 8,3,16: honestiora, sublimiora, nitidiora, iocundiora, vocaliora.

13   Vor allem in der Nikomachischen Ethik, s. J. Kopperschmidt, ‚Kritische Rhetorik' statt ‚Moderner wissenschaftlicher Rhetorik', in: Sprache im technischen Zeitalter 45 (1973), 18-58, hier 26ff.

14   Dazu C. Stoffer-Heibel, Metaphernstudien. Versuch einer Typologie der Text- und Themenfunktionen der Metaphorik in der Lyrik Ingeborg Bachmanns, Peter Huchels und Hans Magnus Enzensbergers, Stuttgarter Arbeiten zur Germanistik 96, Stuttgart 1981, 9ff.

15   Schon Aristoteles hatte in der ‚Rhetorik' (1412 B 30) von den Metaphern als Bildern (εἰκόνες) gesprochen. Weitere antike Nachweise zur Funktion der Metaphern als bildlichen Redeschmuck bei A. Demandt, Metaphern für Geschichte. Sprachbilder und Gleichnisse im historisch-politischen Denken, München 1978, 7ff. Es ist üblich geworden, im Anschluß an H. Weinrich, Semantik der kühnen Metapher, in: DVfLG 37(1963), 324-344, von ‚Bildspender' und ‚Bildempfänger' zu sprechen, dazu G. Kurz, Metapher, Allegorie, Symbol, Göttingen 1982, 21-24.

Erst in den letzten zwanzig Jahren sind im interdisziplinären Gespräch[16], das die ‚Bochumer Diskussion'[17] von 1968 belebt und vorangetrieben hat, Erkenntnisse aufgedeckt bzw. neu gewonnen worden, die mit Erfolg Metapher und Vergleich aus ihrer Isolation als Stilistikum befreit, von ihrem manipulatorischen Verdacht entlastet und aus dem Vorgang der Übertragung in die ‚Uneigentlichkeit' wieder entlassen haben. Damit ist allerdings noch nicht ein allgemein verbindlicher Konsens erreicht, weder durch die Ausgrenzung traditioneller Kategorien noch durch die Aufnahme bisher vernachlässigter oder unerkannter Aspekte. Wie unterschiedlich die einzelnen Fachrichtungen dem Phänomen ‚Metapher' gegenüberstehen können, zeigt hinreichend die gerade genannte Bochumer Diskussion. Sie beweist aber auch, daß ein breit angelegtes Gespräch fruchtbar ist, an dem bisher vor allem Literaturwissenschaft, Sprachwissenschaft und Psychologie bzw. Psychoanalyse beteiligt sind.

Aus der Forschung jener Wissenschaften sind für den Alttestamentler besonders einige Resultate der Sprachwissenschaft bemerkenswert. Dazu gehört erstens die Einsicht, daß Metapher und Vergleich Teil eines Textes sind. Sie haben einen Kontext, der sie bedingt und den sie ihrerseits beeinflussen,[18] im Zusammenhang der sprachlichen Realisierung und der außersprachlichen Wirklichkeit. Das bedeutet, Abschied von der Metapher als einzelnem Wort der Sprachverwendung zu nehmen.

Sofern seit der frühromantischen Philosophie und Ästhetik die Metapher als eine ursprüngliche Denk- und Sprachform und jede einzelne Sprache als ein „Wörterbuch erblasseter Metaphern" (Jean Paul) verstanden werden kann,[19] wird der Metapher zweitens als einer genuinen Redeweise eine ‚Eigentlichkeit' gesichert, für die inzwischen die Linguistik sprachtheoretische Argumente erbracht hat.[20]

---

16   Einen guten Überblick verschaffen J. Nieraad, a.a.O. (Anm. 3), und C. Stoffer-Heibel, a.a.O. (Anm. 14), 3-92.

17   Die Metapher (Bochumer Diskussion), in: Poetica 2 (1968), 100-130.

18   Die Determinationsrichtungen werden unterschiedlich bestimmt, vom Kontext zur Metapher oder umgekehrt. Wahrscheinlicher ist eine wechselseitige Determinierung, so C. Stoffer-Heibel, a.a.O. (Anm. 14), 95 und 371 Anm.281.

19   Diese Sicht setzt mit G. Vico ein, s. H. Weinrich, a.a.O. (Anm. 7), 1182, dort auch der Nachweis zum Zitat J. Pauls.

20   S. zu dieser Entwicklung C. Stoffer-Heibel, a.a.O. (Anm. 14), 21.24f.94; ausführlich zur Metapher als uneigentlicher Redeweise: E. Jüngel, in: P. Ricœur/E. Jüngel, a.a.O. (Anm. 9), 74ff und 98ff. 103 mit Verweis auf Luthers Bestreitung einer uneigentlichen Verwendung der Metapher.

Schließlich hat die Sprachwissenschaft auch zeigen können, daß Metapher und Vergleich drittens ein semantisches Problem sind. Umstritten ist dabei, ob sie primär als „widersprüchliche Prädikation"[21] oder nicht eher als „semantische Innovation"[22] zu begreifen sind.

Trifft das letztere zu, dann hat das wesentliche Auswirkungen auf das Verständnis des Analogieprinzips und – davon nicht zu trennen – der Bildhaftigkeit. So wird gerade in der Neuzeit eine Kunsttheorie, die sich des aristotelischen Mimesis-Konzeptes verpflichtet weiß und die Forderung erhebt, die Wirklichkeit im Bild nachzuahmen, kritisiert bzw. preisgegeben.[23] Ähnlichkeit kann gebildet, nicht nur abgebildet werden. Dafür liefert, auf die Metaphorik bezogen, die moderne Lyrik eindrucksvolle Beispiele.[24]

Beachtet man darüber hinaus Hinweise der erlebnis- und erkenntnispsychologischen Forschungen[25], nach denen die Metapher zum Erlebnisakt wird, ohne daß (immer) eine Reflexion des Verstandes das tertium comparationis des Vergleichens zu erkennen versucht, dann ist es weniger die Analogie als die sprachliche Wirklichkeit selbst, die es durch eine Metaphorisierung zu stiften gilt. Vor allem die Bildenden Künste, Philosophie und Naturwissenschaften sehen heute in der Metapher ein Modell, das die Wirklichkeit nicht nur ab-, sondern auch vorbildet, also Möglichkeiten der Veränderung des Erkenntnisstandes schafft.[26] Mit der Existenz einer Wissenschaftsmetaphorik wird eine polare Verhältnisbestimmung von Mythos und Logos, von Fiktion und

---

21 H. Weinrich, a.a.O. (Anm. 15), 337; ders., Semantik der Metapher, in: Folia Linguistica 1 (1967), 3-17, abgedr. in: W. A. Koch, Strukturelle Textanalyse, Hildesheim/New York 1972, 269-283, hier 281. Kritisch dazu A. J. Bjørndalen, Untersuchungen zur allegorischen Rede der Propheten Amos und Jesaja, BZAW 165, 1986, 22ff.

22 C. Stoffer-Heibel, a.a.O. (Anm. 14), 94f. Diese Auffassung wird u.a. vertreten von P. Ricœur, Stellung und Funktion der Metapher in der biblischen Sprache, in: P. Ricœur/E. Jüngel, a.a.O. (Anm. 9), 45-70; ders., Die lebendige Metapher, Übergänge 12, München 1968 (Übersetzung von: La métaphore vive, Paris 1975); zuletzt ders., Erzählung, Metapher und Interpretationstheorie, in: ZThK 84 (1987), 232-253, hier 239ff.

23 Nachweise bei J. Nieraad, a.a.O. (Anm. 3), 32f.

24 S. beispielhaft die Abhandlung von C. Stoffer-Heibel, a.a.O. (Anm. 14).

25 Referate bei J. Nieraad, a.a.O. (Anm. 3), 112ff; C. Stoffer-Heibel, a.a.O. (Anm. 14), 11ff.

26 Metaphern als Modelle fundamentaler Erkenntnisprozesse führt vor: M. Black, Models and Metaphors. Essays in Laguage and Philosophy, Ithaca/London 1962; dazu und zu kreativen Aspekten einer Wissenschaftsmetaphorik J. Nieraad, a.a.O. (Anm. 3), 92ff. Auf die mit der Metapher gegebene kognitive und kommunikative Funktion hat W. Köller, Semiotik und Metapher. Untersuchungen zur grammatischen Struktur und kommunikativen Funktion von Metaphern, Stuttgart 1975, im Blick auf den Modellcharakter vor allem 15ff, hingewiesen.

Logos, von eigentlicher und uneigentlicher Wahrheit hinfällig. Im Zusammenhang der Metapher, in der sich analogische und hypothetische Strukturen in Erinnerung und Erwartung verschränken, kann das Problem offensichtlich nur dialektisch gelöst werden.

Neuere Ansätze zusammenfassend, kann vielleicht gesagt werden: Die Metapher ist kein einzelnes Wort und hat nur mit Einschränkung Analogie- und Bildcharakter. Anders gewendet: Sie ist eine semantisch innovativ wirkende Erscheinung auf der Satz- und Textebene, sie knüpft an Erfahrungen an und erschließt Neues, sie ist imitativ und kreativ.

Bei den folgenden Texten wird sich erweisen, inwieweit dieses Verständnis eine heuristische Bedeutung für die Exegese der Prophetie hat und umgekehrt die Theorie der Metapher durch die alttestamentlichen Verwendungen bestätigt oder korrigiert wird. Die Bespiele, die in wohl gerade noch vertretbarer Kürze genannt werden, können nur im Rahmen grundsätzlicher Erwägungen zu Wort kommen. Weder die synchrone Ebene noch der diachrone Zusammenhang werden in wünschenswerter Ausführlichkeit dargelegt, von einer erschöpfenden Präsentation der Details ganz zu schweigen.

II.

Syrien-Palästina, aufgrund seiner geographischen Lage im Schnittpunkt politischer und ökonomischer Interessen der altorientalischen Großreiche gelegen, hat seine Geschichte zu einem Teil als Unheilsgeschichte erleben und ertragen müssen. Von ägyptischen Militäraktionen abgesehen, die seit Anfang des 2. Jts. auf jenes Gebiet übergriffen und vereinzelt auch noch am Anfang der israelitischen Königszeit Israel und Juda galten, deckt sich der Aufstieg und Niedergang der Großmächte Assyrien, Babylonien und Persien, die ihr Einflußgebiet teilweise sogar über Syrien-Palästina hinaus streckten, im wesentlichen mit der Zeit der Schriftprophetie.

Wenn die Propheten über die einzelnen Großreiche sprechen, dann geschieht das sehr oft metaphorisch,[27] und wenn metaphorisch, dann

---

27   Fragen zu Vergleich und Metapher haben in der atl. Forschung bisher kein übergroßes Interesse finden können. Arbeiten in diesem Bereich haben in der Regel sachlich die entsprechenden „Bildbereiche" zusammengetragen und sprachlich den „Bilderschmuck" erläutert. Von der älteren Literatur seien exemplarisch genannt: A. Werfer, Die Poesie der Bibel, Tübingen 1875; E. W. Bullinger, Figures of Speech used in the Bible: Explained and illustrated, London/New York 1898; A. Wünsche, Die Bildersprache des Alten Testaments, Leipzig 1906; J. Hempel, Jahwegleichnisse

ist es ganz selten Persien, nur einige Male Ägypten, häufiger Assyrien und Babylonien, und recht oft ein namenloses Volk. Warum ist das so? Die Beantwortung dieser Frage hängt davon ab, welche Leistung und Funktion der metaphorischen Äußerung zuerkannt wird.

Sieht man zunächst einmal auf die Lebensbereiche, aus denen sich die Großmacht-Metaphorik rekrutiert, dann sind die belebte und unbelebte Natur und der Mensch mit seinen körperlichen Funktionen, in seinen Individuationen, Institutionen und Tätigkeiten, seltener Gegenstände, die den Tätigkeiten entsprechen, zu nennen. Überprüft man die Zuordnung des Materials zu den namentlich genannten Völkern, ergibt sich eine relativ konstante Aufteilung, grob gesprochen in der Reihenfolge Babylonien-Assyrien-Ägypten. Wie gesagt: Am häufigsten ist von einem Eroberer die Rede, der nicht identifiziert wird. Die Frage sollte gestellt werden, ob nicht die Festlegung auf ein fremdes *Volk* voreilig ist. Die Metaphorik könnte ja in diesen Fällen das benennen, was sich einer eindeutigen semantischen Kohärenz entzieht, also etwa auch über

---

der israelitischen Propheten, in: ZAW 42, NF 1 (1924), 74-104, = ders., Apoxysmata, BZAW 81, 1961, 1-29; J. Lindblom, Profetisk Bildsprak, in: Acta Åboensia 18 (1949), 208-223; R. Mayer, Zur Bildersprache der alttestamentlichen Propheten, in: MThZ 1 (1950), 55-65; G. J. Botterweck, Die Tiere in der Bildsprache des Alten Testaments unter besonderer Berücksichtigung der ägyptischen und akkadischen Literatur, masch. HabSchr. Bonn 1953; S. J. Brown, Image and Truth, Studies in the Imagery of the Bible, Rom 1955; E. Hessler, Die Struktur der Bilder bei Deuterojesaja, in: EvTh 25 (1965), 349-369; M. Dahood, Congruity of Metaphors, in: VT.S 16 (1967, FS W. Baumgartner), 40-49; M. Weiss, Methodologisches über die Behandlung der Metapher, dargelegt an Am. 1,2, in: ThZ 23 (1967), 1-25. Weitere ältere Arbeiten werden genannt und z.T. besprochen von L. Alonso-Schökel, Das Alte Testament als literarisches Kunstwerk, Köln 1971, 312-318.

Von den neueren Arbeiten seien genannt: G. J. Botterweck, Gott und Mensch in den alttestamentlichen Löwenbildern, in: Wort, Lied und Gottesspruch. Beiträge zu Psalmen und Propheten. FS J. Ziegler, hg.v. J. Schreiner, Würzburg 1972, 117-128; K. Nandrásky, Die Anschauungsweise und die Logik in der metaphorischen Ausdrucksweise des Propheten Hosea, in: Linguistica Biblica 54 (1983), 61-96. Weitere Titel bei: W. G. E. Watson, Classical Hebrew Poetry. A Guide to its Techniques, JSOT Suppl. Ser. 26, 1984, 271f.

Aus den 80er Jahren sind hervorzuheben: H.-P. Müller, Vergleich und Metapher im Hohenlied, OBO 56, 1984; C. Westermann, Vergleiche und Gleichnisse im Alten und Neuen Testament, CThM.A 14, 1984; H. Weippert/K. Seybold/M. Weippert, Beiträge zur prophetischen Bildsprache in Israel und Assyrien, OBO 64, 1985; zu diesen Arbeiten s. P. Höffken, Neuere Arbeiten zur Sprachgestalt alttestamentlicher Texte, in: BiOr 43 (1986), 647-660, hier 648-656.

Auch neuere Beiträge zur Sprache und Semantik folgen noch ganz dem aristotelischen Konzept, s. H. Schweizer, Metaphorische Grammatik. Wege zur Integration von Grammatik und Textinterpretation in der Exegese, Münchener Universitätsschriften. Arbeiten zu Text und Sprache im Alten Testament 15, St. Ottilien 1981, 240-245; B. Kedar, Biblische Semantik. Eine Einführung, Stuttgart u.a. 1981, 165-180.

Gott oder einen mythischen Feind reden wollen. Eine Antwort muß zurückgestellt werden.

Als ‚Bildspender', um diesen inzwischen traditionellen Begriff wiederaufzunehmen, dienen Tiere, vor allem im Jeremiabuch (2,15; 4,7.13.16; 5,6; 46,20.22f; 48,40; 51,34.40), aber auch im Jesajabuch (5,29; 7,18; 8,8; 14,11.19.23; 18,1f; 46,11), weniger im Ezechielbuch (32,2) und im Dodekapropheton (Joel 1,6; 2,4; Nah 2,12f; 3,15f.17; Hab 1,8). Aus der unbelebten Natur stehen die Elemente als Metaphorisierungsbereich im Vordergrund, schwerpunktmäßig Wind/Sturm/Unwetter, wieder am häufigsten im Jeremiabuch (4,11.12.13; 18,17; 22,22; 49,36), daneben im Jesajabuch (5,28; 28,2), bei Ezechiel (19,12; 38,9), Hosea (13,15) und Habakuk (1,11) – recht häufig auch Wasser (Jes 5,30; 8,7; 11,15; 14,23; 28,2; Jer 2,18; 6,23; 47,2; 50,42; Ez 26,19; Nah 2,9) – nur vereinzelt Feuer (Jes 10, 16, 17; Joel 2,5). Punktuell erwähnt werden Rauch (Jes 14,31), Gewölk (Jer 4,13; Ez 38,9), Schatten (Jes 30,2), lokale Bereiche des Todes (Jes 14,19; Jer 5,16; Zeph 2,12ff), Gegenstände der anorganischen (Jes 5,28; Jer 15,8; Hab 1,9) und der organischen (Jes 10,33; 36,6; Jer 22,7; Ez 28,24; Nah 3,12) Natur. Wird ganz allgemein der Mensch metaphorisch genannt, so ist es fast ausschließlich das weibliche Geschlecht (Jes 19,16; 47,1.8; Jer 15,18; vgl. aber auch Joel 2,7), oder aber es sind, wenn es sich um Männer handelt, Amtsfunktionen und -insignien (Jes 45,1; Jer 1,15; 25,9; 27,6; Sach 10,11), Gebrauchsgegenstände (Jes 7,20; 37,29; Jer 25,15ff; 51,7; Ob 11; Mi 2,4; Nah 3,11; Sach 12,2), eine Fülle von Gegenständen und Tätigkeiten aus der Arbeitswelt (Jes 10,5.14.23.26.27; 14,5.21; 30,31.32; 41,25; 44,28; 47,2; Jer 1,13; 2,16; 4,16.17; 6,3; 16,16; 22,22; 27,8.11.12; 49,9; 50,23; 51,2; Ez 32,3; Joel 2,9; Am 1,3; Nah 3,18; Hab 1,15), aber auffallend wenig militärische Geräte (Jes 10,26; Joel 2,5). Metaphorisch werden schließlich auch Teile des menschlichen Körpers (Jes 10,16.33; 11,15; 37,25.29; 45,1; 47,2; Jer 20,4; 21,6.7; 29,21; 32,3.24.28.43; 34,2.3.21; 37,17; 38,18.23; 44,30; Ez 23,9; 16,39; 21,36; 30,21) und freiwillige oder unfreiwillige Beziehungen unter den Menschen (Jer 2,14.33.36; 30,14; Ez 16,37; 25,4.7; Hos 13,15) verarbeitet.

Als Schwerpunkte sind unschwer die Bereiche Natur und Arbeit zu erkennen, die, wie auch die übrige Lebenswelt, im Zusammenhang der Großreich-Metaphorik am häufigsten im Jesaja- und Jeremiabuch anzutreffen sind. Bemerkenswert ist dabei, daß in den Büchern Jesaja, Jeremia und Ezechiel die Großmächte sehr oft als Instrumente Jahwes fungieren, der ihre Aktionen initiiert und steuert.[28] Eine weitere Differenzierung des Befundes, etwa nach den genannten Lebensbereichen, wäre nicht besonders signifikant.

---

28 Die wesentlichsten Stellen sind: Jes 5,25-30; 7,18-20; 8,7; 10,5; 28,2; 46,11; Jer 1,15; 12,12; 18,17; 22,7; 49,36; Ez 16,39; 21,36; 23,9; 25,4; 26,19; 28,7f.

Es fällt allerdings auf, daß bei Assyrern und Babyloniern, bei den Völkern also, die Israel und Juda erheblich bedrängt und unterdrückt haben, auch die Erwartung ihres Scheiterns metaphorisch zum Ausdruck kommt und dies gegenüber der aktiven Rolle numerisch durchaus überwiegen kann. Im einzelnen wird man dabei Erwartungen, Hoffnungen und Erinnerungen nicht mehr säuberlich trennen können. In der Regel späte Stellen liegen wohl vor, wenn es um das Schicksal Babyloniens geht (Jes 14,11.19.21.23 [s. dazu unten]; 47,1.2; Jer 50,23; 51,2.7.40)[29]. Wenn der Untergang Assyriens metaphorisiert wird (Jes 10,16.26; 11,15; 30,31.32; 37,29; Nah 3,11.15.18)[30], dürften zum großen Teil zeitgenössische Äußerungen vorliegen. Die sich etwa die Waage haltende Ambivalenz der aktiven und passiven Rolle der Großmächte entfällt bei den Ägyptern, deren punktuelle und mehr indirekte Bedrohungen während der Königszeit nicht viele Metaphern über ihr eigenes Schicksal freigesetzt haben (nur Jes 11,15; 19,16; Jer 46,20ff [s. dazu unten]; Ez 30,21; Sach 10,11)[31]. Es wäre zu bedenken, warum bei der Macht ohne Namen, die bei allen Propheten häufiger als Assyrer, Babylonier und Ägypter erwähnt wird, nur die agierende Seite zu Wort kommt. Dabei sind übrigens drei metaphorische Schwerpunkte auszumachen: die Tierwelt[32], die Natur[33] und die Welt der Arbeit[34].

Nun zu den einzelnen Beispielen. Der im Rahmen der Metaphern-Diskussion so erheblich strapazierte Löwe[35] ist auch in der Prophetie beliebt, er hat bei den Tiermetaphern[36] eindeutig den ‚Löwenanteil', entzieht sich aber weitgehend einer stereotypen und klischierten Verwendung. Das gilt ebenso für den übrigen metaphorischen Bestand. So ist Ägypten bei Jesaja eine Fliege (Jes 7,18), bei Jeremia ein Kuhkalb (Jer 46,20) und bei Ezechiel ein Löwe und Krokodil (Ez 32,2). Soll die Bedeutung der Stellen zutreffend erfaßt werden, müssen – was im folgenden nur begrenzt möglich ist – sprachlich-formale Aspekte der je-

---

29 Vgl. dagegen zum ‚aktiven' Babylon Jer 20,4; 25,9; 27,6; 46,20.22.23; 51,34.38; Ez 23,9; Hab 1,8. 9. 11.

30 Vgl. dagegen zum ‚aktiven' Assyrien: Jes 7,18. 20; 8,7f; 10,5.27; 28,2; 37,5; Jer 2,18; Nah 2,12f.

31 Vgl. dagegen zum ‚aktiven' Ägypten: Jes 7,18; 18,1f; 30,2; 36,6; Jer 2,16.18; 46,8; Ez 32,2.

32 Jes 5,29; 46,11; Jer 2,15; 4,7.13; 5,6; 48,40; Joel 2,4.

33 Jes 5,28-30; 14,31; 28,2; 29,5; 47,2; Jer 4,11.13; 5,16; 6,23; 15,8; 22,22; Ez 19,12; 26,19; 28,24; 38,9; Hos 13,15; Joel 2,5. 20.

34 Jes 41,25; Jer 1,13; 4,16; 6,3; 16,16; 22,22; 46,22; 48,12; 49,9; Joel 2,5. 9; Ob 11.

35 Metaphorische Verwendung in Jes 5,29; Jer 2,15; 4,7; 5,6; 51,38; Ez 32,2; Joel 1,6; Nah 2,12f.

36 Viele Tierarten werden nur einmal erwähnt, mehrfach genannt sind: Krokodil (Ez 32,2 [s. dazu unten]; Jer 51,34), Steppenwolf (Jer 5,6; Hab 1,8), Pferd (Joel 2,4; Hab 1,8), Geier (Jer 4,13; 48,40; Hab 1,8 [s. dazu unten], Panther (Jer 4,16; 5,6).

weiligen Texteinheit und der situative Kontext, d.h. textinterne und textexterne Beziehungen, berücksichtigt werden.

Jes 7,18 steht innerhalb der redaktionellen Einheit 7,18-25, in der V.18-19 ein ehemals selbständiger Spruch ist:[37]

18   Und es wird geschehen an jenem Tag:
      Pfeifen wird Jahwe der Fliege,
          die an der Mündung der Ströme Ägyptens,
      und der Biene, die im Lande Assur ist.

19   Und sie werden kommen und sich alle niederlassen
          in den Talschluchten[38] und Felsspalten
      und in allen Dornbüschen und Dornenhecken[39].

Die syntaktisch-stilistische Gestaltung des Wortes ist auffällig. Betont vorangestellt wird in V.18 eine auf die Zukunft ausgerichtete Imperfekt-Form des im Alten Testament immer nur metaphorisch verwendeten Verbs שׁרק[40], das als Objekt ‚Fliege' und ‚Biene' hat, wobei jeweils die Objekte – für einen poetischen Text, der hier anzunehmen ist, überraschend – durch אשׁר-Sätze mit lokalem Verweis ‚erweitert' werden. V.19 schließt sich mit konsekutiven Perfekt-Formen an, die als Korrelat zum Aufbruch in V.18 die Ankunft zum Ausdruck bringen, über deren Folgen der Text aber nichts mitteilt.

Dieses erste Beispiel zeigt, daß eine Zuspitzung der Metapher auf eine ornamentale Funktion, bildhafte Redeweise, oder auf einen uneigentlichen Sprachgebrauch zu kurz greift. Mag die schon aus der Antike bekannte Vorstellung, daß der Imker die Bienenschwärme akustisch anlockt,[41] dem Hörer vertraut gewesen sein, befremdlich muß auf ihn gewirkt habe, daß Fliegen herbeigepfiffen werden. Leistung und Absicht einer Metapher würden allerdings verkannt, wenn diese semantische Inkongruenz einfach gestrichen wird,[42] nur weil ‚Bild' und Wirklichkeit nicht zur Deckung kommen. Dem zu genügen, könnte man

---

37   S. dazu H. Wildberger, Jesaja, BK X/1, ²1980, 301ff; O. Kaiser, Das Buch des Propheten Jesaja. Kapitel 1-12, ATD 17,1981,169ff.

38   H. Wildberger, a.a.O., 301.

39   Dazu O. Kaiser, a.a.O. (Anm. 37), 169.

40   Vgl. vor allem Jes 5,26; dort ‚pfeift' Jahwe im Kontext einer Unheilserwartung namenlose Völker aus der Ferne herbei, vgl. aber auch Sach 10,8, wo Jahwe im Zusammenhang einer Heilserwartung die Exilierten ‚herbeipfeift' und sammelt. Akustische Metaphorik auch in Jes 5,29f; Jer 2,15 (שׁאג), Jes 46,11 (קרא) und Jer 6,23; 50,42 (המה).

41   Nachweise bei H. Wildberger, a.a.O. (Anm. 37), 304.

42   So H. Wildberger, a.a.O., 303. Eher könnte man überlegen, ob die für eine poetische Struktur nicht eben typischen אשׁר-Sätze ursprünglich sind, so auch R.E. Clements, Isaiah, NCeB, 1980, 90; O. Kaiser, a.a.O. (Anm. 37), 169f, weist sie einer späteren „historisierenden Bearbeitung" zu, opfert mit ihnen allerdings auch die ‚Fliege'.

erwägen, ob זְבוּב nicht synonym mit דְּבוֹרָה steht, sofern im Ägyptischen die allgemeine Bezeichnung *ff* sowohl die Fliege als auch die Biene benennt.[43] Aber damit unterzöge man sich eines Plausibilitätszwangs, der für metaphorisches Reden nicht konstitutiv ist. Hinfällig wird damit auch der Versuch einer direkten ‚Übertragung‘ in eine ‚Eigentlichkeit‘, die dann nur noch historisch verortet werden muß. Mögen, wie die Kommentare regelmäßig betonen,[44] Fliege und Biene nichts Untypisches für Ägypten und Assyrien sein, indem sich bei Bienenschwärmen Gedanken an ein großes feindliches Heer einstellen, die auch aus dem Alten Testament (Dtn 1,44; Ps 118,12) und aus Homer (Ilias II,87, vgl. XVI,259) bekannt sind, in Jes 7,18-19 wird aber nicht eine Ähnlichkeitsrelation im Sinne einer Abbildung hergestellt. Sollte dem Hörer oder Leser „unmittelbar“ bewußt geworden sein, „daß es sich in Wahrheit um ein gewaltiges, das Land bis in seine letzten Schlupfwinkel besetzendes Heer handelt...“[45]? Das mag mitschwingen, steht aber nicht im Vordergrund. Eine kollektive Deutung bezieht zwar aus V.19 (כֻּלָּם) ihr partielles Recht, wird aber durch den Singular von זְבוּב und דְּבוֹרָה möglicherweise eingeschränkt. Einheit und Vielheit des Feindes müssen sich nicht in ein Entweder-Oder auflösen. Es geht primär nicht um die Anzahl, sondern um die Gefährlichkeit der Biene und auch der Fliege, die in Ägypten als übler Plagegeist auffiel und wegen ihrer unaufhörlichen Angriffslust Tapferkeit verkörperte, so daß Nachbildungen an verdiente Soldaten verliehen wurden.[46] Vorausgesetzt, daß dies bekannt war, und daran muß aufgrund der zahlreichen Kulturkontakte nicht gezweifelt werden, stellt es hier den Mehrwert der Metapher gegenüber der typischen Vorstellung von der Menge eines Insektenschwarms dar.

Moderner Lyrik vergleichbar, ist es schwierig, für Jes 7,18-19 einen ‚Bildempfänger‘ – neben ‚Bildspender‘ der üblich gewordene Komplementärbegriff – zu benennen. Sofern in jenen Versen die Lokalisierungen sekundär sind,[47] schlägt die metaphorische Qualität gleichsam in

---

43 Wörterbuch der ägyptischen Sprache, hg. v. A. Ermann und H. Grapow, Bd. I, Leipzig/Berlin 1926, 182.

44 So z.B. G. Fohrer, Das Buch Jesaja, 1. Bd., ZBK, ²1960, 118.

45 O. Kaiser, a.a.O. (Anm. 37), 171. S. auch M. Weippert, Die Bildsprache der neuassyrischen Prophetie, in: H. Weippert/K. Seybold/M. Weippert, a.a.O. (Anm. 27), 82. Eher wären dann wohl Heuschrecken genannt, s. Joel 2,4-9 und D. Marcus, Animal Similes in Assyrian Royal Inscriptions, in: Or. 46 (1977), 98f.

46 S. dazu H. Grapow, Die bildlichen Ausdrücke des Ägyptischen. Vom Denken und Dichten einer altorientalischen Sprache, Leipzig 1924, 97; vgl. auch A. Hermann, Art. Fliege (Mücke), in: RAC VII, 1969, 1110-1124, hier 1110-1112.

47 Vgl. Anm.42.

eine nichtmetaphorische[48] um, hebt jede mögliche Analogie auf und trägt mehr zur Verhüllung als zur Aufdeckung bei.[49] Die angesprochenen inkongruenten Aspekte erzeugen beim Hörer und Leser weniger ein visuelles Bild[50] als eine affektive Einstellung, die sich aus der bedrängenden Direktheit metaphorischer Sprache ergibt.

Die zweite der exemplarischen Ägypten-Stellen ist Jer 46,20. Dieser Vers steht in einem Spruch Jeremias[51] gegen Ägypten. In V.20-24 heißt es:

20   Ein prächtiges Kuhkalb ist Ägypten,
         die Bremse[52] von Norden kommt über es.[53]
21   Auch seine angeheuerten Soldaten in seiner Mitte
         sind wie Mastkälber.
       Fürwahr, auch sie machen kehrt, fliehen allesamt, halten nicht stand,
       wenn der Tag ihres Verderbens über sie kommt.
         die Zeit ihrer Bestrafung.
22   Seine Laute sind wie die der schreitenden[54] Schlange,
         wenn jene mit Macht heranrücken
       und mit Äxten über es kommen
         wie Holzfäller.
23   Sie fällen seinen Wald, Spruch Jahwes,

---

48   Ob man allerdings so weit gehen kann, daß Jes 7,18-19 als Erinnerung oder Ereignis einer im Altertum praktizierten biologischen Kriegsführung zu verstehen ist, bei der „Insects as Warfare Agents" benutzt wurden – so E. Neufeld, Insects as Warfare Agents in the Ancient Near East (Ex. 23:28; Deut. 7:20; Josh. 24:12; Isa. 7:18-20), in: Or. 49 (1980), 30-57 – muß angesichts des Gesamtbefundes der Tiermetaphorik bezweifelt werden.

49   Aber selbst wenn die Erwähnung von Assyrien und Ägypten bzw. Assyrien allein ursprünglich sein sollte, ist eine zeitliche Ansetzung schwierig. Auch die noch verbleibende Metaphorisierung als eine die realen Verhältnisse nicht einfach abbildende Äußerung sperrt sich gegen eine gegebenenfalls auch ‚tertiäre' Historisierung. Das entlastet den Exegeten freilich nicht von dem Versuch einer historischen Ortung; s. zu den erheblich sich unterscheidenden Meinungen zum historischen Ort die Auflistung bei R.E. Clements, a.a.O. (Anm. 42), 89f.

50   Jahwe erscheint gegen eine geläufige ikonische Metapher (vgl. O. Keel, Jahwes Entgegnung an Ijob. Eine Darstellung von Ijob 38-41 vor dem Hintergrund der zeitgenössischen Bildkunst, FRLANT 121, 1978, 86-125) gleichsam als ein gebietender, aber nicht kämpfender ‚Herr der Tiere', nicht dagegen als „Imker" (O. Kaiser, a.a.O. [Anm.37], 171.).

51   Die Verse 46,14-24 stehen „jedenfalls nicht in offenem Widerspruch zu seiner Botschaft" (S. Herrmann, Jeremia. Der Prophet und das Buch, EdF 271, 1990, 164).

52   קֶרֶץ ist Hapax legomenon, vgl. arab. qāriṣ „stechend, peinigend", zur Etymologie und zu den alten Übersetzungen s. KBL³ Lfg. III, 1071. Luther ‚überträgt': „Aber es kompt von Mitternacht der Schlechter".

53   Statt בָּא בָא ist בָּא בָהּ zu lesen, vgl. V.22 und den Apparat der BHS.

54   S. unten und Anm. 60.

> obwohl er undurchdringlich ist,[55]
> denn sie sind zahlreicher als Heuschrecken,
>   sie sind ohne Zahl.
> 24   Zuschanden wird die Tochter Ägyptens,
>   sie wird in die Hand eines Volkes aus dem Norden gegeben.

Die jeremianischen Worte sind mit Mitteln der Poesie gestaltet, anders als die anschließenden Prosaverse 25f, die unmißverständlich sagen, daß Ägypten in die Hand *Nebukadnezars* gegeben wird, auf dessen Zug gegen Ägypten (601) der einleitende Prosavers 13 anspielt.

Hatten schon die Verse 14-19 den Untergang Ägyptens angekündigt, mit begründeten Imperativen am Anfang und Ende, so wird in V.20 erneut jenes Thema aufgegriffen, nun mit einer Kette von Metaphern und Vergleichen sowie mit einem Wechsel von Perfekt- und Imperfekt-Formen, der die Zeitbezüge nicht eindeutig preisgibt, und mit einer fünfmaligen Verwendung der Partikel כִּי, die die syntaktischen Bezüge oszillieren läßt.

In dem zweiten Teil des Ägypten-Wortes illustriert die Metaphorik nicht, was schon im ersten zum Ausdruck gekommen ist, sondern führt die Aussagen von V.14 und V.18 weiter, zunächst beschreibend mit einem Nominalsatz: Ägypten wird als prächtiges Kuhkalb vorgestellt (V.20). Auch hier ist es wieder wichtig, das konkrete Lexem und textexterne Bedingungen seiner Verwendung zu beachten. Es geht wohl in erster Linie nicht, wie immer wieder betont wird, um ein Bild für das üppige und geruhsame Land.[56] Das Kalb der Kuh (עֶגְלָה) – nicht die Kuh selbst (פָּרָה) – ist Garant für den Fortbestand der Herde, ein Motiv vieler Grabdarstellungen in Ägypten.[57] Die Fortsetzung des Lebens steht also auf dem Spiel, nicht (nur) die Existenz von Wohlstand und Ruhe.

Die theriomorphe Metaphorik setzt sich in V.20 fort, wenn, Jes 7,18 vergleichbar, die Gefahr in Gestalt eines Insekts kommt[58]. Im Text folgen dann auffällige Vergleiche. Zunächst wird eine konkrete Bevölke-

---

55   כִּי ist hier konzessiv zu verstehen, חקר im Nifʿal mit Negation eigentlich: „nicht zu erforschen". W. Rudolph, Jeremia, HAT 12, ³1968, 270, liest den Plural יחקרו und übersetzt: „denn unermeßlich sind sie" (die Holzfäller).

56   So z.B. W. Rudolph, a.a.O., 273.

57   Nachweise bei P. Behrens, Art. Kalb, in: LÄ III, 1980, 296. Es geht nicht um einen Stier, so daß hier keine ironische Anspielung auf den Gott Apis, der in Stiergestalt verehrt wurde, vorliegt, gegen J.A. Thompson, The Book of Jeremiah, NICOT, 1980, 693.

58   Beim Verbgebrauch ist eine unspezifische Umgangssprache häufig, zu בוא s. auch V.18, vgl. weiter Jes 14,31; Jer 4,12.16; 6,3; 49,9. Das Subjekt selbst läßt sich nicht in Bild und Sache spalten, anders R.P. Carroll, Jeremiah. A Commentary, OTL, 1986, 770: „Egypt is a beautiful heifer savaged by a nipper (the literal meaning of *qereṣ*) from the north."

rungsgruppe beschrieben, wieder in einem Nominalsatz wie bei Ägypten insgesamt: Die mit dem Untergang konfrontierten Söldner, metonymisch als Lohnarbeiter (שָׂכִיר) bezeichnet, werden in Beziehung gesetzt (כְּ) zu Mastkälbern, deren Ende sozusagen funktional auf ihr Dasein bezogen ist.

Die Reaktion Ägyptens (V.22) auf den heraneilenden Feind ist akustisch vermittelt (קוֹל[59]) und nach dem MT mit einer Schlange verglichen, d.h. genauer: Es geht um ein Geräusch כַּנָּחָשׁ יֵלֵךְ. Diese Formulierung, die problemlos als asyndetische Wendung ohne אֲשֶׁר aufzufassen ist, wird gern abgeändert. Aus der „Schlange, die geht", wird eine „zischende Schlange"[60] oder noch ganz anders das „Stöhnen der Gebärenden"[61]. Der vorliegende Text ist aber durchaus verständlich. Trotz der Möglichkeit, daß הלך alle Arten der Fortbewegung einschließt, muß nicht einmal eine ‚gleitende Schlange'[62] angesetzt werden, denn es kann ein aufrecht dargestelltes Tier gemeint sein, ein Uräus, die sich drohend aufbäumende Kobra, die im engen Schutzverhältnis zum König steht, dessen Kopfbedeckung sie ziert.[63] Was hier primär gleichgesetzt werden soll, ist die akustisch vernehmbare Angst Ägyptens und seines die Feinde normalerweise ängstigenden Repräsentanten.

Nicht weniger bemerkenswert ist der nächste Vergleich (V.22f), der die Gefahr aus dem Norden, gerade noch als Bremse benannt, mit Holzfällern in Beziehung setzt, die ihrerseits Heuschrecken gegenübergestellt werden, um den Eindruck einer Zahllosigkeit zu verschaffen.[64] Soll man sich das holzarme Ägypten als Wald vorstellen? Die Äxte rufen eher den Gedanken an die Axt als Werkzeug, Waffe und Pionier-

---

59 קוֹלָהּ bezieht sich auf Ägypten, d.h. auf עֶגְלָה von V.20, nicht auf die Angreifer, so entsprechend der LXX der revidierte Luthertext.

60 LXX (26,22) liest φωνὴ ὡς ὄφεως συρίζοντος, so im Anschluß daran der revidierte Luthertext, die Einheitsübersetzung und die Zürcher Bibel, ebenfalls z.T. die Kommentare, s. z.B. J. Schreiner, Jeremia II. 25,15-52,34, NEB, 1984, 22; die Vulgata läßt die Schlange weg: vox eius quasi aeris sonabit.

61 W. Rudolph, a.a.O. (Anm. 55), 270: כְּנַהַם יֵלְֵרה, zustimmend BHS. Ein weiterer Vorschlag bei D.L. Christensen, Transformations of the War Oracle in Old Testament Prophecy, Harvard Dissertations in Religion 3, Missoula, Montana 1975, 219f, der im Blick auf Mi 7,17 <זחל> לה[כנחש]קֹ lesen will, s. schon die syrische Übersetzung, die von der ‚schnellen Schlange' spricht: ʾjk ḥwjʾ dršp.

62 S. z.B. J.A. Thompson, a.a.O. (Anm. 57), 691 mit Anm.7; R.P. Carroll, a.a.O. (Anm. 58), 767.769; vgl. Anm.61.

63 Vgl. K. Martin, Art. Uräus, in: LÄ VI, 1986, 864-868. הלך auch in Gen 3,14, wo ebenfalls bei der Schlange, die dazu bestimmt wird, auf dem Bauch zu kriechen, an die „aufgerichtete Kobra mit erhobenem Kopf" gedacht sein kann, so M. Görg, Die „Sünde" Salomos. Zeitkritische Aspekte der jahwistischen Sündenfallerzählung, in: BN 16 (1981), 54.

64 Vgl. Anm.45.

gerät wach, sind also stärker auf den mesopotamischen Eroberer bezogen. Metapherbildend mag die Erbeutung von Holzbeständen fremder Länder als Topos assyrischer Inschriften gewesen sein.[65]

Dominant in dem Wort über Ägypten sind eindeutig die Vergleiche, aber sie weisen semantisch keine erkennbare Differenz zur Metapher auf, wenn man die unmittelbar vergleichbaren Aussagen über Ägypten (Kuhkalb) und seine Söldner (Mastkälber) heranzieht, die einmal als Metapher (bei Ägypten), das andere Mal als Vergleich (bei den Söldnern) stilisiert sind. Im Grunde genommen besteht aus der Perspektive der Wirkung kein kategorialer, sondern allenfalls ein gradueller Unterschied.[66] Die Metapher selbst mit Quintilian als ‚verkürzten Vergleich' zu verstehen, ist vor allem dann problematisch, wenn eine semantisch innovative Aussage vorliegt, wie es bei Ägypten als Kuhkalb der Fall ist.[67]

Auch in Jer 46,20ff bringt die Metaphorik einzelne Aspekte einer über das Land kommenden Gefahr verbergend und zugleich aufdeckend zum Ausdruck und stellt dabei die Vertrautheit der Prophetie mit dem Selbstverständnis der Großmächte unter Beweis. Von eigentlichen Bildern wird man kaum sprechen können, denn visualisiert wird nur andeutungsweise. Was hervorgerufen wird, sind Affekte, wenn sich die Metaphorik in rascher Folge ändert und erst im Schlußsatz (V.24) zur Ruhe kommt: Ägypten wird einem Volk des Nordens „in die Hand gegeben". Das aber ist nicht die Sache des Bildes, sondern allenfalls eine neue Metapher, wenn auch eine erblaßte.

Ez 32,2 schließlich, die dritte oben genannte Stelle mit einer Tiermetapher im Blick auf das Reich am Nil, nennt Ägypten, d.h. den Pharao, einen Löwen und ein Krokodil:

> Einem Löwen der Völker bist du gleich geworden,
> und du warst wie ein Krokodil[68] in den Meeren

---

65 Dazu P. Machinist, Assyria and its Image in the First Isaiah, in: JAOS 103 (1983), 723; vgl. M. Weippert, Die Bildsprache der neuassyrischen Prophetie, in: H. Weippert/K. Seybold/M. Weippert, a.a.O. (Anm. 27), 69f.

66 Vgl. G. Kurz, a.a.O. (Anm. 15), 20, der unterschiedliche „Sinnerwartungen" annimmt, indem er in der Metapher primär eine Aussage über den ‚Bildempfänger' und im Vergleich darüber hinaus über den ‚Bildspender' sieht, vgl. auch H.-P. Müller, a.a.O. (Anm. 27), 20f.

67 Daß die Vergleichspartikel כְּ zum einen in poetischen Texten fehlen und zum anderen nicht nur Ähnlichkeits-, sondern auch Gleichheitsrelationen zum Ausdruck bringen kann, zeigt hinlänglich die Problematik einer kategorialen Trennung zwischen Metapher und Vergleich; zur Vergleichspartikel und ihrer Wertigkeit s. GK § 118 s-x, und E. Jenni, Art. דמה *dmh*, in: THAT I, ⁴1984, 452f.

68 תַּנִּים ist nicht eindeutig, für Ägypten jedenfalls ist die Bedeutung „Krokodil" hier (und in 29,3, vgl. Ps 74,13) sehr wahrscheinlich, s. W. Zimmerli, Ezechiel, BK XIII/2,

und hast in deinen Flüssen[69] gesprudelt
und hast das Wasser mit deinen Füßen getrübt
und ihre Ströme aufgewühlt.

Dieser Vers, als Qina eingeführt, ist das „Kernelement"[70] der metaphergesättigten Einheit 32,1-16, die Unheilserwartungen über den Pharao formuliert.

Sind die Aussagen als Bilder im üblichen Sinne zu verstehen? Hier hat entweder exegetischer ‚Ikonoklasmus' die Verbindung כְּפִיר mit גּוֹיִם zu einem Königstitel gemacht – aus dem Völkerlöwen wird ein Großkönig,[71] aus der Metapher eine lexikalisierte, ‚tote' Metapher[72] und übrig bleibt nur noch *ein*, nun nicht mehr rivalisierendes ‚Bild' – oder aber man gleicht an und tauscht den Löwen gegen einen Fisch aus.[73] Die Kenntnis aus Natur und Geschichte sowie die ästhetische Beurteilung der Verträglichkeit von ‚Bildern' diktiert den Zugang zum Text. Nun hat das Alte Testament sieben Bezeichnungen für den Löwen. Schon deshalb scheint die einfache ‚Gleichung' zwischen Löwe und Macht zu unspezifisch. Wenn es für den hier erwähnten Junglöwen (כְּפִיר) charakteristisch ist, daß er (schon) selbständig seine Beute holen kann, dann ist dieser Zug, an anderer Stelle ausdrücklich hervorgehoben (Jes 5,29), zumindest mitgemeint, ohne daß damit der Gedanke an die jugendliche Kraft hinfällig wird.[74] Es ist auch in diesem Beispiel nicht möglich, ein einziges, eindeutiges tertium comparationis festzulegen.

Neben dem Löwen steht das Krokodil – sofern תַּנִּים hier vordergründig so zu verstehen ist. Man wird aber nicht sagen können, daß mit seiner Beschreibung die Natur abgebildet wird, denn ein Krokodil lebt nicht in den Meeren.[75] In Ägypten steht es im Bereich der Geschichte metaphorisch für den König und im Bereich des Mythos für Finster-

---

²1979, 703.762; O. Keel/M. Küchler/C. Uehlinger, Orte und Landschaften der Bibel. Ein Handbuch und Studien-Reiseführer zum Heiligen Land, Bd. 1: Geographisch-geschichtliche Landeskunde, Zürich u.a. 1984, 163.

69   Wer sich an einem zweimaligen נְהָרוֹת stört, ändert hier in בְּנַחְרוֹתֶיךָ „mit deinen Nüstern", dazu W. Zimmerli, a.a.O. (Anm. 68), 764.

70   W. Zimmerli, a.a.O., 766.

71   W. Zimmerli, a.a.O., 768.

72   Dazu G. Kurz, a.a.O. (Anm. 15), 18.

73   So G. Fohrer, Ezechiel, HAT 13, 1955, 177.

74   Vgl. neben Jes 5,19 noch Jdc 14,5; Jes 31,4; Am 3,4; Mi 5,7; Ps 104,21; Hi 38,39. Verschiedene „Löwenbilder" werden mit dem Versuch, ‚Grundtypen' zu differenzieren, bei G.J. Botterweck, Gott und Mensch in den alttestamentlichen Löwenbildern, a.a.O. (Anm. 27), aufgelistet; zur Löwenmetapher in äg. Texten: H. Grapow, a.a.O. (Anm. 46), 69-73.

75   Sollte בְּנַחְרוֹתֶיךָ ursprünglich sein (vgl. Anm.69), widerspräche auch das Sprudeln mit den Nüstern einem zoologischen Lehrbuch.

nis und Unterwelt. Diese, nicht ausschließlich auf der greifbaren Wirklichkeit beruhende Sicht entspricht der alttestamentlichen Verwendung von תַּנִּים / תַּנִּין, die sich nicht zuletzt im Ezechielbuch (29,3) einer zoologisch empirischen Kategorisierung und Funktionalisierung widersetzt.[76] Der תַּנִּים / תַּנִּין repräsentiert zugleich eine mythische und geschichtliche Gestalt.

Man wird annehmen dürfen, daß die für Ägypten bevorzugt theriomorph geprägte Metaphorik auf Kultformen anspielt, bei denen Götter in Gestalt bzw. Teilgestalt von Tieren oder deren Attributen zu wirken hatten, und damit sozusagen auch ‚religionskritisch' beladen ist.

Prophetische Charakterisierungen Assyriens und Babyloniens sind schon im Zusammenhang mit Ägypten zur Sprache gekommen, sollen aber jetzt noch einmal eigenständig aufgenommen werden.

In der Einheit Jes 8,5-8 beklagt der Prophet, daß man die leise dahinfließenden Wasser des Siloah verschmäht hat, und kündigt dann an:

7   Und darum, siehe: Der Herr läßt wider sie steigen
        die mächtigen und gewaltigen Wasser des (Euphrat) Stroms,
        den König von Assur und seine ganze Macht,
        und er steigt über alle seine Betten
        und geht über alle seine Ufer.
8   Und er fließt dahin über Juda, überschwemmt und überflutet,
        reicht bis zum Hals.
    Und es wird geschehen: Seine ausgebreiteten Flügel
        füllen die Weite des Landes, Immanuel.

Die Verse entsprechen im Aufbau dem dramatischen Geschehen. Nach einem auf die unmittelbare Zukunft weisenden הִנֵּה mit Partizip schließt sich in rascher Folge eine Reihe von Perfectum consecutivum-Formen an, in V.8 an zentraler Stelle des Textes unterbrochen von zwei absoluten Infinitiven[77].

Versteht man die Metapher als ‚uneigentliche' Redeweise, lassen sich unschwer die stillen Wasser des Siloah in eine stille Führung Gottes rückübersetzen.[78] Die Metapher ist aber kein Übersetzungsproblem. Sie prädiziert direkt und hat, wie schon gesagt, neben ihrer enthüllenden immer auch eine verhüllende Wirkung. An dieser Stelle soll das

---

76   S. vor allem Jes 27,1; 51,9; Hi 7,12; Ps 74,13; vgl. O. Keel, a.a.O. (Anm. 50), 143.151; zur mythischen Dimension auch W.H. Schmidt, Alttestamentlicher Glaube in seiner Geschichte, Neukirchen ⁶1987, 196f.
    Zum Verständnis des Königs als Krokodil in äg. Texten s. H. Grapow, a.a.O. (Anm. 46), 95f; zu weiteren Metaphorisierungen des Krokodils s. E. Brunner-Traut, Art. Krokodil, in: LÄ III, 1980, 794f.
77   Statt שֶׁטֶף וְעָבַר ist שָׁטוֹף וְעָבֹר zu lesen, s. J. Huesman, in: Bib. 37 (1956), 287.
78   So G. Fohrer, a.a.O. (Anm. 44), 126.

kommende Unheil aufgedeckt und weniger die Frage seiner Voraussetzung geklärt werden. Nach assyrischen Königsinschriften kann zwar der König mit einer gewaltigen, die Städte überschwemmenden Wasserflut verglichen werden,[79] im Jes-Text ist es aber konkret der Euphrat, der Juda überflutet.[80] Der Hörer oder Leser erlebt sich in einer Zeit, in der während des Hauptregens Sturzfluten in bestimmten Geländeformationen ein Entrinnen unmöglich machen können.[81] Und eben das gilt jetzt für ganz Juda!

Man wird für Jes 8 eine Mächtigkeit des Wassers voraussetzen dürfen, die nicht in empirischen Formen aufgeht, sondern auch allgemein den Bereich des Todes in Bewegung hält.[82] Das Wasser hat hier offenbar in Analogie zum Wind Flügel,[83] damit eine über das ganze Land sich auswirkende Bewegung ermöglicht wird; also kein Sprung in ein anderes Bild, das Jahwe als großen Vogel zeigt, der schützend seine Flügel ausbreitet.[84] Die totale Hoffnungslosigkeit läßt sich nur metaphorisch ausdrücken, wenn alle Dimensionen der Wirklichkeit erfaßt werden sollen. Der Prophet beschränkt sich nicht darauf, die unwiderstehliche Kriegsmaschinerie zu veranschaulichen.

Über das aktiv handelnde Babylonien äußern sich die prophetischen Schriften nur an recht wenigen Stellen metaphorisch. Fehlen

---

79   A. Schott, Die Vergleiche in den akkadischen Königsinschriften, MVÄG 30, 1926, 105.146; P. Machinist, a.a.O. (Anm. 65), 726f. Zur Überschwemmung (שטף) als Metapher im Alten Testament vgl. vor allem Jes 28,2.15.17.18; 30,28; Jer 47,2; Ez 13,11.13; 38,22; Dan 11,10.22.40; dazu Ph. Reymond, L'Eau, sa Vie, sa Signification dans l'Ancien Testament, VT.S 6, 1958, 107ff.

80   „Der König von Assyrien und seine ganze Macht" könnte eine spätere Erläuterung sein, die Übertragungsversuche neuzeitlicher Exegese präjudiziert; die Wendung wird in der Regel als Zusatz verstanden, s. H. Wildberger, a.a.O. (Anm. 37), 321; O. Kaiser, a.a.O. (Anm. 37), 178; R.E. Clements, a.a.O. (Anm. 42), 97.

81   O. Keel/M. Küchler/C. Uehlinger, a.a.O. (Anm. 68), 42.

82   Mit dem Verbum שטף ausgedrückt in Ps 69,3.16; 124,4. Zum Wasser als Macht des Totenreichs s. O. Keel, Die Welt der altorientalischen Bildsymbolik und das Alte Testament. Am Beispiel der Psalmen, Zürich u.a. ⁴1984, 63-66. Auch in den assyrischen Königsinschriften ist metaphorisch verwendet: abūbu(m) bzw. abūbiš/abūbāniš, eine Wasserflut, die auch kosmische Dimensionen hat, s. AHw 1,8; CAD I,A/I, 76ff.

83   Zur analogischen Vorstellung des geflügelten Windes, die in Israel ebenso bekannt war wie in Ägypten und Mesopotamien, s. M. Weippert, Die Bildsprache der neuassyrischen Prophetie, in: H. Weippert/K. Seybold/M. Weippert, a.a.O. (Anm. 27), 67f.

84   So H. Wildberger, a.a.O. (Anm. 37) 327, der die somit unpassende Metapher streicht, auch R.E. Clements, a.a.O. (Anm. 42), 97; C. Uehlinger, Das Image der Großmächte. Altvorderasiatische Herrschaftsikonographie und Altes Testament. Assyrer, Perser, Israel, in: BiKi 40 (1985), 167 Anm. 3, bezieht die Flügel auf den König von Assyrien, aber das ist angesichts des literarischen Befundes (vgl. Anm. 80) und des Beziehungsgeflechts der Einheit unwahrscheinlich. O. Kaiser, a.a.O. (Anm. 37), 178, übersetzt כָּנָף entmetaphorisierend mit „Rand".

genügend Erfahrungen, derer auch innovative Erwartungen nicht ganz entbehren können? Assyrische Analogien werden jedenfalls nicht unbesehen übernommen.

Neben dem schon erwähnten Kapitel Jer 46 ist vor allem Hab 1,5-11 metaphorisch gestaltet, aber ohne Metaphern, denn pausenlos folgen aufeinander z.T. geprägte Vergleiche, die eine nur schwer vermittelbare Unheimlichkeit der von Jahwe aufgebotenen ‚Chaldäer' in Worte umsetzen. Illustration wäre auch an dieser Stelle keine treffende Charakterisierung, denn die Vergleiche zielen auf die unmenschliche Schnelligkeit, die kaum eine Möglichkeit zur Anschauung läßt. Das Heer kommt geflogen wie Geier, seine Pferde sind schneller als Panther/Leoparden (V.8);[85] es macht Gefangene wie Sand (V.9) und stürmt dann weiter wie der Wind[86] (V.11). Anschaulich wird es nur, wenn die Feinde über die Harmlosigkeit der Gegner und ihrer Festungen spotten, deren Einnahme mit Blick auf die damalige Belagerungstechnik[87] beschrieben wird (V.10), das alles ohne Metaphern!

Erst als der letzte Rest von ‚ganz Israel', erst als Juda und Jerusalem ihrer Selbständigkeit beraubt waren, widmete sich die Metaphorik deutlicher denen, die dafür politisch die Verantwortung trugen, und sprach Babylonien in Metaphern und Vergleichen die Vernichtung zu, ohne allerdings dabei immer einen Tun-Ergehen-Zusammenhang metaphorisch aufzurichten. Mag Babylonien auch wie Löwen brüllen (Jer 51,3), es wird wie Lämmer, Widder und Böcke zur Schlachtbank geführt (Jer 51,40). Oder ganz anders ausgedrückt: Der Hammer der Welt wird (selbst) zerbrochen (Jer 50,23).[88]

In diesen Zusammenhang gehört nach der Endgestalt des Textes auch die ironische Klage in Jes 14,3-23 mit einer Reihe von Metaphern über das Ende des babylonischen Herrschers, wie z.B. in V.11:

> Ins Totenreich ist deine Herrlichkeit gestürzt,
>   der Klang deiner Harfen.
> Unter dir sind Maden als Lager ausgebreitet,
>   und die Decke sind Würmer.

---

85   נֶשֶׁר ist eher ein Geier als ein Adler, s. O. Keel/M. Küchler/C. Uehlinger, a.a.O. (Anm. 68), 154ff. נָמֵר ist ein Panther oder Leopard, dies, a.a.O., 143f. In der Großmacht-Metaphorik vgl. zum Geier noch Jer 4,13; 48,40; zum Panther/Leopard Jer 5,6 (vgl. auch Dan 7,6); zum Pferd Joel 2,4.

86   Recht häufig in metaphorischen Unheilsworten bezeugt: Jes 5,28; 28,2; Jer 4,11.12.13; 22,22; Ez 19,12; Hos 13,15.

87   H. Weippert, Art. Belagerung, in BRL², 38f.

88   Zur nachjeremianischen Entstehung der Babel-Worte 50,1-51,58 s. S. Herrmann, a.a.O. (Anm. 51), 165.

Wieder sieht man so wenig wie etwa bei Heinrich Heines „Witwenkassengesicht"[89], das ebenfalls kein Bild hervorruft, sondern Einstellungen bewegt.

Um welchen Leichnam es sich in Jes 14 handelt, wird nur in den Rahmenversen mitgeteilt, das ursprüngliche Lied (V.4b-21) ist namenlos gewesen. Ob der Dichter einen assyrischen, babylonischen oder persischen Herrscher im Blick hatte, oder gar der Name Babel späterer Typos für die Weltmacht (vgl. Apk 18,2ff) ist,[90] muß angesichts der kryptographischen Seite metaphorischer Sprache nicht notwendig entschieden werden. Jes 14 erinnert jedenfalls an eine abschließend zu erörternde Gruppe von Worten, die einen Eroberer bzw. ein Eroberervolk ankündigen, dessen Name ungenannt bleibt. Am wenigsten Schwierigkeiten scheint das Jesajabuch zu machen, wenn es um die Frage geht, wer da eigentlich gemeint ist.

In Jes 5,26-30[91] wird zunächst in V.26-28 ganz unmetaphorisch ein gut gerüstetes Heer geschildert, dann folgen Vergleiche:

> 28b Die Hufe seiner Pferde werden als Kiesel[92] erachtet
> und seine Wagenräder dem Sturm gleich.
> 29a Sein Brüllen ist gleich einem Löwen,
> und es brüllt[93] wie junge Löwen.

Man hört verschiedene Geräusche, sieht aber nichts. Erst am Schluß steht eine Metapher, die das Heer prädiziert:

> 29b Und es knurrt und packt die Beute
> und schleppt (sie) weg und niemand kann (sie) entreißen.

Als Ergebnis des feindlichen Angriffs wird die Deportation, die von den Assyrern intensiv und erfolgreich praktiziert wurde, durch die Metapher als eine im wahrsten Sinne des Wortes unmenschliche Tat deklariert. Auch wenn der genaue Zeitbezug unklar ist, Jesaja hat sicher an die Assyrer gedacht, die in ihren Königsinschriften in diesem Zusammenhang keine entsprechenden metaphorischen Parallelen haben. Und dennoch scheint sich die Erwartung auch hier einer lückenlosen Identifizierung im geschichtlich bekannten Raum zu entziehen,

---

89 Zitiert bei G. Kurz, a.a.O. (Anm. 15), 23.

90 S. zu den verschiedenen Lösungsversuchen H. Wildberger, Jesaja. 2. Teilband Jesaja 13-27, BK X/2, 1978, 537f; O. Kaiser, Der Prophet Jesaja. Kapitel 13-39, ATD 18, ³1984, 27ff; R. E. Clements, a.a.O. (Anm. 42), 139f. Kaum haltbar scheint die entwicklungsgeschichtliche Sicht Wildbergers, der auf die Perser verweist und dabei meint: „Der Widerspruch zog sich in die Pseudonymität zurück." (A.a.O., 538).

91 Zu den komplizierten literarischen Fragen des Kontextes s. die Kommentare z. St.

92 Statt צֶר ist צֹר zu lesen, s. den Apparat der BHS.

93 Mit Qere ist וְיִשְׁאַג zu lesen.

denn der, den Jahwe wie in 7,18 ‚herbeipfeift' (V.26, שָׁרַק), kommt vom „Ende der Erde" (קְצֵה הָאָרֶץ), das jenseits der Erinnerung an Bekanntes liegt.[94]

Historisch noch widerspenstiger sind vergleichbare Worte im Jeremiabuch, weil zur Zeit Jeremias zumindest Ägypter, Assyrer und Babylonier eine Gefahr für Syrien-Palästina haben darstellen können, freilich unter der Voraussetzung, daß die ‚Frühdatierung' der Berufung Jeremias das Richtige trifft.[95] Die vielen akribischen Versuche, den erwarteten ‚Feind aus dem Norden' (Jer 4,5-31; 5,15-17; 6,1-8.22-26; 8,16f; 10,22) zu identifizieren, haben zu ganz unterschiedlichen Lösungen geführt. Man hat in ihnen die Skythen, Babylonier, Meder und Assyrer oder aber, jenseits historischer Anspielungen, mythische oder liturgisch geprägte Vorstellungen sehen wollen. Eine Prüfung aller poetischen Texte legt nahe, daß auch das Jeremiabuch jeweils spezifisch-historische Situationen voraussetzt, die aber mit mythischen Konstellationen verschränkt sein können.[96] Wenn der Feind nicht benannt wird, dann hängt das nicht zuletzt mit der rhetorischen Vermittlung[97] im allgemeinen zusammen und im besonderen mit der ambivalenten Funktion der Metapher, die das, was sie sagen will, zugleich offenlegt und verdeckt.

Die Konturen des Angreifers können im Jeremiabuch mit der Metapher durchaus präzisiert werden.[98] Der Prophet spricht in 4,5-8 von jemandem, der die Völker vernichtet (מַשְׁחִית גּוֹיִם), der ausgezogen ist, Juda und Jerusalem den Garaus zu machen (V.7). Wie sonst im Parallelismus membrorum ein zweites Verb, so interpretiert an dieser Stelle die Metapher – der aus seinem Dickicht aufsteigende Löwe – das Verbum שׁחת. Anders ausgedrückt: Die grundlegende Bedeutung von שׁחת, „plötzlich vernichten"[99], wird pointiert, denn der Löwe war bekannt dafür, daß er im Dickicht lauerte und dann überraschend hervorbrach

---

94 H. Wildberger, a.a.O. (Anm. 37), 224: „Je größer die Entfernung ist, aus der der Feind kommt, umso weniger ist er bekannt ..", ebd. nennt er traditionsgeschichtliche Parallelen. Diese, über die geschichtliche Erfahrung hinausweisende Möglichkeit wird einen Bearbeiter bewogen haben, im ersten Hemistich von V.26a anstelle von גּוֹי (vgl. Jer 5,15) גּוֹיִם im Sinne eines eschatologischen Völkerheeres (vgl. Joel 4,1ff; Sach 14,2) einzusetzen.

95 S. Herrmann, a.a.O. (Anm. 51), 5ff.28ff.

96 Dazu R. Liwak, Der Prophet und die Geschichte. Eine literar-historische Untersuchung zum Jeremiabuch, BWANT 121, 1987, vor allem 218ff und passim.

97 Im Zusammenhang des ‚Feindes aus dem Norden' R. Liwak, a.a.O., 221ff.

98 Für Einzelheiten des Folgenden, auch im Blick auf die einzelnen Einheiten und ihre Gestaltung, s. R. Liwak, a.a.O., 212ff.

99 E. Jenni, Das hebräische Piᶜel. Syntaktisch-semasiologische Untersuchung einer Verbalform im Alten Testament, Zürich 1968, 259f.

(Jer 5,6; 49,19; 50,44). Wiederum spiegelt der Löwe nicht schlicht das metaphorische Selbstverständnis des grimmigen und wütenden Machthabers der akkadischen Texte.[100] Metaphorisch beschrieben wird der unbenannte Feind auch in den beiden Worten 4,11-12 und 4,13-18. In 4,11 kommt ein ‚Glutwind' (רוּחַ צַח שְׁפָיִם) über die Pisten durch die Wüste. Gemeint sein kann nur ein Wind, der aus Osten bzw. Süden weht, also ein Wüstenwind, der nicht nur Hitze, sondern eine verheerende Dürre bringen kann.[101] Während sich in der Sargonidenzeit der Assyrer vorzugsweise mit einem Sturm vergleicht, der einstürzen und entwurzeln läßt,[102] weist Jeremia auf die lebenszerstörenden Folgen der Invasion hin. Wer oder was gemeint ist, wird nicht näher entfaltet. Vielleicht liegt in dem sich anschließenden Wort Babylonien im Blickfeld. Der Abschnitt 4,13-18 ist voller Vergleiche. Der Angreifer wird bei seinem Aufmarsch zunächst mit Wolken (עֲנָנִים) verglichen (V.13). Es bleibt offen, ob an einen Wolkenbruch (Jes 28,2) oder an eine andere Form des Unwetters (Ez 38,9) oder gar an mythische Einwirkungen gedacht ist, und das wird nicht unbeabsichtigt sein.

Es folgen konkrete geschichtliche Bezüge: Die Wagen des Feindes sind schnell wie der Sturm (סוּפָה) und seine Pferde so schnell wie Geier (V.13). Wie in 4,7 im Zusammenhang mit dem Löwen, wird noch einmal die Schnelligkeit des mit Kriegswagen Heranstürmenden betont und dann ein akustischer Eindruck vermittelt. Man hört den Lärm der Kriegshandlungen von Dan her über das Gebirge Ephraim hin (V.15f). Unvermittelt folgt die Metapher von den Wächtern aus dem fernen Land. Man hat in V.16 die Form נֹצְרִים in צָרִים (im Sinne von ‚Feinde') abgeändert.[103] Aber gerade die mit der Erfahrung auf den ersten Blick kollidierende Metapher schafft eindrucksvoll die Erkenntnis einer gegebenenfalls langen Belagerung, bei der die Flucht aus der Stadt unmöglich ist. Die Wächter sind wie Feldhüter, die dafür Sorge tragen, daß vom Feld nichts abhanden kommt. Mit einer anderen Metapher Jeremias ausgedrückt: Der Panther lauert vor ihren Städten; wer herauskommt, wird zerrissen (5,6).

So typisch die eine oder andere metaphorische Wendung sein mag, ein Vergleich mit anderen Texten über den ‚Feind aus dem Norden' würde zeigen, daß immer wieder Charakteristika genannt werden, die

---

100 Textbeispiele bei A. Schott, a.a.O. (Anm. 79), 74.86; E. Cassin, Le roi et le lion, in: RHR 198 (1981), 355-401.

101 O. Keel/M. Küchler/C. Uehlinger, a.a.O. (Anm. 68), 48f.

102 A. Schott, a.a.O. (Anm. 79), 84f.

103 So zuerst P. Volz, Der Prophet Jeremia, KAT X, 1922, 52, im Anschluß an LXX: συστροφαί. Wie Volz auch W. Rudolph, a.a.O. (Anm. 55), 34.

sich einer Typologisierung weitgehend entziehen, Erfahrungen transzendieren und so neue Erkenntnis und Betroffenheit provozieren.

III.

Welche Folgerungen ergeben sich aus dem Befund angesichts der Diskussion zum Metaphernverständnis und der Exegese metaphorischer Rede im Alten Testament?

Die alttestamentlichen Texte sind der antiken Metaphernauffassung zeitlich näher als die neuzeitlichen Versuche, metaphorischer Sprache auf die Spur zu kommen. Dieser trivial anmutende Satz findet indes darin sein begrenztes Recht, daß auch alttestamentlich-metaphorisches Reden im rhetorischen und poetischen Zusammenhang steht. Wenn aber die Theoretiker des Altertums, wie etwa Quintilian (8,6,1), die Metapher ästhetisierend zum Tropus rechnen, der eine mit Schönheit ausgeführte Abänderung einer Ausdrucksweise von der eigentlichen in eine andere Bedeutung ist, dann liegt in diesem ornamentalen Zweck eine erhebliche Abweichung von prophetischer Praxis. Gewiß, auch sie folgt didaktischen und persuasiven Zielen, geht darin aber längst nicht auf. Die exemplarisch herangezogenen Metaphern sind keine ‚uneigentlichen' Ausdrücke, übertragen nicht Worte von einem Lebensbereich in einen anderen und versuchen nicht, aufgrund von Ähnlichkeiten das Unanschauliche anschaulich zu machen. Das oft variierte Urteil über die Funktion der „Bildersprache der alttestamentlichen Propheten" ist unzutreffend, daß nämlich „Bilder und Vergleiche … lediglich eine dienende Rolle im Rahmen ihrer Verkündigung spielten und nur zur Verdeutlichung und Veranschaulichung ihrer Gedanken beitragen sollten."[104] In den meisten der untersuchten Texte wird keine Ähnlichkeit zur Abbildung gebracht, sondern recht eigentlich erzeugt. Ungeachtet der auch an den Texten des Alten Testaments verifizierten Beobachtung, daß nicht die auf Aristoteles zurückgehende ‚Substitutionstheorie', sondern eine ‚Interaktionstheorie' angemessen ist,[105] nach der sich in einem unabschließbaren Prozeß wechselseitiger Interpretation

---

104 R. Mayer, a.a.O. (Anm. 27), 55; ähnlich G.J. Botterweck, Gott und Mensch in den alttestamentlichen Löwenbildern, a.a.O. (Anm. 27), vor allem 117. Auch ‚Intensivierung', so C. Westermann, a.a.O. (Anm. 27), 26.36. u.ö., ist nicht hinreichend.

105 Auf die beiden Theorien gehen alle genannten neueren Arbeiten zum Metaphernverständnis ein, im Zusammenhang religiöser Rede zuletzt ausführlich J.M. Soskice, Metaphor and Religious Language, Oxford 1985, und J.-P. van Noppen, Einleitung: Metapher und Religion, in: Erinnern, um Neues zu sagen. Die Bedeutung der Metapher für die religiöse Sprache, hg. v. J.-P. van Noppen, Frankfurt a.M. 1988, 7-51.

von Kontext und Metapher deren Bedeutung und Funktion durch text-interne und -externe Determinanten erschließen lassen, ist das dabei vorausgesetzte kreative Potential metaphorischen Sprechens durchaus nicht schrankenlos. Man mag, angesichts der unbedingten Unheilser-wartungen, in denen sich die prophetischen Beispiele realisiert haben, davon ausgehen daß Sprache auch ‚Poiesis', und nicht nur ‚Mimesis' ist, unübersehbar ist aber in den prophetischen Texten eine Wirklich-keit metaphorisch erschlossen, die der Freiheit Gottes – in den meisten Fällen handelt die feindliche Macht ohnehin nicht autonom, sondern von ihm abhängig – nicht sprachlich Grenzen setzt.[106]

Die Metapher bei den Propheten ist nur eingeschränkt als ‚wirk-lichkeitsschaffend' zu verstehen, sie ist gleichsam mit einem wissen-schaftlichen Modell vergleichbar, das heuristisch fungiert, als fiktiona-ler Entwurf, mit dem ein Verständnis dessen angestrebt wird, was wirklich ist oder sein wird. Entsprechend einem Modell ist der Wert der Metapher aber nicht nach der Übereinstimmung mit dem schon Gewußten zu bemessen. Vielmehr ist es auch der Sinn der Metapher, die Wahrnehmung der Wirklichkeit zu verfremden. Die dabei vorge-nommene Fiktionalisierung ist nicht ästhetisierende Erdichtung, son-dern Vorwegnahme von etwas, was immer nur annäherungsweise darstellbar ist.

Die Metapher als semantisch innovative Aussage, die Wirklichkeit neu beschreibt, benennt das nicht allein aus der Erfahrung ableitbare göttliche Gericht und prädiziert dabei umfassend und in vielen Nuan-cen die Großmacht, deren Aktionen und ihre Folgen, variiert aber nicht nur den Topos des unwiderstehlichen Angreifers und illustriert nicht einfach die Größe der Macht.

Als mißverständlich hat sich der Terminus ‚Bildsprache' erwiesen. Mißverständlich nicht, sofern gegen den Vorwurf der Täuschung und Lüge an (Sprach)Bildern und deren kognitiver Kraft und Wahrheit festzuhalten ist.[107] Problematisch dagegen ist der Begriff, wenn er mit

---

106 Zur Metapher als kreativem Sprachakt im alttestamentlichen Kontext s. M. Weiss, a.a.O. (Anm. 27), in der neutestamentlichen Diskussion vor allem H. Weder, Neutes-tamentliche Hermeneutik, Zürich ²1989, 155ff, vgl. aber auch die kritischen Ein-schränkungen bei K. Berger, Formgeschichte des Neuen Testaments, Heidelberg 1984, 31-36, bes. 34ff. Eine Offenheit auf Zukunft hin wird sprachlich durch das in Unheilserwartungen vorwiegend angewandte ‚Imperfekt' bzw. ‚Perf. Consecuti-vum' erreicht; demgegenüber tritt das ‚Perf. Confidentiae' (‚Perf. Propheticum', da-zu GK § 106 n), das die Zukunft als im Grunde genommen schon abgeschlossen de-terminiert, zurück.

107 Ein wissenschaftsgeschichtlich begründetes Plädoyer für das ‚Sprachbild' und ein differenziertes Modell für den Umgang mit ihm bei M. Krieg, Todesbilder im Alten Testament, AThANT 73, 1988, 15-141.

pejorativer Bedeutung auf eine stilistisch-ornamentale Ebene reduziert,
auf die Leistung einer analogisch orientierten ,Ab-bildung' erfahrener
Wirklichkeit beschränkt und allein auf eine visuelle Funktion der Metapher bezogen wird. Wenn allerdings ein entsprechender Terminus
und seine Implikationen hin und wieder ganz in der modernen Meta-
phernforschung vermieden wird, dann ist das an einem zu eng begrenzten Bildbegriff gemessen. In den prophetischen Schriften wird
beim metaphorischen Sprechen die Wirklichkeit durchaus analogisch
vorgestellt, zum Teil werden aber eben auch unbekannte Notwendig-
keiten und Möglichkeiten von Lebensvollzügen eröffnet.

Damit wird zugleich ein Problem der altorientalischen Ikonographie berührt. So wertvoll und wichtig die Ikonographie, die ja ihrerseits oft ,Denkbilder' und nicht ,Sehbilder' zur Voraussetzung hat, für
das Verständnis alttestamentlicher Texte ist, weil sie typische Motive,
Strukturen und Konstellationen zu erkennen ermöglicht,[108] die prophetische Metaphorik kann oft nur auf eine ikonische ,Vorlage' zurückgeführt werden, wenn die Textaussagen verallgemeinert worden sind. Bei
der Metapher und dem Bildwerk die jeweilige Eigenart und ihre mythischen und geschichtlichen Verflechtungen sowie die wechselseitigen
Beziehungen zu erarbeiten, kann vor der zweifellos vorhanden Gefahr
kurzschlüssiger Historisierungen, aber auch Ideologisierungen von
Bild und Text bewahren.[109]

Und ein Letztes: Der Streifzug durch prophetische Texte hat he-
rausgestellt, daß metaphorische Aussagen gemacht werden, die nicht
auf den engeren geschichtlichen Raum begrenzt werden können, aber
deshalb nicht als Hinweis auf eine mythopoetische Differenzierungsun-
fähigkeit zu verstehen sind.[110] Die Metapher hat auch die Aufgabe,
Mythos und Geschichte miteinander zu verbinden. Die Frage nach
ihrer Wahrheit[111] stellt sich damit in einem anderen Licht. Gerade weil

---

108 O. Keel, „Bibel und Ikonographie". Kleine Geschichte des Themas mit ein paar
   Bemerkungen zur Methode, in: BiKi 40 (1985), 143-147. Das gesamte 4. Heft des betreffenden Jahrgangs (142-179) ist dem Thema „Bibel und Ikonographie" gewidmet.
109 Vgl. zum Problem C. Uehlinger, a.a.O. (Anm. 84), 165-172, hier 165 Anm.1, der auf
   die „ikonische Rhetorik" assyrischer Herrschaftsdarstellungen hinweist; dazu auch
   U. Magen, Assyrische Königsdarstellungen – Aspekte der Herrschaft, Baghdader
   Forschungen 9, Mainz 1986.
   Für eine strikte Trennung zwischen Text und vergleichbarem Bildmaterial sowie eine eigenständige und primäre textimmanente Beschäftigung mit der Metaphorik im
   besonderen und dem ,Schriftwort' im allgemeinen plädiert M. Görg, Schriftwort und
   Bildkunst, in: BiKi 40 (1985), 173-179.
110 Vgl. W. Köller, a.a.O. (Anm. 26), 222ff.
111 Vgl. E. Jüngel, Metaphorische Wahrheit, in: P. Ricœur/E. Jüngel, a.a.O. (Anm. 9), 71-
   122.

sie sich semantisch dominanten Strukturen widersetzt, bringt sie die Wahrheit der prophetischen Verkündigung zur Geltung und erschließt darin eine Wirklichkeit, die der Erfahrung widersprechen kann.

So bestätigt sich in einem Teilbereich, was S. Herrmann im Blick auf Deuterojesaja als prophetisches Proprium erkannt hat: „Nicht die Direktive einer religiös aufgeheizten politischen Ideologie und ihres Wunschdenkens bestimmt diese Prophetenrede, sondern eben dies, was den Propheten ausmacht, sein Kontakt mit der erfahrenen, empirisch faßbaren, aber doch nicht regulierbaren Macht der geschichtlichen Bewegung, die sich in der prophetischen Schau, bei aller Distanz zur geschichtlich-politischen Kalkulation, mit der göttlichen Erfahrung deckt. Die Wirklichkeit der Geschichte wird hier auch als ihre letzte Wahrheit erfahren, mag sich das dem rationalen Nachvollzug nur schwer erschließen."[112]

---

112 S. Herrmann, Zeit und Geschichte, Biblische Konfrontationen, Urban-Taschenbücher 1002, Stuttgart u.a. 1977, 60.

Herrschaft zur Überwindung der Krise

Politische Prophetie in Ägypten und Israel

Beziehungen zwischen Ägypten und Syrien-Palästina bestanden seit dem 4. Jt. v. Chr., über weite Strecken mit kultureller Dominanz Ägyptens.[1] Deshalb ist die Frage nach einer Rezeption ägyptischer Literatur über einen allgemeinen kultur- und religionsgeschichtlichen Einfluss hinaus berechtigt und sinnvoll. Kontrovers diskutiert wurde in diesem Zusammenhang vor allem, ob die Prophetie des Alten Testaments auf ägyptische Vorbilder zurückgeführt werden könne, bzw., ob man in Ägypten überhaupt das Phänomen ‚Prophetie' gekannt habe. In der gegenwärtigen Forschung wird allerdings ausschließlich der mesopotamisch-syrische Raum beachtet.[2]

Wenn in diesem Beitrag gegen neuere Tendenzen ägyptische Texte herangezogen werden, dann geschieht das nicht, um überholte Thesen zu reaktivieren. Es sollen vielmehr in der alttestamentlichen Wissenschaft weniger bekannte Verheißungstexte vorgestellt und mit Herrschererwartungen des Alten Testaments in Beziehungen gesetzt werden, damit geschichtliche und literarische Bedingungen der Texte und deren Funktionen erkannt werden können. Das zielt nicht auf die Suche nach Abhängigkeiten, sondern nach vergleichbaren Konstellationen, in denen sich Literatur den Herausforderungen der Zeit stellt. Im Folgenden sollen zunächst grundsätzliche Fragen um die Existenz prophetischer Erscheinungen im Alten Ägypten erörtert werden (1.), anschließend wird der zur Diskussion stehende Textbestand im Überblick vorgestellt und auf die Texte mit Herrscherverheißungen konzentriert (2.). Auf dieser Grundlage soll dann in einem synchronen Überblick die Aussicht auf einen Herrscher in alttestamentlichen Texten zur Sprache kommen (3.). Am Ende dieses Beitrags steht der Versuch einer chronologischen Schichtung der alttestamentlichen Texte und ihrer Vergleichbarkeit mit der ägyptischen Literatur (4.).

---

1   Einen guten Überblick geben Görg, Beziehungen; Schipper, Israel und Ägypten.
2   So auch die neueste Literatur: Köckert/Nissinen, Prophetie; Kratz, Das Neue, 6-9; Ders., Propheten, 21-28; Becker, Wiederentdeckung, 48-51.

I. Prophetie in Ägypten?

Am Anfang des 20. Jh. wurde zum ersten Mal energischer die Meinung vertreten, Ägypten habe als Ursprungsland der Prophetie die biblische Prophetie beeinflusst. Eduard Meyer[3] entwickelte das anhand eines Unheil-Heil-Schemas, bei dem eine gegenwärtig katastrophale und eine zukünftig glanzvolle Zeit konstitutiv sind. Hugo Greßmann[4] führte diesen Ansatz weiter, indem er ein Corpus prophetischer Literatur zusammenstellte und analysierte, dessen Texte er wegen ihrer Zukunftsbezogenheit einem eigenständigen Genus zuordnete. Was im einzelnen zum *Corpus propheticum* gerechnet wurde, hing von der Auffassung ab, wie Prophetie zu verstehen ist. So konnte auch der Zukunftsaspekt vernachlässigt und statt dessen als Bedingung eine poetisch stilisierte soziale und politische Kritik vorausgesetzt werden, wie das bei James H. Breasted[5] der Fall ist.

Ein zu breiter und ein zu enger Begriff von Prophetie wurden in der folgenden Zeit Anlass zur kritischen Revision. Hans Bonnet monierte, dass es sich bei vielen zur Diskussion stehenden Texten um *vaticinia ex eventu* für politische Propaganda, also gar nicht um wirkliche Prophetie handele: „Denn die da weissagen, sind nicht Propheten. Sie reden nicht aus einem Ergriffensein, sie berufen sich auch nicht auf irgendwie geartete göttliche Offenbarung, sie sind nicht einmal notwendige Priester; sie sind nur Weise, die über ein geheimes Wissen verfügen, das ihnen die Fähigkeit gibt, zu zaubern und eben auch in die Zukunft zu sehen."[6] Besonders wirksam wurde der kritische Beitrag von Siegfried Herrmann über „Prophetie in Israel und Ägypten. Recht und Grenze eines Vergleichs"[7], in dem er als Problem „die letztlich durch nichts aufhebbare Unvergleichlichkeit und Analogielosigkeit israelitischer Prophetie"[8] voraussetzt. Die Analogielosigkeit wird hier zum Vexierbild. Auch wenn es zutrifft, dass in ägyptischen Texten nicht von göttlichen Legitimationen und Charismatikern die Rede ist, sondern von Menschen, die über breitere Kenntnis und tiefere Er-

---

3   Meyer, Israeliten, 451ff.
4   Gressmann, Messias, 417ff.431ff.
5   Breasted, Dawn of Conscience. Eine Zusammenstellung der unterschiedlichen Textzuweisungen bei Shupak, Prophecy; ebd., 6-12, ist die gesamte Literatur aufgelistet, die bisher in der Forschung als ‚prophetisch' verstanden wurde; Lanczkowski, Ägyptischer Prophetismus, 32.
6   Bonnet, Prophezeiung, 609. Weitere kritische Urteile bei Shupak, Prophecy, 14-18.
7   Herrmann, Prophetie; in der Einschätzung unverändert: Ders., Heilserwartungen, 16-46.
8   Herrmann, Prophetie, 173.

kenntnis als andere Zeitgenossen verfügten und deshalb eher ‚Gelehrte' als ‚Propheten' waren – worauf zurückzukommen ist –, der Vergleich des israelitischen Prophetentums ist auf der Grundlage eines ideal übersteigerten Persönlichkeitsverständnisses irreführend. Prophetischer Mangel in Ägypten kann nicht mit dem nur in Israel beheimateten „berufenen Charismatiker von einsamer Größe und unverkennbarer Individualität"[9] erklärt werden. Die Propheten Israels waren keine Heroen, ihre Individualität geben die Texte ohnehin kaum zu erkennen! Von Siegfried Herrmann nur flüchtig gestreift, aber resolut zurückgewiesen, wird die kurz vorher erschienene ausführlichste Arbeit zur ägyptischen Prophetie, die Günter Lanczkowski vorgelegt hat. In ihr wird die im Mittleren Reich entstandene Schrift „Die Klage des Oasenmannes", prophetischer Züge gänzlich unverdächtig, aufgrund vereinzelter Bezüge zur alttestamentlichen Prophetie zum Kronzeugen der Annahme einer prophetischen Bewegung gemacht.[10] Mit wünschenswerter Deutlichkeit zeigt sich bei Günter Lanczkowski wie auch bei anderen Versuchen das Dilemma, dass Textanalysen entweder ein inflationärer oder ein eklektischer oder gar ein reduktionistischer Prophetiebegriff zugrunde gelegt wird, bei dem aber immer eine biographisch verrechenbare Individualität normativ ist. „Prophet in biblischem Sinne wird und ist einer durch göttliche Berufung: Er redet und handelt im Bewusstsein göttlicher Inspiration, auf göttlichen Antrieb, als Sprecher und Anwalt Gottes, zur Vertretung religiöser Belange; er tritt öffentlich auf als ungerufener Bote und Mahner, der wohl auch auf die Zukunft verweist und Heil oder Unheil ankündigt, aber gewöhnlich nur insoweit, als dies mit der Gegenwart und Vergangenheit in ursächlichem Zusammenhang steht, durch sie grundgelegt oder angebahnt ist."[11] Dazu im Widerspruch steht das Phänomen einer Prophetie, hinter der kein verkündendes Individuum steht. Eine biographische Engführung vermag jedenfalls nicht die prophetischen Bücher als Traditions- und Fortschreibungsliteratur zu würdigen. Müssen diejenigen,

---

9 Herrmann, Prophetie, 184.

10 Lanczkowski, Prophetismus. Es geht in dem in der Sekundärliteratur unterschiedlich titulierten Text mit einem Rahmen und neun Klagereden um einen konkreten Rechtsfall, aber auch um die allgemeine Frage von Recht und Unrecht, um *Ma'at* (Gerechtigkeit) und *Isfet* (Unrecht) und ihre Bezüge zum Jenseitsgericht. Zu den Quellen pBerlin 3023; pBerlin 3025; Pap.BM 10274; pBerlin 10499 s. ausführlich Fecht, Bauerngeschichte. Lanczkowski hat versucht, motivische und ‚institutionelle' Analogien herauszuarbeiten, u. a. Ungerechtigkeit als Anlass zur Rede, Auftritt am Tempel, Unerschrockenheit im Gegenüber von Autoritäten und sozialethisches Engagement. So werden verstreute Motive, Formen und Redeanlässe aus dem Alten Testament mit einem einzigen ägyptischen Text verglichen, der 1500 Jahre älter ist.

11 Nötscher, Prophetie, 161.

die an den Texten weitergearbeitet haben, im soeben genannten definitorischen Sinn immer ‚Propheten' gewesen sein? Und schließlich: Die Propheten haben als *homines religiosi* schwerlich eine scharfe Trennung zwischen profanen und religiösen Welt- und Lebensdeutungen gezogen und sich dann „mit der Vergangenheit und Gegenwart des Volkes wie mit der Zukunft unter rein religiösem Aspekt"[12] auseinandergesetzt. Dieses Urteil verkennt gründlich den unlöslichen Zusammenhang von Politik und Religion im Alten Israel!

In der jüngeren Forschung setzt sich nach Siegfried Herrmann die Meinung durch, bei den mit der Zukunft Beschäftigten handele es sich in Ägypten um Kenner der Empirie, die als ‚Gelehrte'[13] bzw. ‚Weise' galten und als Beamte am Königshof wirkten.[14] In Werken, in denen es unzweifelhaft um etwas geht, das noch geschehen wird, redet ein ‚Weiser', in der Regel nicht ungefragt und nicht göttlich inspiriert,[15] er kündet etwas an, weil er die Erfahrung der Vergangenheit für den Blick auf die Zukunft fruchtbar macht, überspitzt formuliert: Er nennt Voraussagen des Vergangenen. So mag gelten, dass „alle Beamten, die ‚Voraussagen' machen konnten, als Spitzenvertreter ihres Standes und damit hervorgehobene Repräsentanten der geistigen Elite Ereignisse ‚ante eventum' aus der Kenntnis der Vergangenheit heraus extrapolieren und ‚ankündigen' konnten."[16]

II. Ägyptische Literatur mit ‚prophetischer' Dimension

Wenn in ägyptischen Texten von Vorhersagen die Rede ist, steht in der Regel das Verbum *sr* (vorhersagen, verkünden)[17], neben dem auch das

---

12 Nötscher, Prophetie, 170. Ähnlich schon Bonnet, Prophezeiung, 609.

13 Herrmann, Prophetie, 182, nennt ausdrücklich die Bezeichnung *rḫ jḫt*, die er nach Wb 2, 443. 28-29 mit „Gelehrter" wiedergibt, Hanning, Handwörterbuch, 98, übersetzt: „Sachkundiger".

14 So Blumenthal, Prophezeiung, hier 25. Zu höfischen Weisheitskreisen werden die zur Diskussion stehenden ‚prophetischen' Werke auch bei Shupak, Prophecy, 28, gerechnet.

15 So die Kurzdefinition für eine alttestamentliche Prophetie bei Schlichting, Prophetie, 1122. Ebenso Currid, Ancient Egypt, 223, der diese Bestimmung auch für ägyptische Texte voraussetzt, allerdings nur für Literatur der griechisch-römischen Zeit (ebd., 223f.).

16 Gundlach, Propheten, 25. Ähnlich Schlichting, Prophetie, 1122; Goff, Prophetie, 59.

17 Wb 4, 189. 15-190. 17. Die Giraffe, die selten als Determinativ fehlt, weist dabei auf den weiten Blick.

Nomen *srw.t* (Prophezeiung)[18] belegt ist. In der *Prophezeiung des Neferti*, einer im Folgenden noch weiter zu berücksichtigenden Schrift aus der Zeit des Mittleren Reiches, d. h. genauer: vom Anfang der 12. Dynastie, sagt Neferti: „Ich verkündige (*sr*) nicht etwas, was nicht eintreffen wird."[19] Neferti, von dem gesagt wird: „er ist ein Schreiber, der mit seinen Fingern geschickt ist; er ist ein Reicher, der mehr Besitz hat als einer seinesgleichen"[20], wird als „Großer Vorlesepriester" (*ḫr.j ḥ3b.t ʿ3*)[21] der Bastet eingeführt. Damit liegt aber kein Äquivalent für den Begriff ‚Prophet' vor. Das gilt auch für die Bezeichnung *ḥm nṯr*[22], die als ‚Gottesdiener' einen Priester im Blick hat und erst im Demotischen durch den Einfluss der griechischen Übersetzung als Prophet[23] gilt, ohne dass es um Zukunftsfragen ginge. Damit ist die begriffliche Seite des Problems erschöpft. Besonders ermutigend ist das nicht, auch wenn die Existenz einer Sache nicht ausschließlich von ihrer begrifflichen Präsenz abhängig ist. Liegt vielleicht doch Prophetisches ohne Prophetie vor?

Wer Auskunft über prophetische Werke in der ägyptischen Literatur sucht und sich in Textsammlungen vertieft, ist über die Vielfalt unterschiedlicher Werke, die als Prophetie verbucht werden, zweifellos irritiert. Dabei resultieren die höchst unterschiedlichen Textzuweisungen aus der Vielfalt der Vorverständnisse, die sich in der Regel von alttestamentlichen Kategorien leiten lassen, die ihrerseits phänomenologisch selektiv herangezogen werden. Auffällig ist, dass in den meisten der immer wieder genannten ‚prophetischen' Texte als wesentliches Motiv die Beschreibung chaotischer Zustände und die Ankündigung ihrer Überwindung durch einen künftigen Herrscher vorliegt.

Das erste Literaturwerk, in dem ein unmittelbarer Zusammenhang zwischen Chaosbeschreibung und Herrscherverheißung besteht, ist die schon genannte *Prophezeiung des Neferti*[24], die vollständig auf einem hieratischen Papyrus aus der Zeit Amenophis' II. (1425-1401 v. Chr.)

---

18   Wb 4,190.18.
19   pPetersburg 1116A, Verso Zeile 26, s. Helck, Prophezeiung, 22f.
20   Helck, Prophezeiung, 14. Der König sucht jemanden, der fähig ist (*jqr*), nahezu vollkommen handeln (*zp nfr*) und schöne Worte (*mdw.t nfr.t*) vortragen kann (pPetersburg 1116A, Verso Zeile 5-7); Neferti entspricht diesem Ideal.
21   Wb 3, 395. 4-10.
22   Wb 3, 88. 19-90.7.
23   Belege bei Erichsen, Glossar, 233.305.
24   Die wichtigste Quelle ist der Papyrus Petersburg 1116B, zu weiteren Quellen, die aus Schreibtafeln und Ostraka bestehen, s. die grundlegende Textausgabe von Helck, Prophezeiung, 1f. Weitere Übersetzungen, z. T. jedoch nur in Auszügen: Erman, Literatur, 151-157; AOT 46-48; ANET 444-446; Lichtheim, Literatur, 139-145; TUAT II, 110; Hallo, Context, 106-110; Hornung, Gesänge, 105-111.

enthalten ist und zur klassischen Schulliteratur gehörte, wie die vielen späteren Handschriften zeigen. In diesem Text verlangt König Snofru (4. Dynastie) nach jemandem, der „wohlformulierte Worte und ausgesuchte Sentenzen vortragen soll"[25], um damit den König zu unterhalten. Die Hofbeamten lassen Neferti (früher gelesen: Neferrehu) kommen, einen Vorlesepriester (ẖrj-ḥbt, E 14.16), und Weisen (rḫ-jḫt, E 17), der den Wunsch des Königs präzisiert wissen will: „Soll es etwas sein, was bereits geschehen ist, oder soll es etwas sein, was erst in Zukunft geschehen wird, mein Fürst und Herr?" (E 14). Der König entscheidet sich selbstverständlich für die Zukunft und verschriftet eigenhändig das, was Neferti zu sagen hat, der beteuert: „Ich werde nicht vorhersagen (sr), was nicht eintreten wird" (E 26). Die z. T. in Klageform vorgetragene Rede (E 20-71) bezieht sich sowohl bei der Unheilsschilderung (E 22-57) wie bei der Heilsschilderung (E 57-70) auf die Zukunft. Die Chaosbeschreibung umfasst Natur, Außenpolitik und Gesellschaft. Das Unheil richtet von außen, vor allem aber im Innern das Land zugrunde, weil die normativen Ordnungen verletzt werden (E 45f.). In den anschließenden Heilserwartungen (E 57-70) verheißt Neferti einen aus dem Süden kommenden König mit dem Namen Ameni (Kurzform für Amenemhet), der die außen- und innenpolitischen Feinde besiegt (E 63-65): „Die Ordnung (m3ʿt) kann an den ihr gebührenden Platz zurückkehren, wenn das [Chaos] (isft) beseitigt ist" (E 68).

Wenn die Auslegungsgeschichte des Textes sich zwischen historischer Erinnerung und literarischer Fiktion entscheidet, verkennt sie, dass es sich weder um das eine noch das andere allein handeln kann: „Es gibt weder ein authentisches Bild der Vergangenheit, das sich frei von rekonstruktiven Eingriffen im Gedächtnis erhalten könnte, noch gibt es eine rein phantasmagorische Erinnerung, die bar jeder Erfahrung wäre; das gilt sowohl für das individuelle wie für das kollektive und kulturelle Gedächtnis."[26] Dass auch in den noch zu nennenden Literaturwerken (assyrische) persische und griechische Fremdherrschaft die Krisenbeschreibungen (mit)generiert haben, spricht gegen eine ausschließlich ideologisch-fiktive Deutung, auch wenn die Klagen bis hin zur Aufhebung der Schöpfung, die am Anfang steht (E 22-23), gewiss stilisierte und z. T. auch hyperbolische Unheilsbeschreibungen sind. Im Blick auf alttestamentliche Textverhältnisse ist es bemerkenswert, dass besonders in den Chaosbeschreibungen Kohärenzstörungen (Einschübe E 26, Dubletten E 31 und 45, unterschiedlicher Tempusgebrauch) auf literarkritische Probleme schließen lassen, die sich auch

---

25   E 7f. Übersetzung, auch bei folgenden Textzitaten, nach TUAT II, 102-110.
26   Assmann, Ägypten, 125.

darin zeigen, dass die Heilsbeschreibung konsistenter und konkreter ist, sich aber nicht auf die Unheilsbeschreibung rückbezieht. Das Werk dürfte sukzessiv entstanden sein und auf geschichtliche Ereignisse reagieren.[27]

In der gegenwärtigen Forschung ist es unumstritten, dass die Prophezeiung des Neferti nicht, wie der Rahmen will, in der 4. Dynastie entstanden ist, sondern zur Zeit Amenemhets I. (1994-1964 v. Chr.), der gegen die reguläre Erbfolge das Königsamt übernahm und mit dieser Art Propagandaschrift legitimiert werden sollte. Damit ist die Schrift ein *vaticinium ex eventu*. Trotzdem ist die Gattungsbezeichnung „Prophezeiung" (*sr*)[28] berechtigt. „Der oder die Autoren waren theologisch und politisch versierte, dazu literarisch hochgebildete Beamte, die den Helden nach ihrem Berufsbild als Weisen, tatkräftigen Priester und Schreiber vorstellten (E 9-11) und ihrem gehobenen Leserkreis als wohlhabend und als ‚Sohn (*s3*)', ‚Bruder (*sn*)' oder ‚Freund (*ḫnms*)' der Leute vom Hof empfahlen (E 6-7)."[29] So liegt zweifellos eine politische Tendenzschrift vor, die in höfischen Kreisen verfasst wurde und apologetische Funktionen hatte. Wenn aber Jan Assmann meint: „So mündet auch diese apokalyptische Vision in die dogmatische Deutung der Gegenwart als erfüllter Heilszeit und verwirklichter Eschatologie"[30], dann verkennt er – offensichtlich rhetorisch überzogen – Gattung und Funktion des Textes.

Erst über eineinhalb Jahrtausende später werden wieder Texte formuliert, die von einem Heilsherrscher erwarten, dass er eine heillose Zeit überwindet und anstelle von *Isfet* wieder *Ma'at* ins Werk setzt. Bei diesem sehr großen Zeitraum fällt es schwer, alle entsprechenden Texte von der Prophezeiung des Neferti beeinflusst sein zu lassen.[31] Gleichwohl gibt es Bezüge, so etwa zum demotischen Text *Das Lamm des Bokchoris*[32], der mit ‚Chaosbeschreibung' und ‚Heilskönig' motivische Parallelen, aber auch differenzierende Züge, aufweist. Auch in diesem, besonders am Anfang fragmentarischen Text ist das Unheil-Heil-

---

27 Dazu ausführlich Blumenthal, Prophezeiung, 7-13.
28 Blumenthal, Prophezeiung, 14. „Anspielungen auf Texte dieser Art" sieht sie in den *Klagen des Ipu-wer* und in der *Lehre für Merikare*, in der als Text eine *Prophezeiung der Residenz* (*sr n ḫnw*) zitiert wird. Auch in dem Merikare-Text gehe es um eine politische Dimension. Ob allerdings auf „die Institution der Hofprophetie" (ebd., 16) geschlossen werden kann, sei aufgrund des schmalen Textbestandes dahingestellt.
29 Blumenthal, Prophezeiung, 25.
30 So Assmann, Stein und Zeit, 275.
31 So Assmann, Stein und Zeit, 274.
32 Es handelt sich um einen demotischen Papyrus, der 4 n. Chr. geschrieben wurde. Edition: Zauzich, Lamm; eine ältere, geglättete Übersetzung in AOT 48-49, eine neue Übersetzung mit Kommentierung hat vorgelegt: Thissen, Lamm.

Schema konstitutiv. Ein Mann mit dem Namen Psenyris scheint eine Rolle mit Unheilsvorhersagen vorzulesen, die in Kolumne I die Umkehrung von Besitzverhältnissen, das vollständige Fehlen der *Ma'at* und das Eindringen der Meder (Perser) vor Augen hat. Am Anfang von Kolumne II ist eine Formulierung rätselhaft: „(...) Herrscher *Der-der-2*, der nicht der unsrige ist, *Der-der-55* ist unser *Der-von-der-Krone*."[33] Nach den Voraussagen von Rechtsunsicherheit und Deportation wird deutlich, dass die Ankündigungen von einem Lamm gesprochen wurden (II,19), das danach in eine Heilszeit blickt: „Es wird geschehen, wenn ich ein Uräus am Haupte Pharaos bin, der in (nach) Vollendung von 900 Jahren sein wird; ich werde mich Ägyptens bemächtigen" (II,20f.).[34] Dabei geht es innenpolitisch hier wie im Neferti-Text um die Restitution von Wahrheit (*m3't*), von Recht (*hp*) und Gericht (*wpj.t*) sowie um die Vernichtung von Unrecht (*md.t-(n-)a/?*) (II,22f.) und außenpolitisch um Erfolge über Ninive und Syrien (II, 23f.). Alles mündet in Freude über die gute Zeit (III,4f.). Nach seiner Prophezeiung stirbt das Lamm und wird wie ein Gott begraben.

Situiert wird der Text, der als ,Verfluchung' (*shwy*) bezeichnet wird, unter König Bokchoris (etwa 717-712 v. Chr.). Dabei irritiert, dass neben Griechen unvermittelt Ninive und damit eventuell die assyrische Eroberung Ägyptens im Blick ist, und dass Meder genannt werden und so möglicherweise die persische Invasion, wenn nicht auf Antiochus IV. angespielt werden soll. Es wurde neuerdings angesichts der 55jährigen Regierungszeit Psammetichs I. literargeschichtlich ein ,Proto-Lamm' herausgearbeitet, das wegen der Zahl 55 (II,5) als *ex-eventu*-Prophetie verstanden wird, dem ein perserzeitliches ,Deutero-Lamm' und ein ptolemäerzeitliches ,Trito-Lamm' redaktionell folgten.[35] Die Erfahrungen mit Fremdherrschaft haben offenbar die antipersische und antiseleukidische Stoßrichtung hervorgerufen. Mehrere klassische Autoren teilen mit, dass unter Bokchoris ein sprechendes Lamm lebte.[36] Vielleicht erklärt sich so die Transformation in das 8. Jh. Auffällig blass bleibt in diesem Text der Heilsherrscher (II,20), so dass hier strenggenommen nicht von einem politischen Messianismus zu reden ist. Um Apokalyptik[37] handelt es sich aber auch nicht, denn es geht nicht um

---

33 Übersetzung von Thissen, Lamm, 117.
34 Thissen, Lamm, 118.
35 So Meyer, Wende, 177-212. Ein Fortschreibungsmodell favorisiert jetzt auch Quack, Einführung, 151f.; gegen sukzessive Redaktionen: Thissen, Lamm, 121f.
36 Quellen bei Thissen, Lamm, 137f.
37 Der Beitrag von Thissen, Lamm, steht im Sammelband: Apokalyptik und Ägypten. Thissen distanziert sich allerdings von einer Zuordnung der Schrift zur Apokalyp-

endgültige Veränderungen, jedoch scheint eine eschatologische Perspektive eingenommen zu werden, sofern die wenig konkreten Hoffnungen auf das Heil, das noch nicht eingetroffen ist, um 900 Jahre ‚verschoben' werden.

Eine eher symbolische Rolle spielt der erwartete Heilsherrscher in der als *Töpferorakel* bekannten *Apologie des Töpfers*, die nach ihrem Kolophon „Über die Zukunft Ägyptens" Auskunft geben will.[38] Es handelt sich dabei um einen schlecht erhaltenen griechischen Text, der eine Übersetzung aus dem Ägyptischen ist. Im Prolog äußert ein Töpfer im Zusammenhang eines gegen ihn gerichteten Gerichtsverfahrens Prophezeiungen, die der König Amenophis von einem ‚Schriftgelehrten' (ἱερϱγϱαμματέ[α] P₁, 32), einem Schreiber des Lebenshauses, in einem Buch aufschreiben lässt und für alle zugängig macht, nachdem der Töpfer mit Abschluss seiner Prophezeiungen gestorben und vom König in Heliopolis begraben worden war. Bei den Prophezeiungen geht es zunächst um antialexandrinische Unheilsschilderungen mit sozialem, militärischem und kosmischem Bezug. Dann wird auf das *Lamm des Bokchoris* angespielt: „Der aber für zwei (Jahre) war nicht der unsrige. Der, welcher für fünfundfünfzig Jahre einer von uns sein wird, [wird] an den Griechen die Übel [zur Erfüllung bringen], welche das Lamm dem Bacharis prophezeit hat" (P₃ II, 28-III, 32).[39] Sollte hier an konkrete Gestalten gedacht sein, könnte wiederum eine *ex-eventu*-Prophetie vorliegen, die Ressentiments gegen die Herrschaft von Fremden zum Ausdruck bringt.[40] Im Textteil der Heilsankündigung ist vom Erstarken Ägyptens, von Rückführung von Götterstatuen von Alexandria nach Memphis und von einem göttingesandten Herrscher, der 55 Jahre regieren wird, die Rede. Der wird ganz blass als „Spender guter Dinge" (P₂ IV,40) bezeichnet. Anders als noch im *Lamm des Bokchoris* konnte man sich angesichts der Schwäche Ägyptens einen mächtigen Pharao nicht mehr vorstellen. Von einer Transformation des Chaos in eine neue Ordnung ist nur noch bei den wiedereinsetzenden Naturzyklen die Rede. Das aber wird nicht mit dem Heilsherrscher selbst in Verbindung gebracht. Die Prophezeiung des Töpfers, die in ihrem Unheilsteil auf einer Jer 19,1-13 vergleichbaren Zeichenhandlung beruht – die Leerung des Töpferofens (P₁ 14-16) ist Zeichen und Deutung für die Entvölkerung Alexandrias –, gründet in der Hoffnung auf eine bessere

---

tik, er spricht von einer „nationalen Zukunftshoffnung" (ebd., 136), einem Begriff, den er selbst in Anführungszeichen setzt.

38 Eine neue Bearbeitung hat vorgelegt: Koenen, Apologie.

39 Rekonstruktion und Übersetzung von Koenen, Apologie, 145.

40 Zur möglichen Personenkonstellation s. Koenen, Apologie, 169f., zum Problem der Zahlendeutung als Regierungsjahre s. Quack, Einführung, 153f.

Zeit; zum Widerstand gegen die griechische Macht konnte sie freilich nicht provozieren.

Eine gewisse Zurückhaltung in der Herrschererwartung kennzeichnet auch die sog. *Demotische Chronik*, einen aus dem späten 3. Jh. v. Chr. stammenden Text ohne Anfang und Ende, der aus zwei Abschnitten (Kap. 6-9 und 10-13) besteht und die politische Situation des späten Ägypten reflektiert.[41] Dieser Text ist literarisch keine Chronik. Eher könnte man von einer Art Kommentar sprechen, denn es folgen jeweils Orakelsprüche und deren Deutungen. Im 9. Kapitel erlangt der zukünftige Herrscher aus Herakleopolis in einer Mischung aus mythischen Reminiszenzen und geschichtlichen Anspielungen nach militärischen Auseinandersetzungen die Königsherrschaft über Ägypten. Es ist unklar, ob eine konkrete Herrschergestalt im Blick ist oder ‚offene‘ Prophetie, also *ex-eventu*-Prophetie, oder eine *sine-eventibus*-Prophetie oder gar eine Mischung aus beiden vorliegt.[42] Nach den Kapiteln 6-9, in denen alle Herrscher, von Amyrtaios bis Teos, mit einer einzigen Ausnahme negativ beurteilt werden, beginnt im zweiten Teil, von Kap. 10 an, die Reihe der Könige noch einmal bei Amyrtaios, jetzt mit umfassender Kritik an Nektanebos und Aussicht auf die zweite Periode der Perserherrschaft. Zwei Punkte sind besonders auffällig: Der Heilsherrscher wird erstens unabhängig vom Chaos-Ordnung-Schema gesehen, seine Macht ist ihm durch den Gott von Herakleopolis verliehen. Diesem Herrscher wird ‚Wohltätigkeit‘ und ‚Erfolg‘ (*mnḫ*) zugeschrieben (V,22), die im 12. Kapitel das kultische und politisch-soziale Verhalten betreffen. Das ist das eine. Und zweitens wird er Gesetz und Gerechtigkeit (*hp*) nicht missachten (III,16), wie erfolglose Könige es getan haben (z. B. IV,10), die nicht auf dem ‚Gottesweg‘ (*mj.t p3 nṯr*) gingen. Diese für die altägyptische Königsideologie ungewöhnliche Verhaltensnormierung durch Gesetzesobservanz und Frömmigkeit erinnert an das Deuteronomistische Geschichtswerk, freilich kann aber in dem ägyptischen Text eine eigenständige Denkarbeit vorliegen, so dass nicht von einem ‚Deuteronomismus‘ ausgegangen werden muss.[43]

Von der recht eigenständigen Demotischen Chronik abgesehen, können alle genannten demotischen Texte eine Beziehung zur Prophezeiung des Neferti haben. Das gilt auch für jüngst edierte Fragmente eines prophetischen Textes aus Tebtynis, der zeitlich kaum einzuordnen ist.[44] Sollten die Fragmente A-F in ihrer rekonstruierten Folge kor-

---

41 Spiegelberg, Chronik, 65-111.
42 Dazu Quack, Einführung, 158f.
43 So Assmann, Ägypten, 419-422. Kritisch dazu auch Felber, Chronik, 74. Quack, Einführung, 159, sieht „unabhängige Parallelentwicklungen".
44 Quack, Text.

rekt sein, läuft der Text von einer Unheilszeit zu einer Heilszeit und beginnt dabei mit dem Topos der verkehrten Welt, in der es an Wahrheit (1,1 *m3't*) mangelt, die Jahreszeiten sich umkehren, die Götter ihre Tempel verlassen (Fragment A) und es zu Katastrophen kommt (Fragment B). Die Heilszeit beginnt mit dem Bau bzw. der Restaurierung eines idealen Tempels (Fragment C/D/E) und der Verheißung der Weltherrschaft an eine Gestalt, die infolge einer Lücke leider nicht genannt wird (Fragment E, x+5). Mit ihr wird die soziale Ordnung im Inneren wieder aufgerichtet (Fragment F, x+4). Und auch außenpolitisch wird sie erfolgreich sein (Fragment F, x+1-3). Somit wird gegenüber der Position des Herrschers in anderen demotischen Texten hier die Machtfülle des Heilsherrschers betont. Ist an eine reale Gestalt oder eher an eine eschatologische Figur gedacht?

III. Herrschererwartungen im Alten Testament

Die Auseinandersetzung um Existenz und Vergleichbarkeit von Prophetie in Ägypten und Israel ist ein Scheingefecht, solange in Ägypten nach gottgesandten genialen Charismatikern gesucht wird. In der gegenwärtigen Forschung wird mit Nachdruck ein Abschied vom persönlichkeitsfixierten Prophetenbild propagiert.[45] Im Vordergrund steht nicht mehr die Suche nach inspirierten Personen, sondern das Bemühen, die bücherkompositorischen Strukturen und die Prozesse der Buchgestaltungen zu erarbeiten und zu würdigen. „Im Gefolge solcher Entdeckungen rückten die Ergänzer von stümperhaften Glossatoren zu schriftgelehrten Redaktoren auf, und gelten der neueren Forschung bereits selbst als Propheten."[46] Die wachsende Erkenntnis, dass Textkomplexe und ganze Bücher einen Kompositionsplan erkennen lassen, hat zur methodischen Folgerung geführt, einer synchronen Erschließung vor einer diachronen den Vorzug zu geben. Das ist inzwischen auch für die Herrschererwartungen praktiziert worden.[47]

Im Folgenden werden nur grundlegende Aspekte der alttestamentlichen Heilsverheißungen, die einen Herrscher im Blick haben, beschrieben und in ihrer geschichtlichen Bedeutung zu ermessen versucht. Ein Dialog mit der im Grunde unüberschaubaren Fülle an Literatur zu den ,messianischen Weissagungen', wie vorzugsweise die

---

45   Steck, Prophetenbücher, 7. Vgl. auch den programmatischen Aufsatz von Becker, Wiederentdeckung, 30-60.

46   Schmid, Deutungen, 247.

47   Schmid, Herrschererwartungen; Leuenberger, Herrschaftsverheißungen.

Erwartung eines zukünftigen Herrschers genannt wurde, kann nicht explizit geführt werden, ebenso müssen Begründungen im Einzelnen unterbleiben. Problematisch ist allein schon die Terminologie, sofern bekanntlich der Begriff ‚Messias' in den entsprechenden Texten, deren Anzahl und Umfang ebenfalls strittig ist, nicht begegnet. So ist der neutrale Begriff ‚Herrschererwartung' vorzuziehen.[48] Den Rahmen bildet in diesem Beitrag ausschließlich das Corpus propheticum.[49] Zu achten ist besonders darauf, auf wen sich die Erwartungen beziehen, welche Hoffnungen mit ihm verknüpft werden, wie die Aussichten realisiert werden und warum, und schließlich, wann das geschieht. Die Besprechung der Texte hält sich an die Reihenfolge ihrer Präsenz in den prophetischen Büchern.

Jes 8,23-9,6 ist ein redaktioneller Text, der an die sog. Denkschrift Jesajas (Jes 6-8) angefügt wurde.[50] Der Text beginnt mit einem durch die Dunkelheit-Licht-Metaphorik auf den Punkt gebrachten Einst-Jetzt-Schema in 8,23 und 9,1, bei dem die gegenwärtige Freude wegen des Parallelismus von Ernte und Beute (9,2) auf die folgenden Begründungen – V 3.4.5 beginnen mit כי – weist, die zunächst in V. 3 und 4 metonymisch auf das Ende politischer Abhängigkeit (Zerbrechen des Jochs/Stocks des Treibers) und militärischer Okkupation (Verbrennen von Soldatenstiefeln und -kleidung) zurückblicken.[51] Die Begründungsreihe findet ihren Höhepunkt im Rückblick auf die Geburt eines Sohnes, die auf das gesamte Volk ausstrahlt (V. 5), weil seine Herrschaft Wohlergehen für das ganze Land bedeutet. Dass in V. 5f. mit dem Namen des Herrschers eine Anspielung auf die fünfteilige Königstitulatur vorliegt, die den Pharaonen bei der Thronbesteigung zukam, ist sehr wahrscheinlich, zumal auch die unmittelbare Korrelation von Geburt und Inthronisation, auf die die Thronnamen anspielen, in

---

48 Ebenso angemessen ist der Begriff ‚Herrscherverheißung', so Seebass, Herrscherverheißungen.

49 Gen 49,10f.; Num 24,17f. bleiben nicht deshalb unberücksichtigt, weil hier *vaticinia ex eventu* vorliegen, und Am 9,11f.; Hos 3,5 nicht, weil sie „weithin als sekundär" gelten (so Schmidt, Glaube, 270). Beide Begründungen treffen teilweise auch für die ‚klassischen' Texte zu. Es liegen in den vier Textstellen einfach keine substantiellen Erwartungen vor.

50 So u. a. Werner, Texte, 20-46; neuerdings auch Becker, Jesaja, 21 u. ö.; Barthel, Prophetenwort, 60 u. ö.; Die Zugehörigkeit von 8,23 ist nicht sicher, s. zu einigen Gründen Werner, Texte, 21f.

51 Das Hapaxlegomenon סאון ist nicht zufällig mit akkadisch *šenu(m)* verwandt, das zwar einfach ‚Schuh' bedeutet, vom Kontext her aber das Schuhwerk des Soldaten meint. In dieser Bedeutung ist *šenu(m)* häufiger belegt, s. CAD 17, 290f. Die Vernichtung von Waffen als Epochenwechsel in Heilsverheißungen nennt auch Jes 2,4; Hos 2,20; Mi 4,3 und im Kontext von Herrscherverheißungen noch Sach 9,10.

Ägypten vorgebildet ist.[52] Dieser Herrscher hat Anteil an der göttlichen Sphäre, die eine starke Herrschaft garantiert (אל גבור), der ein dauerhaftes Heil (שלום) im umfassenden Sinne entspricht (V. 5f.). Wenn der ‚Thron Davids' durch משפט וצדקה fundamentiert wird, dann hat auch dies Anteil an der ägyptischen Vorstellung einer *Ma'at*, die jeder König vermittelt und garantiert.[53] Die Herrschaft hat hier politisch-militärische, soziale und kosmische Wirkungen. Es besteht kein Zweifel, dass im Gefälle des Textes Gott die Befreiung von der Fremdherrschaft (V. 3) und damit die Voraussetzung für die Friedensherrschaft ermöglicht; aber damit wird der Herrscher nicht zur „Passivität"[54] genötigt. Die Zeitperspektive ist eindeutig, denn die verbalen Formen beziehen sich auf die Vergangenheit, aber nicht durchgehend – zumindest in V. 6 liegt eine Langform des Imperfekts (x-*yiqtol*) vor, die auf die Zukunft weist. Soll damit der ganze Abschnitt als Verheißung gelesen werden?[55] Oder liegt ein Text vor, der schon Erfahrungen mit dem annoncierten Herrscher hat, aber noch auf vollständige Realisierung hofft? Das letzte ist naheliegender.[56] Somit könnte hier politische Propaganda in Form eines *vaticinium ex eventu*, allerdings nicht eines *vaticinium post eventum*, vorliegen.

Für Jes 11 ist die Zeitstufe eindeutig: Es geht um die Zukunft. Auch dieser erwartete Herrscher ist von der Disposition göttlichen Handelns abhängig, die in diesem Fall eine verzeitlichte Geistbegabung vorsieht. Sie hat hier in Jes 11 weisheitliche Fähigkeiten zur Folge. Dazu gehören nach 11,2 Einsicht, Gottesfurcht, aber auch politische Macht (גבורה). Auf dieser Grundlage praktiziert er als Herrscher eine Gestalt der Gerechtigkeit (הוכיח במישור// שפט בצדק), die anders als die blinde *iustitia* eine

---

52 Bei der Darstellung der Geburt des Gottkönigs im Tempel der Hatschepsut und im Tempel Amenophis' III. in Luxor sind die Feinde schon dem auf dem Schoß der Amme sitzenden Kind wie in Ps 110,1 unterworfen, s. Keel, Bildsymbolik, 224-233; bes. 230f. mit Abb. 341 und 342.

53 Im Alten Testament ist der Zusammenhang besonders an Ps 72 als einer Art Magna Charta des altisraelitischen Königtums ablesbar. S. dazu im Rahmen des gesamten Alten Orients Liwak, Herrscher, 168f.

54 Schmidt, Ohnmacht, 156: „Der Held vollbringt nichts Heldisches", so auch Ders., Glaube, 273. Sollte Kaiser, Buch, 196.205, mit seiner Übersetzung ‚Beutevater' für אביעד Recht haben, hätten die meisten Teile der Titulatur eine höchst aktive Assoziation.

55 Konsequent als Verheißung liest den Text z. B. Wildberger, Jesaja, 366. Er übersetzt die Perfekt-Formen präsentisch, präterital dagegen Kaiser, Buch, 195f.

56 Auffällig ist V. 2. Dort steht Perfekt neben Imperfekt, das man kaum mit einem generellen Sachverhalt erklären kann (so im Anschluss an E. A. Knauf bei Schmid, Herrschererwartungen, 67, Anm. 135), der eher auf den Satzteil mit Perfekt-Form zuträfe (dort Beute, hier Ernte).

distributive Gerechtigkeit im Blick hat und den sozial Benachteiligten zugute kommt (11,3f.5).[57] Auch die Hoffnungen auf diesen Herrscher sollten nicht unsachgemäß pazifiziert werden, wenn er den Bedrücker[58] mit dem ‚Stock/Stab seines Mundes' (שבט פיו) und die Frevler mit dem ‚Hauch seiner Lippen' (רוח שפתיו) tötet (11, 4). Man kann hier nicht das Wort gegen die Tat ausspielen, die vernichtende Wirkung ist gleich. Umstritten ist die Abgrenzung der Einheit: Für eine Zusammengehörigkeit von 11,1-5 und 11,6-9 könnten jedenfalls auch die ägyptischen Texte sprechen, sofern bei den Heilserwartungen militärische, soziale und kosmische Hoffnungen eine Verbindung eingehen, die hier eine besondere Ausprägung eines Einst-Jetzt-Künftig-Schemas darstellen, wenn utopische Inversionen in der Natur (Gemeinschaft von Wolf und Lamm) und ideale Veränderungen in der Gesellschaft (*Jhwh*-Erkenntnis statt Verbrechen) in Aussicht gestellt werden. Man sollte Jes 11,6-9 nicht als ‚Tierfrieden' idyllisieren und literarkritisch von der Königstradition 11,1-5 trennen. Der Text ist freilich weniger konkret als Jes 9, scheint aber durch V. 1 seine Entstehungszeit klarer erkennen zu lassen. Dazu später mehr.

Oft übergangen, zumindest im Rahmen der Thematik ‚messianischer Weissagungen', wird der Abschnitt Jes 32,1-8[59], der schon deshalb ein besonderes Interesse verdient, weil er wie einige ägyptische Texte einen weisheitlichen Hintergrund erkennen lässt, aus dem heraus ein König (מלך) erwartet wird (32,1), der zusammen mit seinem Regierungsstab (שר) eine gerechte Herrschaft etabliert (צדק und משפט). Mit militärischen Aktionen und deren Folgen wird offenbar nicht gerechnet, aber mit einer Inversion der Verhältnisse, wie sie für die ägyptischen Herrschererwartungen typisch ist. Der Verstockungsauftrag von Jes 6,10 wird revoziert (32,3) und das Sozialgefüge wieder vom Kopf auf die Füße gestellt: „Den Toren wird man nicht mehr edel nennen und der Schurke wird nicht vornehm genannt werden" (32,5).

Mentalitätsgeschichtliche Verwandtschaft mit Jes 32,1-8 zeigt sich in Jer 23,5f. Nach einem Wort über ‚Hirten' genannte Personen in Regierungspositionen der Vergangenheit und Zukunft (23,1-3) folgt ein formal abgrenzbarer Spruch (23,5f.), der mit dem Gedanken des Sprosses (צמח, anders Jes 11,1: חטר) an die Daviddynastie anknüpft und das traditionelle Repertoire einer idealen Herrschaft in Aussicht stellt: Der ‚gerechte Spross' (צמח צדיק) regiert in Weisheit (שכל) und Solidarität

---

57 Zu Einzelheiten Liwak, Herrscher, 167ff.

58 Obwohl durch die alten Versionen nicht gedeckt, muss statt ארץ im MT ערץ gelesen werden. Nur so ergibt sich ein Parallelismus zu רשע.

59 U. a. Werner, Texte, 20, der mit der Einheit 32,1-5 rechnet.

(משפט וצדקה) mit der gesamten Gesellschaft, er scheint aber für die außenpolitische Rettung Judas nicht selbst zuständig zu sein (ישׁע *nif.*).

Im Dodekapropheton liegt eine der prominentesten Herrscherverheißungen in Mi 5 vor. Leider nicht eindeutig ist die Ein- bzw. Abgrenzung des Wortes, dessen ursprüngliche Gestalt in 4,14-5,4a bestanden haben könnte.[60] Zunächst wird die Bedrückung von außen (Feinde, Stock) in der Gegenwart (עתה) beklagt (4,14) und dies mit der Erwartung eines Herrschers (מושׁל) aus Bethlehem-Efrata kontrastiert. Dabei liegt zweifellos eine Anspielung auf David vor (vgl. 1 Sam 17,12), aber wie in Jes 11 ist nicht eine direkte Sukzessionslinie im Blick. Als Voraussetzung des Umschwungs zwischen Unheils- und Heilszeit gilt die Rückkehr aus dem Exil (5,2), als Garantie die künftige Herrschaft, die in 5,3f. mit dem traditionellen königsideologischen Vorstellungsrepertoire erfasst wird. Dazu gehört die Aufgabe des Hirten (רעה als Verbum), der sein Amt mit solcher Macht (עז) ausübt, dass seine Größe (גדל als Verbum) weltweit wirkt (vgl. Ps 2,8; 72,8). Die Macht des Herrschers ist freilich von Gott verliehen (5,3). Für das Volk bedeutet sie Sicherheit im Land (5,3) und Frieden, den der Herrscher (re)präsentiert (5,4a).

Der rasante Aufstieg von der Not zur Weltherrschaft ist in 5,4b.5 später wieder eingeschränkt worden. Aus 5,3 wird in 5,4 das Lexem רעה aufgenommen, gleichwohl wird die Realität anders eingeschätzt. Mit der 1. Person Plural meldet sich das ‚Volk‘, das ‚Assur‘ mit einer militärischen Abwehraktion in der Gestalt von ‚sieben Hirten‘ entgegentreten will, die Rettung (נצל) allerdings Gott zuschreibt.[61] Der Text ist hier offenbar wieder in der Gegenwart. Welche Gegenwart gemeint ist, soll bei dem Versuch einer diachronen Sicht versuchsweise erörtert werden.

Es ist auffällig, dass der einzige sicher datierbare Text mit einer Herrschererwartung zwar einen konkreten Namen nennt, aber zu den Aufgaben des künftigen Herrschers schweigt. Haggais letztes Wort im Dezember 520 ist eine Verheißung an Serubbabel, den Statthalter von Juda (Hag 2,20-23), die einen kosmischen und militärischen Umsturz zur Voraussetzung hat (2,21f.). Von Serubbabel wird nur mitgeteilt,

---

60 Zur Diskussion ausführlich Kessler, Micha, 219-221.231-233. Kessler votiert für 4,14-5,3, weil er mit LXX זה einleitend auf V. 4-5 beziehen will. זה ist aber eine maskuline Form, die nicht neutrisch (das Folgende) zu verstehen ist. Der Anfang ist dennoch mit der Vulgata in 4,14 zu suchen. Das entspricht wiederum einem Unheil-Heil-Schema, wie es ja auch die ägyptischen Texte aufweisen. 5,2 ist trotz seiner stilistischen Probleme literarkritisch nicht zu beanstanden, s. ebd., 220f.

61 S. zu dem Parallelismus ‚Sieben Hirten‘ – ‚menschliche Anführer‘ und der Interpretation von 5,5 Kessler, Micha, 236f.

dass er Jahwes Knecht (עבד) sei[62] und als Erwählter zum Siegelring werde. Er wird als kommender Herrscher auf dem Thron Davids gesehen. Dieser Versuch einer Restauration vorexilischer Verhältnisse scheint schnell gescheitert zu sein. Nur wenig später spricht Sacharja in seiner vierten Vision (Sach 4,1-6aα.10b-14) von zwei Ölbäumen (4,3.11), die als Ölsöhne (בני יצהר) gedeutet werden (4,14). Ob damit der künftige König und der Hohepriester, vielleicht Serubbabel und Josua, gemeint sind oder zwei Gestalten einer eschatologischen Heilszeit, ist nicht klar.[63] Die Erwartung einer dyarchischen Spitze hat jedenfalls auch der Abschnitt Sach 6,9-15, in dem neben dem Hohepriester Josua ein ‚Spross' (צמח) mit Herrscherwürde verheißen wird (6,12f.), von dem jedoch nur der Tempelbau erwartet wird.

Die letzte Herrschererwartung bietet ‚Deuterosacharja'. In einem sich Sach 9,1-8 anschließendem Wort wird in 9,9f. Zion/Jerusalem zur Freude aufgerufen, weil sein König und nicht ein Fremdherrscher einzieht. Die fiktive Situation hat eine siegreiche Rückkehr aus dem Kampfgeschehen vor Augen. Ein letztes Mal wird ein traditioneller Topos bemüht: Der Herrscher ist ‚gerecht' (צדיק). Während die Septuaginta konsequent die übliche königsideologische Linie weiter auszieht, indem sie den Herrscher in V. 9 als Retter stilisiert und in V. 10 als Subjekt der Demilitarisierung, hat der MT in V. 9 eine Passivform (ישע nif.), die Hilfsbedürftigkeit zum Ausdruck bringt, und in V. 10 Gott als Subjekt der Waffenvernichtung. Obwohl hier die Abhängigkeit des Herrschers von Gott besonders stark zum Ausdruck gebracht wird, kann von einer „Ohnmacht des Messias"[64] keine Rede sein. Wie fügt sich dazu die Weltherrschaftserwartung in V. 10? Die Verheißung eines universal wirkenden Friedenssprechers (דבר שלום) bleibt freilich davon unberührt.

IV. Herrschererwartungen in Ägypten und Israel

Mit dem Abschied von der Voraussetzung individueller Ausnahmeerscheinungen zu festen geschichtlichen ‚Stunden' tritt Besonderes und

---

62 Mit dieser Bezeichnung liegt eine Assoziation an einen König vor, s. 2 Sam 7,5; 1 Kön 11,32; Ez 34,23; 37,24 u. a.

63 Einzelheiten bei Reventlow, Haggai, 56-60. Zur unwahrscheinlichen These, dass zunächst in 6,9ff. von Serubbabel die Rede gewesen, nach seinem Scheitern aber der Hohepriester Josua an seine Stelle getreten sei, s. ebd., 70-73.

64 So der programmatische Titel von W. H. Schmidt (Schmidt, Ohnmacht). Auch der Eselhengst, der durchaus als angesehenes Reittier galt, kann nicht als Armutsindiz herhalten, so zu Recht Reventlow, Haggai, 95f.

Funktionales der Herrschererwartungen unbelasteter hervor. Dass die Schriftlichkeit der Erwartungen von hoher legitimatorischer und exemplarischer Bedeutung ist, wird nicht nur an Jes 8,1f. im Rahmen von Jes 6,1-9,6 deutlich. Auch die entsprechenden ägyptischen Texte betonen in diesem Zusammenhang die literarische Notwendigkeit, sofern die Voraussagen *(sr)* von Schreibern *(Prophezeiung des Neferti)* und Schriftgelehrten *(Apologie des Töpfers)* stammen und wiederholt die Verschriftung gefordert wird *(Prophezeiung des Neferti, Apologie des Töpfers)*. Ein der Fortschreibung prophetischer Literatur entsprechendes Verfahren dürfte auch den Überlieferungsvorgang ägyptischer Voraussagen beeinflusst haben, wenn die Beobachtung zutrifft, dass die *Prophezeiung des Neferti* und das *Lamm des Bokchoris* auf zeitgeschichtliche Veränderungen reagierten und deshalb überarbeitet bzw. ergänzt wurden.

Bei einer synchron-phänomenologischen Bestandsaufnahme zeigen sich für beide Literaturbereiche Berührungen und Abweichungen, die jedoch keine Abhängigkeiten zu erkennen geben. Eher haben kulturell und geschichtlich gleiche oder ähnliche Konstellationen zu religions- und mentalitätsgeschichtlich verwandten literarischen Reaktionen geführt. In Ägypten wird die im Grunde genommen jedem König bei Regierungsantritt zufallende Aufgabe, Unheil *(isft)* in Ordnung *(m3ʿt)* zu wandeln, besonders hervorgehoben. Dabei wird das Schema eines Natur, Gesellschaft und (Außen-)Politik umgreifenden Einst-Jetzt-Gegensatzes auf Gegenwart und Zukunft bezogen. Aber nicht in jedem Fall. Die *Prophezeiung des Neferti* ist als politische Tendenzschrift für Amenemhet I. (1994-1964 v. Chr.) ein *vaticinium ex eventu*. So erklären sich vielleicht auch die gegenüber anderen ägyptischen Herrschererwartungen hyperbolischen Beschreibungen des zu überwindenden Unheils. In dieser Werbeschrift zu Beginn des Mittleren Reiches für den dynastisch illegitimen Amenemhet I. wird die Ankündigung der Herrschaft (E 57-70), die übrigens wie Sach 9,9f. mit einem Aufruf zur Freude beginnt (E 61-62) und auch endet (E 69-70), nur beiläufig mit der Restitution der Ordnung *(m3ʿt)* und der Beseitigung des Unheils *(isft)* verbunden (E 68f.), aber sehr ausführlich mit der Überwindung und Abwehr der äußeren Feinde (E 62-68: Asiaten und Libyer). Fremdherrschaft als Movens für eine Herrschererwartung prägt auch das *Lamm des Bokchoris*. Da wird neben der traditionellen Chaos-Ordnung-Topik (II,22f.) der Erfolg über die ‚Meder' in Aussicht gestellt (II,21), gleichwohl bleibt der Zukunftsherrscher hier profillos. Es sind die Ägypter und nicht nur der ägyptische Herrscher, die Ninive und Syrien beherrschen werden (II,23f.). Dabei ist umstritten, ob der Text insgesamt ein *vaticinium ex eventu* ist, das mit dem ‚Zahlenspiel' von II,5 vielleicht auf

Ptolemäus VIII. Euergetes II. (170-116 v. Chr.) und den Gegenkönig Harsiesis (131/30 v. Chr.) auf dem Hintergrund des Überfalls Antiochus' IV. in Ägypten während des 6. Syrischen Krieges (170/69-168 v. Chr.) anspielt. Jedenfalls ist die mit den ‚Medern' (II,21f.) intendierte antipersische Haltung antiseleukidisch fortgeführt worden.[65] Eine alternative Deutung will nur in der Grundschrift des Textes (‚Proto-Lamm') ein *vaticinium ex eventu* aus der Zeit kurz nach Psammetich I. (664-609 v. Chr = 55 Jahre von II,5) sehen, das im 5. Jh. mit enthistorisierender Absicht priesterlich überarbeitet (‚Deutero-Lamm') und dann noch einmal zwischen 130 und 80 v. Chr. unter dem Einfall der Griechen (II,1) aktualisiert wurde.[66] Im ersten Vorschlag wären die Assyrer eine historisierende Bemerkung, im zweiten eine historische. Jene Lösung ist spekulativ, aber nicht unmöglich. Noch unprofilierter als im *Lamm des Bokchoris* ist der Herrscher in der in hellenistischer Zeit entstandenen *Apologie des Töpfers* gezeichnet, in der ein kosmischer, ethisch-moralischer und politisch-militärischer Niedergang und seine Umkehrung erwartet werden, was aber ganz dem göttlichen Schöpfungs- und Ordnungswillen entspricht und nicht die Tat des Zukunftsherrschers ist, der nur als ein „Spender guter Dinge" (II,40) gilt.[67] Vom Herrscher (allein) wird eine kosmische und nationale Restitution nicht mehr erwartet.

Eine offenbar in der Spätzeit Ägyptens betont theologisierende Begründung bietet die wohl im 3. Jh. v. Chr. entstandene *Demotische Chronik*, bei der nicht klar ist, ob sie *ex-eventu-* oder realitätsoffene Prophetie ist.[68] Auffällig ist, dass in der Reihe der vielen Herrscher, die das Unheil durch Verletzung von Rechtsnormen und Verlassen des ‚Gottesweges' (IV,7) verantworten,[69] der ideale Herrscher kultisch und sozial wohltätig (*mnḫ*, V,22; VI,6) und seine Macht von Gott verliehen ist. Auch hier ist kein politisch charismatischer Heilskönig (mehr) im Blick. Ob damit eine wachsende ‚Rückbuchung' der Macht des Königs auf das göttliche Machtzentrum forciert wird, ist schwer zu sagen, weil die prophetischen Textfragmente aus Tebtynis, die einen starken Heils-

---

65   Diese Interpretation favorisiert Thissen, Lamm, bes. 121-126.

66   So Meyer, Wende. Er versucht, den Fortschreibungsprozess mit dem Entstehen des Jesajabuches zu kombinieren.

67   S. dazu Koenen, Töpferorakel, 164-172.

68   Einzelheiten bei Felber, Chronik, 69-74. Felber spricht sich für eine *ex-eventu-*Prophezeiung aus, die „die Herrschaft der Ptolemäer als dem Ideal des wohltätigen Herrschers verbunden und dem Wort der Götter ergebene zu charakterisieren" (ebd., 110) versuche.

69   Assmann, Ägypten, 419-422, spricht vom Deuteronomismus der Demotischen Chronik.

herrscher erwarten, der innen- und außenpolitisch erfolgreich ist und eine Weltherrschaft aufrichten wird, sich nicht in dieses Schema fügen, allerdings auch nicht datierbar sind.[70]

Wie schon erwähnt, ist für die Herrschererwartungen des Alten Testaments ein Gefälle zur „Ohnmacht des Messias"[71] hin unterstellt worden. Den ägyptischen Textverhältnissen nicht unähnlich, sind auch hier die Entstehungsverhältnisse undurchsichtig. Kontrovers beurteilt werden vor allem die Texte aus dem Jesaja- und dem Michabuch, die nach den Buchüberschriften in das 8. Jh. v. Chr. gehören. Vor dem Versuch einer zeitlichen Schichtung soll das Motivrepertoire noch einmal zusammengetragen werden. Am konkretesten und utopischsten sind die Texte Jes 8,23b-9,6 und Mi 4,14-5,4a(b.5). Wie in der ägyptischen Literatur arbeiten beide Texte mit der Gegenüberstellung einer erfahrenen Unglückszeit und einer schon angebrochenen bzw. erhofften Heilszeit, die einen starken Herrscher (Jes 9,5f.) mit universaler Macht (Mi 5,3) zum Wohl des Volkes (Jes 9,6) vor Augen hat. Dieser Herrscher, dessen institutionelle Basis in der Daviddynastie liegt (Jes 9,6; Mi 5,1), ist, um selber Heil zu verwirklichen (Jes 9,5; Mi 5,4), von der Macht Gottes (Mi 5,3) bzw. vom vorlaufenden Handeln des mächtigen Gottes (Jes 9,3f.) abhängig.

Einen utopischen Zug mit wenig konkreten Erwartungen weist Jes 11,1-8 auf. Das Schema ‚jetzt-künftig‘ wird empirisch paradox durch die Auflösung von Naturgesetzen überhöht (Jes 11,6-8), der Herrscher dabei aber nicht gleichermaßen hyperbolisiert. Auch er zeichnet sich durch Weisheit, Macht, Gottesfurcht (11,2) und solidarisches Handeln aus (11,5) und durch eine besondere Sorge um Rechtssicherheit im Volk (11,4). Anders als Jes 8,23 – 9,1-6 und Mi 4,14 – 5,1-4a(b.5) lässt Jes 11 den zukünftigen Herrscher nicht unmittelbar aus der Daviddynastie hervorgehen.

An die Daviddynastie, und damit wohl an eine Restauration, die an die Verhältnisse der Königszeit anknüpfen will, denken auch Jer 23,5f.; 34,23f. und Ez 37,22-25. Unmissverständlich wird ein König (Jer 23,5f.; 37,22) erwartet, der ein *David redivivus* sein wird (Ez 37,24) und als ‚Hirte‘ fungiert (Ez 34,23f.; 37,24). Nur Jer 23,5f. wagt eine mit dem Herrscher verbundene Erwartung zu formulieren, die Grundbedingung der Regierungsverantwortung ist: die Aussicht auf משפט וצדקה. Ohne Anspielung auf David und seine Dynastie, jedoch mit Nachdruck auf Jerusalem, verheißt auch Sach 9 einen ‚König‘, dessen Gerechtigkeit

---

70　So Quack, Text, 253-274.

71　Schmidt, Ohnmacht. Strenggenommen verfügt der ‚Messias‘ bei Schmidt allerdings auch in den anderen Texten nicht über eine politisch-militärische Macht.

Wesensmerkmal seiner Herrschaft ist. Dort, wo das Herrscherheil einen konkreten Namen hat, fehlt die königsideologische Programmatik: Dem Hohenpriester Josua werden immerhin der Neubau des Tempels[72] und Herrscherwürde zugeschrieben (Sach 6,11-13), dem Statthalter Serubbabel dagegen explizit gar nichts (Hag 2,20-23). Subjekt seiner Herrschaft ist Gott selbst (Hag 2,21f.).

Die Herrschererwartungen des Alten Testaments in eine Chronologie einzuzeichnen, ist schwierig, weil Themen, Traditionen, Motive, Lexeme und Sprachgestaltung nicht auf klar eingrenzbare Zeiträume weisen und zeitgeschichtliche Indizien weitgehend fehlen. Den Buchdatierungen zufolge könnte das 8. Jh. v. Chr. *terminus a quo* sein.[73] Auf breite Zustimmung gestoßen ist aber die Datierung von Jes 8,23 – 9,1-6 in die Josiazeit, weil der in 8,23 sich andeutende Abzug der Assyrer erst zum Ende des 7. Jh. vollzogen wurde und jene Texteinheit auch in der Literaturgeschichte des Jesajabuches dort ihren Ort haben könnte.[74] Weil in 8,23 und 9,3.5 keine Zukunftsperspektive dominiert, dürfte der Text ursprünglich, der *Prophezeiung des Neferti* nicht unähnlich, eine politische Werbeschrift für Josia gewesen sein, die mit den Vergangenheitsformen (9,1-5) eine *ex-eventu*-Prophetie vermeidet, mit den Zukunftsformen (9,2.6) aber Verheißungspotential offenhält. Die geschichtliche Situation, in die der Text gehört, ist so real, dass dem König Josia hier kein Weltherrschaftsanspruch unterstellt wird, wie ihn die assyrischen Könige für sich reklamiert haben.[75] Die Betonung von Geburt und Inthronisation lenkt den Blick ohnehin eher auf Ägypten.[76] Schon in diesem vermutlich frühesten Text der Reihe von Herrschererwartungen ist der für viele ägyptische Texte wesentliche Gegensatz

---

72 Das Motiv der Kultrestitution spielt auch in den demotischen Texten eine besondere Rolle, so in der *Apologie des Töpfers*, wo der König als „Spender guter Dinge" (P₂ 40) den Kultbetrieb neu regelt (P₂ 34f.), ebenso in der *Demotischen Chronik* (8. Kapitel, III/2) und in dem Fragment von Tebtynis, wo ein Tempel renoviert (C 1-4) und weitere Tempel wieder in Betrieb genommen werden (Ex +3).

73 Für jesajanische Verfasserschaft bei den einschlägigen Jesajatexten plädierten u. a. Herrmann, Heilserwartungen, 130.140; Wildberger, Jesaja, 368-371. Bemerkenswert ist die Meinung von Schmid, Herrschererwartungen, dass die Zukunftsherrscher in die Struktur des gesamten Jesajabuches so platziert wurden, dass mit Jes 7 und 9 Hiskia und mit Jes 11 Josia assoziiert werden sollten (ebd., 46-59), während historische Überlegungen bei (8,23 und) 9,1-6 auf die Josiazeit führen würden, Jes 11 aber kaum zu datieren sei (ebd., 65-67).

74 Am ausführlichsten begründet von Barth, Jesaja-Worte, 141-177, vgl. auch Barthel, Prophetenwort, 59f.

75 Seux, Epithètes royales, 292-320.

76 Dazu umfassend mit Belegen Herrmann, Heilserwartungen, 131-37.

von ‚einst' und ‚jetzt' bzw. ‚jetzt' und ‚künftig' (הראשון und האחרון), also von Unheilszeit und Heilszeit, in 8,23 grundlegend.

Wird mit Josia ein regierender König mit Zukunftsperspektiven bedacht, so präsentieren alle weiteren Texte eine künftige Gestalt. Auch Jes 11,1-8 und 32,1-8[77] können aus der Königszeit stammen. Sie gehen, beide mit einem kontrapräsentischen Gegensatz der Zeiten – in Jes 11,6-8 surrealistisch überhöht –, über den königsideologischen Standard eines primär innenpolitisch um Rechtsfrieden besorgten Herrschers nicht hinaus.[78] Das ist bei Jes 32,1-8 besonders deutlich, denn dort wird diese Erwartung an den König und seine Minister gerichtet. Hier liegt Weisheit als Prophetie bzw. eine Form prophetischer Weisheit vor. Auch die exilischen Texte Jer 23,5f.; Ez 34,23f.; 37,22-25 transzendieren das unter dem Eindruck der babylonischen Fremdherrschaft auf Ordnungsstabilität ausgerichtete Königsideal nicht. Nur in Jer 23,6 wird durch ein einziges Lexem (ישע nif.) Rettung angekündigt, aber nicht mitgeteilt, wovon oder woraus. Ein Werk des Herrschers wird das jedenfalls nicht sein.

Einen strenggenommen nur formalen Restaurationsgedanken äußern in frühpersischer Zeit unter der Fremdherrschaft Darius' I. (522-486 v. Chr.) die Bücher Haggai und Sacharja, denn in Hag 2,20-23; Sach 4,1-6.10b-14; 6,9-15 wird 520 v. Chr. allein das Faktum einer erwarteten Leitungsfunktion von Serubbabel und Josua genannt, jedoch mit keinem Wort darauf eingegangen, was das unter der persischen Oberhoheit bedeutet.

Viel profilierter zeigt sich Mi 4,14-5,4a(b.5), aber dieser Text gibt sich leider recht datierungsresistent. Wieder wird eine durch Okkupation gekennzeichnete Gegenwart (4,14: עתה) mit der kommenden Zeit kontrastiert (5,1), die im Anschluss an 4,9f. durch das Ende der Not einer Gebärenden[79] (= Jerusalem) und Rückkehr der Exulanten (5,2) einsetzt und einen Herrscher hervorbringt, der schon deshalb einen Neubeginn verkörpert, weil er nicht aus Jerusalem, sondern aus Bethlehem-Efrata stammt, also kein direkter Nachfolger der Davidlinie ist (vgl. Jes 11,1). Was nur einzelne Königspsalmen wagen (Ps 2,8; 72,8-11), wird hier auf den Begriff gebracht: eine weltweite Macht (Mi 5,3) mit Friedensaussicht (5,4a). Da der Text in der Exilszeit entstanden ist (5,2), wird hier Kritik an der Fremdherrschaft der Babylonier geübt und dies

---

77 Wie Jes 8,23b-9,6 rechnet Barth, Jesaja-Worte, 213-215, auch Jes 32,1-5 zur sog. Assur-Redaktion der Josiazeit.

78 Die Bestrafung des Rechtsbrechers in Jes 11,4 hat in den Fragmenten von Tebtynis (Ex+7) eine Parallele.

79 Das Geburtsmotiv im Zusammenhang der Heilszeit hat auch das *Lamm des Bokchoris* (III/2f.)

eventuell, mit neuer Stoßrichtung, auch in der Perserzeit beibehalten.[80] Die Fortschreibung 5,4b.5, die am ehesten die seleukidischen Übergriffe zum Hintergrund hat, macht einen Schritt zurück in die Gegenwart und beschwört gleichsam eine gemeinschaftliche Abwehr des Eroberers.[81]

Erst in seleukidischer Zeit dürfte Sach 9,9f. entstanden sein.[82] Auch dieser Text setzt noch einmal eine erhoffte Welt- und Friedensherrschaft in Beziehung, zieht aber aus der in allen Herrschererwartungen artikulierten Bedingung der von Gott vorlaufend praktizierten und/oder verliehenen Macht die Folgerung, dass Herrschaft keine königliche Heilsveranstaltung ist. In dem Text, in dem am meisten über den Herrscher mitgeteilt wird, ist er am wenigsten aktiv.[83]

Die Herrschererwartungen in Ägypten und Israel weisen untereinander keine direkten Abhängigkeiten, aber Ähnlichkeiten auf. Das betrifft ebenso das Verhältnis zwischen den Texten innerhalb der beiden Kulturen, auch wenn die Texte z. T. bekannt waren.[84] Man gewinnt den Eindruck, dass die *Prophezeiung des Neferti* dort und Jes 8,23b-9,6 hier so etwas wie Prätexte für eine Entwicklung waren, die nicht geradlinig, aber doch mit vergleichbaren Tendenzen verlaufen ist. Beide Textreihen arbeiten mit dem Kontrast von Unheilsperiode und Heilszeit, allerdings mit einem deutlichen Unterschied: Für die ägyptischen Texte liegt auch die Zeit des Unheils in der Zukunft, in den alttestamentlichen Texten ist die Gegenwart die Zeit der Not. Die Motive der Defiziterfahrungen jedoch sind sehr ähnlich. Sie liegen jeweils in sozialen, (außen-)politischen und kosmisch-naturhaften Missverhältnissen. Diese Parallelität könnte mentalitätsgeschichtlich ihre Begründung in einer grundlegenden *m3't*-Konzeption in Ägypten und einer מִשְׁפָּט וּצְדָקָה-Konzeption in Israel finden,[85] die jeweils Auswirkungen auf politische, soziale und natürliche Ordnungsgefüge hatten. Bemerkenswert ist eine gewisse Gegenläufigkeit in Ägypten. Im Land am Nil, wo jeder König ein Heilskönig ist, weil er mit der Thronbesteigung die innere und äu-

---

80 So Kessler, Micha, 229.

81 Diese Deutung vertritt auch Kessler, Micha, 230-239, der darauf hinweist, dass ‚Assur‘ (5,4b) „zum Codenamen auch aller folgenden Großmächte geworden (ist), die Juda beherrscht haben" (ebd., 235), vgl. z. B. Klg 5, 6 für Babylonier und Esr 6,22 für Perser und z. B. Mi 7,12; Nah 3,18; Sach 10,10f. für Perser oder Seleukiden.

82 Seebass, Herrscherverheißungen, 65.

83 LXX hat die Passivität nach altem königsideologischem Vorbild wieder in ein aktives Handeln umgewandelt; ein Textvergleich zwischen hebräischem und griechischem Text bei Seebass, Herrscherverheißungen, 55-63.

84 Die *Apologie des Töpfers* verweist auf das *Lamm des Bokchoris* (P2 19f.).

85 Blumenthal, Weltlauf, bes. 126; Assmann, Ma'at, 15-39.

ßere Ordnung gleichsam auf dem Dienstweg neu in Kraft setzt, scheint
in der Spätzeit, von den prophetischen Texten aus Tebtynis abgesehen,
das Vertrauen in das traditionelle Konzept angesichts der bedrücken-
den Fremdherrschaft gewichen zu sein. Die Hoffnungen werden zunehmend theologisiert, sie gehen vom Heilsherrscher auf eine Heilszeit
über, die von der Gottheit ermöglicht und gestaltet wird. In Israel dagegen steht auch schon am Anfang in den Herrschererwartungen das
Handeln Gottes im Vordergrund. Gott ist das eigentliche Subjekt des
Heils, ohne dass der Herrscher zur symbolischen Figur degradiert
wird. Mit zunehmendem Abstand zum Ende des Königtums scheint
angesichts fortdauernder Fremdherrschaft eine restaurative in eine
innovative Erwartung übergegangen zu sein, die nicht auf eine gerad-
linige Entwicklung, sondern auf Abbruch und Neuanfang mit Kontinu-
itäten setzte. Während bis in die späten ägyptischen Texte hinein die
Empirie bestimmend blieb und die Zukunft aus der Vergangenheit
extrapoliert wurde, ohne rückwärtsgewandte Prophetie zu werden,
stifteten die alttestamentlichen Herrscherverheißungen eine konträprä-
sentische Hoffnung im Synergismus zwischen Gott und Herrscher.
Beide Erwartungslinien treffen sich darin, dass in der politischen Prophetie Zukunftserwartung zur Gegenwartsbewältigung diente. Der
Jubilar, der in seinen Publikationen[86] wiederholt den literarisch-kultu-
rellen Bezügen zwischen Ägypten und Israel nachgegangen und neben
dem Bereich der Weisheit besonders der Prophetie in seinen Forschungen zugetan ist, mag erwägen, ob der Verfasser dieses Beitrags von
dem bekannten Goethe-Wort inspiriert wurde: „Prophete rechts, prophete links, das Weltkind in der Mitten."

Literaturverzeichnis

Assmann, J.: Ägypten. Eine Sinngeschichte, Darmstadt 1996.
– Ma'at. Gerechtigkeit und Unsterblichkeit im Alten Ägypten, Mün-
    chen 1990.
– Stein und Zeit. Mensch und Gesellschaft im alten Ägypten, Darm-
    stadt ³2003.
Barth, H: Die Jesaja-Worte in der Josiazeit. Israel und Assur als Thema
    einer produktiven Neuinterpretation der Jesajaüberlieferung,
    WMANT 48, Neukirchen-Vluyn 1977.
Barthel, J.: Prophetenwort und Geschichte. Die Jesajaüberlieferung in
    Jes 6-8 und 28-31, FAT 19, Tübingen 1997.

---

86   S. z. B. Meinhold, Diasporanovelle, 277-281; vgl. ders., Gattung.

Becker, U.: Jesaja, von der Botschaft zum Buch, FRLANT 178, Göttingen 1997.

— Die Wiederentdeckung des Prophetenbuches. Tendenzen und Aufgaben der gegenwärtigen Prophetenforschung, BThZ 21, 2004, 30-60.

Blasius, A; Schipper, B. U. (Hg.): Apokalyptik und Ägypten. Eine kritische Analyse der relevanten Texte aus dem griechisch-römischen Ägypten, OLA 107, Leuven u. a. 2002.

Blumenthal, E.: Die Prophezeiung des Neferti, ZÄS 109, 1982, 1-27.

— Weltlauf und Weltende bei den alten Ägyptern, in: Jones, A (Hg.): Weltende. Beitrage zur Kultur- und Religionswissenschaft, Wiesbaden 1999, 113-148.

Bonnet, H: Prophezeiung, RÄRG, Berlin 1952, 608-609.

Breasted, J. H: The Dawn of Conscience, London 1933.

Currid, J. D.: Ancient Egypt and the Old Testament. Foreword by K. A. Kitchen, Grand Rapids 1997.

Erichsen, W.: Demotisches Glossar, Kopenhagen 1954.

Erman, A: Die Literatur der Ägypter. Gedichte, Erzählungen und Lehrbücher aus dem 3. und 2. Jahrtausend v. Chr., Leipzig 1923.

—; Grapow, H: Wörterbuch der ägyptischen Sprache, Berlin 1950-1963 (=Wb).

Fecht, G.: Bauerngeschichte, LÄ 1, 1975, 638-651.

Felber, H: Die demotische Chronik, in: Blasius/Schipper, Apokalyptik, 65-111.

Goff, J.: Prophetie und Politik in Israel und im Alten Ägypten, VIAÄ 41, Wien 1986.

Görg, M.: Die Beziehungen zwischen dem alten Israel und Ägypten, von den Anfängen bis zum Exil, EdF 290, Darmstadt 1997.

Gressmann, H: Der Messias, Göttingen 1929.

Gundlach, R.: „Ich sage etwas, was noch geschehen wird" – ‚Propheten' im Staat der Pharaonen, in: Wissmann, H. (Hg.): Zur Erschließung von Zukunft in den Religionen. Zukunftserwartung und Gegenwartsbewältigung in der Religionsgeschichte, Würzburg 1991, 11-25.

Hallo, W. W. (Hg.): The Context of Scripture. Canonical Compositions, Monumental Inscriptions, and Archival Documents from the Biblical World. Vol. I: Canonical Compositions from the Biblical World, Leiden u. a. 1997.

Hanning, R.: Großes Handwörterbuch Ägyptisch-Deutsch, Kulturgeschichte der Alten Welt 64, Mainz 1995.

Helck, W.: Die Prophezeiung des Nfr.tj, Kleine Ägyptische Texte, Wiesbaden ²1992.

Herrmann, S.: Prophetie in Israel und Ägypten. Recht und Grenze eines Vergleichs, Congress Volume Bonn 1962, VT.S 9, Leiden 1963, 47-65, wieder abgedr. in: Ders.: Geschichte und Prophetie. Kleine Schriften zum Alten Testament, hg. von R. Liwak u. W. Thiel, Stuttgart 2002, 173-189.

— Die prophetischen Heilserwartungen im Alten Testament. Ursprung und Gestaltwandel, BWANT 85, Stuttgart 1965.

Hornung, E.: Gesänge vom Nil. Dichtung am Hofe der Pharaonen, Zürich 1990.

Kaiser, O.: Das Buch des Propheten Jesaja. Kapitel 1-12, ATD 17, Göttingen 1981.

— Texte aus der Umwelt des Alten Testaments, Bd. II: Orakel, Rituale, Bau- und Motivinschriften, Lieder und Gebete, Gütersloh 1986-1991 (= TUAT).

Keel, O.: Die Welt der altorientalischen Bildsymbolik und das Alte Testament. Am Beispiel der Psalmen, Zürich u. a. ⁵1996.

Kessler, R: Micha. Übersetzt und ausgelegt, HThKAT, Freiburg u. a. 1999.

Köckert, M.; Nissinen, M. (Hg.): Prophetie in Mari, Assyrien und Israel, FRLANT 201, Göttingen 2003.

Koenen, L. (unter Mitarbeit von A. Blasius): Die Apologie des Töpfers an König Amenophis oder Das Töpferorakel, in: Blasius/Schipper, Apokalyptik, 139-187 und Taf. I-III.

Kratz, R. G.: Das Neue in der Prophetie des Alten Testaments, in: Fischer, I.; Schmid, K; Williamson, H. G. M. (Hg.): Prophetie in Israel. Beiträge des Symposions „Das Alte Testament und die Kultur der Moderne" anlässlich des 100. Geburtstags Gerhard von Rads (1901-1971) Heidelberg, 18.-21. Oktober 2001, Altes Testament und Moderne 11, Münster u. a. 2003, 1-22.

— Die Propheten Israels, C. H. Beck Wissen 2326, München 2003.

Lanczkowski, G.: Ägyptischer Prophetismus im Licht des alttestamentlichen, ZAW 70, 1958, 31-38.

— Altägyptischer Prophetismus, ÄA 4, Wiesbaden 1960.

Leuenberger, M.: Herrschaftsverheißungen im Zwölfprophetenbuch. Ein Beitrag zu seiner thematischen Kohärenz und Anlage, in: Schmid, K (Hg.): Prophetische Heils- und Herrschererwartungen, SBS 194, Stuttgart 2005, 75-111.

Lichtheim, M.: Ancient Egyptian Literature. A Book of Readings, Vol. I: The Old and Middle Kingdoms, Berkeley u. a. 1973.

Liwak, R.: Der Herrscher als Wohltäter. Soteriologische Aspekte in den Königstraditionen des Alten Testaments, in: Vieweger, D.; Waschke, E.-J. (Hg.): Von Gott reden. Beiträge zur Theologie und Exegese des Alten Testaments, FS S. Wagner, Neukirchen-Vluyn 1995, 163-186 (wieder abgedruckt im vorliegenden Band).

Meinhold, A.: Die Diasporanovelle: Eine alttestamentliche Gattung, diss. theol. Greifswald 1971.

— Die Gattung der Josephsgeschichte und des Estherbuches. Diasporanovelle I und II, ZAW 87, 1975, 306-324 (Teil 1); ZAW 88, 1976, 72-93 (Teil 2).

— Die Geschichte des Sinuhe und die alttestamentliche Diasporanovelle, WZ(G) 20, 1971, 277-281.

Meyer, E.: Die Israeliten und ihre Nachbarstämme, Halle 1906.

Meyer, R.: Die eschatologische Wende des politischen Messianismus im Ägypten der Spätzeit. Historisch-kritische Bemerkungen zu einer spätägyptischen Prophetie, Saec. 48, 1997, 177-212.

Nötscher, F.: Prophetie im Umkreis des alten Israel, BZ 10, 1966, 161-197.

Quack, J. F.: Einführung in die altägyptische Literaturgeschichte III. Die demotische und graäko-ägyptische Literatur, Einführungen und Quellentexte zur Ägyptologie 3, Münster 2005.

— Ein neuer prophetischer Text aus Tebtynis (Papyrus Carlsberg 399 + Papyrus PSI Inv. D. 17 + Papyrus Tebtunis Tait 13 VS.), in: Blasius/Schipper, Apokalyptik, 253-274 und Taf. IX-XVI.

Reventlow, H. Graf: Die Propheten Haggai, Sacharja und Maleachi, ATD 25,2, Göttingen 1993.

Schipper, B. U.: Israel und Ägypten in der Königszeit. Die kulturellen Kontakte von Salomo bis zum Fall Jerusalems, OBO 170, Fribourg 1999.

Schlichting, R.: Prophetie, LA 4, 1982, 1122-1125.

Schmid, K.: Herrschererwartungen und -aussagen im Jesajabuch. Überlegungen zu ihrer synchronen Logik und zu ihren diachronen Transformationen, in: Ders. (Hg.): Prophetische Heils- und Herrschererwartungen, SBS 194, Stuttgart 2005, 37-74.

— Klassische und nachklassische Deutungen der alttestamentlichen Prophetie, Zeitschrift für Neuere Theologiegeschichte 3, 1996, 225-250.

Schmidt, W. H.: Alttestamentlicher Glaube, Neukirchen-Vluyn [8]1996.

— Die Ohnmacht des Messias. Zur Überlieferungsgeschichte der messianischen Weissagungen im Alten Testament, in: Ders.: Vielfalt und Einheit alttestamentlichen Glaubens 1. Studien zur Hermeneutik und Methodik, Pentateuch und Prophetie, hg. v. A. Graupner u. a., Neukirchen-Vluyn 1995, 154-170 (= KuD 15, 1969, 18-34).

Seebass, H.: Herrscherverheißungen im Alten Testament, BThSt 19, Neukirchen-Vluyn 1992.

Seux, J.-M.: Epithètes royales akkadiennes et sumériennes, Paris 1967.

Shupak, N.: Egyptian „Prophecy" and Biblical Prophecy. Did the Phenomenon of Prophecy, in the Biblical Sense, exist in Ancient Egypt?, JEOL 31, 1991, 5-40.

Spiegelberg, W.: Die sogenannte demotische Chronik des Pap. 215 der Bibliothèque Nationale zu Paris, Leipzig 1914.

Steck, O. H.: Die Prophetenbücher und ihr theologisches Zeugnis. Wege der Nachfrage und Fährten zur Antwort, Tübingen 1996.

—; Schmid, K.: Heilserwartungen in den Prophetenbüchern des Alten Testaments, in: Schmid, K. (Hg.): Prophetische Heils- und Herrschererwartungen, SBS 194, Stuttgart 2005, 1-36.

Thissen, H.-J.: Das Lamm des Bokchoris, in: Blasius/Schipper, Apokalyptik, 113-138.

Werner, W.: Eschatologische Texte in Jesaja 1-39. Messias, Heiliger Rest, Völker, fzb 46, Würzburg 1982.

Wildberger, H.: Jesaja. Kapitel 1-12, BK XI/1, Neukirchen-Vluyn ²1980.

Zauzich, K.-T.: „Das Lamm des Bokchoris", in: Zessner-Spitzenberg, J. (Hg.): Papyrus Erzherzog Rainer. FS zum 100-jährigen Bestehen der Papyrussammlung der Österreichischen National-Bibliothek, Wien 1983, 165-174.

Die Rettung Jerusalems im Jahr 701 v. Chr.

Zum Verhältnis und Verständnis historischer und theologischer Aussagen[1]

I.

Der wissenschaftlich-methodische Umgang mit den Zeugnissen der Vergangenheit ist problemvoll. Welches Bild ist für ein erkenntniskritisches Fazit zutreffend: das von der lebendigen Vergangenheit[2] oder das von den Historikern, die in Totenstädten hausen[3]? Welche Bemühungen um vergangenes Geschehen sind erstrebenswert: nach dem Grund oder nach der Art und Weise des Geschehenen, nach der Erkenntnis des Individuellen oder nach gesetzesähnlichen Allgemeinaussagen zu forschen[4], oder über kognitives Interesse hinaus durch „Anspruch und Fragwürdigkeit der Geschichte"[5] ein existentielles Ziel bzw. durch die „Aufgabe der Bewahrung und Rettung, der Heilung und Versöhnung"[6] ein therapeutisches Engagement zu verfolgen?

Im Bewußtsein, daß Alternativen durch einseitige Fragestellungen wesentliche Faktoren von Sachverhalten ausblenden, daß Synthesen unverträgliche Harmonisierungen vornehmen und daß Kompromisse unterschiedliche Ansätze auf partielle Gemeinsamkeiten reduzieren und damit ursprüngliche Absichten nivellieren können, werden jene Fragen die folgende Thematik unausgesprochen begleiten und am

---

1   Erweiterte Fassung meiner am 30.1. 1985 an der Ruhr-Universität Bochum gehaltenen Antrittsvorlesung.

2   „Lebendige Vergangenheit" ist der Haupttitel einer Aufsatzsammlung G. Ritters, die 1958 zum 70. Geburtstag des Verfassers von Freunden und Schülern herausgegeben wurde. S. auch E. W. Carr, Was ist Geschichte?, Stuttgart u.a. 1963, 30.

3   Dieses Bild bei R. Wittram, Das Interesse an der Geschichte, Göttingen 1968[3], 16.

4   Zum Problem s. die Abschnitte „Kausalität und Zufall" und „Das Individuelle und das Allgemeine in der Geschichte" bei K. G. Faber, Theorie der Geschichtswissenschaft, München 1978[4], 66-88. 45-65.

5   So der Haupttitel einer Studie von R. Wittram (1969).

6   H. Heimpel, Der Mensch in seiner Gegenwart, Göttingen 1957[2], 163.

Schluß auf ihre Bedeutung für die historischen und theologischen Aussagen über die Rettung Jerusalems im Jahr 701 v. Chr. bezogen.

II.

Informationen zum Geschehen um die Rettung Jerusalems im Jahr 701 v. Chr., in dem sich der assyrische König Sanherib und der judäische König Hiskia gegenüberstanden[7], bietet primär die literarische Überlieferung, die im vorliegenden Fall ungewöhnlich reichhaltig und zum Teil ausgesprochen beredsam ist.

Schon mit einem präzisen Jahresdatum rechnen zu können[8], ist für alttestamentliche Verhältnisse bemerkenswert.

Zeitgenössisches Material präsentieren die Keilschrifttexte, die über den nach Syrien-Palästina führenden 3. Feldzug Sanheribs berichten. Es existieren mehrere Berichte[9], nicht alle stimmen in den erzählten Ereig-

---

7   Zu Sanherib s. W. v. Soden, Herrscher im alten Orient, Berlin 1954, 105-118; zu Hiskia s. H. Donner, Herrschergestalten in Israel, Berlin 1970, 74-85; neuerdings auch M. Hutter, Hiskija. König von Juda. Ein Beitrag zur judäischen Geschichte in assyrischer Zeit (Grazer Theol. Studien 6), Graz 1982.

8   Das Jahr 701 v. Chr. ergibt sich aus einem Vergleich der Datierungen assyrischer Feldzugsberichte, s. dazu D. D. Luckenbill, The Annals of Sennacherib, Chicago 1924, 20; L. L. Honor, Sennacherib's Invasion of Palestine. A Critical Source Study, New York 1926 (Reprint 1966), 3f.

9   Der Palästinafeldzug Sanheribs ist auf verschiedenen Schriftträgern überliefert. Die älteste Version, der sog. Rassam-Zylinder, stammt aus dem Jahr 700 v. Chr. und teilt die ersten drei Feldzüge Sanheribs mit (zu Textpublikationen s. R. Borger, Babylonisch-assyrische Lesestücke [AnOr 54], Rom 1979² [= BAL²], 64 f). 691 v. Chr. wurde das sog. Taylor-Prisma beschrieben, das acht Feldzüge enthält (zu Textpublikationen s. BAL², 65 f), 689 v. Chr. das Chicago-Prisma, das ebenfalls acht Feldzüge aufweist (zu Textpublikationen s. BAL², 65. BAL² selbst bietet als Haupttext die Umschrift des Chicago-Prismas und des Taylor-Prismas [82-85] und verzeichnet außerdem in einem Apparat [75 f] die Abweichungen anderer Textrezensionen; zu den Prismen vgl. auch die Angaben bei J. Reade, JCS 27, 1975, 189-195). Etwa 694/93 (694 sechster Feldzug gegen Bit Jakin) verfaßt wurde der Palästinafeldzug auf Stierkolossen, so auf „Bull 3", der sechs Feldzüge mitteilt (zu Textpublikationen s. BAL², 66), und auf „Bull 4", der ebenfalls sechs Feldzüge und dazu einen Abschlußpassus verzeichnet (zu Textpublikationen s. BAL², 66 f). Wie Taylor- und Chicago-Prisma enthält auch eine Steininschrift („Nebi Yunus slab" oder „Sanherib Konstantinopel") acht Feldzüge, ist also frühestens 691 v. Chr. entstanden (zu Textpublikationen s. BAL², 67). Schließlich kann auch die Tontafel als Schriftträger genannt werden, wenn zwei Fragmente, die früher Tiglatpileser III. und Sargon II. und dessen Feldzug nach Syrien-Palästina zugeschrieben wurden (s. H. Tadmor, JCS 12, 1958, [77-100] 79-84), über Sanheribs 3. Feldzug berichten (so N. Na'aman, Basor 214, 1974, 25-39; Ders., VT 29, 1979, 61-86). So sicher aber die Zusammenfügung der Fragmente scheint, die historische Zuweisung ist unsicher, s. Bal², 134. Übersetzungen der Fragmente bei N.

nissen überein. Ohne wesentliche Abweichungen und am ausführlichsten erzählen die Texte auf Prismen und Zylinder den Ereignisverlauf. Zunächst zu diesen Textträgern.

In narrativem Stil teilt Sanherib den Verlauf des Feldzugs mit. Der erste Abschnitt auf dem Chicago-Prisma[10] wendet sich dem phönizischen Raum zu (II, 37-68) und erzählt, daß Luli, der König von Sidon, einer phönizischen Küstenstadt, vor Sanherib floh, einige in Sidons Einflußbereich liegende Städte sich aber dem assyrischen König unterwarfen, und Tubaʾlu, der von Sanherib zum neuen König gemacht wurde, einen jährlich zu entrichtenden Tribut auferlegt bekam. Eine Reihe von Regenten, die über Stadtstaaten und Länder in der Nachbarschaft Judas regierten, hätten ihren Tribut überbracht, Sidqa, der Herrscher der Philisterstadt Askalon[11], habe sich jedoch widersetzt und sei mit seinen Götterbildern und seiner Familie nach Assyrien deportiert worden, während unter Tributforderungen ein anderer Herrscher eingesetzt worden sei: Scharruludari, der Sohn des Rukibti.

War bisher von Eroberungen noch nicht die Rede, berichtet sie der folgende Abschnitt[12] (II, 68 – III, 17) von Bit-Daganna, Japho, Banajabarqa und Azuru, zum Stadtstaat Askalon gerechnete Städte[13], die sich Sanherib nicht unterworfen hatten. Ein Kampf mit ägyptisch-äthiopischen Kontingenten, die zur Unterstützung der aufständischen

---

Naʾaman, Basor 214, 26ff; vgl. Ders., VT 29, 61 f; Hutter (s. Anm. 7), 50 f; Y. Aharoni, Das Land der Bibel. Eine historische Geographie, Neukirchen-Vluyn 1984, 400 f. Den Übersetzungen der ausführlichsten Texte des 3. Feldzugs Sanheribs liegt in der Regel das Chicago-Prisma zugrunde, so D. D. Luckenbill, Ancient Records of Assyria and Babylonia II (= ARAB II), Chicago 1927, §§ 239 ff, S. 118 ff; J. B. Pritchard (Hg.), Ancient Near Eastern Texts Relating to the Old Testament (= ANET²), Princeton 1955², 287 f; K. Galling (Hg.), Textbuch zur Geschichte Israels, Tübingen 1979³, 67 ff; Texte aus der Umwelt des Alten Testaments I/4 (= TUAT I/4), hg. v. O. Kaiser, Gütersloh 1984, 388 ff. Übersetzung des Taylor-Prisma in H. Gressmann (Hg.), Altorientalische Texte zum Alten Testament (= AOT²), Berlin 1926², 352 ff. Übersetzungen von „Bull 4" in ARAB II, §§ 309 ff, S. 142 f; HUTTER, 43 ff. Übersetzungen von „Bull 3" in ARAB II, §§ 326 f, S. 147 f; ANET², 288; TUAT I/4, 390. Übersetzung der Nebi Yunus-Inschrift in ARAB II, § 347, S. 154; ANET², 288; TUAT I/4, 391.

10 Zum Chicago-Prisma, das über den 3. Feldzug Sanheribs in II, 37 – III, 49 berichtet, s. Anm. 9.

11 ᵘʳᵘIs-qa-(al-)lu-na (II, 61); arab. ᶜasqalān/ ᶜasqalūn; hebr. ʾašqᵉlōn. Die Lage dieses Ortes und anderer in den Feldzugsberichten erwähnter Orte veranschaulicht die Karte 32 bei Aharoni (s. Anm. 9), 398. Ebd. 437 ff Anhang 3 sind auch die entsprechenden Kartenkoordinaten genannt.

12 Als Gliederungssignal steht in II, 68: i-na me-ti-iq gir-ri-ia „im Verlauf meines Feldzugs".

13 Die in II, 69 f genannten Orte können nur zum Teil identifiziert werden: ᵘʳᵘBit-Dagan-na ist heute bēt-dedschen; ᵘʳᵘia-(ap-)pu-ú (hebr. jāpō) ist heute jāfa; ᵘʳᵘBa-na-a-a-bar-qa entspricht dem Bene-Beraq von Jos 19, 45, heute ibn ibrāq; ᵘʳᵘA-zu-ru ist heute jāzūr.

Stadt Ekron[14] gerufen waren, ist die nächste Aktion für den Assyrer. Bevor etwas über den Ausgang des Kampfes gesagt wird, nennt der Schreiber zum ersten Mal Hiskia von Juda, an den die Stadt Ekron ihren König Padi ausgeliefert habe. Erst nach dieser Notiz erfährt der Leser von Sanheribs Sieg über die ägyptisch-äthiopischen Truppen bei Eltheke[15], von der Belagerung, Eroberung und Plünderung Elthekes und des in seiner Nähe gelegenen Ortes Thimna[16]. Noch einmal wird Padi erwähnt, von dem erzählt wird, daß Sanherib ihn aus Jerusalem herausholte, ihn wieder in seine Rechte einsetzte und ihn zu Abgaben verpflichtete.

Der nächste Abschnitt (III, 18-49), der vom vorhergehenden abgesetzt ist[17], wendet sich Juda zu. Sanherib will 46 befestigte judäische Städte mit Hilfe von Belagerungstechniken, die ausdrücklich genannt werden, belagert und erobert und dabei 200150 Menschen und eine unbestimmte Zahl an Tieren erbeutet haben. Das eroberte Territorium sei Mitinti, dem König von Asdod[18], Padi, dem König von Ekron, und Silbel, dem König von Gaza[19], zugeteilt worden. Hiskia habe Teile seiner Truppen, 30 Talente Gold, 800 Talente Silber, Antimon, elfenbeinerne Gegenstände, alle erdenklichen wertvollen Schätze, und auch seine Töchter, Palastfrauen, Sänger und Sängerinnen nach Sanheribs Residenzstadt Ninive[20] gebracht, hinter dem assyrischen König her. Der ausführlichste Bericht über den 3. Feldzug Sanheribs schließt mit der Feststellung, daß Hiskias Gesandter den Tribut abgeliefert und die Untertänigkeit Hiskias bezeugt habe.

Die Inschriften auf Stierkolossen, die zum Palast Sanheribs gehörten, weichen von der Darstellung auf Prismen und Zylinder ab, sie sind kürzer. Eine der Stierinschriften („Bull 4")[21] teilt zwar einen entsprechenden Verlauf mit, ohne allerdings an einigen Stellen konkrete Na-

---

14 II, 73 ᵘʳᵘ*Am-qar-ru-na* (hebr. ʿ*aeqrōn)* ist heute *chirbet el-muqanna*ʿ (Tel Miqne).

15 III, 6: ᵘʳᵘ*Al-ta-qu-ú.* Die Lage ist unsicher, es ist irgendwo am *wādi el-maghār* (Nachal Ekron) zu suchen, zur Debatte stehen vor allem der *tell esch-schallāf* und der *tell el-melāt*

16 III, 6: ᵘʳᵘ*Ta-am-na-a,* heute *tell el-baṭāschī.* Zur Lage von Eltheke und Thimna s. die Karte 32 bei Aharani (s. Anm. 9), 398.

17 II, 76 hatte schon von Hiskia gesprochen, der von III, 18 an im Mittelpunkt steht. Syntaktisch wird der neue Abschnitt durch ein adversatives *u* angezeigt, das hier „keinen logischen Zusammenhang" zum Vorhergehenden herstellt, s. W. v. Soden, Grundriß der akkadischen Grammatik (AnOr 33), Rom 1952, § 117 b, S. 170 f.

18 III, 32: ᵘʳᵘ*As-du-di,* hebr. ʿ*ašdōd,* arab. ʿ*isdūd/*ʿ*esdūd.*

19 III, 34: ᵘʳᵘ/ᵏᵘʳ*Ḫa-zi-ti,* hebr. ʿ*azzāh,* arab. *ghazze/ghuzze.*

20 III, 47: *Ninua*ᵏⁱ, heute die Hügel *kujundschik* und *nebī jūnus* in der Nähe von Mossul.

21 Zu „Bull 4" s. Anm. 9. Eine Synopse zwischen Chicago-Prisma und diesem Text bei Hutter (s. Anm. 7), 43 ff in deutscher Übersetzung.

men zu nennen. In der Episode um Hiskia fehlt die detaillierte Beschreibung der Belagerung und der erbeuteten Schätze, es fehlt aber auch ein Hinweis auf die Deportation von 200150 Judäern. Eine andere Stierinschrift („Bull 3")[22] nennt beim 3. Feldzug nur die Ereignisse um Luli von Sidon und Hiskia von Juda und beschränkt sie noch gegenüber den längeren Texten auf einige wenige Elemente. Zu Hiskia wird nur gesagt, Sanherib habe den Distrikt Juda zerstört und ihn selbst unterjocht.

Vergleichbar mit „Bull 3" ist die Inschrift auf einer Steinplatte, die sog. Nebi Yunus-Inschrift[23] mit einem ebenso kurzen Text.

Welche Folgerungen ergibt eine erste Auswertung, noch ohne Seitenblick auf den alttestamentlichen Befund? Auffällig ist der unterschiedliche Umfang der Berichte[24]. Länge und Kürze einer Darstellung können mit dem entsprechenden Schriftträger zusammenhängen. Eine Platteninschrift kann wegen des recht begrenzten Raumes nicht sehr ausführlich sein, so erklärt sich der kurze Text der Nebi Yunus-Inschrift. Für die Stierinschriften trifft dieses Argument aber nicht zu, auch sie haben aber eine kurze Version überliefert.

Die Unterschiede könnten mit Funktion und Zweck der Inschriften zusammenhängen. Alle bisher genannten Texte lassen sich grundsätzlich als Kommemorativ-Inschriften verstehen. Die werden konventionell u. a. in Annalen und Prunkinschriften unterteilt, je nachdem, ob die Texte chronologisch oder geographisch-inhaltlich orientiert sind. Jene Kategorisierung wird inzwischen kritisiert[25], denn beide Texttypen, auch die sog. Prunkinschrift, konnten in bedeutenden Gebäuden des Königs an unzugänglicher Stelle sekretiert, also der Öffentlichkeit vorenthalten werden, so daß nur die Götter und zukünftige Herrscher bei Renovierungsarbeiten Einsicht in die Texte hatten. Schriftträger waren in diesem Fall Zylinder und Prismen. Das bedeutet für den 3. Feldzug Sanheribs: Sicht- und lesbar für einen weiteren Kreis waren nur die Nebi Yunus-Inschrift und die Inschriften auf den Stierkolossen. Sie alle sind zurückhaltender, heißt das auch, daß sie dem tatsächlichen Verlauf des Feldzugs näherkommen? Steht dem aber nicht entgegen,

---

22 Zu „Bull 3" s. Anm. 9.

23 Zur Nebi Yunus-Inschrift: s. Anm. 9.

24 Erst eine eingehende redaktionskritische Untersuchung kann hinreichend abgesicherte Hinweise auf Entstehung und Abhängigkeit der Texte geben, s. L. D. Levine, Preliminary Remarks on the Historical Inscriptions of Sennacherib (in: History, Historiography and Interpretation. Studies in Biblical and Cuneiform Literatures, hg. v. H. Tadmor/M. Weinfeld, Jerusalem 1983, 58-75).

25 Zur Einteilung s. A. K. Grayson, Histories and Historians of the Ancient Near East: Assyria and Babylonia (Or. 49, 1980, 140-194), 150-156.

daß Sanherib es kaum gewagt haben kann, die Götter, die die „Prunkinschriften" zu lesen bekamen, mit Übertreibungen zu täuschen? Dieser Einwand ist nur scheinbar berechtigt, denn Sanherib kämpft, wie er selber sagt, im Vertrauen auf den Reichsgott Assur (Chicago-Prisma III, 1-3), der hinter allen Erfolgen des assyrischen Königs steht, oder noch zugespitzter formuliert: der selbst alle Erfolge besorgt: „Die Ausstrahlung der Waffe Assurs, meines Herrn, warf die Gegner nieder", sagt Sanherib (Chicago-Prisma II, 44 f). Je spektakulärer die Ruhmestaten Sanheribs, desto größer der Ruhm des Gottes Assur, den Sanherib durch seine Theologen anstelle des Gottes Marduk von Babylon favorisieren, ja sogar ersetzen ließ[26]. Sanherib scheint sein „religiös-politische(s) Sendungsbewußtsein"[27] nicht so sehr als Problem der öffentlichen Propaganda verstanden zu haben. Im Fall des 3. Feldzugs bleibt sozusagen die „Prunkinschrift" der geschlossenen Gesellschaft, d. h. dem zukünftigen Königshof als Erinnerung und vielleicht auch als vorbildliches Beispiel anbefohlen.

Die Untauglichkeit der Differenzierung in Annalen und Prunkinschriften zeigt sich im übrigen auch beim 3. Feldzug, vereint der Bericht doch chronologische und geographisch-inhaltliche Aspekte: Zunächst (Chicago-Prisma II, 37-60) ist der Schauplatz der Ereignisse Phönizien, dann (II, 61 – III, 17) Philistäa, schließlich (III, 18-49) Juda und Jerusalem. Das entspricht zwar im wesentlichen der chronologischen Folge, im einzelnen aber wird diese Darstellung durch geographische und inhaltliche Anordnungen durchkreuzt. Askalon (II, 61 ff) wird als Tributverweigerer und Exulant im Zusammenhang der Tributäre genannt, die Sanherib wohl noch in Phönizien empfangen hat. Erst *danach* wird die Eroberung der Städte Bit-Daganna, Japho, Banajabarqa und Azuru erwähnt, die zu Askalons Einflußbereich zählen, aber doch offenbar aufgrund ihrer Lage zwischen den phönizischen Städten und Askalon *vor* dem Eingriff in Askalon zerstört wurden.

Ähnliches gilt auch von der Episode um Padi, den König von Ekron, den Sanherib aus Jerusalem befreit habe (III, 14 f). Das wird dann erzählt, wenn Ekron der Schauplatz der Handlung ist (III, 7 ff); Padi kann freilich erst aus Jerusalem herausgeholt worden sein, nachdem Sanherib in Juda/Jerusalem erfolgreich war, das aber war erst später der Fall (III, 18 ff). Mit anderen Worten: Die Berichterstattung geht oft assoziativ vor, das muß bei der Auswertung der Quellen beachtet werden. Noch ist die Frage, inwieweit der ausführliche Bericht zuverlässig ist, nicht beantwortet. Wie sehr die Annalenschreiber stereotypen

---

26 v. Soden (s. Anm. 7), 110.
27 v. Soden, ebd. 108.

Mustern folgten, ist bekannt[28]. Nun liegt gerade im „Überschuß" der Prismen bzw. Zylinder-Darstellung das geprägte Material, das sich auch in anderen Feldzugsberichten Sanheribs wiederfindet. Das gilt vor allem für die Beuteliste und den Tribut[29]. Ob das allerdings bedeutet, daß die kurzen Berichte generell zuverlässiger sind, wird man nicht vorschnell behaupten können. In den kurzen Texten fehlt z. B. ein Hinweis auf die Exilierung der Judäer, ist sie schon deshalb unhistorisch? Wohl kaum. Deportationen waren ein wesentlicher Faktor assyrischer Machtpolitik, vor allem unter Sanherib[30]. Freilich, die Zahl 200150 (III, 24) erscheint phantastisch hoch[31], aber das besagt noch nichts über die Faktizität der Deportation, die durch Reliefdarstellungen Sanheribs, auf denen exilierte Judäer zu erkennen sind[32], veranschaulicht werden kann.

Nicht ohne weiteres durchschaubar ist das territoriale Projekt Sanheribs, das judäische Gebiet an die Herrscher von Asdod, Ekron und Gaza aufzuteilen[33]. Damit wäre Jerusalem gleichsam als Stadtstaat isoliert und sein Einfluß beschränkt. Aber warum soll Sanherib das Machtpotential der philistäischen Zentren gestärkt haben? Erst 720

---

28 S. etwa die entsprechenden Auflistungen bei R. Borger, Einleitung in die assyrischen Königsinschriften. Erster Teil. Das zweite Jahrtausend v. Chr. (HO, ErgBd. 5, 1, 1), Leiden 1961, passim, und W. Schramm, Einleitung in die assyrischen Königsinschriften. Zweiter Teil. 934-722 v. Chr. (HO, ErgBd. 5, 1, 2), Leiden 1973, passim.

29 Einzelheiten bei Hutter (s. Anm. 7), 48. Die Variante zu III, 45 in dem ältesten Text, dem Rassam-Zylinder, nennt viele zusätzliche Gegenstände, s. BAL², 75. Alter schützt nicht vor Übertreibung!

30 Zu den assyrischen Deportationen s. B. Oded, Mass Deportations and Deportees in the Neo-Assyrian Empire, Wiesbaden 1979.

31 Es gibt eine Anzahl von Erklärungen, wie die Zahl zustande gekommen sein kann, dazu St. Stohlmann, The Judaean Exile after 701 B.C.E. (in: Scripture in Context II. More Essays on the comparative Method, hg. v. W. W. Hallo/J. C. Moyer/L. G. Perdue, Winona Lake 1983, 147-175), 152-155. Stohlmann denkt an eine Art Volkszählung für eine später vorzunehmende Deportation.

32 Erläuterungen zu Reliefdarstellungen bei M. Wäfler, Nicht-Assyrer neuassyrischer Darstellungen (AOAT 26), Neukirchen-Vluyn 1975, 42 ff.

33 „Bull 4" (Z. 29) nennt zusätzlich Askalon. Zum Verständnis jener territorialpolitischen Vorstellung vgl. A. Alt, (Nachricht über) Die territorialgeschichtliche Bedeutung von Sanheribs Eingriff in Palästina (1929; in: Ders., Kleine Schriften zur Geschichte des Volkes Israel II, München 1978⁴, 242-249); M. Elat, The Political Status of the Kingdom of Judah within the Assyrian Empire in the 7th Century B.C.E. (in: Investigations at Lachish: The Sanctuary and the Residency [Lachish V], Tel Aviv 1975, 61-70). Ez 16, 27 muß nicht als Reflex einer Gebietsabtrennung durch Sanherib (O. Eissfeldt, PJ 27, 1931, 58-66) verstanden werden (W. Zimmerli, Ezechiel [BK XII/1], Neukirchen-Vluyn 1969, 358 f).

hatte sich Gaza gegen Assyrien erhoben, 710 Asdod[34], jetzt auch Askalon. Hätte nicht eine Stärkung der einzelnen Positionen entsprechende
emanzipatorische Bestrebungen eher gefördert als verhindert? Vielleicht spiegeln die Hinweise zur territorialen Neugestaltung mehr ak-
tuelle Überlegungen Sanheribs wider als praktizierte Gebietsreformen,
jedenfalls erwähnen die späten Inschriften „Bull 3" und „Nebi Yunus",
die offenbar die wesentlichsten Daten des 3. Feldzugs mitteilen, die
Gebietsabtrennung nicht. Die Assyrer werden sich mit den Tributen
aller Betroffenen begnügt haben.

Für die Auswertung schwierig ist auch der Schluß des Feldzugsbe-
richts. Warum mußte Hiskia den Tribut hinter Sanherib her nach Ninive bringen lassen (III, 39 ff)? Daß Sanherib überstürzt von Juda/Jerusa-
lem aufbrechen mußte, um sich anderen außenpolitischen Aufgaben
zuwenden zu können, wie immer wieder vermutet wird, trifft nicht
zu[35]. Um so erstaunlicher ist die nachträgliche Tributablieferung. Es ist
denkbar, daß sie als demütigende Geste zu verstehen ist, die nicht vom
eingelösten Ziel des Feldzugs ablenken soll. Daß nämlich Sanherib
nicht alles erreicht hat, zeigt nicht zuletzt die fortbestehende Integrität
Hiskias von Juda. Warum wurde er nicht von Sanherib wie Sidqa von
Askalon abgesetzt und exiliert und dann an seiner Stelle ein anderer
Regent eingesetzt? Warum hat Sanherib nicht Jerusalem belagert und
erobert wie die „46 mächtigen ummauerten Städte sowie die zahllosen
kleinen Städte ihrer Umgebung" (III, 19 ff)?

Diese Fragen lassen sich aus dem Feldzugsbericht allein nicht beantworten. Die alttestamentliche Überlieferung muß zu Worte kommen.

III.

Zu einem guten Teil haben sich die Ereignisse des Jahres 701 v. Chr.
auch in alttestamentlichen Texten niedergeschlagen, vor allem[36] in den

---

34   S. zu jener Zeit S. Herrmann, Geschichte Israels in alttestamentlicher Zeit, München
1980², 314 ff.

35   W. v. Soden, Sanherib vor Jerusalem 701 v. Chr. (in: Antike und Universalgeschichte.
FS H. E. Stier, hg. v. R. Stiehl/G. A. Lehmann, Münster 1972, 43-51), 45.

36   Ob die Klagen um die Städte von Jes 10, 28-34 und Mi 1, 8-16 in den Zusammenhang
der Ereignisse von 701 v. Chr. gehören, ist unsicher; Naʾaman (s. Anm.9: VT 29) versucht beide Texte auf parallele Aktionen Sanheribs in Palästina zu beziehen. Expres-
sis verbis verweist noch 2Chr 32 auf das Geschehen um Sanherib und Hiskia, setzt
aber andere Akzente als 2Kön 18-20 bzw. Jes 36-39, s. Anm. 118.

über weite Strecken parallelen Textkomplexen[37] 2Kön 18-20 und Jes 36-39. Die ausführlichsten Informationen zur Geschichte bietet das 2. Königsbuch, dessen Konzeption im folgenden zugrunde gelegt wird.

Den Kern von 2Kön 18-20 bilden einige Erzählungen, die von Rahmennotizen zur Biographie des Königs mit einer programmatischen Würdigung seiner politischen und kultischen Verdienste umgeben sind (18, 1-8; 20, 20 f). Im Hauptteil wendet sich nach einem Abschnitt über den Untergang Samarias, der Residenzstadt des ehemaligen Nordreichs Israel (18, 9-12), 18, 13-15 dem Südreich Juda zur Zeit Hiskias zu: „(13) Und im 14. Jahr des Königs Hiskia zog Sanherib, der König von Assyrien, gegen alle befestigten Städte Judas und nahm sie ein. (14) Da schickte Hiskia, der König von Juda, zum König von Assyrien nach Lachisch[38] folgende Botschaft: ‚Ich habe gesündigt, kehre um von mir, was du mir auferlegst, werde ich tragen.‘ Da erlegte der König von Assyrien dem Hiskia, dem König von Juda, 300 Talente Silber und 30 Talente Gold auf. (15) Und Hiskia gab alles Silber ab, das sich im Hause Jahwes und unter den Schätzen des Königspalastes befand." Der anschließende Vers 18, 16 scheint eine nachträgliche Präzisierung zu sein.

Mit 18, 17 – 19, 37 folgt ein Komplex, der wieder eine narrative Struktur hat, mit einer Reihe von Dialogen, die dramatische Akzente setzen. Der Leser erfährt, wie der assyrische König einen seiner hohen Beamten, den Rabschake[39], mit einem Heereskontingent von Lachisch aus nach Jerusalem schickt (18, 17 f). Dort kommt es an der Stadtmauer

---

37 Neuere Analysen der Kapitel 18-20 des 2. Königsbuchs und der Kapitel 36-39 des Jesajabuchs bei B. S. Childs, Isaiah and the Assyrian Crisis, London 1967; R. Deutsch, Die Hiskiaerzählungen. Eine formgeschichtliche Untersuchung der Texte Js 36-39 und 2R 18-20, Diss. Basel 1969; O. Kaiser, Der Prophet Jesaja. Kapitel 13-39 (ATD 18), Göttingen 1973, 291 ff; R. E. Clements, Isaiah and the Deliverance of Jerusalem. A Study of Interpretation of Prophecy in the Old Testament (JSOT Suppl. Series 13), Sheffield 1980; Hutter (s. Anm. 7), 7 ff; M. Rehm, Das zweite Buch der Könige. Ein Kommentar, Würzburg 1982, 177 ff; H. Wildberger, Jesaja. 3. Teilband Jesaja 28-39 (BK X/3), Neukirchen-Vluyn 1982, 1369 ff; E. Würthwein, Das Buch der Könige. 1. Kön. 17 – 2. Kön. 25 (ATD 11, 2), Göttingen 1984, 404 ff; G. Hentschel, 2 Könige (Die Neue Echter Bibel), Würzburg 1985, 84 ff.

38 Sehr wahrscheinlich mit dem *tell ed-duwēr* in der Schefela, dem Hügelland zwischen Küstenebene und judäischem Gebirge, zu identifizieren, dazu O. Keel/M. Küchler, Orte und Landschaften der Bibel II, Göttingen 1982, 881 f.

39 Der Rabschake (akk. *rāb šaqē* „Obermundschenk", s. W. v. Soden, Akkadisches Handwörterbuch [= AHw] III, Wiesbaden 1981, 1182) repräsentierte zunächst ein genuines Hofamt, das wie andere Hofämter in neuassyrischer Zeit militärische Funktionen erhielt, s. H. Schmökel in: Ders. (Hg.), Kulturgeschichte des Alten Orient, Stuttgart 1961, 110 f. Die beiden anderen in 2Kön 18, 17 genannten Amtsträger fehlen in Jes 36, 2; zu ihrer sekundären Eintragung in den Text des Königsbuchs s. Würthwein (s. Anm. 37), 415 Anm. 1.

zu einem Gespräch mit Abgesandten Hiskias, denen er eine Botschaft Sanheribs überbringt, durch viele (rhetorische) Fragen ausgedrückt, die das Vertrauen des judäischen Königs zu diskreditieren versuchen. Ägypten und der israelitische Gott werden in einem Atemzug als Helfer in der Not abqualifiziert; für den Angriff auf Juda beruft sich der Assyrer sogar auf den israelitischen Gott, der den Auftrag dazu gegeben habe (18, 19-25).

Die Rede zeigt Wirkung, denn augenblicklich bitten die Abgesandten Hiskias, der Rabschake möge aramäisch sprechen, nicht judäisch, damit das Volk auf der Mauer vor Argumenten dieser Art verschont bleibt (18, 26). Für den assyrischen Gesandten ist das ein Signal. Er spricht jetzt gezielt die Leute an, um sie gegen die Politik Hiskias aufzubringen, und kritisiert ihr irrationales Vertrauen in ihren König und in ihren Gott. Die Begründung ist sehr geschickt. Er fragt nämlich, ob jemals die Götter anderer Völker ihr Land aus der Gewalt des Königs von Assyrien hätten reißen können. Das Volk schweigt. Die Abgesandten Hiskias kehren mit zerrissenen Kleidern als Zeichen der Trauer zu Hiskia zurück (18, 27-37). Der eilt, nachdem ihn seine Botschafter informiert haben, im Trauergewand zum Tempel, während er seine Beauftragten zum Propheten Jesaja schickt, in der Hoffnung, daß sein Gott, der durch die Rede des Rabschake verhöhnt wurde, die Assyrer zur Rechenschaft ziehen werde (19, 1-4). Jesaja antwortet mit einem Wort Gottes. Dem assyrischen König werde eine $rū^a\d{h}$, ein Geist/Wind eingegeben, er werde eine Nachricht[40] hören, die ihn in sein Land zurückkehren lasse, wo er durch das Schwert fallen werde (19, 5-7). Gerade erst aufgetreten, ist mit dieser kurzen Ankündigung die Aufgabe Jesajas wieder beendet.

Der Text kehrt anschließend wieder zum Rabschake zurück, der von Jerusalem abzieht und den assyrischen König beim Kampf gegen die einige Kilometer nördlich von Lachisch gelegene Stadt Libna[41] antrifft (19, 8). Sanherib hört, daß der äthiopische König Thirhaka gegen ihn anrücke, und er schickt nochmals Boten zu Hiskia (19, 9). Der Inhalt ihrer Botschaft entspricht dem Auftrag des Rabschake (19, 10-13). Wieder geht Hiskia in den Tempel (19, 14), diesmal wird sein Gebet – eine Bitte um Rettung vor den Assyrern – mitgeteilt (19, 15-19). Erneut tritt Jesaja auf (19, 20), unaufgefordert, und kündigt in einem poetisch stilisierten Text den Abzug der Assyrer an (19, 21-28). Schließlich betont nach einer in Prosa verfaßten Verheißung (19, 29-31) eine wiederum

---

40   In 19, 7 steht *š^emū^cāh*, ein Nomen, das wie ein passives Partizip von der Wurzel *šm^c* gebildet ist, es meint (wertungsneutral) das „Gehörte", nicht das „Gerücht", wie häufig (z. B. Würthwein [s. Anm. 37], 418) übersetzt wird.

41   *tell bornāṭ*, s. Keel/Küchler (s. Anm. 38), 880.

poetisch stilisierte Erwartung, daß es gar nicht erst zur Belagerung komme (19, 32-34). Unmittelbar danach wird die Erfüllung der Verheißung erzählt: „Und es geschah in jener Nacht, da zog der Engel Jahwes aus und schlug im Lager der Assyrer 185000 Mann. Und als man am Morgen aufstand, da waren sie alle tot." (19, 35)

Das Thema um Sanherib und Hiskia ist damit abgeschlossen. In 20, 1 steht mit der Wendung „in jenen Tagen" eine neue Einleitung, die ein anderes Thema einführt: eine lebensbedrohende Krankheit Hiskias und seine Genesung, an der der Prophet Jesaja mit Rat und Tat beteiligt ist (20, 1-11).

Noch einmal setzt der Text mit der Formulierung „zu jener Zeit" in 20, 12 neu ein. 20, 12-19 erzählt, wie der babylonische König Merodach-Baladan einen Krankenbesuch bei Hiskia machen läßt, Anlaß für die prophetische Ankündigung, daß dereinst Schätze und Angehörige des Königshauses nach Babylon deportiert werden.

Die Schlußnotiz 20, 20 f bietet dem interessierten Leser einen Literaturhinweis und schließt mit einer Todesnotiz und der Nennung des Nachfolgers Hiskias.

IV.

In der folgenden Analyse kann weitgehend das Kapitel 20 unberücksichtigt bleiben, weil das politische Geschehen in Juda und Jerusalem, auch im Vergleich mit den Feldzugsberichten, im Vordergrund stehen soll.

Der Verlauf der Ereignisse, wie ihn die Kapitel 18 und 19 schildern, ist höchst unwahrscheinlich: Hiskia bittet Sanherib, als der schon einige judäische Städte erobert hat, wieder abzuziehen. Er läßt sich auf die Geldforderungen des Assyrers ein, der dann aber trotzdem einen Abgesandten nach Jerusalem schickt, offenbar mit dem Auftrag, die Stadt zur Kapitulation zu bewegen. Vergebens, denn Jerusalem erwartet, durch eine „Nachricht" initiiert, den von Jesaja angekündigten Rückzug der Assyrer. Inzwischen ist Sanherib von Lachisch, wo er die Tributforderungen gestellt hat, nach Libna weitergezogen, hört die Nachricht, der äthiopische König Thirhaka rücke gegen ihn heran, und schickt daraufhin schnell noch einmal Boten – nicht mehr den Rabschake – vermutlich mit einer Kapitulationsforderung nach Jerusalem. Wieder ohne Erfolg, denn Jesaja verheißt ein zweites Mal den Abzug des Assyrers, den Sanherib auch antritt, nachdem der Engel Jahwes 185000 Mann geschlagen hat. Kein Wort mehr zu Thirhaka.

Es ist längst erkannt, daß die biblische Erzählung über die Gesandtschaften Sanheribs aus parallelen Erzählungen zusammengesetzt ist, die sich auf dieselbe Geschichtssituation beziehen. Wie immer man literarkritische Grenzlinien im einzelnen zieht[42] und sukzessive Texteingriffe beurteilt, historische Probleme bleiben.

Lassen sich die ägyptischen und äthiopischen Verbände in Sanheribs Feldzugsbericht mit dem äthiopischen König Thirhaka in Verbindung bringen? Der biblischen Berichterstattung wird durchweg ein Anachronismus vorgehalten, denn Thirhaka könne 701 erst im knabenhaften Alter gestanden haben. Aber diese Meinung beruht auf einer fehlerhaften Auswertung ägyptischer Texte[43]. 702 oder 701 muß der Äthiope Schebitku (Schabataka) zur Herrschaft gekommen sein, Hilfsgesuche aus dem philistäisch-judäischen Raum angenommen, seine Brüder – unter ihnen Thirhaka, der 20 oder 21 Jahre alt war – mit ägyptischen und äthiopischen Kontingenten betraut und ins Philisterland geschickt haben. So wäre nur der Königstitel Thirhakas ein Vorgriff, der sich ungezwungen aus der Erinnerung an den „König" Thirhaka, den Nachfolger Schebitkus, erklärt, denn der biblische Bericht ist nicht gleich nach den Ereignissen des Jahres 701 verfaßt worden.

Damit entfällt die immer wieder vertretene Hypothese eines nirgends bezeugten nochmaligen Feldzugs Sanheribs nach Syrien-Palästina zur Zeit der Regentschaft Thirhakas, also irgendwann nach 690, eine Annahme, die Widersprüche und Doppelungen der biblischen Erzählung über die Gesandtschaften aufzulösen versucht[44].

In diesem Punkt berichtet also die biblische Erzählung zuverlässig. Gibt es weitere verwertbare Reminiszenzen? Durchweg wird für die Kapitel 18. 19 ein historisches Gefälle behauptet. Als bester Informant gilt der kleine, im parallelen Jesajatext fehlende Abschnitt über die Tributlieferung Hiskias in 18, 13-15 (16), weil er als Auszug aus einer offiziellen Quelle des Königshofes verstanden wird[45]. Nur quasi-

---

42 Am verbreitetsten ist die Trennung in 2Kön 18, 17-19, 9a. 36 f (erste Erzählung) einerseits und 2Kön 19, 9b-35 (zweite Erzählung) andererseits, s. etwa Childs (s. Anm. 37), 73 ff. Zu einer anderen Abtrennung und zu weiteren Unebenheiten der Texte s. Hutter (s. Anm. 7), 11 ff; zum Versuch, in der ersten Erzählung zwei Traditionen anzusetzen, s. Würthwein (s. Anm. 37), 418 ff.

43 Es handelt sich um die sog. Kawa-Stele des Thirhaka IV, 7-13; V, 15 (publiziert von M. F. L. Macadam, Temples of Kawa, 2 Bde, London 1949). Dazu und zum folgenden K. A. Kitchen, The Third Intermediate Period in Egypt (1100-650 B.C.), Warminster 1973, 383 ff. 158 ff; Ders., Egypt, the Levant and Assyria in 701 B.C. (in: Fontes atque Pontes. FS H. Brunner, hg. v. M. Görg [ÄAT 5], Wiesbaden 1983, 243-253), 247-252; A. F. Rainey, Taharqa and Syntax (Tel Aviv 3, 1976, 38-41).

44 Zum Problem s. Hutter (s. Anm. 7), 99 ff.

45 Mit judäischen Annalen rechnen: A. Jepsen, Die Quellen des Königsbuches, Halle

historischer Rang wird der Erzählung über den Rabschake zugestanden, in der die von Gott über die *rūaḥ* delegierte Nachricht Sanherib zum Abzug bewegt[46]. Ins Unhistorische abgedrängt wird die zweite Erzählung, die den Hinweis auf den Engel Jahwes mit seinem vernichtenden Schlag enthält[47].

Diese Abstufung trifft aber kaum das Richtige. Der Text 18, 13 ff besticht durch seine präzisen Zahlen. Zweifel, daß ein offizieller zeitgenössischer Quellenauszug vorliegt, weckt nicht der Widerspruch zum assyrischen Feldzugsbericht – dort 800 Talente Silber, hier 300 – Sanherib könnte ja übertrieben haben, Zweifel weckt vielmehr in 18, 14 die „unausgeglichene" Terminologie[48] in Verbindung mit dem, was Hiskia dann wirklich abgibt. 18, 15 sagt, Hiskia „gab alles Silber" aus dem Tempel und Palastschatz ab, nicht mehr und nicht weniger. Damit wird aber ein Verhalten auf den Begriff gebracht, das an weiteren Stellen des deuteronomistischen Geschichtswerks in fast wörtlicher Übereinstimmung die erkaufte Rettung Jerusalems durch judäische Könige (Asa, Joas, Ahas), sachlich sicher richtig, ohne präzise Zahlen stereotyp beschreibt[49].

Auch der übrige Wortlaut ist kein Kanzleistil. So scheint 18, 14 das Bekenntnis Hiskias in einem Sinnspiel zum Ausdruck bringen zu wollen: „Ich habe gesündigt (*ḥṭ`*), kehre um (*šūb*)". Die Subjekte sind zwar verschieden, dennoch: Nach deuteronomistischem Verständnis setzt

---

1956², 54; J. GRAY, 1 & 2 Kings. A Commentary, London 1977³, 672; M. Noth, Geschichte Israels, Göttingen 1981⁹, 243; Hutter (s. Anm. 7), 10. Mit Königshof oder Tempelarchiv als Produzent der Quelle rechnet W. Rudolph, Sanherib in Palästina (PJ 25, 1929, 59-80), 69. Zurückhaltender Würthwein (s. Anm. 37), 405: „annalenhaft"; Rehm (s. Anm. 37), 183: „Auszug aus einer Quelle, die in annalistischer Weise über das Geschehen berichtet".

46   2Kön 18, 17 – 19, 9a. 36 f. S. Childs (s. Anm. 37), 76 ff; Clements (s. Anm. 37), 54 ff; Rehm (s. Anm. 37), 184.

47   2Kön 19, 9b-36 muß sich das Verdikt des Legendarischen gefallen lassen, s. Childs, 94 ff; Clements, 56 ff; Rehm, 184 f. Eine andere Spielart der historischen Abstufung bei Würthwein (s. Anm. 37), 405, der von einer Zusammenstellung des annalenhaften Abschnittes 18, 13-16 mit legendären Erzählungen (18, 17 ff) ausgeht.

48   Daß im Hebräischen Aufforderung und Ausführung mit zwei verschiedenen Verben beschrieben wird (18, 14 „auferlegen": *ntn ᶜl* und *śīm ᶜl*) ist ungewöhnlich (zur semantischen Verträglichkeit einer Textebene s. W. Schneider, Grammatik des Biblischen Hebräisch, München 1976², § 52). 18, 14b könnte in der Tat aus einer Quelle entnommen sein, aus der dann auch in 18, 14a die Wendungen „König von Juda" und „König von Assyrien" übernommen wären.

49   1Kön 15, 17-22 (Silber und Gold); 2Kön 12, 18 f (Gold); 16, 5.7-9 (Silber und Gold); vgl. die konkreten Summen in 2Kön 15, 19 f; 23, 31 ff.

Rettung Eingeständnis der Schuld und auch Umkehr voraus, eine theologische Dimension des politischen Verhaltens ist unverkennbar[50].

Für die folgende Textgruppe 18, 17 ff, die von der assyrischen Gesandtschaft erzählt, existiert aus der Zeit Tiglatpilesers III., und zwar aus dem Jahre 731 v. Chr., eine anschauliche Parallele. Es handelt sich um einen Brief, nach dem assyrische Unterhändler mit verschiedenen Leuten Babylons verhandeln wollen, um sie gegen einen Usurpator aufzuwiegeln[51]. Die Assyrer waren von ihren Garnisonen aus, die in den unterworfenen Ländern errichtet wurden, durch Agenten über die politischen und militärischen Entwicklungen in den Residenzen der Vasallenstaaten gut informiert[52]. Der assyrische Gesandte vor Jerusalem konnte also durchaus über die politische Meinung in der Stadt im Bilde sein, wenn er die Bevölkerung Jerusalems gegen die Politik Hiskias aufbrachte. Und wenn er bei seiner Argumentation so nachdrücklich die religiös begründeten Voraussetzungen des politisch-militärischen Geschehens herausstellt, dann gibt er sich zutreffend als Repräsentant der Zeit von Tiglatpileser III. bis Sanherib zu erkennen, in der das Selbstverständnis und das Selbstbewußtsein des assyrischen Königs aus einer ungebrochen engen Bindung an die Gottheit(en) heraus sich entwickeln und für kriegsideologische Zwecke dienstbar gemacht werden konnten[53]. Konkret äußerte sich das in religionspolitischen Maßnahmen und Beurteilungen assyrischer Könige im Zusammenhang ihrer Feldzüge. Sanherib berichtet vom Palästinafeldzug 701, daß er aus Askalon neben der Königsfamilie auch die Götter(bilder) deportierte[54] (Chicago-Prisma II, 60-64), ein sinnenfälliges Zeichen

---

50   Zu den deuteronomistischen Topoi „Einkehr" und „Umkehr" s. G. v. Rad, Theologie des Alten Testaments I, München 1982⁸, 346 ff. Bei dem Verbum *ḥṭ'* ist im vorliegenden Zusammenhang die theologische Konnotation mit der profanrechtlichen Bedeutung verbunden (dazu R. Knierim, Hauptbegriffe für Sünde im Alten Testament, Gütersloh 1965, 64 f; Ders. in: THAT I, 1971, 545 f), so auch bei akk. *ḫaṭû* II, s. AHw I, 1965, 337 f. – Daß hier gerade *šûb* steht, wird mit den theologischen Implikationen des Verbums zusammenhängen, andernfalls hätte der Autor *srr, pnh, sûg* (Nif.) oder *hpk* verwenden können.

51   Der Brief (N.D.2632) wurde von H. W. F. Saggs in Iraq 17, 1955, 23-26 publiziert und bearbeitet. Eine deutsche Übersetzung der verständlichen Teile des Briefes bei v. Soden (s. Anm. 35), 47.

52   S. H. Spieckermann, Juda unter Assur in der Sargonidenzeit (FRLANT 129), Göttingen 1982, 307 ff mit Belegen. Man muß nicht annehmen, der Rabschake sei ein Judäer bzw. Israelit gewesen, so R. Zadok, Or. 51, 1982, 392.

53   Dazu Spieckermann (s. Anm. 52), 229 ff.

54   Belege bei M. Cogan, Imperialism and Religion: Assyria, Judah and Israel in the Eighth and Seventh Centuries B.C.E. (SBLMS 19), Missoula, Mont. 1974, 22 ff. Zweimal begründet Sanherib seinen Kriegserfolg ausdrücklich damit, daß die fremden Gottheiten seine Gegner verlassen hätten, s. Cogan, 11.

dafür, daß sich die Gottheiten buchstäblich von ihren Verehrern distanzierten bzw. distanziert hatten. Da der zur Zeit Hiskias bildlose[55] israelitische Gott gegen eine materielle Aneignung geschützt ist, kann der Rabschake ausschließlich damit argumentieren, daß der israelitische Gott sein Volk preisgegeben habe. Er fragt: „Nun, sind wir etwa ohne den Willen Jahwes gegen diesen Ort heraufgezogen, ihn zu vernichten?" Die Antwort gibt er selbst: „Jahwe hat zu uns gesagt: ‚Ziehe hinauf gegen dieses Land und vernichte es'." (18, 25) Jahwe, der Gott Israels, hat also die Assyrer gerufen. Selbst wenn man Jes 5, 26-29; 7, 18-20; 8, 7; 10, 5 f – Jahwe benutzt ein fremdes Volk als Instrument des Handelns gegen sein Volk – als Prototyp der Vorstellung von 18, 25 verstehen wollte, der gesamte Argumentationsduktus der Rede des Rabschake ist für die assyrische Propagandastrategie typisch. So wie Sanherib in 18, 25 behauptet Sargon II., er sei von dem babylonischen Gott Marduk gerufen worden, um Merodach-Baladan zu bestrafen[56]. Daß die Gottheit ihre Verehrer preisgegeben hat, meint auch 18, 33 ff. Der Rabschake fragt, wo denn die Götter von Sepharwaim, Hena und Iwa und wo die Götter von Samaria seien. Es bleibe dahingestellt, ob auch hier auf Götterbilddeportationen angespielt ist, jedenfalls ist die Vorstellung lebendig, die Götter hätten die von den Assyrern eroberten Städte, die keineswegs nur als fiktives Beispiel genannt werden[57], verlassen.

Situation und Inhalt der Rabschake-Erzählung erklären sich am besten, wenn sie nicht lange nach den betreffenden Ereignissen konzipiert ist[58]. Ihr literarischer Aufbau folgt rhetorisch-dramatischen Gesetzen: In 18, 20 ff, dem ersten Redegang, stehen Ägypten und Jahwe als Helfer in der Not im Vordergrund, Leitwort ist „vertrauen" (*bṭḥ* 5mal), Höhepunkt, mit der Gliederungspartikel *ʿattāh* eingeleitet, ist 18, 25. Der folgende Dialog 18, 26 f wirkt retardierend. Mit 18, 28 setzt der

---

55 Spätestens seit Hosea muß man mit einer Bildlosigkeit Gottes rechnen, die sich im Verbot von Ex 20, 4 verdichtet hat, das die Herstellung einer Götterstatue untersagt; s. F. Crüsemann, Bewahrung der Freiheit. Das Thema des Dekalogs in sozialgeschichtlicher Perspektive, München 1983, 47.

56 Text bei A. G. Lie, The Inscriptions of Sargon II, King of Assyria, Part I: The Annals, Paris 1929, Z. 267-273.

57 Eine Aufzählung von Eroberungen, unter denen auch Hamath, Arpad und Samaria erwähnt werden, in Jes 10, 9. Arpad *(tell refād)*, nördlich von Aleppo, wurde 740 von Tiglatpileser erobert, Hamath *(ḥama)*, am Orontes gelegen, 738, Samaria, die Hauptstadt des Nordreichs Israel, 722 von Salmanassar oder Sargon II.; s. zur Jes-Stelle H. Wildberger, Jesaja (BK X/1), Neukirchen-Vluyn 1972, 397 f.

58 So auch H. Wildberger, Die Rede des Rabsake vor Jerusalem (1979; in: Ders., Jahwe und sein Volk. Ges.Aufs. zum AT [TB 66], hg. v. H. H. Schmid/O. H. Steck, München 1979, 285-297).

zweite Redegang ein, im Mittelpunkt stehen Hiskia und Jahwe als Retter in der Not, Leitwort ist „retten" (*nṣl* 9mal), Höhepunkt sind die Verse 18, 33-35, die die Machtlosigkeit der fremden Götter nachdrücklich betonen und die Betroffenheit der Zuhörer zu erkennen geben (18, 36).

Daß kein Protokoll der Rede vorliegt, versteht sich schon von diesem Aufbau her von selbst; „daß die ganze Geschichte in ihrer vorliegenden Gestalt das Ergebnis theologischer Reflexion ist"[59], ist ebenso sicher; daß man aber die Rede auf die Sektionen Geschichte und Theologie verteilen könnte, also doch eine Art Protokoll herausdestilliert[60], ist nicht zuletzt angesichts des unteilbaren Ganzen der historisch-theologisch begründeten assyrischen Propaganda wie auch des Bekenntnisses Hiskias unmöglich. Eine theologisch fixierbare Gruppe als Träger der Rabschake-Erzählung läßt sich ohnehin nicht nachweisen[61].

Gegenüber der ersten hat die zweite Erzählung über die assyrischen Unterhändler (19, 9 b ff) ein weniger scharfes Profil. Der Auftritt der Boten wird anders als in 18, 17 nicht lokalisiert, die sog. Botenformel („so spricht NN") von 18, 19, die jetzt einen originalen Platz hätte, fehlt, Ägypten wird nicht erwähnt, wie überhaupt die verschiedenen Möglichkeiten der Rettung, die die erste Erzählung nannte (Ägypten, Jahwe, Hiskia), auf die Rettung durch Jahwe reduziert werden. Durchaus vergleichbar ist die Argumentation, die das Thema der Preisgabe durch die Gottheit(en) mit einer historischen Analogie aktualisiert. Dieses Thema wird hier, losgelöst von der assyrischen Gesandtschaft, mit einer polemischen Akzentverschiebung traktiert. Hatte Hiskia in der ersten Erzählung seine Diener zu Jesaja geschickt, um ihm mitteilen zu lassen, der Assyrer verhöhne den lebendigen Gott (19, 4), so bringt der judäische König diesen Vorwurf nun selber im Gebet vor (19, 16) und wehrt dabei das Argument des Assyrers ab. Die assyrischen Erfolge erklärt er damit, daß die anderen Völker nur selbst hergestellte, aus Holz und Stein bestehende Götter besäßen, die die Assyrer durch Feuer

---

59   Kaiser (s. Anm. 37), 302.
60   Kaiser (s. Anm. 37), 302 f.
61   Das Siglum „deuteronomistisch" (so vor allem Childs [s. Anm.37], 76 ff, vgl. Clements [s. Anm. 37], 52 ff. 90 ff: königliche Zionstheologie zur Zeit Josias) ist unangemessen, es ist offenbar vom „Sitz in der Literatur" (deuteronomistisches Geschichtswerk) beeinflußt. Das Verbum *nṣl* mit göttlichem und menschlichem Subjekt ist über das ganze Alte Testament verstreut (s. die Theol. Wörterbücher), das Thema *bṭḥ* ist weder ein zentral jesajanisches (s. allenfalls Jes 26, 4; 30, 15; vgl. 31, 1) noch ein deuteronomistisches Anliegen. Den ganzen Block 18, 17 – 19, 37 als Elaborat von Jes 10, 5-15 zu verstehen (Clements, 61), verkennt die unterschiedlichen Akzentsetzungen der beiden zusammengefügten Erzählungen und das Proprium des Jes-Textes (vgl. die Kommentare z. St.).

vernichten konnten (19, 18). Das ist zwar kein gängiges Verfahren der Assyrer gewesen, die die Deportation eines Götterbildes vorgezogen haben, aber auch die Zerstörung von Götterbildern wird hin und wieder in den Königsinschriften mitgeteilt[62]. Dennoch wird man hier nicht mit einer historischen Erinnerung rechnen wollen. Naheliegender sind Vorstellungen des Alten Testaments, das an mehreren Stellen erzählt, wie illegitime Götterbilder des Jahwekults verbrannt wurden[63]. Dennoch: Die Rückbindung des Verfahrens an assyrische Praktiken im Rahmen der Preisgabe der Besiegten durch ihre Götter ist bemerkenswert.

Aufschlußreich für die Entstehungszeit der zweiten Erzählung ist die Polemik, die so vehement die tote Materie des Götterbildes dem lebendigen Gott entgegenstellt. Das ist ein Thema, über das erst in spätvorexilischer Zeit häufiger nachgedacht wird[64], wie auch erst mit dem exilischen Deuterojesaja (Jes 40-55) das monotheistische Bekenntnis von 19, 10 zeitlich annähernd fixiert werden kann.

Die von Jesaja überbrachte göttliche Antwort in 19, 20-34 ist nicht einheitlich. 19, 20 wird in 19, 32-34 fortgeführt. Von dem Prosaeinsatz 19, 29-31 einmal abgesehen, ist das in gehobener Sprache abgefaßte, an Sanherib gerichtete Wort 19, 21-28, das sich mit seinen Formulierungen an die Endgestalt des Protojesajabuches anlehnt, also recht spät sein dürfte[65], ein schönes Beispiel dafür, wie auch noch in späterer Zeit das zeitgeschichtliche Kolorit erhalten blieb. Das betrifft vor allem das hybride Selbstverständnis der assyrischen Regenten (19, 22 ff)[66] wie auch die Ankündigung, Sanherib werde mit Haken und Zaum in Nase und Lippen in sein Land zurückgebracht (19, 28), d. h. so, wie die Assyrer die Gefangenen, die mit Stricken abgeführt werden, darstellten[67].

---

62 Spieckermann (s. Anm. 52), 358 ff.

63 Neben anderen Praktiken in Ex 32, 20; Dtn 9, 21 (sog. Goldenes Kalb); 2Kön 23, 4 ff (Ascheren), s. dazu U. Rüterswörden, Beiträge zur Vernichtungssymbolik (BN 2, 1977, 16-22).

64 „Holz und Stein" in Jer 2, 27 (vgl. 2, 13); 3, 9; Hab 2, 19. Die betonte Versicherung, jene Götter seien nur Machwerke der Hände, ist ein deuteronomistischer Gedanke; so könnte auch Jes 2, 8 spät sein, s. O. Kaiser, Das Buch des Propheten Jesaja. Kapitel 1-12 (ATD 17), Göttingen 1981[5], 70 mit Belegen; schwankend Wildberger (s. Anm. 57), 100.

65 Wildberger (s. Anm. 37), 1428 f.

66 Darauf macht A. Šanda (Die Bücher der Könige. 2. Halbband. Das zweite Buch der Könige [Exeg. Handbuch zum AT 9], Münster 1912, 27 ff) aufmerksam.

67 Zu einer Darstellung, bei der Asarhaddon zwei Gefangene wegführt, s. H. Gressmann (Hg.), Altorientalische Bilder zum Alten Testament (= AOB[2]), Berlin 1927[2], Nr.144; J. B. Pritchard (Hg.), The Ancient Near East in Pictures Relating to the Old Testament (= ANEP[2]), London 1974[2], Nr. 447. Assurbanipal beschreibt einen entspre-

Auch dieser Text paßt sich hervorragend in die Situation der assyrischen Eroberungen ein. Es ist nicht der über realpolitische Möglichkeiten hinausgehende utopische Zugriff, der die Entstehung dieses Textes in der Zeit, die er voraussetzt, verdächtig macht, es sind die literatur- und traditionskritischen Folgerungen, die sich aus seiner Analyse im Kontext ergeben[68].

Nach 19, 29-31, vielleicht ein versprengtes Heilswort aus der Zeit der assyrischen Okkupation Judas[69], wird in 19, 32-34 noch einmal der Mißerfolg Sanheribs angekündigt, jetzt zurückhaltender als in 19, 28. Der Assyrer werde sich nicht der Stadt bemächtigen, ja, er werde nicht einmal gegen sie anrücken. Sanherib hat Jerusalem nicht erobert, aber spricht nicht der Feldzugsbericht von einer Belagerung der Stadt? Der Bericht auf dem Chicago-Prisma (III, 21-23) zählt nur im Zusammenhang der Städte Judas Belagerungstechniken auf[70], nicht im Falle Jerusalems (III, 27-30). Sanherib will zwar Hiskia „wie einen Käfigvogel" in Jerusalem eingeschlossen haben (III, 27 f), zu einer regelrechten Belagerung ist es aber offenbar gar nicht gekommen. Die einzige konkrete Maßnahme, die in III, 29 berichtet wird, ist nicht eindeutig: Sanherib habe Befestigungen angelegt[71]. Hier könnten vorbereitende Aktionen gemeint sein, etwa die Errichtung eines befestigten Lagers[72].

Was die Belagerungstechnik angeht, teilt 19, 32 nur ein einziges Detail mit. Es wird angekündigt, daß Sanherib nicht *gegen* (*ᶜal*) die Stadt eine *sōlᵉlāh* aufschütten *(špk)* werde. Durchweg wird übersetzt: einen (Belagerungs)wall aufschütten. Zu Unrecht. Es gibt im Hebräischen ein Wort für den „Wall", nämlich *dīq*, von dem 2Kön 25, 1 = Jer 52, 4 sagt,

---

chenden Vorgang in seinen Annalen, s. M. Streck, Assurbanipal und die letzten assyrischen Könige bis zum Untergange Ninive's (VAB VII/2), Leipzig 1916 Nachdr.1975, 80 f (Rm IX, 102-111).

68 S. Wildberger (s. Anm. 37), 1420 f. 1428 ff.

69 Daß 19, 29-31 wegen des Restgedankens die exilisch-nachexilische Zeit spiegelt (so etwa Wildberger [s. Anm. 37], 1434 f; Würthwein [s. Anm. 37], 431 f), ist nicht einzusehen, s. im einzelnen K. Koch, Die Profeten I. Assyrische Zeit, Stuttgart u.a. 1978, 80 f (zum Restgedanken im Amosbuch) und vor allem 155 f.

70 Dazu T. Madhloum, Assyrian Siege-Engines (Sumer 21, 1965, 9-15); E. Salonen, Die Waffen der Alten Mesopotamier (Studia Orientalia 23, 1965, 25-38); Y. Yadin, The Art of Warfare in Biblical Lands in the Light of Archaeological Discoveries, London 1963, passim; K. Galling (Hg.), Biblisches Reallexikon (= BRL²), Tübingen 1977², 37-42.

71 Zu *ḫalṣu* mit dem Verbum *rakāsu* im Dopplungsstamm s. AHw I, 313 f; II, 1972, 947. Die Übersetzung „Schanzen warf ich gegen ihn auf" (so z. B. TUAT I/4, 389) ist irreführend.

72 Das Nomen *ḫalṣu*, das das Determinativ für „Stadt" trägt, meint zunächst einmal die Festung, hier etwa das befestigte Lager, das D. Ussishkin (The „Camp of the Assyrians" in Jerusalem [IEJ 29, 1979, 137-142]) auf dem Nordwesthügel Jerusalems sucht.

Nebukadnezar habe ihn *um* Jerusalem *herum* angelegt[73]. Mit dem Nomen *sōlᵉlāh* wird eher eine (Belagerungs)rampe gemeint sein, die *gegen* die Stadt hin errichtet wurde[74], wie sie interessanterweise Sanherib für die Eroberung der Städte Judas nennt[75]. Kurzum: Wieder ist der situative Kontext von 701 hervorragend getroffen, erstaunlich genug für einen Text, der vielleicht erst ein Jahrhundert später entstanden ist.

Soviel historisch zuverlässige Indizien auch in beiden Erzählungen mitgeteilt sind, gleichsam im entscheidenden Augenblick, wenn es zu erklären gilt, warum denn Sanherib abgezogen ist, geben sie eine Auskunft, die den Historiker enttäuschen kann.

Nach der ersten Erzählung, in 19, 7, will Jahwe dem assyrischen König eine *rūᵃḥ* eingeben, die ihn eine Nachricht hören lassen soll. Eine Nachricht als Grund des Abzugs ist plausibel, aber warum wird sie nicht immanent vermittelt, und wenn schon von Jahwe initiiert, warum wird sie dann mittelbar gesteuert? *rūᵃḥ* wird an einigen Stellen des Alten Testaments als eine Kraft verstanden, die von außen in den Menschen dringt und psychisch-pathologische Erscheinungen[76], aber auch konkrete Auswirkungen im Rahmen politischen Geschehens[77] hervorrufen kann. Das berührt sich mit der antiken Vorstellung, nach der eigenmächtige Kräfte – als unpersönliche und personale Wesen verstanden –, die von der Gottheit abhängig sein können, auf den Menschen oder in ihn eindringen können, um ihm Schaden zuzufügen, der sich durchaus als Nutzen für einen anderen Menschen erweisen kann. „Dämon(en)" bzw. „Geist(er)" ist die Bezeichnung, die die Religionswissenschaft für dieses Phänomen benutzt[78].

---

73 Vgl. Ez 24, 2, wo auch der Kontext (*māṣōr*) auf eine Umschließung hindeutet; vgl. auch das akk. Nomen *dajjiqu*, das den Belagerungswall kennzeichnet (AHw I, 151). Ez 4, 2; 17, 17; 21, 27; 26, 8 sagen nichts zur Gestalt des *dīq*. Daß nicht beide Nomina einen Wall meinen, geht aus Ez 4, 2; 17, 17; 21, 27; 26, 8 hervor, denn dort stehen beide Nomina nebeneinander.

74 Vgl. 2Sam 20, 15.

75 III, 21; zu *arammu* s. AHw I, 64. Vgl. auch die Reliefdarstellung der Eroberung von Lachisch aus dem Palast des Sanherib in Ninive, AOB², Nr. 137 f. 141; ANEP², Nr. 371-374; zum archäologischen Nachweis auf dem *tell ed-duwēr* s. D. Ussishkin, Tel Aviv 5, 1978, (1-97) 67-76; zur militärischen Bedeutung s. I. Eph῾al, ebd. 11, 1984, 60-70.

76 Num 5, 14. 30; Hos 4, 12; 5, 4; 1Sam 16, 14 u. ö.; 18, 10; 19, 9.

77 Ri 9, 23; 1Sam 16 ff.

78 S. vor allem den Artikel „Geister (Dämonen)" in: RAC IX, 1976, 546 ff. Für den mesopotamischen Raum ist immer noch informativ: B. Meissner, Babylonien und Assyrien II, Heidelberg 1925, 198 ff; M. Jastrow, Die Religion Babyloniens und Assyriens I, Gießen 1905, 278 ff. Für Ägypten s. den Artikel „Dämonen" von H. te Velde in: LÄ I, 1975, 980-984 mit Lit.

Daß in 19, 7 Jahwes Wille nicht unmittelbar wirkt, sondern mediatisiert verwirklicht wird, mag damit zusammenhängen, daß durch die Dämonisierung der Ursache die Wirkung als Folge transzendenter und immanenter Faktoren, die durch die *rūᵃḥ* verknüpft sind, verstanden wird, im Grunde genommen der Versuch einer ganzheitlichen Deutung des Geschehens, im Rahmen der Konzeption der ersten Erzählung eine schlüssige Erklärung.

In der zweiten Erzählung wird der Abzug der Assyrer anders motiviert, der Unterschied ist aber nicht grundlegend. Nach 19, 35 zieht der Engel Jahwes aus und „schlägt" im Lager der Assyrer 185000 Mann. Wieder handelt Jahwe nicht direkt. Der Engel mag hier als sein „Handlungsbevollmächtigter"[79] verstanden werden, aber das erklärt noch nicht seinen Auftritt. An anderen Stellen des Alten Testaments hat er die Aufgabe, einen einzelnen Menschen oder eine Gruppe von Menschen zu schützen oder zu strafen[80]. Diese Ambivalenz kommt in 19, 35 zur Deckung: Was für die Assyrer zum Untergang führt, dient den Israeliten zum Überleben, das erinnert an den Einsatz der *rūᵃḥ*. Die Formulierung, die in 19, 35 benutzt wird, läßt eine Beziehung zu Ex 12, 23 erkennen, wo neben Jahwe ein „Vernichter" (*mašḥīt*) agiert, wenn die Ägypter „geschlagen" werden; an beiden Stellen steht das Verbum *ngp*. Der „Vernichter" ist eine Funktionsbezeichnung, wie sie für dämonische Gestalten im alten Orient typisch ist[81]. So könnte in 19, 35 eine theologisch sublimierte, den Dämonengedanken kompensierende Vorstellung ausgedrückt sein, die einen von Jahwe abhängigen personalen Machtträger kennt, der Unheil bzw. Heil schafft. Letztlich ist der Engel Jahwes das, was auf seiten der Assyrer die „Waffe Assurs" ist, die als militärisch-theologisches Agens[82] verstanden wird und auch auf dem 3. Feldzug Sanheribs agiert (Chicago-Prisma II, 45).

Was sich ereignet hat, wird nicht näher entfaltet, rationalhistorisierende Erläuterungen fehlen[83]. Der historische Analogieschluß,

---

79 D. N. Freedman/B. E. Willoughby in: ThWAT IV, 1984, 898. Zu den verschiedenen Verständnismöglichkeiten der Vorstellung vom Engel Jahwes s. R. Ficker in: THAT I, 906 f. Eine Anlehnung an Jes 31, 8a ist unwahrscheinlich, denn unter dem „Nicht-Menschen", der Assyrien mit dem Schwert schlägt, wird Jahwe verstanden (worden sein), s. Wildberger (s. Anm.37), 1245.

80 Dazu V. Hirth, Gottes Boten im Alten Testament (ThA 32), Leipzig 1975, 60 ff.

81 Zu den Funktionsbezeichnungen in der altorientalischen Umwelt s. die in Anm. 78 genannte Literatur. Im Zusammenhang der Volkszählung Davids streckt der Engel (Jahwes) seine Hand aus, um Jerusalem zu vernichten: *šḥt*, 2Sam 24, 16. 1Chr 21, 12, die Parallele zu 2Sam 24, 16, identifiziert den „Vernichter" von Ex 12, 23 mit dem Engel Jahwes.

82 Mehr dazu bei Cogan (s. Anm. 54), 53 f.

83 Es sei denn, man sieht in der phantastisch anmutenden Zahl der Gefallenen eine

eine Seuche, wie sie im altorientalischen Raum mehrere Male für das 8. Jahrhundert v. Chr. nachweisbar ist, habe das Heer hinweggerafft, ist zwar denkbar[84], trägt aber in die Erklärung ein rationales Element, das sie gerade vermeiden will. Für die historische Rekonstruktion legt sich ohnehin nahe, daß eine Seuche als wesentlicher Grund des assyrischen Rückzugs unwahrscheinlich ist, weil Sanherib schon 700, also nur ein Jahr später, mit einem großen Heer nach Babylon ziehen konnte, die Verluste vor Jerusalem also nicht erheblich sein konnten, wie die biblische Erzählung aber behauptet.

Der Abschnitt über Hiskias Krankheit und Genesung (20, 1-11), der in dieselbe Zeit versetzt wird („in jenen Tagen"), muß ursprünglich nichts mit der Assyrernot zu tun gehabt haben, das Datum von 18, 13 („im 14. Jahr des Königs Hiskia"), das problematisch ist, kann aus der Differenz der 29 Regierungsjahre Hiskias (18, 2) und der 15 Jahre, die ihm in 20, 6 noch gewährt werden, errechnet sein oder aber – und das scheint nicht unwahrscheinlich – es stellt den korrekten Zeitpunkt der Krankheit fest, der erst redaktionell vor den gesamten Erzählungsblock gestellt worden wäre[85]. Bei einer Regierungszeit Hiskias zwischen 728/27 und 699 v. Chr.[86] wäre die Krankheit vor dem Einfall der Assyrer anzusetzen, d. h. 713/12. Vielleicht etwas später, aber auch noch vor 701 wird die Gesandtschaft des Babyloniers Merodach-Baladan (20, 12-19) anzusetzen sein, die durch die redaktionelle Einordnung ebenso in die Zeit der assyrischen Eroberung („in jener Zeit" 20, 12) datiert wird. Merodach-Baladan hat 701 nicht mehr regiert. Er herrschte von 722 bis 710 und noch einmal im Jahre 703, in dem er aber nicht mehr eine wesentliche politische Kraft war[87]. Am wahrscheinlichsten ist eine babylonische Gesandtschaft, die um ein Bündnis mit Juda bemüht war[88], im zeitlichen Zusammenhang mit den Aufstandsbewegungen 713-711, die von der Philisterstadt Asdod ausgingen[89]. Daß jenes Textstück an das

---

richtige Information über die Heeresstärke in neuassyrischer Zeit; entsprechende Zahlen bei Schmöckel (s. Anm. 39), 122 f.

84 Aufgrund mehrerer Seuchen im 8. Jh. und einer (historisch falschen) Notiz bei Herodot (II, 141, dazu: W. Baumgartner, Herodots babylonische und assyrische Nachrichten [1950; in: Ders., Zum Alten Testament und seiner Umwelt. Ausgewählte Aufsätze, Leiden 1959, 282-331], 305 ff) vermutet das v. Soden (s. Anm. 35), 49 f. Zu älteren Deutungen s. B. Wiener, Biblisches Realwörterbuch I, Leipzig 1847, 498.

85 Vgl. A. Jepsen/R. Hanhart, Untersuchungen zur israelitisch-jüdischen Chronologie (BZAW 88), Berlin 1964, 29 ff und Hutter (s. Anm. 7), 10 f. 18 f.

86 Die chronologischen Probleme sind bei Hutter, 52 ff erläutert.

87 Zur historischen Situation der Gesandtschaft s. Hutter, 69 ff.

88 So ist der Hintergrund von 2Kön 20, 12-19 zu verstehen, s. schon Josephus, Ant. Iud. X, 2, 2.

89 Dazu Herrmann (s. Anm. 34), 315 f.

Ende des Erzählzyklus kam, wird durch die Erwartung des babylonischen Exils in 20, 17 f verständlich[90].

V.

Bevor aus dem Textbefund Folgerungen gezogen werden, sollen noch
weitere Informationen zum Geschehen im Jahr 701 berücksichtigt werden. Es ist immer aufgefallen, daß der Jesaja von 2Kön 18-20 bzw. Jes
36-39 nicht ohne weiteres mit dem von Jes 1-35 identifiziert werden
kann, hat *er* doch nach dem vorliegenden Jesajabuch Jerusalem vor 701
sowohl Heil als auch Unheil angekündigt. Ob und, wenn ja, wie diese
Spannung aufzulösen ist[91], sei dahingestellt. Jesaja hat jedenfalls die
entscheidenden Phasen des assyrischen Angriffs kommentiert: Er
nimmt in 1, 4-9 mit Erschütterung das verwüstete Land und die zerstörten Städte zur Kenntnis und hat in 22, 1-14 kein Verständnis dafür,
daß die Jerusalemer Bevölkerung in einen Freudentaumel ausbricht, als
Sanherib abzieht. In Jes 22 spricht er auch die prophylaktischen Baumaßnahmen Hiskias für den Fall einer Belagerung an (22, 9-11). Die
archäologischen Relikte, die sich ungewollt mitteilen, veranschaulichen
eine entsprechende Bautätigkeit.

Eine Stadt, die eine Belagerung überstehen wollte, mußte ihre
Trinkwasserversorgung sichern. Hiskia scheint auf diesem Felde aktiv
geworden zu sein. Am Ende des 8. Jahrhunderts ist in Jerusalem ein
eindrucksvoller, heute wieder begehbarer 512 m langer Tunnel durch
den Fels geschlagen worden. Er hatte die Aufgabe, das Wasser einer
außerhalb der Befestigungsanlagen liegenden Quelle durch einen unterirdischen Stollen in das Innere der Stadt zu leiten.

Zur gleichen Zeit muß die seit dem 18. vorchristlichen Jahrhundert
bestehende Ostmauer der Stadt durch neue Mauern ersetzt worden
sein, die sich nur noch stratigraphisch, nicht mehr in der Vertikale,
nachweisen lassen. Der starke Erosionsprozeß läßt darauf schließen,
daß sie in aller Eile hochgezogen wurden[92].

---

90 Vgl. P. R. Ackroyd, An Interpretation of the Babylonian Exile: A Study of 2 Kings 20,
Isaiah 38-39 (SJTh 27, 1974, 329-352).

91 Vgl. die Kommentare; Childs (s. Anm. 37), 20 ff; Clements (s. Anm. 37), 28 ff; M.
Dietrich, Jesaja und die Politik (BEvTh 74), München 1976, 100 ff, zur Exegese der betreffenden Stellen 133 ff.

92 Zusammenfassend behandelt die Baumaßnahmen Hiskias E. Otto, Jerusalem – die
Geschichte der Heiligen Stadt. Von den Anfängen bis zur Kreuzfahrerzeit, Stuttgart
u.a. 1980, 64 ff.

Hiskia muß sein Rebellionsvorhaben, durch den Herrscherwechsel in Assyrien im Jahr 705 angeregt, rasch abgesichert und durch außenpolitische Aktivitäten und möglicherweise auch kultpolitische Aktionen begleitet haben: Der Erzählungsrahmen deutet das an. Er bescheinigt Hiskia Erfolge bis nach Gaza hin (18, 8). Das klingt nicht sehr glaubwürdig, bis in das Gebiet von Thimna, Ekron und Gath aber scheint er seinen Einfluß ausgeweitet zu haben[93].

Ob Hiskia dabei über die konkrete Situation der anti-assyrischen Erhebung hinaus andere Ziele verfolgt hat, bleibt ungewiß. Denkbar wäre eine Erweiterung seines Territoriums nach Westen, ohne daß man gleich an den Plan einer Großreichbildung denken muß, wie sie David betrieben hat[94], mit dem Hiskia in 18, 3 verglichen wird.

Freilich ist die positive Beurteilung, die zum Vergleich mit dem Ahnherrn David führt, zunächst einmal auf Hiskias kultische Verdienste zu beziehen. Die Forschung spricht hier, oft genug bestritten[95], von der Kultreform des Hiskia. Zugegeben, ein einziger Vers (18, 4) ist eine äußerst schmale Textbasis, zumal die Terminologie stereotyp ist, aber trotzdem ist Vorsicht geboten, wenn kultische Maßnahmen Hiskias in Bausch und Bogen verworfen werden. Der archäologische Befund, der für die Zeit Hiskias in Beerscheba einen demontierten Hörneraltar vorweist und in Arad die Aufgabe des einzig bisher ausgegrabenen eisenzeitlichen Heiligtums in Israel zur Diskussion stellt[96], mahnt zur behutsamen Auswertung der literarischen Zeugnisse, auch wenn nicht sicher ist, daß jene Profanierungen einer Kultreform entsprungen sind.

Sollte Hiskia den Kult seiner Tage reformiert haben, dann könnte das eine antiassyrische Dimension beinhaltet haben, vorausgesetzt, die

---

93   Zur Lokalisation von Thimna s. Anm. 16, von Ekron s. Anm. 14. Gath ist wohl mit dem *tell eṣ-ṣāfi* gleichzusetzen, s. Keel/Küchler (s. Anm. 38), 836 f. In Gath und Thimna wurden Tonscherben von judäischen Vorratsgefäßen mit dem sog. *lmlk*-Stempel („für den König" o. ä.) gefunden, die in die Zeit Hiskias gehören, dazu Aharoni (s. Anm. 9), 404 ff. Hiskia hat möglicherweise die Schwächung der Philisterstädte, hervorgerufen durch die assyrischen Feldzüge von 734 und vor allem 712, für sich nutzen können, s. J. H. Hayes/J. M. Miller (Hg.), Israelite and Judaean History, London 1977, 444 ff. So wird auch die Notiz des Chicago-Prisma (II, 73 ff) verständlich, daß sich der König Padi von Ekron während des Aufstandes in Hiskias Gewahrsam befand.

94   S. Herrmann (s. Anm. 34), 185 ff; zu Davids Oberhoheit über die Philister 201 f.

95   Von den neueren Arbeiten: Spieckermann (s. Anm.52), 170 ff; Würthwein (s. Anm. 37), 411 f.

96   Den archäologischen Befund im Zusammenhang beider Ortslagen diskutiert D. Conrad, Einige archäologische Miszellen zur Kultgeschichte Judas in der Königszeit (in: Textgemäß. Aufsätze und Beiträge zur Hermeneutik des Alten Testaments. FS E. Würthwein, hg. v. A. H. J. Gunneweg/O. Kaiser, Göttingen 1979, 28-32).

Assyrer haben ihren Vasallen kultische Pflichten auferlegt, d. h. sie zur Übernahme assyrischer Kultgewohnheiten gezwungen[97].

Soviel ist sicher: Hiskias politischer Traum erwies sich als unrealistisch. Seine Pläne, sich von Assyrien zu befreien, hatten buchstäblich verheerende Folgen: Spuren der Zerstörung sind für jene Zeit in Jerusalem – erwartungsgemäß – nicht nachgewiesen, in erschreckender Deutlichkeit aber im Philisterland und im Lande Juda. Gewaltige Zerstörungen durch Feuer lassen etwa so bekannte Städte wie Beth-Schemesch, Beerscheba, Arad und vor allem Lachisch erkennen. Die Zerstörungen waren so gewaltig, daß Beerscheba und Beth-Schemesch in der folgenden Zeit nicht mehr besiedelt waren, während Lachisch nur noch in bescheidenerem Umfang neu erstand[98].

VI.

Es gilt, die bisherigen Ergebnisse zu ordnen und in einen größeren hermeneutischen Zusammenhang zu stellen.

Die Auswertung der literarischen Überlieferungen nach ihren unabsichtlichen Informationen ergibt folgendes: Sanheribs Palästinafeldzug war nicht rundweg erfolgreich. Selbst wenn man die Eroberungen in Syrien-Palästina nur als eine das Aufmarschgebiet sichernde Vorbereitung für einen geplanten Ägyptenfeldzug, der für das Jahr 701 nicht mehr durchführbar war, oder als Absicherung assyrischer Interessen gegen ägyptische Ansprüche versteht, hat Sanherib sein Ziel nicht erreicht, denn Hiskia, der von Sanherib nicht abgesetzt wurde, obwohl er einer der führenden Kräfte der Rebellion war, blieb für die Assyrer eine latente Gefahr konspirativer Bestrebungen im syrisch-palästinischen Raum.

Ebensowenig war für Hiskia der Aufstand gegen Sanherib erfolgreich. Sein Land war verwüstet, die Bevölkerung dezimiert[99], nur Jerusalem war übriggeblieben, am Vasallitätsverhältnis, das schon sein

---

97 Das ist von J. W. McKay (Religion in Judah under the Assyrians 732-609 B.C., London 1973) und Cogan (s. Anm. 54) bestritten, neuerdings aber von Spieckermann (s. Anm. 52), 307ff wieder befürwortet worden. In 18, 4 liegt kein direkter Hinweis auf assyrische Kultpraktiken vor. Allerdings könnte das durch die Nennung „programmatischer" Kulteinrichtungen (Kulthöhen, Mazzeben, Aschera wie in 1Kön 14, 23, vgl. 2Kön 17, 10, daneben aber der Nehuschtan, ein schlangengestaltiges Kultsymbol, ohne Analogie) überdeckt sein, die ggf. eher Symptom als Indiz sind.

98 Aharoni (s. Anm. 9), 403 nennt weitere Städte mit entsprechendem Ausgrabungsbefund.

99 Im Zusammenhang mit der Eroberung von Lachisch nennt Stohlmann (s. Anm. 31), 166 den Fund von 1500 Skeletten in einem Massengrab.

Vorgänger Ahas (2Kön 16, 7-9) einging, wird sich nichts geändert haben[100]. Man muß sich einmal die katastrophale Situation vor Augen halten, um Hiskias Verhalten zu verstehen, ohne dabei psychologisierende Argumente zu strapazieren: Hiskia erlebte, wie nach den phönizischen und philistäischen Städten seine Ortschaften, nicht zuletzt die befestigten Städte, eine nach der anderen in Schutt und Asche gelegt wurden. Konnte es da noch erstrebenswert sein, die Hauptstadt trotz erhöhter Verteidigungsanstrengungen in einer vielleicht langwierigen Belagerung zu halten? Andererseits: Sanheribs Heer ist bei der großen Zahl von Belagerungen und Eroberungen, die nicht im Handstreich zu machen waren, nicht ungeschont geblieben. Sich auf eine längere Belagerung einzulassen, könnte den Assyrer auch angesichts der Jahreszeit abgeschreckt haben[101], brachen doch die assyrischen Heere in der Regel im Frühjahr auf, um vor dem Winter mit seinen Regenmonaten wieder zurück zu sein[102]. Es spricht einiges dafür, daß ein Vergleich, wie er bei kriegerischen Auseinandersetzungen der Assyrer häufiger zu vermuten ist[103], Jerusalem vor Schlimmerem bewahrt hat. Die Verhandlungen zwischen der assyrischen und judäischen Gesandtschaft in 2Kön 18. 19 sind auf ihre Art ein Reflex entsprechender Verhandlungspraxis.

Die Frage ist: Warum wird dies alles nicht in den Texten ausgedrückt? Zwei Gründe sind zu nennen. Erstens: Die Erzähler von 2Kön 18-20 waren interessegeleitet, sie wollten nicht erzählen, „wie es eigentlich gewesen" (L. von Ranke), sondern: wozu es nicht gekommen ist. Wenn man das berücksichtigt, kann man keinen protokollarischen Report erwarten. Die Schreiber Sanheribs dagegen wollten erzählen, wozu es hätte kommen sollen, auch sie interessierte nicht, „wie es eigentlich gewesen" ist. Das Ergebnis beider Überlieferungen trifft sich darin, daß sie gewissermaßen beide „Prunkinschriften" sind. Zweitens: Die Erzähler des Keilschrifttextes und des biblischen Textes mißachten eine streng chronologische Ordnung, die die Voraussetzung für die richtige Verknüpfung historischer Zusammenhänge ist. Sie sind nicht an den Gedanken historischer Unumkehrbarkeit gebunden[104] und ver-

---

100 Das Chicago-Prisma III, 48 benutzt den Terminus *mandattu*, das ist der jährliche Tribut; zur Differenzierung s. Spieckermann (s. Anm. 52), 312.

101 Den 7. Feldzug (gegen Elam) brach Sanherib wegen der ungünstigen Witterungsverhältnisse ab (Chicago-Prisma V, 7-11).

102 Dazu H. Klengel, Art. „Krieg, Kriegsgefangene", in: Reallexikon der Assyriologie VI, 1980-83, 243.

103 Schmökel (s. Anm. 39), 12.

104 Das zeigen vor allem die Arbeiten von R. Koselleck: Geschichte, Geschichten und formale Zeitstrukturen (1973; in: Ders., Vergangene Zukunft. Zur Semantik ge-

knüpfen deshalb die sachlichen Handlungen oft assoziativ[105], in einer sprachlichen Handlung, die für die Erzählstruktur ein parataktisches Grundgerüst zur Verfügung stellt, das weitgehend auf untergeordnete und parallele Vorgänge verzichtet. Damit soll freilich nicht gesagt werden, daß die chronologische Anordnung von „untergeordneter" Bedeutung ist. So hat auch 2Kön 18, 13 – 19, 37 in der endgültigen Fassung einen zeitlich fixierten Anfang (18, 13), dem ein Ende korrespondiert (19, 36f).

Betrachtet man die Endgestalt von 2Kön 18-20 und nimmt dabei 18, 17 – 19, 37 einmal als Ganzes, ergibt sich eine Gegenläufigkeit der Entstehung gegenüber dem historischen Verlauf: Zunächst wird die Erzählung über die Gesandtschaft aus Babylon entstanden sein, dann die Erzählung über Hiskias Krankheit und Genesung, erst danach die Erzählungen über die assyrische Gesandtschaft und schließlich die deuteronomistische Notiz über die Tributablieferung Hiskias. Diese Gegenläufigkeit wird sozusagen neutralisiert, indem die zeitlichen Differenzen durch 20, 1 und 20, 12 nivelliert werden. Damit gibt die Endgestalt der Textverknüpfung eine Deutung des Geschehens, das einen einzigen zeitlichen Fixpunkt hat (18, 13), auf den sich wegen seiner (Be)deutung alles konzentriert. Wenn trotzdem eine historische Tiefe unverkennbar ist, dann hat das etwas mit dem Leser der Endgestalt[106] zu tun. Am Ende der Kapitelfolge 2Kön 18-20 kündigt Jesaja ein Exil in Babylon an, das für die Leser inzwischen Wirklichkeit geworden sein dürfte. Als Grund für das Exil nennt der sich an den frühen Text 20, 12 f anschließende Passus 20, 14-19[107] Hiskias falsches Vertrauen auf Reichtum und Macht. Hier äußert sich behutsam Kritik an Hiskia, insofern ist der letzte Textteil, von der Rahmenformulierung 20, 20 f abgesehen, auch so etwas wie eine Abrechnung mit der Vergangenheit. Hiskias Auflehnung gegen Assyrien hatte in der Tat ihren Preis. Der das behauptet, wird nicht mit dem, der die programmatische Einleitung in 2Kön 18

---

schichtlicher Zeiten, Frankfurt a.M. 1979, 130-143); Ders., „Neuzeit". Zur Semantik moderner Bewegungsbegriffe (1977; in: Vergangene Zukunft, 300-348).

105 Vgl. W. J. Martin, „Dischronologized" Narrative in the Old Testament (VT.S 17 [Congress Volume Rome 1968], Leiden 1969, 179-187).

106 Die Beobachtungen zur Komposition der Endgestalt (dazu P. R. Ackroyd, Isaiah 36-39: Structure and Function [in: Von Kanaan bis Kerala. FS van der Ploeg, hg. v. W. C. Delsman u. a. (AOAT 211), Neukirchen-Vluyn 1982, 3-21]; R. Rendtorff, Zur Komposition des Buches Jesaja [VT 34, 1984, 295-320], passim) sind zweifellos wichtig, dem theologischen Verständnis zuliebe sollte aber die diachrone Dimension nicht vernachlässigt werden.

107 Zum literarischen Befund s. Würthwein (s. Anm. 37), 435 ff.

konzipiert hat, identisch sein, denn dieser Verfasser läßt Hiskia erfolgreich sein, auch in der Auflehnung gegen Assyrien (18, 7)[108].

Der Sitz im Leben der ersten Gesandtschaftserzählung, die die Formulierungen der Einleitung mitgeprägt hat[109], ist in höfischen Kreisen in Jerusalem zu suchen, die die sich verschränkenden Anliegen von Politik und Religion in ihren Repräsentanten, dem König und dem Prophet, miteinander verbanden, und das durchaus glaubwürdig, denn von einer Konfrontation zwischen Jesaja und Hiskia ist wie im Falle Jesajas und Ahas' aus Jes 1-35 nichts bekannt, bekannt ist nur, daß Jesaja Bedenken gegen die Bündnispolitik Hiskias hatte[110].

Bei der zweiten Gesandtschaftserzählung, die mit ihrer Formulierung nicht die Einleitung beeinflußt hat und deren Phraseologie, wenn auch nur punktuell nachweisbar[111], Abhängigkeit von der ersten Erzählung zeigt, liegt eine spätere Entstehungszeit vor. Die pointiert theologischen Akzente machen auch in der zweiten Erzählung geschichtliche Aussagen nicht überflüssig, beides deutet wechselseitig das Geschehene. Wenn die erste Erzählung mitverarbeitet wurde, dann deshalb, weil sie auch zum Verständnis der Rettung Jerusalems beitragen konnte. In beiden Abschnitten dient die Zusammenarbeit zwischen König und Prophet, wenn man es einmal so ausdrücken darf, auch der Dramatisierung, sie hat aber primär den Zweck, das vorbildliche Verhalten Hiskias zu veranschaulichen, der sich in der Not an seinen Gott wendet. Das liest sich wie eine breit angelegte Paraphrase von 18, 3. Hiskias Verhalten wurde belohnt. Das wiederum liest sich wie eine Paraphrase von 18, 7. Nach der Einleitung erfährt der Leser, warum Jahwe mit Hiskia war und warum Hiskia Erfolg hatte.

Es sei noch einmal betont, daß 2Kön 18-20 eine Fülle historisch zuverlässigen Materials bietet, trotzdem wäre es naiv, in den Dialogen innerhalb eines Erzählduktus „wörtliche Reden" im Sinne eines Proto-

---

108 Bei der Einleitung ist allerdings mit Überarbeitungen zu rechnen, s. etwa neuerdings Würthwein (s. Anm. 37), 406 ff.

109 Die Wurzel *bṭḥ*, die in der ersten Erzählung dominiert (18, 19.20.21.22.24.30, in der zweiten Erzählung nur 19, 10), bringt in 18, 5 Hiskias vorbildliches Verhalten auf den Begriff, die Wendung *mrd b*, die Hiskias unvollendete Rebellion (R. Knierim, THAT I, 925 ff) in der ersten Erzählung bezeichnet (18, 20), steht als Themahinweis in 18, 7.

110 Dazu W. Zimmerli, Jesaja und Hiskia (in: Wort und Geschichte. FS K. Elliger, hg. v. H. Gese/H. P. Rüger [AOAT 18], Neukirchen-Vluyn 1973, 199-208).

111 Markant sind zwei charakteristische Verben, die in beiden Erzählungen vorkommen: *nš'* (Hif.) „täuschen" in 18, 29 (mit Hiskia als Subjekt) und in 19, 10 (mit Gott als Subjekt); *ḥrp* „höhnen" in 19, 4 (vgl. 19, 6) und in 19, 16 (vgl. 19, 22 f), jeweils mit demselben Objekt („lebendiger Gott"). Die Textbasis ist zu schmal, um auf literarische Abhängigkeit zu schließen.

kolls zu erwarten. In beiden Erzählungen über die assyrische Gesandtschaft werden die Gedanken Hiskias mehr oder weniger kurz (19, 3 f
und 19, 15-19) und die Ankündigung Jesajas jeweils mit einem kurzen
Spruch (19, 6 f und 19, 21. 32-34), von den Einschüben 19, 21-28 und 19,
29-31 abgesehen, mitgeteilt. Gegen diese Deutungen der Erzähler lassen sich keine historisch stichhaltigen Gegenargumente vorbringen. So
oder ähnlich können Hiskia und Jesaja gedacht haben, auch wenn die
Phraseologie zum Teil eher einer späteren Zeit angehört. Deshalb geht
es nicht an, wie in nahezu jeder Publikation zu 2Kön 18-20 zu lesen ist,
von einer Hiskia- oder Jesaja*legende* zu sprechen, nur weil den Kapiteln
mangelnde Historizität unterstellt wird, deren Kriterien freilich unausgesprochen bleiben. Selbst für den Komplex 20, 1-11, in dem Jesaja als
Gottesmann in einer Verbindung von Prophet und Arzt auftritt, trifft
das nicht zu, denn die Erzählungen entsprechen nicht den mittelalterlichen Heiligenlegenden, die in einer Kombination von Erbaulichem und
Normativem die Gemeinde zur Verehrung und Nachahmung auffor-
dern sollten[112]. Es wird nicht nur vom Vertrauen des Königs in 2Kön
18-20 erzählt. Aber selbst wenn das so wäre, Lehren aus der Geschichte,
oder besser: aus den Geschichten zu ziehen, ist ein zentraler Gedanke
antiker Geschichtsschreibung[113]. Das heißt mit anderen Worten: Die
Erzählungen in 2Kön 18-20 sind Geschichtserzählungen, deren Historizität nicht allein aus der Gattung resultiert. Sie drehen sich um König
und Prophet, wie es auch in anderen Erzählungen des Alten Testaments der Fall ist[114]. Geschichtserzählung, das heißt immer auch: vergangenes Geschehen wird gedeutet.

---

112 Vgl. O. Kaiser, Einleitung in das Alte Testament, Gütersloh 1984[5], 62, und J. Roloff
   in: Reclams Bibellexikon, hg. v. K. Koch u.a., Stuttgart 1978, 301; s. auch A. Jolles,
   Einfache Formen, Halle 1958[2], 23-61; J.J. Scullion, Märchen, Sage, Legende: Towards
   a Clarification of some Literary Terms used by Old Testament Scholars (VT 34, 1984,
   321-336), 331-335. Ohne in faktische und fiktive Teile zu zerfallen, illustrieren die
   Redeteile in 2Kön 18. 19 Intentionen, Motive und Umstände der Handlungen, darin
   vergleichbar den Reden im Geschichtswerk des Thukydides, s. seine Hinweise in I,
   22, 1, dazu F. Egerman, Thukydides über die Art seiner Reden und über seine Darstellung der Kriegsereignisse (Historia 21, 1972, 575-602).
113 Dazu R. Koselleck, Historia Magistra Vitae. über die Auflösung des Topos im Horizont neuzeitlich bewegter Geschichte (1967; in: Ders., Vergangene Zukunft [s. Anm.
   104], 38-66); R. Liwak, Der Prophet und die Geschichte. Eine literar-historische Untersuchung zum Jeremiabuch, BWANT 121, Stuttgart u.a. 1987, 9-57; neuerdings
   nachdrücklich: J. A. Soggin, Geschichte als Glaubensbekenntnis – Geschichte als Gegenstand wissenschaftlicher Forschung (ThLZ 110, 1985, 161-172).
114 Samuel und Saul in 1Sam 9 f. 15. 28; Samuel und David in 1Sam 16, 1-13; Nathan
   und David in 2Sam 7. 12; Gad und David in 2Sam 24; Ahia von Silo und Jerobeam I.
   in 1Kön 11, 29-39; 14, 1-18.

Sowohl die Feldzugserzählung wie auch die biblischen Erzählungen in 2Kön 18-20 trennen nicht scharf zwischen historischen und theologischen Aussagen, beides kann ineinander liegen. In jenen Erzählbereichen läßt sich nicht der sog. historische Kern finden, von dem die theologische Schale gelöst werden kann, und ebensowenig zeigt sich ein „historisches Gehäuse"[115], das mit theologischen Deutungen aufgefüllt ist. Die theologische Aussage ist nicht der Rest, der historisch nicht aufgeht und umgekehrt, beide deuten das Geschehen, indem es nacherzählt wird. Für die nachlaufende historische (Re)konstruktion bedeutet das, mit einer graduellen Abstufung in den Bereichen von Sicherheit und Wahrscheinlichkeit arbeiten zu müssen. Eine säuberliche Unterscheidung in Fakten und Fiktion würde Unzertrennbares trennen. Historische und theologische Erklärungsmuster interpretieren sich gegenseitig, das gilt etwa für Jes 1-35, wo der „Löwe" Assyrien und der „Löwe" Jahwe das Volk zerreißen und wo die Assyrer und Jahwe die Stadt belagern[116], ebenso wie für 2Kön 18-20 bzw. Jes 36-39, wo Ägypten und Jahwe bzw. der König und Jahwe als Helfer wechselseitig genannt werden[117]. Und es ist nur konsequent, wenn die Überlieferung um die Rettung Jerusalems sowohl in die historische Tradition des deuteronomistischen *Geschichts*werkes als auch in die theologische Tradition des *Propheten*buches einbezogen wurde. Freilich ist dort immer auch Theologie im Spiel und hier Geschichte, aber das zeigt im Grunde nur, wie problematisch es ist, wenn die neuzeitliche Forschung, die mit der Antike nicht mehr deren ganzheitliches Weltverständnis teilt, ihre Ergebnisse idealtypisch auf eine „Geschichte Israels" und eine „Theologie des Alten Testaments" aufteilt.

Die Begründung der Rettung Jerusalems durch „Tribut", „Geist/Nachricht" und „Engel Gottes", um noch einmal die entsprechenden Stichworte zu nennen, spiegelt den mehrfachen, aber zusammenhängenden Zugang zu der erfahrenen Wirklichkeit wider. Der Vergleich zwischen Sanherib und Hiskia wird durch historische und theologische Erklärungen interpretiert, die darin kongruieren, daß mit der Tributablieferung Hiskias nicht schon alles erklärt ist.

---

115 Dieser Ausdruck bei K. Koch, Was ist Formgeschichte?, Neukirchen-Vluyn 1974³, 229. Eine Überbetonung der theologischen Ausrichtung von Geschichtserzählungen bei R. E. Clements, History and Theology in Biblical Narrative (in: Horizons in Biblical Theology. An International Dialogue, 4/5, 1982/83, 45-60).

116 Vgl. Jes 5, 29 mit Jes 31, 4 und Jes 5, 26 ff mit Jes 29, 1 ff.

117 Vgl. 2Kön 18, 21. 24 mit 2Kön 18, 22 und 2Kön 18, 29 mit 2Kön 18, 30. 32 in der ersten Erzählung. Die zweite Erzählung deutet das mehr an als daß sie es ausspricht, s. 2Kön 19, 10-13.

Hier deutet sich allerdings ein unübersehbares Problem an. Hiskia und Jesaja werden „post festum" als Exponenten der Rettung Jerusalems verstanden. Nur dieser Aspekt des Geschehens hielt sich in der Rezeptionsgeschichte[118] bis in unsere Zeit[119] durch. Wann und wodurch der im Jesajabuch und in einigen Psalmen artikulierte Glaube an die Unverletzbarkeit des Zion/Jerusalems auch entstanden ist[120], die Überlieferung in 2Kön 18-20 bzw. Jes 36-39 wird ihn zumindest gefördert, aber damit auch die Gefahr einer dogmatischen Hoffnung ermöglicht haben, die schon einhundert Jahre später im Jerusalem Zedekias 586 desillusioniert wurde. Wie schon gesagt: Nur am Ende der Überlieferung von 2Kön 18-20 wird die Haltung Hiskias trotz seines (scheinbaren) Erfolgs kritisiert, insgesamt, durch die programmatische Einleitung vorbereitet, wiegt das Lob erheblich schwerer als der Tadel.

Von dem unermeßlichen Leid der Menschen, das die Rettung Jerusalems in einem gebrochenen Licht erscheinen läßt, sagt die literarische Überlieferung nichts. Während sie nur vom Leben spricht, sollten die Nachgeborenen auch die „Totenstädte" betreten, die es ihnen verwehren, vorbehaltlos einer therapeutischen Harmonie zu huldigen, weil die Geschichte neben dem Tröstlichen auch das Entsetzen bereithält. Rettung ist nicht denkbar ohne Vernichtung, Erkenntnis nicht ohne Betroffenheit. Nur weil Jerusalem nicht nur einmal gerettet und auch zerstört wurde, läßt sich das Besondere des Geschehens im Jahr 701 v. Chr. recht eigentlich herausheben[121].

---

118 2Chr 32 zeichnet von Hiskia ein idealisierendes Bild, in dem für die Eroberung der Städte Judas (2Kön 18, 13) und Hiskias Tribut (2Kön 18, 14-16) und Vertrauen auf Ägypten (2Kön 18, 19 ff) kein Platz ist, s. Hutter (s. Anm.7), 24 ff. Von all dem sagt auch der geschichtliche Rekurs Sir 48, 17-25 nichts. Im Talmud kann Hiskia in letzter Konsequenz zur messianischen Gestalt aufsteigen, s. zu den verschiedenen Deutungen Hutter, 104 f.

119 Vgl. z. B. im literarischen Bereich: The Destruction of Sennacherib (in: The Works of Lord Byron. A New Revised and Enlarged Edition with Illustrations. Poetry III, ed. E. H. Coleridge, London/New York 1900, 404 f); A. Zweig, Jerusalem errettet (in: Ders., Knaben und Männer [Erzählband], Berlin 1931, 306-317); W. Gutkelch, Der große Mut des Hiskia. Dramatische Erzählung in drei Akten (Kirche und Theater IV), München 1954.

120 Zur Ziontradition und ihrem Alter s. H. J. Kraus, Theologie der Psalmen (BK XV/3), Neukirchen-Vluyn 1979, 94 ff; Wildberger (s. Anm. 37), 1596 ff.

121 S. den Überblick über die Geschichte der Stadt bei Otto (s. Anm. 92).

Wer die Tradition und die Relikte nach gewollten und ungewollten Informationen absucht, wird das Handeln in der Vergangenheit, seine Intentionen, Motive und Folgen, kurz: das Tun und Ergehen, auch das Leiden, aufspüren, zweifellos eine historisch-theologische Aufgabe, die nie abgeschlossen sein kann, weil mit neuen Interessen und Erkenntnissen alte Geschichten neu verstanden, erklärt und nacherzählt werden können.

Phönizien und Israel

I. Identität, Siedlungsbereich und Name der Phönizier

Phönizien ist ein Teil der syrisch-palästinischen Landbrücke. Die polyzentrische Struktur ermöglichte weder eine ethnisch-nationale noch eine territoriale Identität der locker miteinander verbundenen Stadtstaaten. Der Anfang der phönizischen Geschichte liegt nicht schon bei der Erwähnung von syrischen Küstenstädten in altorientalischen Texten des 3. Jahrtausends (so noch Eißfeldt 355ff.). Sie wird erst zu Beginn der Eisenzeit in ihrer Besonderheit sichtbar und fand in der phönizischen Sprache und Schrift ihren ersten deutlichen Ausdruck. Die phönizische Kultur des 1. Jahrtausends wurde durch die kulturellen Verhältnisse des 2. Jahrtausends vorbereitet und hatte in der Urbanisierung bzw. in den Handelsbeziehungen – besonders von Byblos/Gubla (*Ğebēl*) – mit Ägypten und Ebla (*Tell Mardīḫ* im mittleren Syrien) ihre geschichtlichen Voraussetzungen. Besonders nachhaltig wirkte der Transfer von Kultur und Religion am Ende der Bronzezeit in der Küstenregion durch die nordsyrische Hafenstadt Ugarit (*Rās eš-Šamra*). Besonderheiten bei Sprach- und Religionsformen legen jedoch eine Eigenständigkeit der eisenzeitlichen phönizischen Städte gegenüber dem spätbronzezeitlichen Ugarit, das in der Eisenzeit nicht mehr existierte, nahe (Röllig, Origin 84–90). Unter dieser Voraussetzung erstreckt sich das Siedlungsgebiet der Phönizier in Nord-Süd-Richtung ungefähr von Arwad (*Rawāḍ*) über Ṣumur/Simyra (*Tell Kazel*), Gubla/Byblos (*Ğebēl*), Berūta (Beirut), Ṣiduna/Sidon (*Ṣēdā*), Ṣūri/Ṣūr/Tyros (*eṣ-Ṣūr*) bis in den Bereich von Akko/Akka (*Tell el-Fuḫḫār*), in persischer Zeit darüber hinaus bis Dor (*Ḫirbet el-Burğ*) bzw. Jappu/Jafo (*Yaffa*).

Eine Selbstbezeichnung der Phönizier liegt nicht vor. Im Zusammenhang Phöniziens bezeugt ist in den Amarna-Texten aus dem 14. Jh. (vgl. TRE 12,700,22ff.) der Name Kanaan für eine ägyptische Provinz (EAT 36,15), die Palästina und Südsyrien umfaßte (vgl. aber auch EAT 151,50). Die Menschen in Ugarit rechneten sich selbst wohl nicht zu Kanaan (KTU 4.96,7 [AOAT 24/1, 208]). Auf den phönizischen Raum weist das Toponym Kanaan in Zeile 19 der Inschrift Idrimis von Alalaḫ aus dem 15. Jh. (TUAT

1,501–504). Eine Verbindung zwischen den Namen Phönizien und Kanaan ist unwahrscheinlich.

Als Selbstbezeichnung in phönizischen Inschriften kommt die ebenfalls bei Homer (Il. XXIII,743; Od. IV,618 u. ö.; IV,83–85 neben „Phönizier") benutzte Formulierung „Sidonier" (ʾš ṣdn: DISO 242f.) vor, die auch im Alten Testament (Dtn 3,9; Jdc 3,3; 18,7; I Reg 11,5.33; II Reg 23,13; vgl. Gen 10,19 u. a.) angesichts der streckenweise dominanten Bedeutung der Stadt Sidon für die Bewohner Phöniziens steht. Eine Gleichung zwischen „Kanaan" und „Phönizien" stellt erst Philo von Byblos (2./1. Jh. v. Chr.) her (FGH 790 F 2,39; vgl. LXX zu Ex 16,35; Jos 5,1.12; Hi 40,30). Im genealogischen Konzept von Gen 10,15–19 ist Sidon („Phönizier") Sohn Kanaans. Für jüngere Texte des Alten Testaments ist Phönizien nicht mehr ein Teil des Landes Kanaan, sondern das Land selbst (Jos 13,4; Jes 23,11; Ob 20; eventuell II Sam 24,7; vgl. auch Mt 15,22 mit Mk 7,26). Aus der Zusammenschau von Phönizien und Kanaan wird zunächst im „phönizischen Kanaan" (Jes 23,8) und dann allgemein im „Kanaanäer" ein Kaufmann bzw. Händler gesehen (Ez 16,29; 17,4; Zeph 1,11; Sach 14,21; Hi 40,30; Prov 31,24).

II. Quellen

Eine angemessene Darstellung der Ereignis-, Kultur-, Wirtschafts-, Sozial- und Religionsgeschichte setzt einen entsprechenden Quellenbefund voraus. Davon kann aber keine Rede sein (Briquel-Chatonnet 6–22). Vor allem aufgrund moderner Überbauungen ist die archäologische Erforschung der Städte des phönizischen Mutterlandes nur begrenzt möglich (Ward). Die Situation bei den literarischen Quellen ist nicht viel besser. Literarische Werke sind bisher nicht entdeckt worden. Von Texten aus Amarna und Ugarit bzw. dem Bericht des Ägypters Wen-Amun über seine Fahrt nach Byblos abgesehen, die für die Frühzeit einige Streiflichter auf die Verhältnisse in der Levante werfen (Röllig, Phönizier 16–20), beziehen sich auf die Blütezeit der phönizischen Geschichte im wesentlichen nur fremde Texte: das Alte Testament, die homerischen Epen, assyrische Inschriften und Werke klassischer Autoren. Tendenziöse Einseitigkeiten, apologetische Interessen und perspektivische Verkürzungen erschweren eine Auswertung. Die griechische Übersetzung von tyrischen Annalen mit einer Königsliste durch Menander von Ephesus, die in Auszügen von → Josephus Flavius mitgeteilt wird, kann nur mit erheblichen Einschränkungen herangezogen werden (Timm 200–224). Wichtig sind phönizische Inschriften, die allerdings trotz großer Fülle im wesentlichen nur religiöse Anlässe und Absichten widerspiegeln (Vance). Bisher ist weder eine historische

Inschrift aus Tyros bekannt geworden noch ein Text, der die Beziehung zwischen Phönizien und Israel unmittelbar berührt.

III. Die Geschichte Phöniziens im 1. Jahrtausend v. Chr.

Phönizien und Israel waren als Teile der syrisch-palästinischen Land-brücke in denselben ereignisgeschichtlichen Kontext verstrickt. Eine gefährliche Bedrohung im 1. Jahrtausend waren die Assyrer. Der erste Zug eines assyrischen Königs (Tiglat-Pileser I. [1112–1074 v. Chr.]) bis zum Mittelmeer scheint ohne besondere Folgen geblieben zu sein. In Gefahr geriet die Selbständigkeit der phönizischen Städte durch die expansionistische Politik des eigentlichen Gründers des neuassyrischen Großreiches, Assurnasirpals II. (883–859 v. Chr.), der in mehreren Feld-zügen Sidon, Tyros und Byblos unterwarf und typische Produkte des Landes als Tribut mitnahm: gefärbte Wolle und Leinenkleidung, Elfen-beinarbeiten und Holz. Sein Nachfolger Salmanassar III. (859–824 v. Chr.) setzte die erfolgreichen Feldzüge fort, gegen die sich eine syrische Koalition unter Beteiligung phönizischer Städte und Ahabs von Israel zur Wehr setzte.

War der assyrische Druck Auslöser für die phönizische Expansion? Die Gründung Karthagos durch tyrische Flüchtlinge 814/13 v. Chr. – so die an-tike Überlieferung – ist archäologisch bisher nicht nachgewiesen. Im übri-gen sind in der Ägäis schon für das 11. Jh. phönizische Importe und für das 10. und 9. Jh. dann eine deutliche Präsenz phönizischer Luxusgüter festzu-stellen (Niemeyer; Röllig, Phönizier 23–28). Zwei Phasen der phönizischen Erschließung von Rohstoffquellen und Absatzmärkten sind erkennbar: ei-ne erste, bis ins frühe 8. Jh. reichende, in der immer neue Handelsposten, Werkstätten und schon erste Niederlassungen (in der Ägäis) entstanden, und eine zweite, die zur Zeit griechischer Expansion und Kolonisation selbständige phönizische Faktoreien im Mittelmeerraum hervorbrachte. Erst im 8. und 7. Jh. breiteten sich phönizischer Handel und phönizische Niederlassungen bis ins westliche Mittelmeer aus und schufen die Bedin-gungen für einen weit verbreiteten, aber regional differenzierten „orientali-sierenden" Horizont (Niemeyer: Die Phönizier im Zeitalter Homers 45–64.97–103). Die Phönizier importierten u. a. aus Ophir (s. u. 5.) Edelsteine, Elfenbeine, Gold und Silber, aus Zypern Kupfer, aus Anatolien Zinn, aus Ägypten Leinen, aus Spanien Eisen. Sie exportierten Möbel aus Zedernholz mit Elfenbeineinlagen, dekorierte Bronze- und Silberschalen, Sandkern-glas-Gefäße und Purpur-Stoffe (vgl. die Handelsliste Ez 27,12–24). Der Im-port von Rohmaterialien sowie der Export von Fertigprodukten und der Zwischenhandel wurden mit rundbauchigen, bis zu 250 Tonnen Fracht aufnehmenden Segelschiffen (vgl. die Beschreibung der Stadt Tyros als Prachtschiff in Ez 27,3–10) bewältigt, die notfalls auch gerudert werden konnten und sich in der Regel in Landsicht bewegten. Im Zusammenhang des maritimen Handels stand die Verbreitung der phönizischen Schrift. Nach der Entwicklung einer altkanaanäischen Buchstabenschrift in Syrien-Palästina seit der Mitte des 2. Jahrtausends wurde mit der Konsolidierung der phönizischen Küstenstädte die altphönizische Schrift im 9. Jh. formal vereinheitlicht, schon bald mit Veränderungen (statt reiner Konsonanten-schrift jetzt „Vollschrift" mit Vokalen) auch in Griechenland übernommen und dort zum Prototyp fast aller in Europa gebräuchlichen Schriften.

Die politische Autonomie Phöniziens wurde durch Tiglat-Pileser III. (745–727 v. Chr.) begrenzt und von Sargon II. (722–705 v. Chr.) bzw. Sanherib (705–681 v. Chr.) weitgehend aufgehoben. Die Ausmaße des phönizischen Machtverlustes, der auch den Seehandel betraf, läßt der Vertrag erkennen, der zwischen Asarhaddon (680–669 v. Chr.) und dem König Baal von Tyros geschlossen wurde (TUAT 1, 158f.). Nach dem Zusammenbruch des assyrischen Reiches wechselten rasch mit den Ägyptern und Babyloniern neue Vormächte. Erst unter der Perser-herrschaft regenerierten sich die phönizischen Städte politisch und wirtschaftlich. Eschmunazar von Sidon (475–461 v. Chr.) erhielt vom persischen Großkönig Verfügungsgewalt über die Städte Dor und Jaffa südlich des Karmel, wie aus einer Sarkophag-Inschrift (KAI 14) hervor-geht. Dem neuen Eroberer Alexander dem Großen unterwarf sich Byb-los freiwillig, Tyros unter Zwang. Mit der mazedonischen Eroberung geht die Geschichte Phöniziens zu Ende.

IV. Kunst und Religion

Erst die neuere Forschung hat den charakteristischen Mischstil, der sich aus ägyptischen, mesopotamischen, syrischen, zyprischen und griechi-schen Elementen rekrutiert, als positive Auswirkung der phönizischen Handelsbeziehungen sehen gelernt.

Aus der Elfenbeinschnitzerei ist die Architektur von mehrstöckigen Häu-sern mit doppelt oder dreifach zurückspringenden Rahmen bei Türöffnun-gen bzw. Fensterleibungen und mit Fensterballustraden, die von kleinen Säulen getragen werden, bekannt. Vieles von den phönizischen Töpferpro-dukten, für die es keinen Hinweis auf einen kommerziellen Austausch gibt, gehört zur Gebrauchskeramik. Erst bei der „Red-Slip-Ware" (850–550 v. Chr.) überwiegen Kunstformen mit hartem Engoben-Überzug. Göttinnen, Schreine bzw. Tempelgiebel und (Kult-)Masken sind die häufigsten Motive bei den Terrakotten. Neben einem kriegerischen Baal-Typ sind vor allem zwischen dem 8. und 6. Jh. rundplastische Göttinnen angefertigt worden, häufig in Form einer Schwangeren, zuweilen mit einem Kind an der Brust. In Massenproduktion entstanden im 5. und 4. Jh. in Tyros weibliche und

männliche Beter-Statuetten. Auch in der Bronzekunst sind Gottheiten bevorzugte Objekte: kleine Statuetten, die kampfbereite und thronende Götter darstellen, und rundplastisch modellierte Göttinnen. Die an bronzezeit-
liche Traditionen anknüpfende und im 9. oder 8. Jh. perfektionierte
Elfenbeinschnitzerei ist eine der bedeutendsten Gattungen des phönizischen Kunsthandwerks. Oft als Plättchen oder Tafeln in Möbelstücke ein-
gearbeitet, besteht das Motivrepertoire aus Pflanzen, Tieren, Gottheiten
und Menschen. Die Elfenbeine sind wichtige Zeugnisse für die Rekonstruktion der Innenausstattungen von Palästen und Tempeln. Sie dienen
aber auch der Erschließung religiöser Lebensaneignung. Das gilt besonders
in der Glyptik für die Siegel, bei denen Stempelsiegel bevorzugt waren.
Wie in allen anderen Bereichen konnten die Phönizier auch bei der
Glasherstellung an frühere Erfahrungen Ägyptens und Mesopotamiens
anknüpfen.

Charakteristische Züge phönizischer Religion sind nur annäherungsweise beschreibbar. Die mehr als 6.000 phönizischen Inschriften nennen
in der Regel nur die Namen von Gottheiten, ihren Adoranten und deren Rituale. Die einzelnen phönizischen Städte hatten Trennendes und
Gemeinsames in ihrem religiösen Symbolsystem. Sie alle verband z. B.
die Vorstellung von einer Art Stadtgottheiten-Rat. Die Götterversamm-
lung konnte unabhängig von den einzelnen großen Gottheiten angerufen werden, war aber den individuellen Gottheiten untergeordnet, die
häufig eine Bindung an Orte und Naturphänomene erkennen lassen:
Neben dem Baal von Tyros und dem Baal von Sidon standen der auf
dem Zaphon (Ǧebel el-ʾAqraʿ) residierende Sturmgott Baal Zaphon, der
Baal Lebanon und der Baal Hammon („der Herr vom Amanus-
Gebirge"). Die einzelnen Funktionen sind nicht scharf abgrenzbar, zum
Teil bei einzelnen Gottheiten wohl auch austauschbar. So geht aus dem
Vertrag zwischen Asarhaddon und Baal von Tyros hervor, daß Baal
Šamem, Baal Malage und Baal Zaphon für Wind und Wetter bei der
Seefahrt zuständig waren.

Zu den chthonischen Göttern gehören Ešmun (griech. Asklepios) in Sidon,
Melqart in Tyros und nach der antiken Überlieferung Adonis in Byblos.
Aus Inschriften ist bekannt, daß jährlich lokale Totengedenkfeiern als
Symposien mit Opferdarbringungen abgehalten wurden (vgl. Jer 16,5–9;
Am 6,1–7; Hos 9,1–7). Die Praxis von Kinderopfern (vgl. Lev 18,21; II Reg
16,3; 23,10; Jer 7,31) ist für Karthago archäologisch nachweisbar, wurde
aber offenbar nur in Notsituationen angewandt und erst durch polemische
Verzerrungen als Charakteristikum der phönizischen Religion mißver-
standen. Kosmogonische Vorstellungen der Phönizier müssen aus Philo
von Byblos erschlossen werden, der sich auf den Priester Sanchunjathon
beruft (Ebach 22–79). Inschriftlich ist für das 8. Jh. „El, der die Erde geschaffen hat", bezeugt (KAI 26 III,18; vgl. KAI 129,1). Das erinnert an Gen
14,18, wo allerdings neben der Erde auch der Himmel als Werk des Schöp-

fers genannt ist. Differenzen bestehen bei den Zusammensetzungen des jeweiligen lokalen Pantheons: Für Tyros wird dem im gesamten Mittelmeerraum verehrten Melqart eine zentrale Rolle zugeschrieben, hinter dem sich der Baal in der Auseinandersetzung mit Jahwe nach I Reg 18 verbergen könnte, wenn nicht Baal Šamem, der „Himmelsherr", gemeint ist, der für die Fruchtbarkeit der Natur zuständig war, aber auch uranische und solare Züge aufwies (Keel/Uehlinger 296f.). Im Vertrag Asarhaddons mit Baal von Tyros werden neben oder unter den assyrischen Gottheiten Bet El und Anat Bet El, darüber hinaus die Trias Baal Šamem, Baal Malage und Baal Zaphon, die auch über Tyros hinaus einflußreich war, und schließlich die Stadtgötter Melqart, Ešmun und Astarte genannt. Einige Male stehen Göttinnen an der Spitze des Pantheons: In Sidon war Astarte die Hauptgöttin in der klassischen Zeit vor dem 5. Jh. (KAI 13). Als männliche Gottheiten wurden vor allem Ešmun (KAI 15), dessen Kontaminationen mit anderen Gottheiten Ausdruck seiner Funktionsvielfalt ist, und Baal von Sidon (KAI 14) verehrt. Als Patronin der Dynastie von Byblos galt Baalat, die „Herrin" von Byblos (KAI 4; 5; 10). Schon im 9. und 8. Jh. sind nach Ausweis der Inschriften von Sendschirli in Nordsyrien (KAI 24; 25) und Karatepe in Kilikien (KAI 26) Elemente der phönizischen Religion außerhalb Phöniziens übernommen und den lokalen Verhältnissen angepaßt worden.

V. Die Beziehungen zwischen Phönizien und Israel

Nach dem Alten Testament beginnen die Beziehungen zwischen Phönizien und Israel auf politischer Ebene mit David. Die entsprechenden Stellen können aber die Beweislast nicht tragen. Sowohl II Sam 5,11 als auch II Sam 24,5–7 sind späte Texte, die aus schriftgelehrter Arbeit resultieren (Donner). Historisch nicht tragfähiger sind die Hinweise zu Salomos Regierungszeit. Daß ihm Hiram von Tyros Holz (I Reg 5,15–26) und Fachkräfte für den Tempelbau in Jerusalem (I Reg 5,32) lieferte und daß er zusammen mit Hiram eine Handelsschiffahrt nach Ophir und Tarschisch durchführte (I Reg 9,26.28; 10,11.22), ist als historische Notiz zweifelhaft. Daß Salomo 20 Ortschaften in Galiläa gegen Bezahlung an Hiram abgetreten hat (I Reg 9,10–14), läßt auf eine Abhängigkeit Salomos von Hiram schließen (s. Kuan zu I [III] Reg 5,1 LXX). Einige Überlieferungen aus I Reg 3–11 können Projektionen aus der Zeit Omris und seiner Nachfolger sein (Knauf 176–180). Dafür sprechen jedenfalls zunehmende phönizische Handelskontakte zur Zeit Omris und ein entsprechender archäologischer Befund in Phönizien und Israel (Muhly, Archaeology; vgl. Weippert 495f.). Erst aus der Eisen II C-Zeit wurden phönizische Inschriften in Palästina gefunden, die zum Teil auf die einheimische Bevölkerung, zum Teil auf phönizisch-palästinischen

Handel zurückgehen (Delavaut/Lemaire; Lemaire, Notes 17–19; ders.,
Inscriptions; ders., Date).

Daß in Israel nicht immer Importe vorliegen müssen, wenn generalisierend
von phönizischem Stil die Rede ist, zeigen Schnitzereien aus Elfenbein.
Wurden wegen Ahabs Heirat mit einer phönizischen Prinzessin aus Sidon
(I Reg 16,31) die Elfenbeine von Samaria lange Zeit als Importe verstanden,
so zeigt sich heute, daß es sich bei den kanaanäisch-bronzezeitliche Traditionen aufnehmenden Arbeiten um Produkte eines autochthonen Schnitz-
handwerks handelt (Weippert 652– 660). Nicht immer kann zwischen importierten und am Ort produzierten Produkten unterschieden werden,
schon eher beim Motivrepertoire zwischen Dominanz und Selektion phönizischer Motive und Symbole (Keel/Uehlinger 295f.). Bemerkenswert, aber
im einzelnen unsicher, sind in *Kuntillet ʿAğrūd* – etwa 80 km südwestlich
von Beerseba – gefundene Inschriften mit Segensformulierungen, die phö-
nizisch geschrieben, aber als hebräisch zu klassifizieren sind (J. Renz, Die
althebräischen Inschriften I, Darmstadt 1995, 57–59). Paläographisch
stammen sie aus der Zeit um 800 v. Chr. Damals scheint nach Ausweis der
nordisraelitischen Namen der Inschriften und des phönizischen Hinter-
grunds der Malereien auf Vorratskrügen (Keel/Uehlinger 237–282) in dem
Ort, der an der Straße zwischen Gaza und Elat lag, eine wichtige Station
für phönizisch-israelitische Handelsunternehmungen gewesen zu sein.

Mehr für Analogie oder Affinität als für direkten Einfluß spricht auch
der religionsgeschichtliche Kontext, der für die Eisen II C-Zeit auf phönizisch-israelitische Gemeinsamkeiten weist. Primär zur Zeit der Om-
riden-Dynastie ist mit einer Verehrung phönizischer Gottheiten zu
rechnen (vgl. aber I Reg 11,5.33). Nach I Reg 16,32 ist infolge der dynas-
tischen Verbindung Ahabs mit dem sidonischen Königshaus ein Tempel für Baal gebaut worden, der als Baal von Sidon (vgl. KAI 14) zu
deuten ist. Einige gemeinsame Aspekte der israelitischen und phönizischen Religion sind Erbe bronzezeitlich-kanaanäischer Traditionen.
Dazu gehören u. a. in Verbindung mit der Ahnenverehrung stehende
rituelle Feiern, die unter derselben Bezeichnung (*mrzḥ*) in Ugarit, Phönizien und Israel zelebriert wurden (H.-J. Fabry, Art. *marzeaḥ*: ThWAT 5
[1986] 11–16). Auf einen entsprechenden Zusammenhang führen auch
die in Phönizien und Israel als Rephaim (*rpʾm*) bezeichneten Toten, die
traditionsgeschichtlich mit den als Ahnen verehrten Rephaim (*rpum*)
ugaritischer Texte in Verbindung stehen (R. Liwak, Art. rᵉpāʾîm:
ThWAT 7 [1993] 625–636).

Die Eroberung Jerusalems 587 v. Chr. war für die Beziehung zwischen Phönizien und Israel einschneidend. In Joel 4,4–8 und in dem
deuteronomistisch überarbeiteten Wort gegen Tyros in Am 1,9f. wird
den Phöniziern Menschenhandel vorgeworfen. Vor allem Tyros, das
eine bevorzugte Stellung unter den phönizischen Städten erhielt (Ez

27,8f.), muß trotz seiner Niederlage gegen Nebukadnezar Machtan-
sprüche in Palästina erhoben und durchgesetzt haben. Das legen die
Worte gegen Tyros in Ez 26,1–28,19; 29,17–21 nahe. Reichte schon in
vorexilischer Zeit nach dem Vertrag Asarhaddons mit Baal von Tyros
der tyrische Einfluß bis Dor, so erstreckte er sich in der Perserzeit durch
phönizische Besiedlung zumindest bis tief in die Saron-Ebene (Müller
191–196), mit Schwerpunkt in Dor (*Ḥirbet el-Burǧ*), wo in persischer Zeit
ein phönizisches Verwaltungszentrum mit griechischer Präsenz entstand (Stern, Dor Province). Nach Neh 13,16 wirkten Phönizier nicht
nur in der Küstenregion. Leute von Tyros, die in Juda lebten, brachten
Fische und Waren aller Art und verkauften sie in Jerusalem. Ob Sach
9,1–8 auf die Eroberung von Tyros durch Alexander den Großen im
Jahr 332 v. Chr. anspielt (K. Elliger, Ein Zeugnis aus der jüdischen Gemeinde im Alexanderjahr 332 v. Chr.: ZAW 62 [1949/50] 63–115), ist
angesichts der Problematik einer zeitgeschichtlichen Erklärung des
Wortes unsicher. Mit den Ereignissen von 332 jedenfalls verlieren sich
unter der Voraussetzung einer phönizischen Anwesenheit im gesamten
palästinischen Raum allmählich die Spuren „Phöniziens" (Müller 198–
200). Eine offene Frage bleibt, inwieweit die phönizische Präsenz in
Israel dem Hellenismus einen Weg gebahnt hat (Müller 204).

Literatur

Albrecht Alt, Das Gottesurteil auf dem Karmel: FS Georg Beer, Stutt-
gart 1935, 1–18 = ders., KS zur Gesch. des Volkes Israel, München, II
⁴1978, 135–149.
Dafydd R. Ap-Thomas, The Phoenicians: Peoples in OT Times, hg. v.
Donald John Wiseman, Oxford 1973, 259–286.
Michael C. Astour, The Origin of the Terms „Canaan", „Phoenician",
and „Purple": JNES 24 (1965) 346–350.
Dimitri Baramki, Phoenicia and the Phoenicians, Beirut 1961.
Wolf Wilhelm Graf Baudissin, Adonis u. Esmun, Leipzig 1911.
Karl-Heinz Bernhardt, Der alte Libanon, Leipzig 1976.
Patricia M. Bikai, The Phoenicians. A Bibliography: BASOR 279 (1990)
65f.
Françoise Briquel-Chatonnet, Les relations entre les cités de la côte
phénicienne et les royaumes d'Israël et de Juda. Studia Phoenicia
12, 1992 (OLA 46).
Guy Bunnens, Commerce et diplomatie phéniciens au temps de Hiram
Iᵉʳ de Tyr: JESHO 19 (1976) 1–31.

160 Phönizien und Israel

Ders., L'expansion phénicienne en méditerranée. Essai d'interprétation fondé sur une analyse des traditions littéraires, 1979 (EPAHA 17).

Richard J. Clifford, Phoenician Religion: BASOR 279 (1990) 55–64 (Lit.).

Mitchell Dahood, The Phoenician Contribution to Biblical Wisdom Literature: The Role of the Phoenicians (s. u.) 123–148.

Bernard Delavaut/André Lemaire, Les inscriptions phéniciennes de Palestine: RSFen 7 (1979) 1–39 Taf. I–XIV.

Igor M. Diakonoff, The Naval Power and Trade of Tyre: IEJ 42 (1992) 168–193.

Dictionnaire de la civilization phénicienne et punique, hg. v. Edward Lipiński, Paris 1992.

Herbert Donner, Israel u. Tyrus im Zeitalter Davids u. Salomos. Zur gegenseitigen Abhängigkeit v. Innen- u. Außenpolitik: JNWSL 10 (1982) 43–52.

Jürgen Ebach, Weltentstehung u. Kulturentwicklung bei Philo v. Byblos, 1979 (BWANT 108).

Otto Eißfeldt, Phoiniker u. Phoinikia: PRE 39 (1941) 350–380.

Frank Charles Fensham, The Treaty between Solomon and Hiram and the Alalakh-Tablets: JBL 79 (1960) 59f.

Ders., The Relationship between Phoenicia and Israel during the Reign of Ahab: Atti del I Congresso Internazionale di Studi Fenici e Punici. Roma, 5–10 Novembre 1979, Rom, II 1983, 589–594.

Kurt Galling, Der Weg der Phöniker nach Tarsis in literarischer u. archäologischer Sicht: ZDPV 88 (1972) 1–181.

Giovanni Garbini, Fenici in Palestina: AION 39 (1979) 325–330.

Ders., Fenici. Storia e Religione, Neapel 1980.

Cornelius H. J. de Geus, The Material Culture of Phoenicia and Israel: Phoenicia and the Bible (s. u.) 11–16.

Shulamit Geva, Archaeological Evidence for the Trade between Israel and Tyre?: BASOR 248 (1982) 69–72.

Donald Harden, The Phoenicians, Harmondsworth [3]1980.

H. Jacob Katzenstein, The History of Tyre. From the Beginning of the Second Millennium B. C. E. until the Fall of the Neo-Babylonian Empire in 538 B. C. E., Jerusalem 1973.

Ders., Phoenician Deities Worshipped in Israel and Judah during the Time of the First Temple: Phoenicia and the Bible (s. u.) 187–191.

Othmar Keel/Christoph Uehlinger, Göttinnen, Götter u. Gottessymbole, [2]1993 (QD 134).

Horst Klengel, Syria 3000 to 300 B. C. A Handbook of Political History, Berlin 1992.

Ernst Axel Knauf, King Solomon's Copper Supply: Phoenicia and the Bible (s. u.) 167–186.

Jeffrey K. Kuan, Third Kingdoms 5.1 and Israelite-Tyrian Relations during the Reign of Solomon: JSOT 46 (1990) 31–46.

André Lemaire, Notes d'Épigraphie Nord-Ouest Sémitique: Sem. 30 (1980) 17–32.

Ders., Une Inscription Phénicienne de Tell Es-Sa'idiyeh: RSFen 10 (1982) 11f.

Ders., Date et Origine des Inscriptions hébraïques et phéniciennes de Kuntillet 'Ajrud: Studi Epigrafici et Linguistici 1 (1984) 131–143.

Ders., Une inscription phénicienne découverte récemment et le mariage de Ruth la Moabite: ErIs 20 (1989) 124*–129*.

Ders., Populations et territoires de la Palestine à l'époque Perse: Transeuphratène 3 (1990) 31–74.

Ders., Asher et le royaume de Tyr: Phoenicia and the Bible (s. u.) 135–152.

Edward Lipiński, Products and Brokers of Tyre according to Ezekiel 27: Phoenicia and its Neighbours. Studia Phoenicia 3, Leuven 1985, 213–220.

Ders., Intr. La Phénicie et la Bible: Phoenicia and the Bible (s. u.) 1–9.

Ders., The Territory of Tyre and the Tribe of Asher: ebd. 153–166.

Sabatino Moscati, Il mondo dei Fenici, Mailand ²1979.

Ders. (Hg.), I Fenici, Mailand 1988.

Hans-Peter Müller, Phönizien u. Juda in exilisch-nachexilischer Zeit: WO 6 (1970/71) 189–204.

James D. Muhly, Homer and the Phoenicians. The Relations between Greece and the Near East in the Late Bronze and Early Iron Ages: Ber. 19 (1970) 19–64.

Ders., Phoenicia and Phoenicians: Biblical Archaeology Today. Prodeedings of the Int. Congress on Biblical Archaeology. Jerusalem, April 1984, Jerusalem 1985, 179–191.

Herbert Niehr, Der höchste Gott, 1990 (BZAW 190).

Hans Georg Niemeyer, Das frühe Karthago u. die phönizische Expansion im Mittelmeerraum, Göttingen 1989.

Bustenay Oded, Neighbours of the West: WHJP 1.Ser. 4/1, Jerusalem 1979, 222–246.

Brian Peckham, Phoenicia and the Religion of Israel. The Epigraphic Evidence: Ancient Israelite Religion. Essays in Honor of Frank Moore Cross, hg. v. Patrick D. Miller, Jr., u. a., Philadelphia 1989, 79–91.

Phoenicia and the Bible. Proceedings of the Conference Held at the Univ. of Leuven on the 15th and 16th of March 1990. Studia Phoenicia 11, hg. v. Edward Lipiński, 1991 (OLA 44).

Die Phönizier im Zeitalter Homers, hg. v. Ulrich Gehrig/Hans Georg Niemeyer, Mainz 1990.

Die Phönizier. Dt. Ausg. der Einf.beitr. zum Katalog der Ausstellung Venedig 1988, hg. v. Sabatino Moscati, Hamburg 1988 (Orig.ausg.: I Fenici, Mailand 1988).

Wolfgang Röllig, Die Phönizier des Mutterlandes z. Z. der Kolonisierung: Phönizier im Westen, hg. v. Hans Georg Niemeyer, Mainz 1982 (Madrider Beitr. 8) 15–28.

Ders., On the Origin of the Phoenicians: Ber. 31 (1983) 79–93.

The Role of the Phoenicians in the Interaction of Mediterranean Civilizations, hg. v. William A. Ward, Beirut 1968.

Ephraim Avigdor Speiser, The Name *Phoinikes*: Lg. 12 (1936) 121–126.

Ephraim Stern, The Dor Province in the Persian Period in the Light of the Recent Excavations at Dor: Transeuphratène 2 (1990) 147–155.

Ders., New Evidence from Dor for the First Appearance of the Phoenicians Along the Northern Coast of Israel: BASOR 279 (1990) 27–34 (Lit.).

Ders., Phoenicians, Sikils and Israelites in the Light of Recent Excavations at Tel Dor: Phoenicia and the Bible (s. o.) 85–94.

Stefan Timm, Die Dynastie Omri. Quellen u. Unters. zur Gesch. Israels im 9. Jh. v. Chr., 1982 (FRLANT 124).

Donald R. Vance, Literary Sources for the History of Palestine and Syria. The Phoenician Inscriptions, Pt. I: BA 57 (1994) 2–19 (Lit.); Pt. II: ebd. 110–120 (Lit.).

Claude Vandersleyen, L'étymologie de Phoïnix, «Phénicien»: Phoenicia and the East Mediterranean in the First Millennium B. C. Studia Phoenicia 5, hg. v. Edward Lipiński, 1987 (OLA 22) 19–22.

William A. Ward, Archaeology in Lebanon in the Twentieth Century: BA 57 (1994) 66–85 (Lit.).

Helga Weippert, Palästina in vorhell. Zeit, München 1988 (Hb. der Archäologie. Vorderasien, II/1).

Der Herrscher als Wohltäter

Soteriologische Aspekte in den Königstraditionen des Alten Orients und des Alten Testaments

Als der Berliner Assyriologe F. DELITZSCH am 13. Januar 1902 in Anwesenheit Wilhelms II. seinen folgenreichen Vortrag *„Babel und Bibel"* hielt, schloß er mit der Zuversicht, daß die Erschließung des Alten Orients in erheblichem Maße zum Verständnis des Alten Testaments beitragen werde. Die Deutsche Orient-Gesellschaft könne „ihren Platz gewiss ruhmvoll auch an jener Sonne behaupten, die drüben im Osten aufgeht aus den geheimnisvollen Hügeln, immer von neuem Dank beseelt für den Allerhöchsten persönlichen Schutz und die lebendige Teilnahme, welche *Seine Majestät unser Kaiser und Herr* ihren Bestrebungen angedeihen zu lassen andauernd huldvollst geruhen"[1]. In unterschiedlicher Gestalt und Intensität hat das antike Verständnis des wohltätigen, Schutz und Gedeihen wirkenden und sichernden Herrschers vor allem im Rahmen eines religiös fundierten Königtums auch die europäische Geschichte von der Völkerwanderungszeit bis zur Französischen Revolution geprägt. Entsprechende Ausdrucksmöglichkeiten blieben selbst noch erhalten, als in der Neuzeit das Königtum aus der göttlichen Heilsordnung auswanderte und sich naturrechtlich begründete[2].

Bei den folgenden Überlegungen sollen altorientalische und alttestamentliche Fragen des Herrscherheils in ihren geschichtlichen bzw. religiös-geschichtlichen Dimensionen und in ihrer theologischen Problematik zu Wort kommen. Bei der Fülle von Aspekten ist auf begrenztem Raum eine erschöpfende Darstellung der Motive ebensowenig möglich wie eine traditionsgeschichtliche Einordnung jüdischer Messiasvorstellungen und christlicher Bekenntnisse zu Jesus als Christus, König, Davidssohn und Gottessohn. Daß aber grundsätzlich für ein biblisch-theologisches Gespräch die Bedingungen der altorientalischen Welt und die Polyphonie im großen biblischen „Sprechsaal" zu berück-

---

1 Delitzsch 1902, 51f. Es folgten noch weitere Vorträge. Zum *Babel-Bibel-Streit* und seinen Wirkungen s. zuletzt Lehmann 1994.

2 Staubach 1990, 333-345.

sichtigen sind, wie der verehrte Jubilar das ausgedrückt und gefordert hat[3], ist unaufgebbar und soll auch an dieser Stelle nicht unterbleiben.

Wenn im Titel von *Königstraditionen* gesprochen wird, dann soll zugleich der subjektive Aspekt der *traditio* und der objektive des *traditum* auf den Begriff gebracht werden. Vermieden wird der regelmäßig und inflationär benutzte Terminus *Königsideologie*, weil er tendentiell pejorativ und definitorisch nicht konsensfähig ist[4]. Sofern von *König*straditionen die Rede ist, liegt eine Begrenzung des Herrscherbegriffs vor, der grundsätzlich die Assoziation von Vermögen, (Voll)Macht und Gewalt(tätigkeit) mitschwingen läßt. Die Bedeutung des Königtums für das Alte Testament läßt sich nicht zuletzt daraus ersehen, daß Nominal- und Verbalbildungen von der Wurzel *mlk* zu den dritt- bzw. vierthäufigsten Lexemen gehören. Entgegen der üblichen Reihenfolge – zuerst Babel, dann Bibel – soll mit dem alttestamentlichen Befund eingesetzt werden. DELITZSCH ruft an einer Stelle seines Vortrags emphatisch aus: „Jetzt, da die Pyramiden sich geöffnet und die assyrischen Paläste sich aufgethan, erscheint das Volk Israel und sein Schrifttum als der jüngsten eines unter den Nachbarn"[5]. Diese richtige Erkenntnis sollte nicht zu falschen Schlußfolgerungen führen: Der wissenschaftliche Diskurs darf keiner entwicklungsgeschichtlichen Suggestion erliegen, die ein Abbild dem Urbild und eine Kopie dem Original gegenüberstellt, ohne die möglichen Brechungen zu bedenken, die in verschiedenen Spielarten von Übernahme, Anpassung, Ablehnung und indirekter Berührung bestehen können.

I.

Nach dem Ende des altisraelitischen Königtums[6] beschreibt Thr 4,17-20 impressionistisch die Zeit der Katastrophe und schließt mit den Worten: „Unser Lebensatem (רוח אפינו), der Gesalbte Jahwes, wurde gefan-

---

3　　Wagner 1978, 787.

4　　Definitionsversuche bei Kloft 1979, 1-24. Auch die in der ägyptologischen Forschung verwendete Bezeichnung *Königsdogma* eignet sich nicht; sie wirft zwar weniger Definitionsprobleme auf, verwehrt aber dem begrenzt freien Spiel traditionsgebundener Kräfte ebenfalls jeglichen Raum.

5　　Delitzsch 1902, 4f.

6　　Von den vielen Arbeiten zum Königtum sind hervorzuheben: Alt 1964, Bernhardt 1961, Cazelles 1973, Frankfort 1948, Gunneweg/Schmithals 1980, Herrmann 1969, Ishida 1977, Johnson 1967, Lang 1988, Macholz 1972, Mettinger 1976, Noth 1966, L. Schmidt 1970. 1982. 1990, Soggin 1967, Talmon 1979, Veijola 1975, Westermann 1974, Whitelam 1979, Widengren 1955.

gen in ihren Gruben, von dem wir sagten: In seinem Schatten werden wir leben unter den Völkern" (4,20). Sollte diese Einschätzung der königlosen Zeit realistisch sein, und daran ist kaum zu zweifeln, dann ist das Königtum nicht, wie in der Forschung oft behauptet, eine für Israel wesensfremde Episode gewesen[7]. Es war allerdings nicht vom Himmel auf die Erde heruntergekommen, wie eine sumerische Königsliste für den mesopotamischen Bereich programmatisch feststellt[8]. Man war sich in Israel der geschichtlichen Wurzeln bewußt, die entgegen verbreiteter Meinung nicht nur in der Philistergefahr zu suchen sind, sondern auch in sozio-ökonomischen Veränderungen beim Übergang von der Bronze- zur Eisenzeit einen Nährboden hatten[9]. Daß institutionelle Vorbilder existierten, wird in den Texten ausdrücklich vermerkt (Dtn 17,14; 1 Sam 8,5.20), welche das aber waren, bleibt offen. Wird die radikale, aber noch längst nicht gesicherte Meinung in Betracht gezogen, daß Israel und Juda als Regionalstaaten erst im 9. bzw. 7. Jahrhundert entstanden[10], dann gewinnt die Annahme einer strukturellen Analogie des frühen Königtums zu kanaanäischen Stadtstaaten[11] an Plausibilität.

Wie auch immer: Ob schon unter David und Salomo mit Staatengebilden, die auf territorialer Grundlage beruhen und zentral regiert wurden, gerechnet werden kann oder nicht, die Erzähltradition läßt den Übergang von der sog. Richter- zur Königszeit durch Kontinuität[12] und Innovation geprägt sein. Dort werden Otniel (Ri 3,10), Gideon (Ri 6,34), Jiftach (Ri 11,29.32) und Simson (Ri 13,25 u.ö.) mit dem Geist (רוח) Jahwes begabt und damit zur Herrschaft befähigt, die zeitlich und örtlich begrenzt ist. Hier wird mit Saul das Charisma verzeitlicht und zum dauerhaften Amt in Beziehung gesetzt (1 Sam 10,6.10; 11,6f; vgl. aber auch 1 Sam 16,13f). Hier wie dort sind Funktionsbezeichnungen wie *Herrscher, Richter, Retter* parallel und zum Teil austauschbar[13]. Wahrscheinlich sollte damit das Königtum an andere Herrschertraditionen – oder umgekehrt – rückgebunden werden, die Beziehung ist also eher literarischer Art. Leider sprechen die Königstexte – von dem Zukunftsherrscher in Jes 11,2 abgesehen – nur bei Saul und David von einer

---

7   Dagegen wendet sich zu Recht mit Nachweisen Smend 1983, 248f mit Anm. 18; so auch Talmon 1979, 3-26.

8   TUAT 1982-1985, 328-337, hier 330.

9   Thompson, 1992, 215-300.

10   So Thompson, 1992, 401-423.

11   Vgl. L. Schmidt 1990, 327f.

12   Das Verbindende zwischen Königtum und „social leadership in Israel from its very beginning" betont Talmon 1979, 935ff.

13   Einzelnachweise bei Talmon 1979, 16.283. Ausführlich Niehr 1986, 79-312; vgl. auch Seybold 1984, 938f.

Geistbegabung, die möglicherweise bei der Königssalbung mitzudenken ist[14]. Einen unterschiedlichen Akzent setzt die Überlieferung, wenn bei Saul durch schuldhaftes Verhalten anders als bei den charismatischen Rettern (vgl. Ri 14,3f) die Aufhebung der Geistzuwendung festgestellt wird (1 Sam 13,13f; 15,10-28). Neu im Zusammenhang des Königtums ist nach der Erzähltradition auch die Salbung. In der Ätiologie von 1 Sam 16,1-13 ist sie ein Akt göttlicher Erwählung und Beauftragung, am Ende der Thronnachfolgeerzählung in 1 Kön 1,28-40 ein Vorgang, der Sakralität und Rechtsgültigkeit bewirkt[15].

Mit der Salbung, die ihren literarischen Schwerpunkt in der deuteronomistischen Tradition und in der Psalmenüberlieferung Jerusalems hat, wird das sakrale Königtum legitimiert und die enge Bindung des immunisierten Königs an Jahwe zum Ausdruck gebracht[16]. Die durch polemische Verzerrungen belastete Diskussion um Sakralität und Göttlichkeit des Königs[17], bei der oft nur unzureichend die Verschiedenheit von Kulturbereichen und Geschichtsepochen berücksichtigt wird, sollte darin einen gemeinsamen Nenner finden, daß unter religionsgeschichtlichem Aspekt das Königtum zu allen Zeiten und an allen Orten eine religiöse Bedeutung hatte[18]. Schwierig wird die Frage vor allem dann, wenn die kategorialen und funktionalen Dimensionen erörtert werden.

Für das Nordreich Israel liegt nicht sehr viel Material vor[19]. Wie im Südreich Juda, besser gesagt: in Jerusalem Herrschaft reflektiert wurde, ist dagegen aus vielen Textkomplexen bekannt. Häufig sind die Trägerkreise der Überlieferungen nur aus Rückschlüssen zu gewinnen, die dann besonders auf den Königshof selbst und auf Kult und Prophetie weisen. Legitimierende und stabilisierende Faktoren fand das Königtum in Jerusalem, der *Gründung (des Gottes) Šalem*, vor, wo im Rückgriff

---

14 Dazu Mettinger 1976, 233-253, der mit literarkritischen Argumenten einen ursprünglichen Zusammenhang zwischen Salbung (1 Sam 10,1) und Geistbegabung (1 Sam 10,2-7. 10-13a) bestreitet.

15 Kutsch 1963, 52ff. Zur Salbung als Bestandteil eines Königsrituals vgl. Seybold 1984, 944f.

16 Syntaktisch wird das durch Constructus-Verbindungen bzw. suffigierte Formen von משׁחה realisiert (vgl. aber Dan 9,25f). Für Einzelheiten zur Salbung als königstheologischem Thema sei auf Seybold 1986, 46-59, verwiesen.

17 Einschlägige Probleme und die ihnen gewidmete Literatur nennt Seybold 1984, 946f.

18 Lanczkowski 1990, 323-327. Für den Israel unmittelbar benachbarten Raum läßt sich das sakrale Königtum durch westsemitische Inschriften belegen, s. KAI 10,2; 202A, 3; 214,2f.

19 Die übliche Fehlanzeige (z.B. L. Schmidt 1990, 328) ist korrekturbedürftig. Zu den königskritischen Implikationen des Jerobeam-Aufstands und der Elia-Erzählungen s. Albertz 1992, 215f und 236ff.

auf die Tradition vom Priesterkönig Melchisedek (Gen 14,18; Ps 110,4) mit seinem auf den Gott Ṣdq (Gerechtigkeit) bezogenen Namen das sakrale Stadtkönigtum der Davididen durch eine Allianz von Tempel und Hof propagiert und in seiner Wirkung auf das Heil des Volkes zugespitzt werden konnte.

Die Herrschermacht ließ sich nicht nur auf dem subtilen Weg der literarischen Kommunikation vermitteln. In jener Zeit, als sich im Nordreich das Königtum als staatliche Herrschaftsform zu konsolidieren begann, fanden im palästinischen Kunsthandwerk vor allem ägyptische Herrschaftssymbole, zum Teil mit vorderasiatischen Elementen vermischt, verstärkt Eingang, während im öffentlichen Bereich, d.h. bei Palästen, Verwaltungsgebäuden und Befestigungen, Monumentalbauten entstanden, die neben Verteidigungsaufgaben auch der Machtdemonstration dienten[20]. Dies konvergiert mit einer Textgruppe, in der Herrschaft positiv bewertet wird, weil sie „Herrschaft als göttliche Heilsveranstaltung"[21] versteht: In den sog. Königspsalmen[22], die zum Teil aus der Königszeit stammen und später überarbeitet wurden, zum Teil aber auch erst nachexilisch entstanden[23], wird eine mit der Wirklichkeit auch nicht nur ansatzweise in Deckung zu bringende Weltherrschaft des Jerusalemer Königs proklamiert (Ps 2,8; 18,44-49; 45,6; 72,8-11; 89,26-28). Aber gerade wegen dieses Defizits greift eine Erklärung, die sich in einen altorientalischen *Hofstil* flüchtet[24], zu kurz, denn hier wird keine bescheidenere Wirklichkeit in hybrider Anmaßung aufgewertet oder gar mit dem Paradigma einer *orientalischen Despotie*[25] kompensiert. Herrschaft und Heil sind nicht identisch, sondern aufeinander

---

20 Im Blick auf die Eisen IIB-Zeit (etwa 925/900-850 v. Chr.) erbringt Weippert, 1988, 507-559, bes. 510-517, dafür den Nachweis; zum ikonographischen Befund s. Keel/Uehlinger 1993, 298-321, vgl. auch Whitelam 1986; für den assyrischen Bereich: Magen 1986.

21 So der Titel eines Abschnittes bei Gunneweg/Schmithals 1980, 19. Albertz 1992, 174-190, sieht vor allem zwei Konfliktbereiche: „erstens die Monopolisierung der Gottesbeziehung Israels durch das Königtum und zweitens die enge Verquickung Jahwes mit der staatlichen Macht" (184). Ob allerdings „der ursprüngliche Impuls" von Jahwe als „Symbol der Befreiung von staatlicher Unterdrückung" (185) von den Hoftheologen ins Gegenteil verkehrt wurde, ist eher zweifelhaft, weil nicht schon für die frühe Königszeit mit einer Dominanz der Exodustradition zu rechnen ist; vgl. Assmann 1992, 71-82.

22 Welche Psalmen zu dieser Gruppe gehören, ist aufgrund fehlender Gattungsmerkmale umstritten, s. zur Forschungsgeschichte Loretz 1988, 1-13.

23 Loretz 1988, 209-221; vgl. auch Spieckermann 1989, 217.

24 S. dazu Wagner 1984, 869.

25 Zur Zurückweisung der *orientalischen Despotie* (K.A. Wittvogel) als Erklärungsmuster für höfische Herrschaft im Alten Orient, speziell Ägypten, s. Assmann 1992, 39-48.

bezogen, abgestuft und von Gott, Ordnung und Gerechtigkeit abhängig: Der König ist Gesalbter Jahwes (Ps 2,2; 20,7; 45,8), von ihm an seine Seite gestellt (Ps 110,1) und gekrönt (Ps 89,19f). Damit ist Herrschaft eine verliehene Amtsgewalt[26], die im Zusammenhang monotheistischer Tendenzen ein Gottesverständnis zur Voraussetzung hat, das eine nationale Ebene nicht nur erreicht, sondern transzendiert hat. Die Folgen göttlich beanspruchter Herrschaft können unmenschlich sein. Der Weg zwischen Universalisierung und Mißbrauch von Macht ist eine Gratwanderung: „Auch wenn es manchen schwerfallen mag, wir kommen wohl nicht darum herum, die Kriegs- und Friedenskonzeption der Jerusalemer Königs- und Tempeltheologie klar und ehrlich als das zu bezeichnen, was sie ist: als eine gefährliche machtpolitische Vereinnahmung Gottes, als Ideologie im strengen Sinn des Wortes, mit der sich jede Art von Eroberungskrieg rechtfertigen ließe"[27]. So zutreffend das nicht nur unter wirkungsgeschichtlichem Aspekt ist, für das Textverständnis müssen die Kautelen mitberücksichtigt werden, die freilich ihrerseits ideologisch deutbar sind.

Von fundamentaler Bedeutung ist die Gerechtigkeitsvorstellung[28], die in archaischen Kulturen wenig mit der blinden *iustitia* und viel mit einer distributiven Gerechtigkeit zu tun hat, Solidarität im weitesten Sinne auf den Begriff bringt und dabei Versorgung und Schutz einschließt.

In Ps 72, der herrschaftstheologischen Magna Charta des altisraelitischen Königtums, wird der Herrscher als Wohltäter in Natur und Geschichte mit geradezu theokratischen Kategorien beschrieben. Am Anfang und im Zentrum steht die Rechtswahrung des Königs speziell als Schutz des Schwachen und allgemein als Heil für Mensch und Natur:

> Er wird richten dein Volk in Gerechtigkeit (צדק)
> und deine Elenden mit Recht (משפט).
> Dann tragen die Berge Heil (שלום) für das Volk
> und die Höhen Gerechtigkeit (צדקה).
> Er wird richten (שפט) die Elenden des Volkes,
> er wird die Armen retten und den Bedrücker niedertreten.
> (...)
> Er ströme wie Regen herab auf die reife Frucht,
> wie Regenschauer, die die Erde benetzen.
> Die Gerechtigkeit (צדק, em. Text) blühe auf in seinen Tagen

---

26 Für die im römischen Denken beheimatete Unterscheidung zwischen *potestas* (Amtsgewalt) und *auctoritas* (Autorität) s. Gunneweg/Schmithals 1980, 7-18, bes. 13f.

27 Albertz 1983, 22.

28 Grundlegend ist Schmid 1968.

und Fülle des Heils (שלום), bis kein Mond mehr ist.
Er herrsche von Meer zu Meer,
vom Strom bis zu den Enden der Erden! (V. 1-8)

Die Wirkung des Heils, die sich mit einer grenzenlosen Herrschaft verknüpft, wird hier mediatisiert, sofern sie über eine gerechte Herrschaft
vermittelt ist. Nur scheinbar ist es der König unmittelbar, der *Schalom*
sprossen läßt und deshalb die Aufgaben eines befruchtenden Regens
erfüllen kann, denn nach V. 15f muß man für den König Segen erbitten,
damit es im Land Korn in Fülle gibt.

Wie seit langem bekannt ist, liegt in der Konzeption solidarischer
Gerechtigkeit orientalisches Gemeingut vor. Der gegenüber *kittu ū
mīšaru*[29] (Wahrheit und Recht) und משפט וצדקה (Recht und Gerechtigkeit)
weitere Begriff der ägyptischen Ma'at, bei dem als Kernbedeutung
Gerechtigkeit[30] anzusetzen ist, konkretisiert sich im Zusammenhang der
königlichen Heilsökonomie in drei Aspektebenen: „1. Versorgung und
Fülle, 2. Wahrheit und Gerechtigkeit (Vertrauen, Sicherheit, Frieden,
Ordnung, Verständigung) und 3. Fortdauer, Beständigkeit, Unsterblichkeit"[31]. So kann z.B. Ramses III. von sich sagen, daß er die Ma'at
verwirklicht und damit das Land versorgt und die Schwachen geschützt habe.

> Ich habe das ganze Land am Leben erhalten,
> Fremde, Untertanen,
> *p't*-Leute und *ḥmmt-Leute,*
> Männer und Frauen.
> Ich errettete jedermann von seinem Vergehen (*bt'*),
> ich gab ihm Luft;
> ich errettete ihn vor dem Starken, der ihn unterdrückte.
> Ich stellte jedermann an seinen Platz in ihren Ortschaften,
> ich belebte die Anderen in der Halle der Unterwelt[32].

Einen entsprechenden Gerechtigkeitsbegriff kennen auch die Keil-
schriftrechte. Sie haben in den Rahmenteilen der Rechtskodizes schon
im 3. Jahrtausend eine Prologstruktur, die mit der theologischen Begründung der Königsherrschaft und der Mitteilung politischer Erfolge
und sozial-politischer Aktivitäten ein wiederkehrendes Schema auf-

---

29 Cazelles 1973, 60-62, arbeitet weitere Nuancierungen heraus.
30 Assmann 1990, 33f. Damit ist der Weltordnungsgedanke, den Schmid 1966 mit der
    Gerechtigkeitsidee verbunden hat, nicht aufzugeben, aber die Formel „Gerechtigkeit
    als Weltordnung" müsse in ihrer logischen Beziehung umgekehrt werden: „Welt-
    ordnung als Gerechtigkeit".
31 Assmann 1990, 226.
32 pHarris I 78. 13-79. 1, zitiert nach Assmann 1990, 231.222-231 weitere Texte.

weisen[33]. Ausgeführt liegt das im Prolog des Kodex Hammurapi vor, in dem zunächst Einsetzung und Aufgabe Marduks, des Stadtgottes von Babylon, genannt und dann mitgeteilt wird:

> Damals haben mich, Hammurapi, den frommen Fürsten, den Verehrer der Götter, um Gerechtigkeit im Lande sichtbar zu machen, den Bösen und Schlimmen zu vernichten, den Schwachen vom Starken nicht schädigen zu lassen, dem Sonnengott gleich den „Schwarzköpfigen" aufzugehen und das Land zu erleuchten, Anu und Enlil, um für das Wohlergehen der Menschen Sorge zu tragen, mit meinem Namen genannt. Ich, Hammurapi, der von Enlil berufene Hirte, der Hülle und Fülle aufhäufte und alles Erdenkliche fertigstellte für Nippur-Duranki ...[34].

Auch hier wird dem Königtum eine fundamentale Heilsbedeutung zugeschrieben. Hammurapi, wie der davidische König als Hirte bezeichnet (Ez 34,23; 37,24), ist als „König der Gerechtigkeit"[35] Garant für den Bestand der Welt und die Sicherung des Lebensvollzugs: „Schöpfung und Staat sind darum nur zwei Aspekte desselben Phänomens; der Staat ist Heilsveranstaltung und der König hat die ‚messianische' Qualität des Heilsbringers, des Heilands"[36].

Der Vorstellungskomplex um die Gerechtigkeit als Königsheil ist nicht auf die Hochkulturen am Nil und am Euphrat bzw. Tigris beschränkt. Er ist ebenfalls in der ugaritischen Religion bekannt, die wie die Religion des Alten Israel zur syrisch-palästinischen Landbrücke gehörte und alttestamentliche Verhältnisse mitgeprägt hat[37]. Unter den keilalphabetischen Texten, die aus der 2. Hälfte des 2. Jahrtausends stammen, ist vor allem das leider nicht vollständig erhaltene Keret-Epos[38] zu nennen, in dem es um das tragische Geschick des Königs Keret geht, dem Nachkommenschaft versagt, bzw., wenn er sie erhält, wieder genommen wird. Aus dem Epos sind die Aufgaben und Pflichten des ugaritischen Königs bekannt geworden. Als Keret krank wird, fordert ihn sein Sohn auf, von seinem Amt zurückzutreten, weil notwendige Tätigkeiten unbewältigt bleiben. Aus den aufgezählten Unterlassungen ist eine Art Fürstenspiegel rekonstruierbar, der dem entspricht, was bisher genannt wurde. Der Sohn zählt auf[39]:

---

33 Otto 1991, 153ff.
34 Übersetzung nach TUAT 1982-1985, 40f.
35 Renger 1975/76, 228-235.
36 Gunneweg/Schmithals 1980, 22.
37 Loretz 1990.
38 KTU 1.14-1.16
39 KTU 1.16 VI 43-54a. Übersetzung nach Dietrich/Loretz 1986, 126.

Wie der ärgste Gewalttäter handelst du ungerecht,
und einem Unterdrücker bist du ähnlich, gleich geworden!
Du hast deine Hand in Trägheit untätig gelassen:
Du sprichst nicht der Witwe Recht (*dn*),
du gewährst nicht dem Verzagten Rechtsanspruch (*tpt*),
du vertreibst nicht, die den Armen ausrauben,
du speisest nicht bei dir die Waisen,
noch in deiner Nähe die Witwen.
Wahrlich, du hast dich ans Krankenbett geklammert,
du siechst dahin im Krankenlager!
Steige herunter von deinem Königtum, damit ich herrsche,
von deiner Macht, damit ich selbst throne!

Es fehlt ein Textteil, der vielleicht darüber Auskunft geben könnte, ob eine beträchtliche Dürreperiode mit der Krankheit Kerets in Zusammenhang steht. Dies ist aber sehr wahrscheinlich[40], denn die Krankheit bedeutet, daß er von der Gottheit verlassen ist und damit nicht mehr Segensmittler sein kann. Die im Epos angesprochene Schönheit (vgl. Ez 28,12; Ps 45,2, auch 1 Sam 10,23) und Gesundheit des Königs sind nicht biographische, sondern theologische Topoi, die eine ungestörte Beziehung zwischen Gottheit und König zum Ausdruck bringen[41]. Auch in der kanaanäischen Vorstellung stehen Verhalten und Ergehen des Königs mit der Fruchtbarkeit des Landes in Verbindung: Im Aqhat-Epos[42] hat sein Tod Trockenheit und Unfruchtbarkeit zur Folge.

Die Oberflächenstruktur bei einem Vergleich zwischen den Königspsalmen und altorientalischen Vorstellungen im Blick auf den Herrscher als Wohltäter scheint homogen zu sein. Das gilt im Grunde genommen auch noch, wenn man bedenkt, wie nahe der König an Jahwe herangerückt werden kann: Vielleicht im Rahmen einer Inthronisationsfeier wird Jahwe in Ps 21,4-7 mit den Worten angeredet:

Fürwahr, du begegnest ihm (scil. dem König) mit Segen und Glück,
setzt auf sein Haupt eine goldene Krone.
Leben erbat er von dir, du hast es ihm gegeben,
Länge der Tage für immer und ewig.
Groß ist sein Ruhm durch deine Hilfe, Hoheit und Pracht legst du ihm an.
Fürwahr, du machst ihn zum Segen für immer,
erfreust ihn mit Wonne von (em. Text) deinem Angesicht.

Jahwe überbietet mit seiner Gabe den Wunsch des Königs maßlos:

---

40 So z.B. De Moor, 1987, 216; Dietrich/Loretz 1986, 123; Ringgren 1984, 933 u.a.

41 Dietrich/Loretz 1986, 123. Das gilt entsprechend für die Königspsalmen, s. Spieckermann 1989, 217f.

42 KTU 1.17-1.19, zum Zusammenhang von Tod und Trockenheit/Unfruchtbarkeit KTU 1.19 I 18f.

„denn ‚Länge der Tage' ist Ewigkeit, Zeit, die nicht vergeht, die an-
fangs-, ausdehnungs- und endlose Allgegenwart Jahwes selbst (vgl. Ps
23,6; 93,5). An nichts Geringerem als an dieser Qualität erhält der König
Anteil. Als Mensch, der er ist und bleibt, zieht Jahwe ihn – nur dialektisch faßbar – in seine allernächste Nähe"[43].

Was es heißt, daß der König Segensmittler für andere wird (Ps
21,7), präzisieren die schon genannten Bitten für den König in Ps 72, in
dem sich die besondere Nähe zu Gott, die sich gleichsam im Schöpfungshandeln des Königs manifestiert, ebenso niedergeschlagen hat
wie in Ps 89. Der König nennt in Ps 89,27 Jahwe seinen Vater, seinen
Gott (אל) und Fels seiner Rettung (ישועה). Wiederum liegt eine dialektische Sicht vor: Der König ist einerseits von Gott abhängig, hat aber
andererseits eine schöpfungsrelevante Machtfülle. Wird zunächst im
ersten Teil des Psalmes (V. 1-19) das Schöpfungshandeln Jahwes beschrieben, der als Bezwinger des im Meeresdrachen Rahab gegenwärtigen Chaos gefeiert wird, so steht im zweiten Teil (V. 20-38) die Erwählung und Einsetzung des Gesalbten Jahwes im Zentrum. Angesichts
einer Vater-Sohn-Beziehung läßt der Beter Jahwe im Blick auf den König sagen: „Ich lege seine Hand auf das Meer, über die Ströme herrscht
seine Rechte" (V. 26). Die Spannung in der Parallelität und Austausch-
barkeit göttlicher und menschlicher Handlung ist nicht zu übersehen.
„Aber wenn auch die Mittlerstellung des Herrschers mehr als sonst
hervorgehoben wird, so ändert das doch nichts daran, daß auch hier
irdische Herrschaft als göttliche Heilsveranstaltung proklamiert wird,
und mag auch der König Gott ‚mein Vater' nennen und ihm als Sohn
untertan sein, so verringert dies seine irdische Machtfülle nicht im geringsten"[44].

Als grundsätzliches Problem stellt sich die Bedeutung der Filiati-
onsangaben. Was ist gemeint, wenn vom *Sohn Gottes* die Rede ist? Daß
mit dem Sohnesbegriff im Hebräischen nicht nur physische Nachkommenschaft im Blick ist, sondern auch eine Zugehörigkeit im weiteren
Sinne, mag als Erklärung für 2 Sam 7, den *locus classicus* der davidischen Herrschafts- und Dynastiezusage, hinreichend sein[45], versagt
aber bei der Formulierung in Ps 2, der dem Herrscher wie in Ps 72 eine

---

43 Spieckermann 1989, 213.
44 Gunneweg/Schmithals 1980, 36.
45 Die Formulierung „Ich will für ihn Vater sein, und er wird für mich Sohn sein" (2
    Sam 7,14) erinnert im Zusammenhang der gesamten Proklamation an den Davids-
    bund (vgl. 2 Sam 23,5; Ps 89,4f u.a.) und die sog. Bundesformel (Jer 11,4 u.a.). Sie be-
    absichtigt „die Integration der Davidverheißung in den ‚Israelbund'" (Waschke
    1987, 167). Zu den verschiedenen Überlieferungsstufen von 2 Sam 7 in ihrem Ver-
    hältnis zur Königstheologie und Gottesbeziehung Israels s. Albertz 1992, 177-181.

Weltherrschaft zusagt. Der König als Sprecher des Psalms zitiert Jahwe: „Er sprach zu mir: Mein Sohn bist du, *ich* bin es, der dich heute gezeugt hat" (V. 7). Diese Aussage hat viel exegetische Anstrengung gekostet, um den König wieder von Jahwe wegzurücken, zu dem der Psalm ihn ganz offensichtlich hinzieht. Das *heute* als Erklärungsschlüssel dafür zu benutzen, daß die Formulierung nicht im Sinne eines mythisch-physischen Vorgangs zu verstehen ist[46], verkennt die syntaktische Struktur des Verses[47]. Die gleichermaßen verhüllende wie aufdeckende Sprache bringt mit der Metaphorik zum Ausdruck, was als religiös-mystische Wahrheit anders nicht sagbar schien. „Israel sah in dem Königwerden auf dem Zion eine reale Geburt durch den auf dem Zion thronenden Weltenkönig, der hier in diese Welt und Erde eingetreten war und Wohnung genommen hatte"[48].

Was also im Grunde genommen auf dem Spiel steht, ist die Menschlichkeit des Königs. Sollte man in Israel *königstheologisch* gedacht und mit einer Göttlichkeit des Herrschers gerechnet haben, wäre das Theologumenon vom *messianischen Schöpfer* in Ps 72 und 89 leichter verständlich und eine Spannung zwischen Gottesherrschaft und Menschenherrschaft gewissermaßen aufgelöst. In diesem Zusammenhang ist Ps 45,7 semantisch auffällig. In V. 2-6 ist vom König die Rede, der von Gott gesegnet wird und in den Kampf zieht für Wahrheit/Treue (אמת) und Recht (צדק). Dann fahrt V. 7 fort: „Dein Thron, אלהים, steht für immer und ewig, das Zepter deiner Herrschaft ist ein gerechtes (מישר) Zepter". Man kommt kaum daran vorbei zu übersetzen: „dein Thron, *Gott*, steht für immer und ewig"[49]. Der Befund ist aber nicht eindeutig, denn אלהים könnte als eine Art theokratische Korrektur eingeschoben worden sein, „weil man in der Spätzeit die Aussage über die ewige Gründung des Thrones, bezogen auf den irdischen König, nicht mehr

---

46 Eine ausführliche Diskussion, auch unter religionsgeschichtlichem Aspekt, bei H.-J. Kraus 1989, 150-153. Die bevorzugte Erklärung, Ps 2,7 liege eine Adoptionsvorstellung zugrunde, ist nicht besonders überzeugend, weil für das übrige Alte Testament eine entsprechende Rechtsvorstellung nicht nachweisbar ist, s. dazu Donner 1969.

47 Die Wiedergabe der *Einheitsübersetzung:* „Er sprach zu mir: Mein Sohn bist du. Heute habe ich dich gezeugt« entmythisiert mit der Betonung des *heute* und folgt damit sozusagen der mesopotamischen Auffassung, s. Colpe 1983, 23-27. Im hebräischen Text liegt der Nachdruck auf dem explizit genannten Personalpronomen אני.

48 Gese 1971, l38.

49 Eine Abschwächung in „dein Thron, o Göttlicher ..." ist ebenso unangemessen wie die Annahme einer elliptischen Sprachfigur: „Dein Thron ist (wie) der (Thron) Gottes" bzw. einer superlativischen Verwendung von אלהים: „dein göttlicher Thron" im Sinne von „dein machtvoller Thron". Kraus 1989, 486f, erwägt die drei Möglichkeiten und entscheidet sich bei der Übersetzung für die erste.

ertrug"[50]. Das Problem eines Gott-Königtums hängt allerdings nicht nur von einer textkritischen Entscheidung zu Ps 45,7 ab! Es muß an dieser Stelle noch einmal ein Blick auf die altorientalischen Verhältnisse geworfen werden.

II.

Die Akten zu einem für den gesamten Orient – auch Israel einschließenden – einheitlichen Kultschema *(sacral/divine kingship-pattern)* sind zwar geschlossen[51], aber die Annahme eines uniformen göttlichen Sakralkönigtums ist damit nicht hinfällig geworden, auch wenn in neuerer Zeit vor allem in der ägyptologischen und assyriologischen Forschung die Besonderheiten in den Anschauungen des sakralen Königtums deutlicher hervorgehoben werden. Im Bewußtsein, diese Warnung gewissermaßen zu konterkarieren, sollen einige typische Elemente zusammengetragen werden, die zur Profilierung der alttestamentlichen Überlieferungen dienen können.

Die besten Hinweise für *Syrien-Palästina* sind aus den ugaritischen Texten zu gewinnen, vor allem aus dem schon genannten Keret-Epos. In ihm werden Fragen angesprochen, die das Geschick des Königs, die göttliche Gerechtigkeit und die Unsterblichkeit von Königen betreffen. Nach einem neueren Textfund ist inzwischen gesichert, daß in Ugarit die Ahnen des Königshauses vergöttlicht und kultisch verehrt wurden. Die verstorbenen Angehörigen der Dynastie von Ugarit wurden angerufen und erhielten Opfer, damit sie dem Königshaus und der Stadt Lebenskraft *(šlm)* sicherten[52]. Bezeichnet werden die Verstorbenen als *Heilende (rp'm)*[53], die Fruchtbarkeit im weitesten Sinne – meistens Nachkommenschaft – ermöglichen. Die Auffassung von der Göttlichkeit der Königsahnen hat offenbar keine Schwierigkeiten bereitet, aber die der lebenden Könige. Als Keret gestorben war, wird geklagt:

---

50 Spieckermann 1989, 219 Anm. 22. Am weitesten geht in der neueren Literatur Lang 1988, der von einer „Vergöttlichung des Königs im vororthodoxen biblischen Israel" (59) spricht und in dem König „gewissermaßen eine göttliche Filiale" (45) sieht. Auf die altorientalischen Verhältnisse bezogen, benutzt Scharbert 1964, 64, für den König den Begriff *Talisman*.

51 Hentschke 1955, Noth 1966, Bernhardt 1961.

52 KTU 1.161. S. zu diesem Text Loretz 1990, 128-139, bes. 130ff, mit Literaturhinweisen zu dem auch für Fragen eines Totenkults wichtigen Text.

53 Einzelheiten und Zusammenhänge mit den alttestamentlichen רפאים als Totenbezeichnung bei Liwak 1993.

„Ist Keret nicht ein Sohn des El,
ein Kind des Gütigen und der Qudschu?"
Er trat zu seinem Vater hin,
er weinte und knirschte mit seinen Zähnen,
und rief weinend aus:
„Über dein Leben, unser Vater, freuten wir uns,
über deine Unsterblichkeit jubelten wir!
Nun klagen wir wie Hunde in deinem Palast,
wie Welpen am Eingang zu deiner Grube!
Oh Vater, sollst du wie die Sterblichen sterben?"[54]

Die Spannung ist deutlich. Weil der König ein Sohn Els ist, gehört er nach dem zitierten Text eigentlich auf die Seite derer, denen dauerndes Leben zusteht. Daß der klagende Protest vor dem Grabbau als der Stätte des königlichen Ahnenkults stattfindet, dürfte kein Zufall sein! In Ugarit scheint nicht ein Widerspruch zwischen göttlicher und menschlicher Herrschaft zum Problem geworden sein, sondern eine Spannung zwischen der Sakralität des lebenden und des verstorbenen Königs[55].

In den Hochkulturen Ägyptens und Mesopotamiens, in denen sich die imperialen Machtverhältnisse und die Stellung bzw. der Anspruch ihrer Herrscher entsprechen, ist der König – insgesamt gesehen – Mittler zwischen der Götter- und Menschenwelt. Dabei sind die unterschiedlichen Vorstellungen vom König als göttlichem Wesen, Träger numinoser Kräfte, Repräsentanten der Götter, Gottessohn, Heilsbringer, Fruchbarkeitsspender und Priester insgesamt korrelierende Möglichkeiten, um die Beziehung zwischen dem Herrscher und den Göttern auszudrücken und zu legitimieren.

Im Weltbild der *Ägypter* stand der König an zentraler Stelle. Sein ältester Titel verband ihn mit dem Himmelsgott Horus und schon seit der Frühzeit wurde er als *ntr nfr*, als *großer/vollkommener Gott* bezeichnet, „obwohl ihm die in modernen Sprachen selbstverständlichen Konnotationen von Unsterblichkeit oder Allwissenheit abgehen"[56]. Der Pharao konnte in der bildenden Kunst entsprechend der Größe der

---

54 KTU 1.16 I 9-18. Übersetzung des schwierigen und in Einzelheiten nicht sicheren Textes nach Loretz 1990, 204.
55 Vgl. auch Wyatt 1986. Healey 1984 bezieht die Vorstellung der Unsterblichkeit auch auf einige alttestamentliche Psalmen als Reflex ugaritischer Königsauffassungen. Kleven 1988 arbeitet für das ugaritische Verständnis eine Verschränkung von Historischem und Mythischem heraus und grenzt das alttestamentliche Königsbild als ausschließlich geschichtliches Phänomen davon ab.
56 Koch 1993, 49. Koch wendet sich wohl zu Recht gegen die in der ägyptologischen Forschung verbreitete Tendenz, bei der Göttlichkeit des Pharao zwischen Person und Amt zu unterscheiden, weil diese Unterscheidung eher neuzeitlichem Verständnis gerecht werde, Koch 1993, 73.

Götter bzw. in einer für die Darstellung eines Gottes typischen Mischung aus anthropomorphen und theriomorphen Bestandteilen abgebildet werden[57]. „Es ist das Spezifikum der ägyptischen Königsvorstellung, daß sie frühzeitig zur brennpunktartigen Zusammenfassung und Personalisierung göttlicher Macht geführt hat"[58]. Dabei lassen sich durchaus unterschiedliche Formen von Konstellationen des polymorphen göttlichen und menschlichen Wesens im Pharao erkennen. Aus offiziellen Inschriften und volkstümlichen Erzählungen geht hervor, daß er als Mensch auch Bittsteller, also von den Göttern abhängig war[59]. Erst am Ende des Neuen Reiches wurde ein Königskult eingerichtet, der sich allerdings weniger auf die Person des als Abbild und *vicarius dei* verstandenen Pharao als auf seine Standbilder bezog, für die die Kolossalstatuen Ramses' II. ein markantes Beispiel sind[60].

Für Ägypten war die gesamte Geschichte ein kultisches Geschehen[61], das jeder König vollziehen mußte. Der Pharao zelebrierte die Geschichte. Mit seinem Tod geriet die Welt in eine soziale und kosmische Unordnung (*isfet*), durch die Thronbesteigung seines Nachfolgers wurde die seit Weltbeginn vorhandene kosmische, kultische und soziale Ordnung (Ma'at) wieder in Kraft gesetzt[62]. Seit der 4. Dynastie trat in der Königsauffassung neben die Theologie der Repräsentation die Vorstellung vom König als irdischem Sohn des Sonnengottes. Im Mythos von der *Geburt des Gottkönigs*[63] begrüßt der Gott Amun das neugeborene Kind mit den Worten: „Mein geliebter leiblicher Sohn, den ich eines Leibes mit mir (= mir zum Ebenbild) gezeugt habe"[64]. Es geht dabei um die öffentliche Proklamation der Gottessohnschaft, deren Zeugungsgeheimnis – darin Ps 2 nahe – auch mit Erwählung, Beauftragung und Unterweisung verknüpft sein konnte. So sagt der Gott Ptah zum König:

Ich bin dein Vater, der dich gezeugt als Gott
und alle deine Glieder als Götter
(...)
Ich mache dein Herz göttlich wie mich selbst,
ich erwähle dich, wäge dich, bereite dich,
daß dein Herz unterscheidungsfähig, dein Ausspruch treffend sei,

---

57　Altenmüller 1980.
58　Assmann 1979, 19.
59　Posener 1960, 77-88.
60　Wildung 1973.
61　Koch 1993,49 spricht von „Pansakralität" und „Sakralabsolutismus".
62　S. zu diesem Ordnungsgefüge Assmann 1990, 200-236 und passim.
63　Brunner 1964, Assmann 1982.
64　Assmann 1982, 17.

daß da nicht ist, was du nicht weißt.
Ich habe dich vollendet, heute und vormals,
daß auch du alle Menschen am Leben erhalten mögest durch deine Unterweisung.
Ich habe dich als König eingesetzt für alle Zeit,
als Herrscher, der ewig dauert;
ich habe deinen Leib aus Gold gegossen,
deine Knochen aus Eisen.
Ich habe dir jenes göttliche Amt gegeben,
daß du die beiden Länder als König beherrschst.
Ich habe dir den Nil gegeben
und dir die beiden Länder mit Reichtum erfüllt,
Nahrung, Speisen und Kostbarkeiten, wo immer du hintriffst.

Darauf antwortet der König:

Ich bin dein Sohn, du hast mich auf den Thron gesetzt,
du hast mir dein Königtum überwiesen,
du hast mich geschaffen nach deinem Bild,
du hast mir überwiesen, was du geschaffen hast.
Ich aber bin es, der doppelt alles Gute tut für dein Herz[65].

Mit dem Gottessohn verband sich die Hoffnung auf eine Heilswende
als Wiederherstellung und Sicherung von Zeit und Fruchtbarkeit sowie
eine globale Befriedung durch die Weltherrschaft des Pharao. In der
Gottessohnschaft wurde andererseits zunehmend die Abhängigkeit des
Sohnes vom Vater gesehen[66].

Wie in Ägypten hatte in *Mesopotamien*, d.h. bei den Sumerern und
den Assyrern bzw. Babyloniern, der König in der Gesellschaft eine
überragende Stellung als Mittler zwischen Göttern und Menschen.
Wurde der König in Ägypten seit der 18. Dynastie als *pr ʿ3 (großes Haus)*
bezeichnet, so hieß er im Sumerischen LU.GAL *(großer Mensch)*, der als
idealer Mensch galt, kräftig, schön, mutig und klug war und in kultischer Observanz und in sozialer Fürsorge seine vornehmsten Betäti-
gungsfelder hatte[67]. Das Problem der Göttlichkeit des Königtums stellt
sich auch hier. Zwar hatte schon am Ende des 3. Jahrtausends in der
sog. Ur III-Zeit Šulgi mit Anspruch auf Weltherrschaft nach seiner Vergöttlichung den Königsnamen mit dem Gottesdeterminativ *(DINGIR)*
schreiben lassen, göttliche Eltern in Anspruch genommen und die Be-

---

65   Übersetzung des als *Segen des Ptah* bezeichneten Textes nach Assmann 1976, 41f.
66   Koch 1993, 137-139.
67   Kramer 1974.

zeichnung *Gott seines Landes* getragen[68]. Aber von demselben König konnte auch distanziert im *Vergleich* zu einer Gottheit geredet werden[69]. Von den möglicherweise unterschiedlichen Formen der verschiedenen altbabylonischen Kleinstaaten abgesehen, ist in neuerer Zeit vermutet worden, „daß Göttlichkeit keine obligate Eigenschaft der Herrscher war, demnach auch keine Qualität *ex officio,* d.h. kein Ausfluß etwa der ihrem Amte inhärenten Göttlichkeit", sondern „viel mit dem Legitimationsbedürfnis, den Herrschaftsansprüchen und dem Wunsch nach Prestige zunächst der Dynastie von Isin, später auch einiger anderer Fürsten oder Dynastien zu tun gehabt zu haben"[70] scheint.

Nicht nur in jener frühen Zeit wurde in dem König ein *Hirte* gesehen, der „die Ernährung des Volkes, seine innere Ordnung und seinen Schutz gegen äußere Feinde zu gewährleisten"[71] hatte. Er war sozusagen der Mann von Gottes Gnaden, sein Reich war *in* dieser Welt, aber nicht *von* dieser Welt. Als Beauftragter der Götter verwirklichte er in der Verschränkung von göttlicher und weltlicher Herrschaft sein Königtum, indem er – wie der Prolog der Gesetzesstele Hammurapis zeigt – für materielles Wohl, gerechte Gesellschaftsordnung und erfolgreiche Kriege zu sorgen hatte. Er konnte allerdings, anders als es jedenfalls nach der Regel in Ägypten möglich war, gegenüber der göttlichen Ordnung versagen, wie der Text des *babylonischen Fürstenspiegels* zeigt[72]. Im Vordergrund stand der König als Agent der Götter, als Priester, Jäger und Feldherr, in Assyrien ein Fixpunkt für die überweltliche Legitimation des imperialen Gedankens als Manifestation des Göttlichen, wie sie nicht nur in Texten, sondern auch in zahlreichen Darstellungsformen der Bildkunst zum Ausdruck gebracht ist[73]. Die Fragen um Kongruenz, Verschränkung und Identifizierung von göttlicher und

---

68 Wilcke 1974, 178-180.

69 Nach seiner Vergöttlichung schreibt ein Beamter: „Mein König, dein Wort ist das Wort An's, das nicht geändert wird, die Schicksalsentscheidung, die du triffst, ist dir wie einem Gott in die Hand gelegt" (Wilcke, 1974, 179).

70 F.R. Kraus 1974, 242. Wenn Kraus allerdings das Sakrale des Königtums „nur in der gedanklich-liturgischen Sphäre" (247) beheimatet sieht, dann nimmt er eine kaum haltbare Trennung zwischen literarischer Fiktion und erlebter Wirklichkeit vor. – Gottessohnschaft war in Mesopotamien bekannt, aber nicht im physischen Sinne: „es könnte sich um ein Verehrungs- wie um ein Repräsentations- wie um ein Belehnungs- wie um ein Adoptivverhältnis [...] gehandelt haben" (Colpe 1983, 26); vgl. auch Fauth 1988.

71 F.R. Kraus 1974, 253.

72 TUAT 1990, 170-173. Dazu auch Scharbert 1964, 35-38. Für Ägypten läßt sich Kritik am Königtum erst in ptolemäischer Zeit mit der sog. Demotischen Chronik nachweisen, vgl. Assmann 1992, 41f.

73 Reade 1979, Magen 1986.

menschlicher Herrschaft sind nach den Texten zu urteilen nicht reflektiert worden. In der alttestamentlichen Überlieferung wurde diese Problematik erkannt und es wurde nach Antworten gesucht.

III.

Trotz einer Fülle von altorientalischen und alttestamentlichen Texten bleiben unsere Kenntnisse über das Königtum eine Abstraktion unbekannten Grades. Die zur Verfügung stehenden Hinweise repräsentieren nur einen Ausschnitt aus der Wirklichkeit, wahrscheinlich sogar einen recht einseitigen. Wie dachte die breite Bevölkerung über das Königtum? Hat etwa die Frau aus Tekoa, die sich bei David beklagte (2 Sam 14,1-24), die Reflexionen der Hoftheologen mitgetragen? Schon die erhaltene Textwelt läßt erkennen, daß die Meinungen geteilt waren oder besser gesagt: daß sich kein geschlossenes Verständnissystem durchsetzte. Auf die geschichtlichen Überlieferungen des Alten Testaments mit einem eher profanen und auf die Psalmen mit einem deutlicher religiösen Königtum lassen sich die Unterschiede aber nicht einfach verteilen. Es handelt sich immer um die *eine* Institution in ihren verschiedenen Erscheinungen. Die Königsauffassungen aus realen Lebensbezügen auszuschließen und in eine mythopoetische Ideenwelt bzw. in einen fiktiven altorientalischen Hofstil abzudrängen, ist unangemessen, auch wenn die literarische Sphäre der Hofetikette gewisse Vorstellungen potenziert haben sollte. Selbst in den Königspsalmen muß die Schwierigkeit der Vermischung zwischen göttlicher und menschlicher Herrschaft bewußt geworden sein. Formuliert wird so, daß Distanz gewahrt wird: „Die göttlichen Herrlichkeitsprädikationen sind in die königliche Sphäre eingegangen, ohne profan zu werden. Der irdische König ist durch Jahwes Segnung über alles Weltliche hinausgehoben, ohne göttlich zu werden"[74]. Die Angewiesenheit des menschlichen Herrschers auf Gott ist in den Psalmen vielfältig, wenn auch nur tastend zum Ausdruck gebracht[75].

Zum eigentlichen Gegensatz wurden die Herrschaft Gottes und die des Königs nur in der Geschichtstradition (Ri 8,23; 1 Sam 8,6f; 10,19; 12,12). Unabhängig von der Frage, ob schon früh mit einer antiköniglichen Bewegung gerechnet werden muß[76], ist das Problem zu beurtei-

---

74   Spieckermann 1989, 219.
75   Im einzelnen dazu W.H. Schmidt 1971, 452-461.
76   So Crüsemann 1978, anders L. Schmidt 1990, 329. Eine Systematisierung der kritischen Stimmen nach Traditionsbereichen bei W.H. Schmidt 1971.

len, inwieweit eine grundsätzliche Ablehnung der Institution Königtum vorliegt. In seiner Schärfe unvergleichbar ist im 8. Jahrhundert v. Chr. Hosea, der nicht nur auf das Ende einer Dynastie (so Am 7,9; 9,8), sondern des Königtums schlechthin blickt (Hos 1,4; 3,4) und ihm eine göttliche Legitimation (8,4) sowie Heilsfunktionen (13,10f) abspricht. Der König ist kein Heiland[77]. Die Urteile anderer Propheten sind moderater, weniger an Strukturen interessiert als am normativen Handeln bzw. Nicht-Handeln. Besonders deutlich wird das bei Jeremia, der Josia und Jojakim mit scharfen Worten kontrastiert, indem er sie der programmatischen Aussage von 1 Kön 3,6 entsprechend daran mißt, ob sie Recht und Gerechtigkeit (משפט und צדק/צדקה) verwirklicht haben (Jer 22,13-16). Umfassende Sorge für das Gemeinwohl, besonders für die Schwachen – nicht nur im Rechtsbereich –, wird vom König erwartet. Recht und Gerechtigkeit sind hier das Ziel der königlichen Aktivität, nicht das Mittel, das zum Heil führt. Beide sind nicht *autonom*, denn sie sind von der Jahweerkenntnis abhängig.

Damit ist ein entscheidender Punkt erreicht, der zum grundsätzlichen Vergleich mit altorientalischen Reflexionen herausfordert: Das Alte Israel hat mit dem gesamten Orient die Erfahrung geteilt, daß der König Gerechtigkeit und Wohlergehen im kosmischen, kultischen und sozialen Gefüge als Repräsentant Gottes/der Götter bewirkt und erhält. In den Prologen der keilschriftlichen Rechtskodizes garantiert der König zwar die Rechtswahrung für die Schwachen, in den eigentlichen Rechtssätzen findet das aber keinen Ausdruck. Rechtspraktisch wird jener Anspruch nur in den königlichen *mīšaru*-Edikten, die Akte der Amnestie sind, also eher Rechtsaufhebungen als Rechtssetzungen darstellen[78]. Eine grundlegende und folgenreiche Änderung liegt vor, wenn im altisraelitischen Recht die Gerechtigkeit aus dem soziopolitischen in den theopolitischen Bereich transponiert und das Recht so theologisiert wird: „Die Überwindung des Grabens zwischen Recht und Gerechtigkeit wird im Gegensatz zum altbabylonischen Recht der *mīšarum*-Akte nicht in einem zeitweiligen Außerkraftsetzen des Rechts zugunsten der Schwachen gesucht, sondern in der Aufforderung zu ethischem Handeln zugunsten der Armen im Rahmen des bestehenden Rechts. Wurde im Gegensatz zum altbabylonischen Recht, das dem König die Šamaš-Funktion der Rechtsdurchsetzung zuwies, im israeli-

---

77   Hos 13,10: hebr. יש׳, von der LXX mit einem Kompositum von σῴζειν wiedergegeben. *Soter*, Heiland, ist allein Jahwe (Hos 13,4; vgl. 1 Sam 10,27 mit 1 Sam 11,13). Zur Betonung der „Exklusivität des israelitischen Gottesverhältnisses" bei Hosea s. Albertz 1992, 266f. Bei Deuterojesaja ist später nur Gott *König* (Jes 52,7), ein judäisches Königtum hat keinen Raum mehr, *Gesalbter* ist nun der Perser Kyros (Jes 45,1).

78   Otto 1991, 151-159.

tischen Recht JHWH zum Subjekt der Rechtsdurchsetzung, so war das Recht in Israel auch davor geschützt, in staatlicher Organisation aufzugehen und ihr dienstbar zu werden"[79]. In Ägypten, wo Gott und König irdische Mächte sind und Herrschaft und Heil eine unlösbare Einheit bilden, fehlt wie in Mesopotamien eine religiöse Distanz zur Macht[80] und damit Kritik und Bindung des Königtums. Im Königsgesetz von Dtn 17,14-20 ist das anders: „Der König [in Ägypten] ist der ‚Garant' der Ma'at, nicht ihr Diener. Man kann ihn nicht an seiner ‚Ma'attreue' messen, so wie den israelitischen König an seiner Gesetzestreue. Ohne ihn gäbe es gar keine Ma'at, während die *Thora* sehr wohl ohne König besteht"[81].

Wenn das Heil ganz an Jahwe rückgebunden wird, der König nicht mehr Rechtswahrer und Segensmittler ist und eine Gottesbeziehung gleichsam nur als Schriftgelehrter hat, der wie alle anderen Israelitinnen und Israeliten der Thora unterstellt wird (Dtn 17,18-20), dann müssen auch andere Heilsmittler über den König hinaus obsolet werden: Die aus Ugarit vertraute Welt der vergöttlichten Ahnen, die in den Bereich der Lebenden heilend eingreifen, war auch in Israel bekannt. In dem einzigen ausführlichen Text, der sich mit dem Reich der Toten auseinandersetzt (Jes 14,4b-21), werden die Könige der Völker als Rephaim (רפאים) vorgestellt (V. 9). Die Bezeichnung, die auch an anderen Stellen für Tote verwendet wird[82], ist eine bewußte Verballhornung des Begriffs *rope'im* (רפאים; *Heilende*). In einem Glauben, in dem allein Jahwe der Heilende/Arzt[83] ist (Ex 15,26), hat der tote König als Heiland keinen Platz.

Mit dem Untergang der Monarchie wurden die Vorstellungen vom Herrscherheil nicht mitvernichtet. Die in vorexilischer Zeit entstandenen Königspsalmen wurden weiter tradiert und es entstanden neue Texte: eine Reihe von „Herrscherverheißungen"[84], die das Königsheil reaktivierten, zum Teil in potenzierter Form. In Jes 9,1-6 wird mit dem Herrscher dauerhaftes Heil (שלום) sowie Recht und Gerechtigkeit (משפט וצדקה) verknüpft. Seine Bezeichnung als Gottheld (אל גבור) wirkt paradox, sofern Gott selbst militärisch agiert und der König passiv bleibt. Damit deutet sich ein neuer Lösungsversuch im Blick auf den Wider-

---

79 Otto 1991, 167, vgl. Assmann 1992, 64-70.

80 Assmann 1992, 39-44.

81 Assmann 1990, 226f.

82 Einzelnachweise bei Liwak 1993. Eine Beziehung des Heilens zur Sicherung von Nachkommen liegt wie in Ugarit in Dtn 32,18; Ps 90,2 vor.

83 Zum Zusammenhang von Heilen, Retten und Rechtverschaffen s. Niehr 1991.

84 So die gegenüber *messianische Weissagungen* offenere und angemessenere Bezeichnung von Seebass 1992. Die Entstehungszeit bleibt umstritten.

spruch zwischen göttlicher und menschlicher Herrschaft an: In der Dialektik von Steigerung und Minderung wird die Spannung zwischen religiösem Anspruch und geschichtlicher Erfahrung verarbeitet und die Utopie der von Jesaja geforderten machtlosen Stärke (Jes 30,15) bekräftigt. Radikalisiert wird dieser Standpunkt, der nicht von allen Herrscherverheißungen mitgetragen wird, in Sach 9,9f, wenn auch nicht von einer „Ohnmacht des Messias"[85] gesprochen werden kann. Der Herrscher, der hier ausdrücklich König genannt wird und gerecht (צדיק) ist, muß seine Herrschaft in krassem Gegensatz zu vorlaufenden Königsauffassungen auf Hilfsbedürftigkeit (נושע) und Demut (עני) stützen. Seine Gerechtigkeit besteht darin, daß er Recht bekommt. Das Heil (שלום) bewirkt und sichert er nicht, sondern er verkündigt es wie ein Prophet. Eine radikale Umkehrung des Herrscherheils vollzieht das vierte *Gottesknechtslied* (Jes 52,13-53,12). In dem mit prophetischen und königlichen Zügen ausgestatteten *Knecht* (עבד) werden traditionelle Königsattribute negiert (53,2). Die Aporie der Verschränkung und Identifizierung von Gottes- und Menschenherrschaft, d.h. die Problematik einer Vermenschlichung Gottes und einer Vergöttlichung des Menschen[86], ist aufgelöst: Der leidende Knecht bewirkt paradoxerweise das Heil, indem er Schuld und Strafe anderer trägt (53,2-9). Schlaglichtartig tauchen nach der Negation des Königsheils erneut königliche Heilsaspekte auf, aber ohne König: Heilung, Leben aus dem Tod, Nachkommenschaft, langes Leben, Gerechtigkeit (53,10f). Der Herrscher als Wohltäter ist jetzt Jahwe allein, auch wenn das begrifflich nicht mehr fixiert wurde. Die Geschichte der folgenden Jahrhunderte im altorientalischen Raum ist darüber hinweggegangen und hat im hellenistischen Herrscherkult nicht verhindern können, daß Ptolemäer und Seleukiden mit dem Kultbeinamen Euergetes (Wohltäter) und Soter (Retter/Heiland)[87] bezeichnet und verehrt wurden.

Bibliographie

Albertz, R., 1983, Schalom und Versöhnung. Alttestamentliche Kriegs- und Friedenstraditionen, ThPr 18, 16-29.

Ders., 1992, Religionsgeschichte Israels in alttestamentlicher Zeit I (GAT 8.1), Göttingen.

---

85 W.H. Schmidt 1969 hat versucht, ein inneres Gefälle der Herrscherverheißungen nachzuweisen, s. dazu Seebass 1992, 75f.

86 Vgl. zu diesem Problem Gunneweg/Schmithals 1980, 51f und passim.

87 Nock 1951; s.auch Gunneweg/Schmithals 1980, 40-45.

Alt, A., ³1964, Das Königtum in den Reichen Israel und Juda (1951), in: Kleine Schriften zur Geschichte des Volkes Israel II, München, 116-134.

Altenmüller, H., 1980, Art. Königsplastik, in: LÄ 3, 557-610.

Assmann, J., 1976, Das Bild des Vaters im Alten Ägypten, in: H. Tellenbach (Hg.), Das Vaterbild in Mythos und Geschichte. Ägypten, Griechenland, Altes Testament, Neues Testament, Stuttgart/Berlin/Köln/Mainz, 12-49.

Ders., 1979, Primat und Transzendenz. Struktur und Genese der ägyptischen Vorstellung eines „höchsten Wesens", in: W. Westendorf (Hg.), Aspekte der spätägyptischen Religion (GOF.Ä 9), Wiesbaden, 7-42.

Ders., 1982, Die Zeugung des Sohnes. Bild, Spiel, Erzählung und das Problem des ägyptischen Mythos, in: J. Assmann/W. Burkert/F. Stolz, Funktionen und Leistungen des Mythos. Drei orientalische Beispiele (OBO 48), Freiburg, Schweiz/Göttingen, 13-61.

Ders., 1990, Ma'at. Gerechtigkeit und Unsterblichkeit im Alten Ägypten, München.

Ders., 1992, Politische Theologie zwischen Ägypten und Israel, Bonn.

Bernhardt, K.-H., 1961, Das Problem der altorientalischen Königsideologie im Alten Testament (VT.S 8), Leiden.

Brunner, H., 1964, Die Geburt des Gottkönigs (ÄA 10), Wiesbaden.

Cazelles, H., 1973, De l'idéologie royale, JANES 5, 59-73.

Colpe, C., 1983, Art. Gottessohn, in: RAC 12, 19-58.

Crüsemann, F., 1978, Der Widerstand gegen das Königtum (WMANT 49), Neukirchen-Vluyn.

Delitzsch, F., 1902, Babel und Bibel. Ein Vortrag, Leipzig.

Dietrich, M./O. Loretz, 1986, Kerets Krankheit und Amtsunfähigkeit (KTU 1.16 IV 30-38.43-54b), UF 17, 123-127.

Donner, H., 1969, Adoption oder Legitimation?, OrAnt 8, 87-119.

Fauth, W., 1988, Diener der Götter – Liebling der Götter. Der altorientalische Herrscher als Schützling höherer Mächte, Saec. 39, 217-246.

Frankfort, H., 1948, Kingship and the Gods. A Study of Ancient Near Eastern Religion as the Integration of Society and Nature, Chicago.

Garelli, P., 1982, La propagande royale assyrienne, Akkadica 27, 16-29.

Gese, H., 1971, Natus ex virgine, in: Ders., Vom Sinai zum Zion (BEvTh 64), München, 130-146.

Gunneweg, A.H.J./W. Schmithals, 1980, Herrschaft, Stuttgart/Berlin/Köln/Mainz.

Healey, J.F., 1984, The Immortality of the King. Ugarit and the Psalms, Or. 53, 245-254.

Hentschke, R., 1955, Die sakrale Stellung des Königs in Israel, ELKZ 9, 69-74.

Herrmann, S., 1969, Autonome Entwicklungen in den Königreichen Israel und Juda, in: VT.S 17, 139-158.

Johnson, A.R, ²1967, Sacral Kingship in Ancient Israel, Cardiff.

Ishida, T., 1977, The Royal Dynasties in Ancient Israel. A Study on the Formation and Development of Royal-Dynastic Ideology (BZAW 142), Berlin/New York.

KAI, ³1971 = H. Donner/W. Röllig (Hg.), Kanaanäische und aramäische Inschriften I. Texte, Wiesbaden.

Keel, O./C. Uehlinger, ²1993, Göttinnen, Götter und Gottessymbole (QD 134), Freiburg/Basel/Wien.

Kleven, T., 1988, Kingship in Ugarit (KTU 1.16 I 1-23), in: L. Eslinger/G. Taylor (Hg.), Ascribe to the Lord, FS P.C. Craigie (JSOT.S 67), Sheffield, 29-53.

Kloft, H. (Hg.), 1979, Ideologie und Herrschaft in der Antike (WdF 528), Darmstadt.

Koch, K., 1993, Geschichte der ägyptischen Religion, Stuttgart/Berlin/Köln.

Kramer, S.N., 1974, Kingship in Sumer and Akkad. The Ideal King, in: P. Garelli (Hg.), Le Palais et la royauté, Paris, 163-176.

Kraus, H.-J., ⁶1989, Psalmen (BK 15.1), Neukirchen-Vluyn.

Kraus, F.R, 1974, Das altbabylonische Königtum, in: P. Garelli (Hg.), Le Palais et la royauté, Paris, 235-261.

KTU, 1976 = M. Dietrich/O. Loretz/J. Sanmartin (Hg.), Die keilalphabetischen Texte aus Ugarit I (AOAT 24), Kevelaer/Neukirchen-Vluyn.

Kutsch, E., 1963, Salbung als Rechtsakt im Alten Testament und im alten Orient (BZAW 87), Berlin/New York.

Lanczkowski, G., 1990, Art. Königtum I. Religionsgeschichtlich, in: TRE 19, 323-327.

Lang, B., 1988, Der vergöttlichte König im polytheistischen Israel, in: D. Zeller (Hg.), Menschwerdung Gottes – Vergöttlichung des Menschen (NTOA 7), Freiburg, Schweiz/Göttingen, 37-59.

Lehmann, R.G., 1994, Friedrich Delitzsch und der Babel-Bibel-Streit (OBO 133), Freiburg, Schweiz/Göttingen.

Liwak, R., 1993, Art. רפאים repā᾽îm, in: ThWAT 7, 625-636.

Loretz, O., 1988, Die Königspsalmen. Die altorientalisch-kanaanäische Königstradition in jüdischer Sicht, I: Ps. 20, 21, 72, 101 u. 144. Mit einem Beitrag von I. Kottsieper zu Papyrus Amherst (UBL 6), Münster.

Ders., 1990, Ugarit und die Bibel, Darmstadt.

Macholz, G.C., 1972, Die Stellung des Königs in der israelitischen Gerichtsverfassung, ZAW 84, 157-182.

Magen, U., 1986, Assyrische Königsdarstellungen – Aspekte der Herrschaft. Eine Typologie (Baghdader Forschungen 9), Mainz.

Mettinger, T.N.D., 1976, King and Messiah. The Civil and Sacral Legitimation of the Israelite Kings (CB.OT 8), Lund.

De Moor, J.C., 1987, An Anthology of Religious Texts from Ugarit (Religious Texts Translation Series 16), Leiden.

Niehr, H., 1986, Herrschen und Richten. Die Wurzel *špṭ* im Alten Orient und im Alten Testament (fzb 54), Würzburg.

Ders., 1991, JHWH als Arzt. Herkunft und Geschichte einer alttestamentlichen Gottesprädikation, BZ 35, 3-17.

Nock, A.D., 1951, Soter and Euergetes, in: S.E. Johnson (Hg.), The Joy of Study, FS F.C. Grant, New York, 127-148.

Noth, M., ³1966, Gott, König, Volk im Alten Testament (1950), Gesammelte Studien zum Alten Testament (TB 6), München, 188-229.

Otto, E., 1991, Die Bedeutung der altorientalischen Rechtsgeschichte für das Verständnis des Alten Testaments, ZThK 88, 139-168.

Posener, G., 1960, De la divinité du Pharaon (Cahiers de la société asiatique 15), Paris.

Reade, J.E., 1979, Ideology and Propaganda in Assyrian Art, in: M.T. Larsen (Hg.), Power and Propaganda (Mes.(C) 7), Kopenhagen, 329-343.

Renger, J., 1975/76, Hammurapis Stele „König der Gerechtigkeit". Zur Frage von Recht und Gesetz in der altbabylonischen Zeit, WO 8, 228-235.

Ringgren, H., 1984, Art. מלך *mælæk*, in: ThWAT 4, 930-933.

Scharbert, J., 1964, Heilsmittler im Alten Testament und im Alten Orient (QD 23/24), Freiburg.

Schmid, H.H., 1968, Gerechtigkeit als Weltordnung. Hintergrund und Geschichte des alttestamentlichen Gerechtigkeitsbegriffs (BHTh 40), Tübingen.

Schmidt, L., 1970, Menschlicher Erfolg und Jahwes Initiative. Studien zur Tradition, Interpretation und Historie in den Überlieferungen von Gideon, Saul und David (WMANT 38), Neukirchen-Vluyn.

Ders., 1982, König und Charisma im Alten Testament, KuD 28, 73-87.

Ders., 1990, Art. Königtum II. Altes Testament, in: TRE 19, 327-333.

Schmidt, W.H., 1969, Die Ohnmacht des Messias. Zur Überlieferungsgeschichte der messianischen Weissagungen im Alten Testament, KuD 15,18-34.

Ders., 1971, Kritik am Königtum, in: H.W. Wolff (Hg.), Probleme biblischer Theologie, FS G. von Rad, München, 440-461.

Seebass, H., 1992, Herrscherverheißungen im Alten Testament (BThSt 19), Neukirchen-Vluyn.

Seybold, K., 1984, Art. מלך mælæḵ, in: ThWAT 4, 933-956.

Ders., 1986, Art. משׁח māšaḥ, in: ThWAT 5, 46-59.

Smend, R., 1983, Der Ort des Staates im Alten Testament, ZThK 80, 245-261.

Soggin, J.A., 1967, Das Königstum in Israel. Ursprünge, Spannungen, Entwicklung (BZAW 104), Berlin.

Spieckermann, H., 1989, Heilsgegenwart. Eine Theologie der Psalmen (FRLANT 148), Göttingen.

Staubach, N., 1990, Art. Königtum III. Mittelalter und Neuzeit, in: TRE 19, 333-345.

Talmon, S., 1979, Kingship and the Ideology of the State, in: A. Malamat (Hg.), The Age of Monarchies II. Culture and Society (WHJP 4/2), Jerusalem, 3-26.279-285.

Thompson, Th.L., 1992, Early History of the Israelite People. From the Written and Archaeological Sources (Studies in the History of the Ancient Near East 4), Leiden.

TUAT, 1982-1985 = O. Kaiser (Hg.), Texte aus der Umwelt des Alten Testaments I. Rechts- und Wirtschaftsurkunden. Historisch-chronologische Texte, Gütersloh.

TUAT, 1990 = O. Kaiser (Hg.), Texte aus der Umwelt des Alten Testaments III.1 Weisheitstexte I, Gütersloh.

Veijola, T., 1975, Die ewige Dynastie. David und die Entstehung seiner Dynastie nach der deuteronomistischen Darstellung (AASF Ser.B, 193), Helsinki.

Wagner, S., 1978, „Biblische Theologien" und „Biblische Theologie", ThLZ 103, 785-798.

Ders., 1984, Das Reich des Messias. Zur Theologie der alttestamentlichen Königspsalmen, ThLZ 109, 865-874.

Waschke, E.-J., 1987, Das Verhältnis alttestamentlicher Überlieferungen im Schnittpunkt der Dynastiezusage und die Dynastiezusage im Spiegel alttestamentlicher Überlieferungen, ZAW 99, 157-179.

Weippert, H., 1988, Palästina in vorhellenistischer Zeit (Handbuch der Archäologie. Vorderasien II.1), München.

Westermann, C., 1974, Das sakrale Königtum in seinen Erscheinungsformen und seiner Geschichte, Forschungen am Alten Testament. Gesammelte Studien II (TB 55), München, 291-308.

Whitelam, K.W., 1979   The Just King. Monarchical Judicial Authority in Ancient Israel (JSOT.S 12), Sheffield.

Ders., 1986, The Symbols of Power. Aspects of Royal Propaganda in the United Monarchy, BA 49, 166-173.

Widengren, G., 1955, Sakrales Königtum im Alten Testament und im Judentum, Stuttgart.

Wilcke, C., 1974, Zum Königtum in der Ur III-Zeit, in: P. Garelli (Hg.), Le palais et la royauté, Paris, 177-232.

Wildung, D., 1973, Göttlichkeitsstufen des Pharao, OLZ 68, 550-565.

Wyatt, N., 1986, The Hollow Crown: Ambivalent Elements in West Semitic Royal Ideology, UF 18, 421-436.

„Sonne der Gerechtigkeit, gehe auf zu unsrer Zeit…"

Notizen zur solaren Motivik im Verhältnis von Gott und König

Wie alttestamentliche Texte können auch Kirchenlieder in eine längere Entstehungsgeschichte verstrickt sein. Das Lied „Sonne der Gerechtigkeit" (EG 262), in dem sich Anschauungen des Halleschen Pietismus und der Herrnhuter Brüdergemeine mit reformierter Tradition verbunden haben, umfaßt mit seinen sieben Strophen eine fast einhundertjährige Geschichte. Die erste, von dem als Prediger und Missionar der Brüdergemeine tätigen Christian David stammende Strophe aus dem Jahr 1741 ist mit ihrer Lichtmetaphorik Grundlage und Anknüpfungspunkt für die weiteren Strophen und deren ekklesiologische Hoffnungen[1]. Seit dem dritten nachchristlichen Jahrhundert wurde in einer Zeit aufblühender Sonnenkulte Jesus Christus als „Sonne der Gerechtigkeit" bezeichnet, an die Stelle des Geburtstages des *Sol invictus* trat im christlichen Weihnachtsfest die Geburt der wahren Sonne[2].

Mit der Wendung „Sonne der Gerechtigkeit" liegt eine altorientalisch verwurzelte Anspielung auf den Vers Mal 3,20 vor, in dem denen, die Jahwe fürchten, zugesichert wird, daß ihnen die Sonne der Gerechtigkeit (שמש צדקה) aufstrahlt (זרח) und mit ihren Flügeln Heilung (רפא) bringt.

---

1   R. Köhler, Die biblischen Quellen der Lieder, HEKG 1/2, Göttingen 1965, 346-348; J. Kulp, Die Lieder unserer Kirche, HEKG Sonderband, Göttingen 1958, 338-340; Liederkunde Zweiter Teil: Lied 176-394, hg.v. J. Stalmann/J. Heinrich, HEKG III/2, Göttingen 1990, 116-120.

2   F.J. Dölger, Die Sonne der Gerechtigkeit und der Schwarze. Eine religionsgeschichtliche Studie zum Taufgelöbnis, LWQF 14, Münster 1918 (= Nachdr. 1971), 83-110, bes. 108f.; vgl. ders., Sol Salutis. Gebet und Gesang im christlichen Altertum. Mit besonderer Rücksicht auf die Ostung in Gebet und Liturgie, LF 415, Münster ²1925, 20ff.336ff.364ff.379ff.

I.

Besonders auffällig, weil im Alten Testament ohne Parallele, ist im Maleachi-Wort die Vorstellung einer geflügelten Sonne. Ikonographisch ist dieses Solarsymbol, das in Ägypten seit der 3. Dynastie als Sonnenscheibe mit einem Falkenflügelpaar bezeugt ist, in Vorderasien, mit einer erheblichen Variationsbreite der Darstellungsformen, vom 2. Jt. an weit verbreitet[3]. Dabei wird zumindest für Ägypten die Flügelsonne nicht als unmittelbares Göttersymbol, sondern „als göttliche Schutzmacht des Königtums und zugleich als Bild des in dieser Gottverbundenheit über dem Land waltenden Königs"[4] aufzufassen sein. Auffällig ist, daß das Motiv der geflügelten Sonne im Vergleich zum Gesamtbereich Syrien-Palästina auf hebräischen Siegeln selten ist, bis auf eine Ausnahme: die sogenannten Königs-Stempel.

In einer grundlegenden Studie[5] hat Peter Welten die ovalen Stempelabdrücke auf den Henkeln von Vorratskrügen ikonographisch, archäologisch und epigraphisch untersucht, datiert und gedeutet. In „einer umrißhaften und einer ausgeführten Darstellung"[6] sind vierflüglige Skarabäen und zweiflüglige Sonnenscheiben oben von der Legende *lmlk* und unten von den Ortsnamen *Ḥbrn* (Hebron), *Zyp* [*Zp*] (Ziph), *Swkh* (Socho) und *Mmšt* umgeben. Die Krüge mit einem Fassungsvermögen von etwa 50 l dienten offenbar dem Transport von Wein, Öl und Getreide aus einigen, durch die Ortsnamen gekennzeichneten Staatsgütern in Garnisonsstädte während der Assyrergefahr am Ende des 8. Jh.s, das heißt, in der Zeit Hiskias, in die die Königsstempel inzwischen datiert werden[7]. Peter Welten hält beide Symbole für „eine Art Wappen oder Kennzeichen des Königshauses oder der königlichen

---

3   Vgl. O. Eißfeldt, Die Flügelsonne als künstlerisches Motiv und als religiöses Symbol (1942), in: ders., KS II, hg.v. R. Sellheim/F. Maass, Tübingen 1963, 416-419; P. Welten, Die Königs-Stempel, ADPV, Wiesbaden 1969, 19-30; R. Mayer-Opificius, Die geflügelte Sonne. Himmels- und Regendarstellungen im alten Vorderasien, UF 16 (1984), 189-236; D. Parayre, Les cachets ouest-sémitiques à travers l'image du disque solaire ailé (perspective iconographique), Syr. 67 (1990), 269-301; Studies in the Iconography of Northwest Semitic Inscribed Seals, ed. by B. Sass/Chr. Uehlinger, OBO 125, Fribourg/Göttingen 1993, s.v. sun/solar, winged.

4   D. Wildung, Art. Flügelsonne, LÄ 2 (1977), 277-279.

5   Siehe Anm. 3.

6   So P. Welten, Königs-Stempel, 2 (statt „stilisiert" und „naturalistisch").

7   D. Ussishkin, The Destruction of Lachish by Sennacherib and the Dating of the Royal Judean Storage Jars, Tel Aviv 4 (1977), 28-60; H. Mommsen/I. Perlman/J. Yellin, The Provenience of the *lmlk* Jars, IEJ 34 (1984), 89-113; vgl. aber auch A.D. Tushingham, New Evidence bearing on the two-winged LMLK Stamp, BASOR 287 (1992), 61-65.

Verwaltung"[8] und folgert, ohne chronologische Festlegung, aus den zum Teil schematisierten Darstellungen, „daß das Symbol nicht mehr völlig verstanden wurde"[9]. Der engere syrisch-palästinische Stilkontext erlaube es nicht, „aus der Wahl des einen oder anderen der beiden Symbole, Flügel, Sonne und vierflügliger Skarabäus, auf eine Annäherung des judäischen Königs an die Großmächte der Zeit, also an Ägypten oder an Assyrien und später Neubabylonien zu schließen"[10]. Diese vor allem aus stilistischen Beobachtungen gewonnenen Argumente haben ihr Gewicht, müssen sich freilich am Gesamtspektrum des Symbolsystems und seiner Funktionen messen lassen. Wiederholt sind in letzter Zeit Auffassungen von Bildern und Symbolen als Dekorationen und Ornamente, deren Bedeutung nicht bekannt gewesen sei bzw. sich im Laufe ihrer Überlieferung verflüchtigt habe, bestritten worden[11]. Dennoch „muß man die kritische Rückfrage stellen, ob bei der geradezu inflationären Zunahme ägyptisch-phönizischer Motive im 8. Jh. nicht auch Gesichtspunkte von Markt und Angebot eine Rolle gespielt hätten", aber das hindert nicht daran, „eine zumindest elementare Vertrautheit" der religiösen und politischen Eliten mit nichtautochthonen Symbolen anzunehmen[12].

Beide Symbole, die geflügelte Sonnenscheibe und der vierflüglige Skarabäus, sind in der Eisenzeit II vor allem für das Nordreich nachgewiesen[13]. Dabei scheint die solare Symbolik auf ägyptischem Ur-

---

8   Vgl. P. Welten, Königs-Stempel, 171. So auch H. Niehr, Der höchste Gott. Alttestamentlicher JHWH-Glaube im Kontext syrisch-kanaanäischer Religion des 1. Jahrtausends v.Chr., BZAW 190, Berlin/New York 1990, 157, Anm. 104.

9   P. Welten, Königs-Stempel, 30; so auch S. Timm (Das ikonographische Repertoire der moabitischen Siegel und seine Entwicklung. Vom Maximalismus zum Minimalismus, in: Studies in the Iconography of Northwest Semitic Inscribed Seals, ed. by B. Sass/Chr. Uehlinger, OBO 125, Fribourg/Göttingen 1993, 170f.187f.) zur geflügelten Sonnenscheibe auf moabitischen Siegeln.

10 P. Welten, Königs-Stempel 30.

11 Vgl. H.-P. Stähli, Solare Elemente im Jahweglauben des Alten Testaments, OBO 66, Fribourg/Göttingen 1985, 10f.; O. Keel, Früheisenzeitliche Glyptik in Palästina/Israel, in: O. Keel/M. Shuval/Chr. Uehlinger, Studien zu den Stempelsiegeln aus Palästina/Israel III: Die Frühe Eisenzeit. Ein Workshop, OBO 100, Fribourg/Göttingen 1990, 331-421, hier: 399f., O. Keel/Chr. Uehlinger, Göttinnen, Götter und Gottessymbole. Neue Erkenntnisse zur Religionsgeschichte Kanaans und Israels aufgrund bislang unerschlossener ikonographischer Quellen, QD 134, Freiburg/Basel/Wien ²1993, 295: „Der rein ästhetische Gebrauch figürlicher Elemente ist neuzeitlich und die Annahme seiner Existenz im 9./8. Jh. anachronistisch." Vgl. auch dies., a.a.O., 315.

12 O. Keel/Chr. Uehlinger, Göttinnen, 295.

13 Beispiele mit Abbildungen in O. Keel/Chr. Uehlinger, Göttinnen, 290-294 (§ 151); B. Sass, The Pre-Exilic Hebrew Seals, Iconism vs. Aniconism, in: Studies in the Icono-

sprung zu beruhen und durch Phönizien vermittelt worden sein, zunächst im Nordreich (9. Jh.) und dann auch im Südreich (Ende des 8. Jh.)[14]. Ob die geflügelte Sonne nach dem Untergang des Nordreichs durch die Assyrer von Flüchtlingen nach Juda transferiert und dort von Hiskia als Zeichen des Anspruchs auf den Nordteil des Landes politisch eingesetzt wurde, ist schon deshalb unklar, weil die/eine politische Funktion der geflügelten Sonnenscheibe im Nordreich unbekannt ist. Der geflügelte Skarabäus scheint jedenfalls in Nordisrael nicht (ausschließlich) Ausdruck königlicher Macht gewesen zu sein[15], denn er kommt wie später in Juda auf Privatsiegeln vor[16].

Beide Symbole sind in der Glyptik für Juda seltener nachgewiesen als für Israel. Eine Ausnahme sind die Königsstempel: Bisher wurden mehr als 1000 Abdrücke von Stempelsiegeln gefunden, am häufigsten Krughenkel, die eine geflügelte Sonne zeigen. Wenn sich die Symbolik nicht zufällig-ästhetischen Gründen verdankt, dann steht sie eindeutig im solaren Kontext. Dafür könnte die Überzahl der königlichen Abdrücke sprechen, für die solare Konnotationen sozusagen reserviert worden wären. Dagegen sprechen freilich auf den ersten Blick Privatsiegel mit beiden Motiven. Hier muß aber differenziert werden, denn ein Vergleich zwischen Siegeln hoher Beamter aus dem 8. Jh. zeigt, daß die Siegel zur Zeit Hiskias anikonisch waren, nicht zuletzt die Privatsiegel, die oft neben den Königsstempeln auf die Krughenkel gedrückt waren: „solar symbolism is now displayed by the royal seal impression"[17]. Die Frage bleibt: Handelt es sich bei den Königsstempeln um heraldisch mehr oder weniger beliebige Ausdrucksformen oder sind mit der Sonnensymbolik funktionale Aspekte verknüpft? Bevor diese Frage annäherungsweise beantwortet wird, sollen kurz solare Aspekte des Alten

---

graphy of Northwest Semitic Inscribed Seals, 214-217.238f. Zu weiteren Nachweisen des vierflügligen Skarabäus aus Syrien-Palästina s. P. Welten, Königs-Stempel, 11-16.

14   Vgl. O. Keel/Chr. Uehlinger, Göttinnen, 318-320 (§ 164).

15   Vgl. A.R. Millard, An Israelite Royal Seal?, BASOR 208 (1972), 5-9; gegen A.D. Tushingham, A Royal Seal(?) and the Royal Jar Handle Stamps, BASOR 200 (1970/71), 71-78; 201 (1970/71), 23-35. Ablehnend auch J.G. Taylor, Yahweh and the Sun. Biblical and Archaeological Evidence for Sun Worship in Ancient Isreal, JSOT.S 111, Sheffield 1993, 40-42.

16   O. Keel/Chr. Uehlinger, Göttinnen, 291f.314f.

17   Chr. Uehlinger, Northwest Semitic Inscribed Seals, Iconography and Syro-Palestinian Religions of Iron Age II: Some Afterthoughts and Conclusions, in: Studies in the Iconography of Northwest Semitic Inscribed Seals, 285. Das Siegel des Beamten Hiskias trägt den Namen yhwzrḥ bn ḥlqyhw („Jahu ist erstrahlt"), der solare Vorstellungen impliziert, ohne daß eine solare Motivik dargestellt wurde wie bei den Ministern des Königs Ussia, s. Chr. Uehlinger, a.a.O., 284f.

Testaments, vor allem im Blick auf das Königtum, zusammengetragen werden.

II.

Die Sonne und ihre Bedeutung in der Religion des Alten Israel sind in neuerer Zeit wiederholt thematisiert worden.[18] Daß die Sonne(ngottheit) in ihrer richtenden, rettenden und heilenden Funktion für die Aufrichtung und Stabilität der Natur- und Sozialordnung sorgt, ist eine altorientalische Erkenntnis gewesen,[19] die auch im Alten Israel verbreitet war. Eine Reihe von Indizien läßt durchaus auf einen Sonnenkult schließen. Dazu gehören Ortsnamen wie שמש בית („Haus der Sonne[ngottheit]")[20] und die Ost-West-Ausrichtung des salomonischen Tempels, im Gegensatz zur üblichen Nord-Süd-Orientierung anderer Tempel, die Verurteilung bzw. das Verbot einer Solarverehrung, in der Regel im Zusammenhang eines lunaren und astralen Kults (Dtn 4,19; 17,3; 2.Kön 23,11; Jer 8,2; Ez 8,16; Hiob 31,26-28), und nicht zuletzt die Vermeidung des *Terminus* ‚Sonne' (Gen 1,14-19; Ps 136,7f.), bzw. die Unterordnung der Sonne unter Jahwe als dessen Geschöpf (Ps 19,5b-7; Ps 104,19; vgl. Ps 148,3 und 3.Kön 8,12f. [LXX]). Durch ikonographische Beobachtungen und Textanalysen gestützt, ist unter der Voraussetzung, daß der Jerusalemer Tempel ein Sonnenheiligtum war, die These vertreten worden, Jahwe als Sturm- und Kampfgott[21] habe im 10. Jh.

---

18   H.-P. Stähli, Solare Elemente im Jahweglauben des Alten Testaments, OBO 66, Fribourg/Göttingen 1985; M.S. Smith, The Early History of God Yahweh and the Other Deities in Ancient Israel, San Francisco 1990, 115-124; ders., The Near Eastern Background of Solar Language for Yahweh, JBL 109 (1990), 29-39; H. Niehr, Der höchste Gott, 141-163; O. Keel/Chr. Uehlinger, Jahwe und die Sonnengottheit von Jerusalem, in: W. Dietrich/M.A. Klopfenstein (Hg.), Ein Gott allein? JHWH-Verehrung und biblischer Monotheismus im Kontext der israelitischen und altorientalischen Religionsgeschichte, OBO 139, Fribourg/Göttingen 1993, 269-306; O. Keel, Sturmgott-Sonnengott-Einziger. Ein neuer Versuch, die Entstehung des jüdischen Monotheismus historisch zu verstehen, BiKi 49 (1994), 82-92; ders., Conceptions religieuses dominantes en Palestine/Israël entre 1750 et 900, VT.S 61, Leiden u.a. 1995, 119-144; M. Albani, „Das Werk seiner Hände verkündigt die Feste". Die doxologische Bedeutung des Sonnenlaufes in Psalm 19, in: Gottes Ehre erzählen, FS H. Seidel, hg. v. M. Albani und T. Arndt, Leipzig, 1994, 237-256.

19   B. Janowski, Rettungsgewißheit und Epiphanie des Heils. Das Motiv der Hilfe Gottes am Morgen im Alten Orient und im Alten Testament I: Alter Orient, WMANT 59, Neukirchen-Vluyn 1989. Bd. II soll die alttestamentlich-jüdischen Aspekte des Themas untersuchen.

20   Weitere Namen bei H.-P. Stähli, Solare Elemente, 12-14.

21   Vgl. O. Keel, Sturmgott.

die „Rolle des Sonnengottes – sei es des hurritisch-hethitischen, des ägyptischen oder der Jerusalemer Sonnengottheit – übernommen"[22]. Mag diese Frühdatierung auch unsicher sein, es fällt auf, wie häufig in den alttestamentlichen Texten Jahwe und die Sonne zusammengedacht werden, etwa wenn bei der Theophanieschilderung vom Aufstrahlen Jahwes die Rede ist (Dtn 33,2; Jes 60,2: זרח, vgl. Ps 50,2; 94,1: יסה hif.), wenn das Licht der Sonne auf Jahwe bezogen (Ps 13,4; 18,29; 118,27: אור hif.) und vom Leuchten des Angesichts Jahwes gesprochen wird (Num 6,25; Ps 31,17; 67,2; 80,4.8.20; 119,135; Dan 9,17: אור hif.), oder wenn die Sorge um Recht und Gerechtigkeit als wesentliche Domäne der Sonnengottheit[23] im Zusammenhang einer Lichtmetaphorik im Blick ist (neben Mal 3,20 vor allem Hos 6,5; Zef 3,5; Ps 37,6). Noch deutlicher als Mal 3,20 wird Ps 84,12, wo Jahwe mit der Sonne identifiziert wird.

Für den gesamten Alten Orient ist eine besondere Beziehung zwischen der Sonnengottheit und dem König lebendig, der die Gottheit bei der Wahrung der Natur-, Rechts- und Sozialordnung auf Erden repräsentiert[24]. Das tritt für Ägypten mit der „Tradition der engen Verbindung zwischen dem Sonnengott (r'), der personifizierten rechten Ordnung (m'[']t) und dem König"[25] ebenso zu wie für Mesopotamien, wo „Šamaš als Garant der Rechtsordnung ... Hammurapi, dem ‚König der Gerechtigkeit' (šar mišarim), ‚Beständigkeit' (kīnātum) geschenkt hat (CH XLVIII 95-98)"[26]. Nach dem Prolog des Codex Hammurapi, der den König für materielles Wohl, gerechte Gesellschaftsordnung und erfolgreiche Kriege sorgen läßt, geht der König den Menschen wie Šamaš (kīma ᵈŠamaš [UTU]) auf, um das Land zu erleuchten (CH I 40-44; vgl. CH V 3-5). Seit dem Ende des 3. Jt.s. wird der Sonnengott bzw. der König, sein Repräsentant, als Garant für die Durchsetzung von ‚Recht' und ‚Gerechtigkeit' verstanden. Was mit den zwei eigentlich unzuläng-

---

22 O. Keel/Chr. Uehlinger, Jahwe und die Sonnengottheit, 293 (ebd. Anm. 48 werden ikonographische Indizien für solare Symbole genannt, die allerdings erst dem 9. und 8. Jh. angehören).

23 Vgl. B. Janowski, Rettungsgewißheit; H. Niehr, Der höchste Gott, 150, nennt für den alttestamentlichen Kontext noch Gen 19,15-26; 32,23-33; Num 25,4; Ri 19,14-26 und daneben Ex 17,8-16; Jos 10,12f.; Ri 9,33; 1.Sam 11,9-11.

24 Vgl. B. Janowski, Rettungsgewißheit, passim; O. Keel/Chr. Uehlinger, Jahwe und die Sonnengottheit, passim.

25 O. Keel/Chr. Uehlinger, Jahwe und die Sonnengottheit, 279.

26 B. Janowski, Rettungsgewißheit, 88; ebd., Anm. 387 Lit. zum Codex Hammurapi (CH). Vgl. zu CH XLVIII 95-98 auch CH XLVIII 84, CH XLIX 11-15, CH L 14.19 sowie das Flachrelief auf der entsprechenden Stele mit dem König als Beter vor Šamaš und dazu E. Otto, Die Bedeutung der altorientalischen Rechtsgeschichte für das Verständnis des Alten Testaments, ZThK 88 (1991), 139-168, hier 156f.

lichen Wiedergaben für das Wortpaar[27] *kittu(m)* und *mīšaru(m)* in mesopotamischen Texten auf den Begriff gebracht wird, hat in nordwest-
semitischen Königstraditionen in *ṣdq* und *mšr* bzw. משפט und (ה)צדק
seine Entsprechung und Ausprägung gefunden[28]. Nur noch entfernt
klingt der Zusammenhang des solaren und regalen Ordnungsgefüges
an, wenn Spr 16,15a feststellt, daß im leuchtenden Gesicht des Königs
Leben begründet ist (באור־פני־מלך חיים). Deutlicher wird 2.Sam 23,3f. In
einem Vermächtnis Davids läßt der Dichter den König sagen: „Wer
gerecht (צדיק) über die Menschen herrscht, wer in der Gottesfurcht
herrscht, der ist wie das Licht des Morgens, wenn die Sonne aufstrahlt
(זרח), an einem Morgen ohne Wolken, der nach dem Regen grünes Gras
aus der Erde sprießen läßt."

Diese programmatische Sicht findet durch Ps 72 einen umfassenden
Ausdruck: In einer kunstvollen Struktur[29] mit einer Art Ringkompositi-
on steht im Zentrum (V.8-11) die universale Königsherrschaft, um-
rahmt vom königlichen Wirken im Rahmen der Sozial- und Naturordnung (V.2-4.5-7//12-14.15-17), wobei die Bitte gegenüber Gott (V.1),
dem König משפטים und צדקה zu übergeben, jeweils mit ihren sozialen
und naturhaften Implikationen entfaltet wird. Das Richten des Königs
auf der Grundlage von צדק und משפט (V.2) bedeutet Rettung für die
Armen und Schwachen (V.2-4 und V.12-14) und Fruchtbarkeit für die
Natur (V.5-7 und V.15-17), das heißt, eine ungeteilte Unversehrtheit für
Mensch und Natur (צדק und שלום parallel in V.3 und 7). Dabei ergeht an
Gott die Bitte, dem König משפטים und צדקה zu übereignen (V.1). Jahwe
käme damit sozusagen seiner Aufgabe als Sonnengottheit nach. Daß
dieser Gedanke unausgesprochen mitschwingt, legen V.5 und V.17
nahe: Nach V.17 soll der Name des Königs unbegrenzt (לעולם) Bestand
haben vor der Sonne (לפני־שמש) und nach V.5 sein Leben lange währen[30]
vor der Sonne und vor dem Mond (עם־שמש ולפני ירח)[31]. Ungeachtet der

---

27　Dazu mit weiterer Lit. B. Janowski, Rettungsgewißheit, 85f. mit Anm. 382 und 383.

28　H. Niehr, Herrschen und Richten. Die Wurzel špṭ im alten Orient und im Alten
　　Testament, fzb 54, Würburg 1986, 338-351.

29　Dazu E. Zenger, „So betete David für seinen Sohn Salomo und für den König Messi-
　　as". Überlegungen zur holistischen und kanonischen Lektüre des 72. Psalms, JBTh 8:
　　Der Messias, Neukirchen-Vluyn 1993, 57-72, bes. 65f.

30　Statt ייראוך muß mit LXX (καὶ συμπαραμενεῖ) ר(ו)יאריך) gelesen werden (vgl. Ps 89,30),
　　vgl. zu *arāku* („lange dauern") in akkadischen Wünschen AHw, 63f.

31　Wegen des parallelen לפני ist עם im Sinne von „vor" zu verstehen, s. dazu M. Diet-
　　rich/O. Loretz, Von hebräisch ʿm/lpny (Ps 72:5) zu ugaritisch ʿm „vor", in: Ascribe to
　　the Lord. Biblical and other Studies in Memory of P.C. Craigie, ed. by L. Eslinger/G.
　　Taylor, JSOT.S 67, Sheffield 1988, 109-116. Die Wiedergabe der Einheitsübersetzung
　　(„solange die Sonne bleibt") nivelliert die Präpositionen, so auch Sh.M. Paul, Psalm
　　72:5. A Traditional Blessing for the long Life of the King, JNES 31 (1972), 351-355.

Möglichkeit nachexilischer Erweiterungen sowie einer kanonischen Lektüre des Psalms[32], ist an der vorexilischen Entstehung des Grundbestands, vielleicht im Rahmen einer Thronbesteigungsfeier vorgetragen, nicht zu zweifeln. Das gesamte Beziehungsgeflecht um die Rechts-, Sozial- und Naturordnung macht die Erwähnung der Sonne[33] als Protektor des Königs verständlich[34]. Es wäre spekulativ, angesichts des Mondes, der sicher nicht (nur) aus stilistischen Gründen in V.5 miterwähnt wird (vgl. V.17!), einen Datierungshinweis zu entdecken, sofern ikonographisch zum Ende der Eisenzeit II hin neben das solare Symbolsystem ein astrales trat, in dem der Mondgott eine wesentliche Rolle spielte[35]. Aufgrund der zumindest deutlichen solaren Konnotationen eine *Verwendung* des Psalms zur Zeit Hiskias anzunehmen[36], ist nicht unwahrscheinlich. Hat sich Hiskia etwa als Repräsentant des Sonnenkönigs Jahwe verstanden? Es muß noch einmal die Frage der Königsstempel aufgenommen werden.

III.

Während auf die geflügelte Sonne der Königsstempel im Rahmen syrophönizischer Kultur unterschiedliche Einflüsse gewirkt haben[37], weist der vierflüglige Skarabäus, dessen Darstellung zwischen dem 8. und 6. Jahrhundert in Syrien-Palästina weit verbreitet war, auf den ägyptischen Raum, wo er vor allem in Nubien mit den Königsstempeln gleichzeitig belegt ist[38]. Nun ist archäologisch überraschend, daß in Königinnen-Gräbern gefundene Fayence-Amulette, die zwischen 750

---

32 Dazu E. Zenger, Überlegungen. Zur Forschungsgeschichte, Literarkritik, Gattungs- und Datierungsfrage s. O. Loretz, Die Königspsalmen. Die altorientalisch-kanaanäische Königstradition in jüdischer Sicht, Teil 1: Ps 20.21.72.101 u. 144. Mit einem Beitrag von I. Kottsieper zu Papyrus Amherst, UBL 6, Münster 1988, 107-139.

33 שמש לפני nur noch in Hi 8,16, vgl. aber auch השמש הזאת לעיני (2.Sam 12,11), נגד השמש (2.Sam 11,12 und Num 25,4). Es geht immer um ein Rechtshandeln. Vgl. zu entsprechenden Wendungen in Rechtstexten aus Elephantine H.-P. Stähli, Solare Elemente, 28, Anm. 147.

34 Vgl. A. Gamper, Gott als Richter in Mesopotamien und im Alten Testament. Zum Verständnis einer Gebetssitte, Innsbruck 1966, 71-75.

35 Dazu O. Keel/Chr. Uehlinger, Göttinnen, 322-429; O. Keel, Sturmgott, denkt bei Ps 72,5 an den Mondgott.

36 So z.B. J.M. Carrière, Le Ps 72 est-il un *psaume messianique?*, Bib 72 (1991), 49-68.

37 Vgl. P. Welten, Königs-Stempel, 19-30; vgl. auch D. Parayre, Les cachets, 282.291f., die ikonographisch auf nordwestsyrische und ammonitische Beziehungen verweist und im Gegensatz zum Nordreich keine ägyptisierenden Arbeiten findet.

38 Vgl. P. Welten, Königs-Stempel, 10-16.

und 700 v.Chr. zu datieren sind, beide Symbole zusammen aufweisen[39]. Aber auch in Texten, freilich erst aus ptolemäisch-römischer Zeit, spielen die geflügelte Sonne und der vierflüglige Skarabäus als äquivalente Symbole des mit dem Sonnengott verbundenen Horus von Edfu eine wichtige königsideologische Rolle[40].

Die Frage ist kaum zu beantworten, ob der Anfangsteil der vermutlich auf Vorlagen aus der Ramessidenzeit zurückgehenden Horusmythe, die sogenannte Legende von der geflügelten Sonnenscheibe, in Juda während des 8. Jh.s bekannt sein konnte und war. Aber selbst davon abgesehen, daß der schon Anfang des Mittleren Reiches als „Horus von Nubien im Gau von Edfu"[41] bezeichnete Falkengott ebenso wie die archäologischen Zeugnisse des geflügelten Skarabäus an Nubien erinnert, ist anzunehmen, daß Flügelsonne und fliegender Käfer in Juda wie in Ägypten zur Zeit Hiskias „als göttliche Schutzmacht des Königtums und zugleich als Bild des in dieser Gottverbundenheit über dem Land waltenden Königs"[42] politisch-religiös verstanden wurden: Ägypten wurde ein Jahrhundert lang, etwa von der Mitte des 8. bis Mitte des 7. Jh.s, von nubischen Königen (die sog. 25. Dynastie) beherrscht, in deren außenpolitischem Blickfeld vor allem Syrien-Palästina lag[43]. Wenn eine zeitgeschichtliche Deutung das Richtige trifft, dann hat es politisch-militärische Verhandlungen zwischen Juda und nubischen Unterhändlern gegeben (Jes 18,1-7; vgl. Jes 20,4f.)[44]. Jedenfalls hat 701 ein nubisches Entsatzheer die assyrischen Angriffe

---

39   Nachweis a.a.O., 15.

40   Schon P. Welten (a.a.O., 20f., Anm. 28) hat darauf hingewiesen; neuerdings ausführlich J.G. Taylor, Yahweh and the Sun, 42-58. Zum Horus von Edfu und seiner Verbindung zum Sonnengott in Form der Flügelsonne (ʿpp) und des als formale Variante auftretenden geflügelten Skarabäus (ʿpj) s. W. Barta, Art. Horus von Edfu, LÄ 3 (1980), 33-36.

41   Dazu W. Barta, Horus, 35.

42   D. Wildung, Flügelsonne, 278.

43   Vgl. H. Donner, Geschichte des Volkes Israel und seiner Nachbarn in Grundzügen, II, (GAT 4,2), Göttingen 1986, 292f. Zu den nubischen Herrschern der 25. Dynastie s. K.A. Kitchen, The Third Intermediate Period in Egypt (1100-650 B.C.), Warminster ²1986, 148-173 (§119-§139), 378-398 (§339-§358).

44   H. Wildberger, Jesaja, BK X/2, Neukirchen-Vluyn 1978, 683-688, erwägt – ohne sich zu entscheiden – die Zeit des Aufstandes der Philisterstadt Asdod (716) bzw. der Philisterstädte Askalon und Ekron sowie Judas (701). Nicht zeitgeschichtlich, sondern eschatologisch deutet O. Kaiser, Der Prophet Jesaja. Kap. 13-39, ATD 18, Göttingen ³1983, 75f., Jes 18,1ff. Für die Zeit der babylonischen Eroberungen sind judäische Kontakte in militärischer Mission zu Ägypten inschriftlich nachgewiesen, s. Lachisch-Ostrakon 3, 14-16, dazu J. Renz/W. Röllig, Handbuch der althebräischen Epigraphik I, Darmstadt 1995, 413.

auf philistäische bzw. judäische Städte zu blockieren versucht[45]. Daß militärische Transaktionen nicht den Transfer religiöser Symbolik einschließen müssen, steht außer Frage, sie lassen sich aber auch nicht ohne weiteres kulturell isolieren. Nubien wurde im 8. Jh. in Juda bekannt (vgl. auch Jes 11,11; 20,3-6). Hiskia kann sich im Rahmen der Solarisierung des Jahweglaubens als Repräsentant des Sonnenkönigs verstanden[46] und das auch durch die Königsstempel zum Ausdruck gebracht haben, ungeachtet der Tatsache, daß die Flügelsonne stilistisch auf Einflüsse aus dem Norden, und nicht aus dem Süden, weist.

Die Forschung im letzten Vierteljahrhundert ist bei der Datierung und Deutung der Königsstempel neue Wege gegangen. Gegen eine zu sichere Meinung, die Grundkenntnisse im religiösen Symbolsystem benachbarter Kultur voraussetzt, bleibt jedenfalls Peter Weltens Hinweis zu bedenken, daß die umrißhaften, ohne Innenzeichnung auskommenden Darstellungen der geflügelten Sonne und des vierflügligen Skarabäus „auf dem Weg zur reinen Kennmarke"[47] waren. Daß bei den in großen Mengen hergestellten Stücken die ursprüngliche Bedeutung sich zur dekorativen Ästhetik verflüchtigen kann[48], ist nicht auszuschließen, angesichts solarer Tendenzen im 9. und 8. Jh. in Israel und Juda und wegen der engen Beziehung zwischen Flügelsonne, geflügeltem Skarabäus und Königtum aber wird die ,Kennmarke' nicht ganz ohne apotroäische und prophylaktische Implikationen sein.

Der 1944 zerstörte Turm der zu Beginn des 18. Jahrhunderts in Berlin erbauten Parochialkirche, neben der die Theologische Fakultät jetzt ihren Sitz hat, trug einen Turmkopf mit einer vergoldeten Sonne, die im Spiel des Windes ein lachendes oder weinendes Gesicht zeigte[49]. Unabhängig von der wechselnden ,Windrichtung' möge die an altorientalische Traditionen anknüpfende Bitte des Kirchenliedes um die „Sonne der Gerechtigkeit" zu Stand und Wesen kommen.

---

45 So der dritte Feldzug Sanheribs (II, 78-III, 5) vgl. TGI³, 68; TUAT I, 388-390, hier: 389; zu den Ereignissen s. auch K.A. Kitchen, Third Intermediate Period, 154f. (§ 126). 383-386 (§ 346).

46 Der Aspekt von Recht, Gerechtigkeit und Schutz der sozial Benachteiligten käme gut zum Ausdruck, wenn Hiskia eine Reform durchgeführt hat, die primär eine auf der Grundlage des Bundesbuches (Ex 21-23) beruhende Rechts- und Sozialreform gewesen ist (so R. Albertz, Religionsgeschichte Israels in alttestamentlicher Zeit, I, GAT 8/1, Göttingen 1992, 280-291).

47 P. Welten, Königs-Stempel, 16 (zum Skarabäus; vgl. a.a.O. 30 (zur Flügelsonne); s. auch S. Timm, Das ikonographische Repertoire, 170f. 187f.

48 Siehe D. Parayre, Les cachets, 293f.

49 Vgl.: Geschichte der Parochialkirche zu Berlin, hg. v. der Ev. Georgen-Parochialgemeinde Berlin, erarbeitet von B. Klink, Berlin 1992, 13.

„...um die Halle des Lebenshauses wieder einzurichten"

Der Ägypter Udjahorresnet und seine Bedeutung für das Verständnis des perserzeitlichen Juda

Als Kambyses II. (530-522 v. Chr.) seinem Vater und Vorgänger Kyros II. (558-530 v. Chr.) und dessen kleinasiatischer Eroberungspolitik folgte und 525 v. Chr. die Herrschaft über Ägypten antrat, erstreckte sich das persische Reich vom 1. Nilkatarakt in der Nähe von Elephantine über Kleinasien bis zum Indus. Das bedeutete eine Vielfalt von Kulturen, Ethnien, Religionen, Weltanschauungen, Sozial- und Wirtschaftsformen, Sprachen und Schriftsystemen, deren Verwaltung eine besondere Herausforderung darstellte, die durch eine Aufteilung in Satrapien mit untergeordneten Provinzen erreicht werden sollte. Dazu gehörten an der westlichen und südwestlichen Peripherie des Weltreichs der Perser auch der syrisch-palästinische Bereich ‚Transeuphrat' und ‚Ägypten'. Politischem und wirtschaftlichem Kalkül verdankte sich eine gegenüber früheren imperialen Reichen neue administrative Strategie, die in der mehr als zweihundertjährigen Dynastie der Achämeniden weitgehend autochthone Rechtstraditionen und Religionsformen respektierte und förderte. Mit Einschränkung wird gern auf der Beschreibungsebene der neuzeitliche Toleranzbegriff benutzt.[1] Das wird allein schon durch viele gegen Darius I. (522-486 v. Chr.) gerichtete Rebellionen unglaubwürdig, die die ‚Behistun-Inschrift'[2] für die ersten Jahre seiner Regierung aufführt und die er mit Gewalt beendet hat.

---

[1]   Dazu H. Donner, Geschichte des Volkes Israel und seiner Nachbarn in Grundzügen, Bd. 2, GAT 4 / 2, Göttingen 1986, 395f; G. Ahn, „Toleranz" und Reglement. Die Signifikanz achaimenidischer Religionspolitik für den jüdisch-persischen Kulturkontakt, in: R. G. Kratz (Hg.), Religion und Religionskontakte im Zeitalter der Achämeniden, VWGTh 22, Gütersloh 2002, 191-209: 195-200 zur Kritik an einem interkulturellen und interreligiösen Toleranzgedanken der Achämenidenzeit; ebenso E. S. Gerstenberger, Israel in der Perserzeit. 5. und 4. Jahrhundert v. Chr., BE 8, Stuttgart 2005, 54f.

[2]   P. Lecoq, Les inscriptions de la Perse achéménide, Paris 1997, 87-93.187-214; dt. Übers. v. R. Borger/W. Hinz, in: TUAT I, 419-450.

‚Toleranz' wurde nur gewährt, wenn die persischen Interessen das erlaubten. Ungeachtet dessen wird den Achämeniden durchweg eine liberale, ja wohlwollende Einstellung gegenüber fremden Religionen und Kulten nachgesagt. Was leistet in diesem Zusammenhang die zeitgenössische Inschrift Udjahorresnets im Vergleich mit späteren alttestamentlichen Zeugnissen für eine Antwort auf die Frage nach Einstellungen zur Fremdmacht und deren religionspolitischem Verhalten in literarischer und geschichtlicher Hinsicht? Um hier Klarheit zu gewinnen, werden I. literarische Reflexe der persischen Eroberung Ägyptens befragt, II. die Stele Udjahorresnets und ihre Bedeutung erörtert und III. auf dieser Grundlage die Aussagen der Bücher Haggai und Sacharja sowie Esra und Nehemia zu den Problemen um die Konsolidierung von Religion, Kultur und Gesellschaft in der Perserzeit beurteilt.

I. Die Eroberung Ägyptens nach antiken Zeugnissen

Die Eroberung Ägyptens durch die Perser war nicht die Erfüllung eines Jugendtraums Kambyses' (nach Herodot III 3). Sie fügt sich gut in die imperialen Ziele seines Vaters Kyros ein, der 547 v. Chr. Lydien und 539 v. Chr. Babylon eingenommen hatte und in diesem Zeitraum von Deuterojesaja als messianischer Befreier der Exulanten in Babylon gefeiert wurde (Jes 44,28; 45,1.13 u. a.). Kyros starb schon 530 v. Chr., ohne Ägypten und damit auch die syrisch-palästinische Landbrücke in seinen Besitz gebracht zu haben. Das holte sein Sohn Kambyses nach, der ohne nennenswerten Widerstand die Küste des Mittelmeeres passierte – offenbar von arabischen Stämmen bei der Durchquerung der Sinaiwüste mit Kamelen und Wasser unterstützt (nach Herodot III 7-9) –, mit vielen fremden Hilfstruppen Pelusium im Jahr 525 v. Chr. und dann Heliopolis eroberte und schließlich Psammetich III. in Memphis, dem Zentrum des ägyptischen Reiches, stürzte. Damit war ganz Ägypten in seiner Hand und ebenfalls Libyen, das sich kampflos ergab. Bis dahin in ägyptischen Diensten stehende griechische Söldner liefen zu Kambyses über, der drei Jahre lang in Ägypten blieb. Danach versuchte er mit Unterstützung jüdischer Söldner Nubien zu erobern, aber er kehrte erfolglos wieder zurück, als Psammetich III. (526-525 v. Chr.) eine Revolte initiierte, die Kambyses mit der Ermordung Psammetichs blutig niederschlug und zu einer harten Unterdrückungspolitik in Ägypten führte. Die Nachricht vom Aufstand des Magiers Gaumata in Persien veranlasste Kambyses 522 v. Chr. zum Aufbruch. Auf dem

Marsch durch Syrien starb er in der Nähe von Aleppo an Blutvergiftung.[3]

Zum Aufenthalt und zu politischen Maßnahmen des Perserkönigs liegen nur wenige ägyptische und persische Zeugnisse vor. Von Kambyses gibt es keine Königsinschriften. Erst sein Nachfolger Darius I. legte in der ‚Behistun-Inschrift'[4] einen Bericht in der damals entwickelten altpersischen Keilschrift vor und nennt dabei nur den Zug Kambyses' nach Ägypten, sagt aber nichts zu seinen Erfolgen und Misserfolgen.

Der katastrophale Ruf, den Kambyses in der Nachwelt hat, geht nicht zuletzt auf den griechischen Historiker Herodot zurück. Zwar existieren Inschriften auf einem Sarkophag und auf zwei Serapeumsstelen,[5] nach denen der 524 v. Chr. beigesetzte Apis-Stier in einem von Kambyses gestifteten Sarg lag, aber der Ruf Kambyses' als Religionsfrevler hat sich hartnäckig gehalten, zumal der heftigste Vorwurf Herodots, Kambyses habe durch die Tötung des heiligen Apis ein ungeheures Sakrileg begangen,[6] in der neueren Forschung durchaus für möglich gehalten wird.[7] Wie auch immer: Das vernichtende Urteil Herodots entfaltete eine Wirkung, die durch ägyptische Gräuelpropaganda gesteuert worden sein kann, der Erfahrungen nach dem Aufstand gegen Kambyses und Enttäuschungen der Tempelpriesterschaft, deren Einkünfte Kambyses erheblich beschnitt,[8] zugrunde liegen können. Herodot jedenfalls zeichnet ihn als ungerecht, gottlos, grausam und größenwahnsinnig. Er schließt seinen Bericht über die Tötung des Apis-Stiers durch Kambyses mit den Worten:

„Wie die Ägypter erzählen, verfiel Kambyses sofort ob dieser Freveltat in Wahnsinn, allerdings war er vorher schon nicht recht bei Sinnen."[9]

---

3   Zu Kambyses in Ägypten s. J. D. Prášek, Kambyses, AO 14,2 (1913); G. Posener, La première domination perse en Égypte, Recueil d'inscriptions hiéroglyphiques, Bet 11, Le Caire 1936; A. Klasens, Cambyses en Égypte, JEOL 3 (1952), 339-349; I. Hoffmann, Kambyses in Ägypten, SAK 9 (1981), 179-199.

4   S. Anm. 2; zur Passage über Kambyses s. TUAT I, 424f, § 10, Z. 26-35.

5   Dazu Posener, La première domination (s. Anm. 3), 30ff.

6   Herodot III 27-29. Herodot nennt darüber hinaus die Schändung der Mumie des Pharao Amasis (III 16) sowie Desakralisierungen von Tempelanlagen und ikonoklastische Aktionen (III 37).

7   G. Vittmann, Ägypten und die Fremden im ersten vorchristlichen Jahrtausend, Mainz 2003, 125-127.

8   So nach dem Verso der ‚Demotischen Chronik', s. W. Spiegelberg, Die sogenannte Demotische Chronik des Pap. 215 der Bibliothèque Nationale zu Paris, Leipzig 1914, 32f.

9   Herodot III 30. Übers. v. J. Feix, Herodot Historien, 1. Bd., Bücher I-V, Düsseldorf / Zürich ⁶2000, 387; zum negativen Kambyses-Bild und seiner notwendigen Korrektur:

Allein die Bemühung Kambyses' um den Tempel der Neith in Sais, wie die folgende Inschrift (s. u.) zeigt, sollte zur Vorsicht mahnen. Historisch verwertbare Informationen sind darüber hinaus in der griechischen Literatur auch nicht bei dem nach neuzeitlichen Kriterien als Romanschriftsteller zu bezeichnenden Ktesias von Knidos zu finden, der am Hofe Artaxerxes' II. (404-359 v. Chr.) in seinem Werk ‚Persika' besonders für die Zeit von Kyros bis Xerxes an keiner Stelle Vertrauenswürdigeres bietet als Herodot.[10]

II. Die Stele Udjahorresnets

Umso interessanter ist ein seit langem bekanntes ägyptisches Zeugnis: die naophore Stele des Udjahorresnet (*Wḏ3-Ḥrw-rsnt* „Heil ist Horus von Regenet", [Heiligtum der Göttin Neith von Sais]), die schon früh nach Europa gelangte, hier zunächst zur ägyptischen Sammlung des Kaisers Hadrian in Tivoli gehörte und schließlich in die Vatikanischen Museen kam.[11] Es handelt sich um einen 70 cm hohen Torso aus schwarzgrünem Schiefer ohne Kopf und ohne einen Teil des linken Arms. Die Figur Udjahorresnets steht auf einem rechteckigen Sockel, an einen schwarzen Pfeiler gelehnt, in ein langes Gewand mit Falten nach persischer Art gehüllt und einen kleinen Naos mit Osirisgestalt vor seiner Brust haltend. Anders als bei anderen naophoren Statuen ist die gesamte Oberfläche, bis auf den oberen Teil des Torso sowie die Arme und die Seiten des Sockels, mit einem hieroglyphischen Text in versenktem Relief versehen. Die Reihenfolge des Textes ist nicht unum-

---

Hoffmann, Kambyses (s. Anm. 3); I. Hoffmann / A. Vorbichler, Das Kambysesbild bei Herodot, AfO 27 (1980), 86-105. Von den Unterstellungen, die u. a. von Alkoholabusus über Bruder- und Schwestermord bis zu Leichenschändungen reichen, trifft wohl nur der Brudermord zu, vgl. die Bemerkung zu Kambyses in der Behistun-Inschrift, s. dazu Anm. 4.

10 Vgl. dazu F. W. König, Die Persika des Ktesias von Knidos, AfO.B 18, Graz 1972, bes. 58-60.

11 Museo egizio Vaticano, Inv.-Nr. 196. Ausführlich zur Stele: G. Botti / P. Romanelli, Le sculture del Museo Gregoriano Egizio, MVAA 9, Rom 1951. Die grundlegende Edition mit Hieroglyphen und französischer Übersetzung hat vorgelegt Posener, La première domination (s. Anm. 3), 1-26; Übers. (und Bearb.) auch bei L. Bareš, The Shaft-Tomb of Udjahorresnet at Abusir, Abusir Excavations of the Czech Institute of Egyptology 4, Prag 1999, 31-35; J. Assmann, Ägypten. Eine Sinngeschichte, Darmstadt 1996, 408-410 (in Auszügen); M. Lichtheim, Ancient Egyptian Literature III, Berkeley u. a. 1973, 36-41; E. Otto, Die biographischen Inschriften der ägyptischen Spätzeit, Probleme der Ägyptologie 2, Leiden 1954, 169-173; A. B. Lloyd, The Inscription of Udjahorresnet. A Collaborator's Testament, JEA 68 (1982), 168-170; U. Kaplony-Heckel in TUAT I, 603-608.

stritten,[12] die Textfolge im Großen und
Ganzen scheint jedoch klar zu sein.

Der Text beginnt mit Opferformeln
und einem Gebet zu Osiris, dem die Statue geweiht ist. Dann folgen biographische Hinweise im Blick auf die Zeit der
persischen Herrscher Kambyses und
Darius und am Ende steht schließlich ein
Gebet an die Götter von Sais.

In dem ersten biographischen Teil (Z.
7-15.16-23) stellt sich Udjahorresnet mit
seinen Ämtern und Titeln unter den Pharaonen Amasis (570-526 v. Chr.) und
Psammetich III. (526-525 v. Chr.) vor:

> „Der bei der großen Göttermutter Neith
> und bei den Göttern von Sais angesehene
> Graf, der Siegler des unterägyptischen
> Königs, der einzige Freund, den der Kö-
> nig wirklich kennt und liebt, der Schrei-
> ber und Inspektor der Schreiber in der
> Gerichtshalle, der Vorsteher der Schreiber
> in der großen Gerichtshalle, der Palast-
> vorsteher, der Vorsteher der Königsschif-
> fe".[13]

Es ist schwer zu sagen, was genau Aufgabenbereich und Stellung von
Udjahorresnet waren, weil nicht deutlich ist, was jeweils Rangtitel,
akademische Titel, Versorgungstitel und sequentielle Beititel sind. Es
scheint jedenfalls so, dass die beiden Schreibertitel auf den administrativen Bereich zu beziehen sind und von besonderer Bedeutung das
Amt des Befehlshabers der ägyptischen Flotte war, das Udjahorresnet
nach der persischen Eroberung 525 v. Chr. verlor.[14] Kambyses verlieh
ihm stattdessen das hohe Amt eines Oberarztes (*wr zwn.w*, Z. 12), das
in der Inschrift 11-mal erwähnt wird,[15] und machte ihn zum Palastvor-

---

12 Eine neue Anordnung, die eine systematische Gesamtkomposition zeigt, hat U.
    Rößler-Köhler, Zur Textkomposition der naophoren Statue des Udjahorresnet / Va-
    tikan Inv.-Nr. 196, GM 85 (1985), 43-54, vorgelegt. In der Übersetzung von U.
    Kaplony-Heckel, TUAT I, 603-608, werden alle Gebete an den Anfang gesetzt, so
    dass die offensichtlich ringkompositorische Anordnung der Inschrift verloren geht.

13 Z. 7-9 nach der Übersetzung von U. Kaplony-Heckel in TUAT I, 1982-85, 605f.

14 Posener, La première domination (s. Anm. 3), 9f.

15 Zur Tätigkeit ägyptischer Ärzte am persischen Hof zwischen dem 6. und 4. Jh. s. G.
    Burkard, Medizin und Politik: Ägyptische Heilkunst am persischen Königshof, SAK
    21 (1994), 37-57, zu Udjahorresnet: 42-46. Zum (*wr*) *zwn.w* s. Wörterbuch zur ägypti-

steher (*ḫpr ꜥḥ*). Zur Eroberung wird nur lapidar vermerkt, dass Kambyses als „Herr aller Fremdländer" (*ḥq3 ꜥ3 nj kmt*) nach Ägypten kam und das ganze Land beherrschte (Z. 11f). Ein besonderer politischer Schachzug bestand darin, dass Kambyses sich eine ägyptische Königstitulatur durch Udjahorresnet machen ließ (Z. 13),[16] um als ‚legitimer' Nachfolger der Pharaonen gelten zu können. Udjahorresnet kann aber auch selbst die Initiative ergriffen haben, um mit dem ägyptischen Kostüm den Perserkönig als legitimen Pharao auszuweisen und damit die Erhaltung der alten Ordnung zu ermöglichen. Schon hier zeigt sich, dass sich in der Person Udjahorresnets Medizin und Politik verschränken, zumal der Titel *wr zwn.w* sich nicht ausschließlich auf medizinische Fachkenntnisse beziehen muss.[17] Die Inschrift verliert, wie gesagt, kaum ein Wort zur persischen Eroberung, aber sie weist ausdrücklich darauf hin, dass Udjahorresnet den Perserkönig in die Verhältnisse von Sais (Z. 13) und in den Kult der Neith (Z. 26.30) eingeführt hat und dass Kambyses dann den Tempel der Neith aufsuchte und ein Opfer darbrachte (Z. 25f). Ebenfalls bemerkenswert ist der Hinweis, dass Kambyses auf die Bitte Udjahorresnets hin, der die Kultreinheit des Tempels durch Ausländer aufgehoben und wirtschaftliche Unterstützung des Tempels zurückgenommen sah (Z. 18-20), die Bauten von Fremden im Tempelbezirk zerstören, den Tempel reinigen, sowie seine Riten und sein Personal reorganisieren und Stiftungen für den Tempel reaktivieren ließ (Z. 21-23.29).

Im weiteren Verlauf der Inschrift (Z. 43ff) befindet sich Udjahorresnet in Elam bei Darius I., Kambyses' Nachfolger, der ihn nach Ägypten schickt, um dort die zerstörten „Anlagen des Lebenshauses" (Z. 43) wieder einzurichten. Ausdrücklich wird vermerkt, dass Fremde ihn begleiteten und ihn sicher „von Fremdland zu Fremdland" (Z. 44) führten, bis er nach Ägypten kam, wo er, ohne dass ein Ort genannt wird, das Lebenshaus mit Söhnen von angesehenen Familien und kundigen Lehrern wiederbelebte.

> „Seine Majestät befahl, ihnen alle guten Dinge zu geben, damit sie alle ihre Arbeiten (gut) machten. Ich rüstete sie aus mit allen nützlichen Dingen, mit allem, was ihnen nach den Schriften wie früher erforderlich war. Seine Majestät tat dies, weil er den Nutzen dieser Kunst erkannte, nämlich jeden

---

schen Sprache, hg. v. A. Erman/ H. Grapow, Berlin 1950-63 (=Wb): Wb 1,329. 11; 3, 427.7-15.

16 Es handelt sich dabei um den sog. *nisut-bit*-Namen, der Kambyses als „Abkömmling/ Abbild des Sonnengottes Re" (*Mswtj-Rꜥ*) auswies.

17 H. de Meulenaere, Art. Arzt, LÄ I, 1975, 455-459, bes. 457.459; T. Holm-Rasmussen, Collaboration in Early Achaemenid Egypt. A New Approach, in: Studies in Ancient History and Numismatics presented to Rudi Thomsen, Aarhus 1988, 2-38: 36f.

Kranken am Leben zu erhalten und den Namen aller Götter, ihre Tempel, ihre Gottesstiftungen und alle ihre Rituale auf ewig dauern zu lassen." (Z. 44f)[18]

Es gibt klare Belege für die Existenz von ‚Lebenshäusern' (*pr-ʿnḫ*) als geistige und religiöse Zentren, in denen u. a. Werke über Medizin und Theologie verfasst und bewahrt und die entsprechenden Fächer auch gelehrt wurden. Weil die Medizin in den ‚Lebenshäusern' eine wichtige Rolle spielte, war es vermutlich naheliegend, den medizinisch kompetenten Udjahorresnet als ehemaligen Angehörigen des ‚Lebenshauses' mit dessen Neuerrichtung zu beauftragen. Aus der Spätzeit gibt es genügend Belege, die dafür sprechen, dass nicht nur im ‚Bücherhaus' (*pr-mḏ3.t*), sondern – mit einer größeren Fachvielfalt und möglicherweise geringeren Bindung an den Tempel – auch im ‚Lebenshaus' Bücher unterschiedlicher Wissensbereiche archiviert, verfasst und kopiert wurden.[19] Das ‚Lebenshaus' als Institution ist auch für Sais vorauszusetzen, wo die Statue Udjahorresnets stand.[20]

In der ägyptologischen Diskussion der Stele spielt die Frage der ‚Kollaboration' mit der Fremdmacht eine überproportionale Rolle. Udjahorresnet scheint dabei als erster Kollaborateur der Weltgeschichte gesehen zu werden. Waren schon früher der Inschrift apologetische, einem Missverständnis von Kooperation mit dem fremden Herrscher Ägyptens vorbeugende Tendenzen nachgesagt worden,[21] wurde die Inschrift später „A Collaborator's Testament"[22] genannt und Udjahorresnet als ‚Erzkollaborateur' im politisch-bewertenden Sinne einer Zusammenarbeit mit dem das Land besetzenden Feind bezeichnet.[23] Nun ist sicher davon auszugehen, dass politisch einflussreiche Personen bei einem Machtwechsel ihre Stellung zu erhalten versuchten und dabei auch individuelle Vorteile im Blick hatten. Aber man wird nicht a priori ausschließen dürfen, dass Udjahorresnet besonders um seine Heimatstadt Sais, die das damalige Machtzentrum war, aber auch um Ägypten

---

18 Übersetzung nach U. Kaplony-Heckel, in TUAT I, 608.

19 Einen vorzüglichen Überblick mit literarischen und archäologischen Auswertungen gibt G. Burkard, Bibliotheken im alten Ägypten, in: Bibliothek. Forschung und Praxis 4 (1980), 79-115, bes. 87ff.

20 Burkard, Bibliotheken (s. Anm. 19), 105; ders., Literarische Tradition und historische Realität: Die persische Eroberung Ägyptens am Beispiel Elephantine, ZÄS 122 (1995), 31-37: 35f, will trotz der Bedeutung ‚Amtshalle', ‚Büro' (so Wb 3,221f) *ḥ3* mit ‚Institution' wiedergeben.

21 Posener, La première domination (s. Anm. 3), 166; Otto, Inschriften (s. Anm. 11), 113f.

22 Lloyd, Inscription (s. Anm. 11), 168-170.

23 So W. Huss, Ägyptische Kollaborateure in persischer Zeit, in: Tyche 12 (1997), 131-143: 139.

und seine kulturelle und religiöse Identität besorgt war und deshalb „bei Kambyses auf die Einhaltung des äußeren Königsrahmens in Präsenz und Wirken drängte, um damit Ägypten vor dem ideellen Zusammenbruch eines noch immer tragenden Teiles seiner Kultur, der Königsideologie, zu bewahren".[24] Liegt hier – unabhängig von einem engen oder weiten Begriff von Kollaboration – eine Vergleichbarkeit mit altisraelitischen Verhältnissen unter Esra und Nehemia vor, sofern in Ägypten und Israel religiös bedingte und xenophobisch geförderte Tabuisierungen bzw. Umzäunungen gegen Akkulturationen vorgenommen wurden?[25]

III. Eine spätägyptische Inschrift als
Hermeneutin für das perserzeitliche Juda?

Die Schwierigkeit bzw. Unmöglichkeit eines unmittelbaren Vergleichs liegt vor allem in den politischen, kulturellen, sozialen, religiösen und zeitgeschichtlichen Differenzen zwischen dem großen Land am Nil und dem kleinen Landstrich diesseits des Jordans. Dennoch liegen dort und hier analoge Konstellationen vor. Diese vermögen perserzeitliche Universalien, aber auch regionale Besonderheiten schärfer sichtbar zu machen.

Freilich, Udjahorresnet als politische Gestalt hat keine direkte Parallele in Israel. Zu den einflussreichsten Männern jener Zeit gehörend, hat er vermutlich im 3. Jahr Darius' I. – also 519 v. Chr. – seine Statue im Neith-Heiligtum von Sais aufstellen lassen.[26] Politisch tätig war er nach seiner Inschrift schon unter den Ägyptern Amasis (570-526 v. Chr.) und Psammetich III. (526-525 v. Chr.) und dann unter den Persern Kambyses und Darius I. Ende der 80er Jahre des 5. Jh. wurde in Abusir sein saitisch-persisches Schachtgrab gefunden, das seiner Nachwelt weiteren Anlass zu Spekulationen gab, denn der innere anthropoide

---

24 U. Rößler-Köhler, Individuelle Haltungen zum ägyptischen Königtum der Spätzeit. Private Quellen und ihre Königswertung im Spannungsfeld zwischen Erwartung und Erfahrung. GOF IV / 21, Wiesbaden 1991, 271; ähnlich B. Menu, Recherches sur l'histoire juridique, économia et sociale de l'ancienne Égypte, II, Le Caire 1988, 255-264; V. Wessetsky, Fragen zum Verhalten der mit den Persern zusammenarbeitenden Ägypter, GM 124 (1991), 83-89, bes. 86.

25 Diesen Vergleich zieht Holm-Rasmussen, Collaboration (s. Anm. 17), 36. Für ihn ergibt sich so eine Dialektik von politischer Kollaboration und religiösem Purismus.

26 So eine ansprechende Vermutung von Posener, La première domination (s. Anm. 3), 2; A. Spalinger, Art. Udjahorresnet, LÄ VI, 1986, 822f: 823.

Sarkophag war leer und zeigte keine Begräbnisspuren.[27] Das Grab war zweifelsfrei zu identifizieren, weil neben hieroglyphischen Inschriften Name und Titel des Grabherrn verzeichnet waren, die allerdings nicht mit denen auf der Statueninschrift vollständig übereinstimmen.[28] Im Vordergrund steht hier der administrative Bereich, ausdrücklich wird zusätzlich der Rechtsbereich genannt, während die ehemals hohe militärische Stellung als Flottenkommandant unerwähnt bleibt. Man kann fragen, ob es Zufall ist, dass bei der Statue Udjahorresnets wie bei der Statue Ptahhoteps, eines anderen mit den Persern unter Darius I. zusammenarbeitenden Ägypters, gerade der Kopf fehlt.[29] War das eine ikonoklastische Reaktion gegen ‚Handlanger' der Fremdmacht? Jedenfalls muss Udjahorresnets Ansehen in späterer Zeit beträchtlich gewesen sein, denn in einer Inschrift aus Memphis wird berichtet, dass 177 Jahre nach seinem Tod, wohl nicht zufällig zu Beginn der zweiten Perserherrschaft um 340 v. Chr., ein Priester eine Statue Udjahorresnets restaurierte, um an die gute Kooperation zwischen Ägypten und Persien (mahnend) zu erinnern.[30]

Bei komparatistischen Analysen müssen unbedingt die Genera der Texte beachtet werden. Die Inschrift Udjahorresnets gehört zur Gattung der idealisierten Autobiographie, sie trägt darüber hinaus aber auch geschichtlich-individuelle Züge. Dazu gehört der schon genannte Hinweis, dass die Fremden den Tempelbereich verlassen mussten (Z. 17-20) und dass Udjahorresnet seiner Stadt bei den großen Unruhen (*nšn*), mit denen die persischen Eroberungen gemeint sind, beistand (Z. 33f). Andere standardisierte Motive sind ähnlich in anderen biographischen Inschriften der Spätzeit anzutreffen.[31]

Schon immer ist aufgefallen, dass biographische Inschriften über protokollarische Reminiszenzen hinaus eine klischeehafte Phraseologie

---

27   Dokumentation bei M. Verner, La Tombe d'Oudjahorresnet et le cimetière Saito-Perse d'Abousir, BIFAO 89 (1989), 283-290; Bareš, Shaft-Tomb (s. Anm. 11). Als man meinte, auf ein Gräberfeld von Kollaborateuren gestoßen zu sein, titelte die Frankfurter Allgemeine Zeitung vom 7. 3. 1998 „Friedhof der Verräter".

28   Bareš, Shaft-Tomb (s. Anm. 11), 38. Auf einem Statuentorso, der in Mit Rahina, wahrscheinlich 177 Jahre später, aufgestellt wurde, ist Udjahorresnet auch Vorsteher des Palastes (*ḫrp 'ḥ*), s. auch a. a. O. zu weiteren Statuenfragmenten Udjahorresnets.

29   Vgl. die Abb. Taf 14b.15 bei Vittmann, Ägypten (s. Anm. 7), 125-127. Vgl. die unglückliche und deshalb wieder rückgängig gemachte Rekonstruktion bei Holm-Rasmussen, Collaboration (s. Anm. 17), 2-38: 36f, Fig. I; E. M. Yamauchi, Persia and the Bible, Grand Rapids 1990, 104; H. Sternberg-el Hotabi, Die persische Herrschaft in Ägypten, in: Kratz (Hg.), Religion (s. Anm. 1), 111-149: 135, Abb. 2.

30   R. Anthes / H. S. K. Bakry, in: R. Anthes, Mit Rahina 1956, Philadelphia 1965, 48-100 und bes. 36a-b.37a-c.

31   Dazu Otto, Inschriften (s. Anm. 11).

bedienen, die ein moralisches Idealporträt zum Ausdruck bringt. Udjahorresnet sagt von sich:

> „Ich habe Denkmäler für die Neith, die Herrin von Sais, mit jeder guten Sache ausgestattet, wie es ein braver Diener für seinen Herrn tut. Ich bin für meine Stadt ein tüchtiger Mann. Ich habe alle ihre Leute bei dem großen Sturm beschützt, als er im ganzen Land geschah, und wie desgleichen in diesem Land nicht geschehen ist. Ich habe den Schwachen aus der Hand des Starken errettet. Ich habe den Furchtsamen geschützt, wenn ihm ein Unglück zugestoßen ist. Ich habe jede gute Tat für sie zum rechten Zeitpunkt für sie getan." (Z. 32-36)[32]

Freilich scheinen auch in diesem seit dem Alten Reich bezeugten sozialstereotypen Pflichtenkanon[33] geschichtliche Indizien durch, sofern mit dem dreimal erwähnten *nšn*[34] eine Metapher vorliegt, die die persische Eroberung als ‚Sturm' bezeichnet, in dem Udjahorresnet sich als Bollwerk für die Stadt Sais und seine Bewohner erwiesen habe. Mag auch die Formulierung „Ich habe alle ihre Leute bei dem großen Sturm geschützt" (Z. 33) die Realität glorifizieren, die auf seine Verwandtschaft bezogenen Aktivitäten, die von Ämtervergabe über Versorgung mit Ländereien und Häusern, bis zur Ausrichtung von Begräbnissen reicht (Z. 37-41), entbehren nicht der orthopraktischen Logik eines einflussreichen Politikers. Die Inschrift erschöpft sich, wie gesagt, ohnehin nicht in Stereotypen.[35]

Der Wirkungszeit Udjahorresnets, der unter den Ägyptern Amasis und Psammetich III. sowie unter den Persern Kambyses II. und Darius I. hohe Ämter bekleidete, also von 570 v. Chr. bis etwa 515 v. Chr. bzw. kurz danach in Diensten am Hofe stand, entspricht in Israel die exilische und frühnachexilische Zeit. Inzwischen ist es unbestritten, dass Texte und Archäologie gegen die Vorstellung einer judäischen *tabula rasa* nach der Eroberung Jerusalems durch die Babylonier 587 / 586 v. Chr. sprechen.[36] Thomas Willi hat eindrücklich gezeigt, „dass die Exilszeit zwar gewiss einen Einschnitt und einen Umbruch bedeutet, dass

---

32 Übersetzung nach U. Kaplony-Heckel in TUAT I, 604f.

33 Dazu ausfürhlich Otto, Inschriften (s. Anm. 11), bes. 87-101.

34 Nach Wb 2,341.1-16 ‚Wut' und ‚Unwetter' bzw. ‚storm' und ‚rage'. Posener, La première domination (s. Anm. 3), 19, nennt als Grundbedeutung ‚perturbation', ‚orage' und denkt hier konkret an ‚trouble politique', ‚désordre'. Otto, Inschriften (s. Anm. 11), 172, übersetzt mit ‚Unglück'; Bareš, Shaft-Tomb (s. Anm. 11), 34, mit ‚turmoil'.

35 Vgl. dagegen z. B. die gänzlich klischeehafte Inschrift Ptahhoteps, eines anderen unter Darius I. wirkenden Ägypters, dazu Vittmann, Ägypten (s. Anm. 7), 131.

36 So zuletzt auch I. Finkelstein / N. A. Silbermann, Keine Posaunen vor Jericho. Die archäologische Wahrheit über die Bibel. Aus dem Englischen von M. Magall, München ³2006, 316-335.

aber gerade hier die Verfassung und das Bewusstsein Judas geprägt sind durch Kontinuität und Festhalten am Bewährten und Altherge- brachten, ja durch bewusste Aktualisierung und Rückbesinnung auf überlieferte Ordnungen."[37] Erst in der zweiten Hälfte der Perserherr- schaft, seit der Mitte des 5. Jh., mit und nach Esra und Nehemia, als die selbständige Provinz Jehud entstanden war, endete die Phase von An- knüpfung und Kontinuität.[38]

Das betrifft nicht die Versuche, eine Kooperation zwischen der Fremdmacht und den Unterworfenen zu ermöglichen. Hatte schon Gedalja als babylonischer Emissär die Judäer zur Zusammenarbeit mit der babylonischen Besatzungsmacht bewegt (Jer 40,7-12), so wurde erst von der folgenden persischen Regierung nach 539 v. Chr. systemati- scher mit politisch und wirtschaftlich bedingten Interessen der Weg einer kulturellen, rechtlichen und religionsbezogenen Autonomisie- rung der unterworfenen Völker geebnet und beschritten. Das kann schon konkret für Kyros II. zutreffen. Weil er sich propagandistisch in seiner babylonzentrierten Zylinder-Inschrift nach assyrisch-königs- ideologischen Vorbildern als Befreier exilierter Gottheiten und Men- schen und als Restaurator von Tempeln und Kulten preist, wirkt seine liberale Haltung nicht sehr vertrauenswürdig.[39] Er mag aber an einem stabilen Juda als einem politisch sensiblen Kandidaten in der Nachbar- schaft Ägyptens interessiert gewesen sein, auch wenn gegen Esr 1,1-4 mit einer größeren Rückkehr von Deportierten erst unter Esra zur Zeit Artaxerxes' I. (464-425 v. Chr.) zu rechnen ist.[40]

Obwohl in alttestamentlichen Texten nichts zu Kontakten von Kambyses, dem Sohn und Nachfolger des Kyros, mit Juda zu hören ist, dürften seit seinem Zug durch die Küstenebene Syrien und Palästina unter persischer Oberhoheit gestanden haben. Gern wüsste man mehr über die Verwaltungsstrukturen in der frühen Perserzeit. Vermutlich hatte der einen akkadischen Namen tragende Scheschbazzar unter Kyros (Esr 1,7-11) speziell auf den geplanten Tempelbau bezogene Auf-

---

37 T. Willi, Juda-Jehud-Israel. Studien zum Selbstverständnis des Judentums in persi- scher Zeit, FAT 12, Tübingen 1995,16.

38 Willi, Juda-Jehud-Israel (s. Anm. 37), bes. 18-39.

39 Eine neuere Übersetzung des Kyros-Zylinder in: TUAT I, 407-410, der Hinweis auf Kyros als Befreier und Restaurator 409f, Z. 32. Zur traditionellen Phraseologie, die historische Schlussfolgerungen schwierig macht, s. A. Kuhrt, The Cyrus Cylinder and Achaemenid Imperial Policy, JSOT 25 (1983), 83-97; J. M. Miller / J. H. Hayes, A History of Ancient Israel, Philadelphia 1986, 440f, eine engl. Übersetzung der In- schrift 442f nach ANET 315f.

40 Willi, Juda-Jehud-Israel (s. Anm. 37), bes. 76-81.

träge, die ihm den Titel פחה eintrugen.[41] Auch Serubbabel wird פחה genannt (Hag 1,1.14; 2,2.21). Es sei dahingestellt, ob Scheschbazzar und Serubbabel wie später auch Esra „nur Kommissare der Zentralregierung mit sachlich und vielleicht auch zeitlich begrenzten Vollmachten"[42] waren. Serubbabel jedenfalls, der ebenfalls einen akkadischen Namen trägt und von Haggai als messianische Gestalt gezeichnet wird (Hag 2,2-9.20-23, vgl. Sach 6,12f), muss neben dem Priester Jeschua eine vom Perserkönig Kambyses oder Darius I. in der Diaspora beauftragte treibende Kraft beim Tempelneubau gewesen sein (Esr 3,2.8; Hag 1; Sach 4,9; Sir 49,11f). Es sind aber schwerlich allein die weitverbreiteten Aufstände beim Regierungswechsel von Kambyses auf Darius I. 522 v. Chr. gewesen, von denen die ‚Behistun-Inschrift' und Herodot berichten,[43] die das Tempelbauprojekt in besonderem Maße forcierten.[44]

Die Inschrift Udjahorresnets setzt ein klares Zeichen: einerseits für die Aufgeschlossenheit lokaler Eliten, mit der neuen politischen Macht traditionsstabilisierend zusammenzuarbeiten, und andererseits für die Bereitschaft der neuen Oberherrschaft, den politischen, kulturellen und kultischen Freiraum zu gewähren, der weniger störungsanfällige Kooperationen ermöglichte. Dass Udjahorresnet in Ägypten lebte und Scheschbazzar und Serubbabel in der Diaspora, macht dabei kaum einen Unterschied, zumal sich auch der Ägypter zeitweilig bei der persischen Zentralregierung aufgehalten hat und von dort mit Aufträgen nach Ägypten geschickt wurde (Z. 43-45). Wenn auch sein politischer Einfluss nicht überbewertet werden sollte, sofern die zentrale militärische, zivile und rechtliche Macht von dem den persischen Großkönig repräsentierenden Satrapen der 6. Satrapie als persischem Statthalter

---

41   Willi, Juda-Jehud-Israel (s. Anm. 37), schwankt: Einerseits solle man nicht vorschnell den Titel eines ‚Statthalters' hier auf eine kommissarische Tätigkeit reduzieren (30), andererseits versteht er in Esr 5,14 den Titel פחה „ausschließlich in Bezug auf den Tempelbau und die damit verbundene Restitution der Geräte" (71, Anm. 15).

42   So A. Alt, Die Rolle Samarias bei der Entstehung des Judentums (1934), in: ders., Kleine Schriften zur Geschichte des Volkes Israel, Bd. 2, München 1953, 316-337: 333.

43   J. Wiesehöfer, Das frühe Persien. Geschichte eines antiken Weltreichs, München 1999, 28f.

44   So aber Miller / Hayes, History (s. Anm. 39), 458. Schon eher haben in diesem Zusammenhang Erwartungen wie die in Hag 2,20-23; Sach 6,9-15 Unabhängigkeitshoffnungen Auftrieb gegeben, wie J. Blenkinsopp, Was the Pentateuch the Civic and Religious Constitution of the Jewish Ethnos in the Persian Period?, in: J. W. Watts (Hg.), Persia und Torah. The Theory of Imperial Authorization of the Pentateuch, SBL.SS 18, Atlanta 2001, 41-62: 50f, meint. H. G. Williamson, Studies in Persian Period History and Historiography, FAT 38, Tübingen 2004, 13f, will sogar Serubbabels Aufgaben mit den Vorbereitungen zur Eroberung Ägyptens durch Kambyses verknüpfen.

ausgeübt wurde, die Inschrift zeigt jedenfalls eindrücklich, dass die
persische Zentralregierung auf die Zusammenarbeit mit den lokalen
Eliten angewiesen war.[45] Das änderte sich erst, als das Vertrauen in die
Kooperationsbereitschaft infolge vieler Aufstände unter Darius I. und
seinen Nachfolgern erschüttert wurde.

Von Xerxes I. (486-465 v. Chr.) über Artaxerxes I. (465-424 v. Chr.)
bis Darius II. (423-404 v. Chr.) ist nach Ausweis der Elephantine-Papyri
kein Ägypter in einer höheren zivilen oder militärischen Stellung zu
finden. Das unterscheidet das kleinräumige Juda bzw. die kleine Provinz Jehud,[46] die ohnehin keine realistischen Möglichkeiten zum Aufstand gegen die Perser hatte, von der Situation in Ägypten. So findet
man auch in späterer Zeit ursprünglich aus Jerusalem / Juda stammende Diaspora-Juden auf persische Veranlassung in für den Aufbau des
nachexilischen Gemeinwesens zentraler Stellung vor Ort in Jerusalem.
Noch immer darf mit der Annahme gerechnet werden, dass in Esr 7,7
Artaxerxes I. gemeint ist und damit die Mission Esras 458 v. Chr. (statt
398 v. Chr. unter Artaxerxes II.) anzusetzen ist und in Neh 1,1; 2,1 ebenfalls Artaxerxes I. im Blick ist und damit Nehemias Reise nach Jerusalem 445 v. Chr. (statt 384 v. Chr. unter Artaxerxes II.) erfolgte. Ob damit
präzise Angaben vorliegen und eine geschichtlich zutreffende Reihenfolge beider Emissäre vorliegt, sei dahingestellt.[47] Angesichts eines 460
v. Chr. von Inaros, dem Satrapen von Transeuphrat, begonnenen Auf-
stands in Ägypten, der erst sechs Jahre später niedergeschlagen wurde,
musste die persische Regierung größtes Interesse an einer stabilen Lage
auf der syrisch-palästinischen Landbrücke haben. Die Mitte des 5. Jh.
war sozusagen ein Kairos für die Beauftragungen Esras und Nehemias.[48]

Nicht die zeitgenössischen Scheschbazzar und Serubbabel, sondern
Esra und Nehemia sind die beiden Gestalten, die gelegentlich zum
Vergleich mit dem Ägypter Udjahorresnet herangezogen werden. Da-
bei schwanken die Urteile extrem: So kann Udjahorresnet „eine exakte
Parallele"[49] zu Esra genannt werden, es kann jedoch ebenso in Zweifel
gezogen werden, ob die Statueninschrift „die historische Authentizität

---

45   Sternberg-el Hotabi, Herrschaft (s. Anm. 29), 111-149, bes. 120-123.

46   Willi, Juda-Jehud-Israel (s. Anm. 37), 10.18-39, bes. 36f.

47   Vgl. die Überlegungen bei Donner, Geschichte (s. Anm. 1), 416-431, bes. 416-420; vgl
      auch die besonnenen Überlegungen von K. Koch zu „Esra und Jehud" in: P. Frei / K.
      Koch, Reichsidee und Reichsorganisation im Perserreich, OBO 55, Freiburg
      (Schweiz) / Göttingen 1996,206-316.

48   So auch Donner, Geschichte (s. Anm. 1), 417f.

49   Assmann, Ägypten (s. Anm. 11), 410.

der Esra-Mission wahrscheinlicher macht".[50] Um beides kann es nicht gehen, weder um den Nachweis eines komparatistischen Idealfalls noch um Authentizitätsbeweise. Der Statueninschrift wird eine übermäßige Interpretationshilfe abgerungen, wenn Udjahorresnet allgemein als „special adviser to the Persian government on Egyptian affairs"[51] bezeichnet und seine Bedeutung darin gesehen wird, „that the two goals of Ezra's mission correspond to the two phases of Udjahorresnet's activity: the restoration of the cult at the national and dynastic shrine of Sais; the reorganization of judicial institutions, for which the smooth functioning of the House of Life was a necessary precondition."[52]

Weder lässt die Inschrift irgendetwas von Rechtskodifizierungen erkennen noch ist das ,Lebenshaus' dafür die entsprechende Institution.[53] Deshalb ist auch die immer wieder hergestellte Parallele zwischen dem Wirken Udjahorresnets und der Darius I. unterstellten Kodifizierung ägyptischen Rechts obsolet, zumal in der neueren Forschung der Verweis auf den Verso der ,Demotischen Chronik', einem viel späteren Text, oft nicht mehr als Akt einer Rechtskodifizierung und schon gar nicht als ,Reichsautorisation' interpretiert wird.[54] Sowenig wie eine Überinterpretation ist eine relativistische Sicht angemessen, die der Bedeutung der Inschrift für die Verhältnisse um Esra und Nehemia mit der Einschränkung begegnen will, „dass Udjahorresnet eher einen Pri-

---

50 Gerstenberger, Israel (s. Anm. 1), 84f, ähnlich 82, Anm. 150. Versehentlich wird bei Gerstenberger die ägyptische Inschrift als „persischer Text" (84) bezeichnet.

51 J. Blenkinsopp, The Mission of Udjahorresnet and those of Ezra and Nehemia, JBL 106 (1987), 409-421: 411.

52 Blenkinsopp, Mission (s. Anm. 51), 419; ähnlich P. Frei, Persian Imperial Authorization: A Summary, in: Watts (Hg.), Persia (s. Anm. 44), 5-40: 22f. Zu weit dürfte Koch, Esra (s. Anm. 47), 203 gehen, wenn er Udjahorresnet eine „Bürger-Tempel-Körperschaft" gründen lässt.

53 D. B. Redford, The so-called „Codification" of Egyptian Law under Darius I., in: Watts (Hg.), Persia (s. Anm. 44), 135-159, bestreitet zu Recht sowohl die Bedeutung der Inschrift als Beispiel für die von P. Frei u. a. vertretene These einer ,Reichsautorisation' (153, Anm. 140) – dazu auch differenziert G. Ahn in: Kratz (Hg.), Religion (s. Anm. 1), 191-209, bes. 193-195, und I. Kottsieper, Die Religionspolitik der Achämeniden und die Juden von Elephantine, in: Kratz (Hg.), a. a. O. 150-178, bes. 175-177 – wie auch Udjahorresnets Kodifizierungsaufgabe (157, Anm. 162).

54 So z. B. weiterhin Frei, Imperial Authorization (s. Anm. 52), 9f; Vittmann, Ägypten (s. Anm. 7), 131f; besonders kritisch bzw. ablehnend U. Rüterswörden, Die persische Reichsautorisation der Thora: fact or fiction?, ZAR 1 (1995), 47-61: 52f; D. B. Redford, The so-called „Codification" of Egyptian Law under Darius I., in: Watts (Hg.), Persia (s. Anm. 44), 135-159, bes. 154-158; L. L. Grabbe, Yehud: A History of the Persian Province of Judah, Library of Second Temple Studies 47, London 2004, 212f.

vatfall von königlicher Begünstigung darstellt".[55] Das ist ganz und gar nicht der Fall!

Was die Diskussion – sei es der Inschrift oder der Texte in den Büchern Esra und Nehemia, deren erzählte Zeit freilich etwa 70 Jahre und deren Erzählzeit noch einmal 100-200 Jahre später anzusetzen ist[56] – so schwierig macht, ist der untaugliche Versuch, alles weitestgehend auf die Kategorien ‚historisch' oder ‚unhistorisch' aufzuteilen.[57] Weil oft exemplarische, apologetische und legitimatorische Zwecke archivarische und dokumentarische Ziele überdecken, darüber hinaus der neuzeitliche Geschichtsbegriff für das Verständnis der antiken Quellen unangemessen ist und unsere Sicht auf die Quellen immer eine Perspektivierung und damit Einschränkung und Verkürzung darstellt, sind Fiktionalisierung und Typisierung nie klar von faktischen Vollzügen zu trennen.[58] Das bedeutet jedoch nicht, die Suche nach geschichtlichen Signalen, nach ‚Fakten' im Unterschied von ‚Fiktion', preiszugeben. Bei der Statueninschrift macht das Sinn, denn sie geht mit ihren individuellen Zügen deutlich über andere biographische Inschriften der ägyptischen Spätzeit hinaus, die autoerastische Vorlieben aufweisen und sich oft in eulogischen Stereotypen erschöpfen.

Differenziert wird man auch über die Bücher Esra und Nehemia bzw. über deren Protagonisten urteilen müssen. Schwerlich wird sich die Nehemia-Erzählung primär und vorwiegend späteren Historisierungs- und Fiktionalisierungsabsichten verdanken,[59] und auch die Esra-Gestalt ist mehr als „eine verklärte literarische Figur"[60]. Wenn man sich die Gesamtkomposition der Bücher Esra und Nehemia und ihre Entstehungsbedingungen vor Augen hält, mag das Urteil, „ihre Schriften reflektieren in einer ungeschichtlichen, d. h. nichtchronologisch geordneten Weise die Ansichten, Erwartungen und Befürchtungen der Jerusalemer Gemeinde eines ganzen Jahrhunderts oder mehr"[61], cum

---

55 Gerstenberger, Israel (s. Anm. 1), 55.

56 Willi, Juda-Jehud-Israel (s. Anm. 37), 101.

57 Besonders auffällig geschieht das bei Gerstenberger, Israel (s. Anm. 1), als explizite Aufgabe 78.

58 Zu diesem Fragenkreis s. z. B. J. Rüsen, Historische Vernunft. Grundlagen einer Historik I: Die Grundlagen der Geschichtswissenschaft, Göttingen 1983, bes. 45-84; R. Koselleck, Vergangene Zukunft. Zur Semantik geschichtlicher Zeiten, Frankfurt a.M. ³1995; C. Lorenz, Konstruktion der Vergangenheit. Eine Einführung in die Geschichtstheorie, Beiträge zur Geschichtskultur 13, Köln u. a. 1997, bes. 127-187.

59 Gerstenberger, Israel (s. Anm. 1) 78-82: „Das Ganze ist ein typisches Szenario, kein biographischer oder geschichtlicher Akt" (81). Vgl. dagegen Koch, Esra (so Anm. 47).

60 So Gerstenberger, Israel (s. Anm. 1), 82-85: 85.

61 Gerstenberger, Israel (s. Anm. 1), 83.

grano salis berechtigt sein, es enthebt aber die Forschung nicht einer literargeschichtlichen Nachfrage. Schon früh ist die Nähe der biographischen Inschriften aus der ägyptischen Spätzeit zur sog. Nehemia-Denkschrift aufgefallen, sofern es in beiden Textcorpora um vorbildliches kultisches und soziales Verhalten geht und jeweils um die ausdrückliche Bitte, der guten Taten zu gedenken.[62] Es geht nicht im Entferntesten um literarische Abhängigkeiten, gleichwohl sind die Parallelen bestens geeignet, konstellative Analogien bei den Kooperationsformen und -erwartungen zwischen persischer Zentralregierung und lokalen Eliten, zumindest im Blick auf die westliche und südwestliche Peripherie des persischen Weltreichs, sichtbar zu machen, unabhängig von der geschichtlichen Beurteilung von Einzelheiten. Das ist der eigentliche Gewinn einer komparatistischen Sicht.

Wie Udjahorresnet (Z. 7.23 und Z. 43-45) werden auch Nehemia (Neh 2,1-8) und Esra (Esr 7,1-10) vom Großkönig mit besonderen Aufträgen versehen und reisen, mit der Möglichkeit von Begleitschutz, unter freiem Geleit (Z. 44; Neh 2,9; Esr 8,21f). Angesichts der Unruhen um den Inaros-Aufstand (460-454 v. Chr.) und der Rebellion von Megabyzos, dem Satrapen von Transeuphratene (448 v. Chr.), ist dieser Erzählzug kein narratives Adiaphoron! Sollte die Analyse zutreffen, dass die ursprüngliche Denkschrift Nehemias ohne Mauerbauerzählung nur aus Neh 5,1-19; 13,4-31* bestand,[63] sind die sozialen (Neh 5) und kultischen (Neh 13) Aktivitäten Nehemias, mögen sie sich auch im Einzelnen von den ägyptischen Formen unterscheiden, als ‚gleichzeitige' Parameter im Ungleichzeitigen gut verständlich. Dabei deuten die Gedenkbitten bei Udjahorresnet (Z. 47) und bei Nehemia (Neh 5,19; 13,14.22.29.31) in Verbindung mit dem Tempel als Aufstellungsort der Statue darauf hin, dass es sich jeweils um Votivinschriften handelt,[64] die sicher nicht nur für eine göttliche Lektüre bestimmt waren: Die Zusammenarbeit mit den Persern muss angesichts desolater wirtschaftlicher Zustände (Neh 5), die im Wesentlichen durch persische Tributforderungen bedingt waren, gerechtfertigt werden, so dass sowohl die ägyptische Inschrift, die noch stärker an die öffentliche Zustimmung appelliert, als auch die Nehemia-Erzählung apologetische Ziele verfolgen.

---

62 G. v. Rad, Die Nehemia-Denkschrift, ZAW 76 (1964), 176-187, wieder abgedr. in: ders., Gesammelte Studien zum Alten Testament, TB 8, München ³1965, 297-310.

63 So T. Reinmuth, Der Bericht Nehemias. Zur literarischen Eigenart, traditionsgeschichtlichen Prägung und innerbiblischen Rezeption des Ich-Berichts Nehemias, OBO 183, Freiburg / Göttingen 2002.

64 v. Rad, Nehemia-Denkschrift (s. Anm. 62), 310. Die Folgerung wird nicht von T. Reinmuth gezogen. Koch, Esra (s. Anm. 47), 230, weist auf eine weitere Parallelität hin, nämlich auf den Wechsel der Formulierungen von der 3. zur 1. Person.

Ohne an dieser Stelle auf die vielfältigen Probleme um die konkrete Mission Esras im Zusammenhang des Artaxerxes-Reskripts (Esr 7,11-24) eingehen zu können, sei zumindest auf die scheinbare Ämterhäufung bei Esra hingewiesen, die nur dann „gekünstelt"[65] wirkt, wenn klar definierte Funktionen erwartet werden. Wenn Esra als ‚Priester', ‚Schreiber', ‚Kenner in den Worten der Gebote JHWHs und seiner Satzungen über Israel' und ‚Schreiber im Gesetz des Himmelsgottes' (Esr 7,11f u. ö.) bezeichnet wird, dann ist damit ein schrift- und bücherkundiger Priester bzw. ein priesterlicher Schriftkundiger gemeint,[66] der nach Esr 7 „eine Revision der Religions-, Rechts- und Bildungssituation"[67] durchführen soll. Das erinnert doch sehr an das Tableau von Aufgaben, die der Ägypter Udjahorresnet zu bewältigen hatte, genauso wie auch Nehemias Reformen bemerkenswerte referentielle Affinitäten zum Wirkungsfeld des Ägypters aufweisen. Udjahorresnet will in schwerer Zeit den Verarmten geholfen haben (Z. 33-36) wie Nehemia (Neh 5), er hat die Unterstützung des Großkönigs erwirkt und Tempel und Kult, nicht zuletzt unter Beseitigung von Fremdeinflüssen, reorganisiert (Z. 16-23.31) wie Nehemia auch (Neh 13,5-14.28-31). Und schließlich hat Udjahorresnet die Institution des ‚Lebenshauses' als Zentrum von Tradition und Schriftgelehrsamkeit reaktiviert (Z. 43-45), was an Esra als Toraexperten erinnert. Jeweils werden als Grundlage für alle Lebensvollzüge Wissensbestände angelegt und Traditionen kodifiziert, Literatur wird so ‚kanonisch'. Dass im Übrigen die spätere Tradition davon zu erzählen weiß, dass Nehemia eine Art Lebenshaus mit biblischen und außerbiblischen Texten und Büchern anlegte (2Makk 2,13), ist gewiss eine in diesem Zusammenhang auffällige ‚Reminiszenz'.

Udjahorresnet sowie Esra und Nehemia treten in Krisensituationen, die durch Aufstände gegen die Perserherrschaft hervorgerufen und geschürt wurden, zu Beginn bzw. in der Mitte der Perserherrschaft in Ägypten bzw. in Juda auf. Die drei einflussreichen Persönlichkeiten sind ein gutes Beispiel für eine förderliche Zusammenarbeit mit der persischen Oberherrschaft, die freilich nicht von allen Ägyptern so

---

65 Gerstenberger, Israel (s. Anm. 1), 83.
66 Zu den Bedeutungen der Titulaturen ausführlich und differenziert Willi, Juda-Jehud-Israel (s. Anm. 37), 104-117.
67 Willi, Juda-Jehud-Israel (s. Anm. 37), 113. Dass im Übrigen Esra nicht alles praktiziert, was das Artaxerxes-Reskript vorgibt, könnte ebenso für seine Historizität sprechen wie für die Geschichtlichkeit der Nehemia-Denkschrift spricht, dass – wie auch immer man sie abgrenzt – sie nur das erste Jahr einer zwölfjährigen Wirksamkeit erfasst.

wohlwollend gesehen wurde.[68] Was bei Udjahorresnet in komprimierter Darstellung gebündelt ist, wird über ein halbes Jahrhundert später narrativ entfaltet vorgetragen: die Organisation und Reorganisation des kultischen und zivilen Lebens auf der Grundlage von kanonisch werdenden Traditionsbeständen. Dabei lehrt das ägyptische Dokument, dass Authentizität im Sinne von Zeitgenossenschaft und Subjektivismus im Sinne der Perspektivenbedingung eine Symbiose eingehen, die sich nicht grundsätzlich von Erfahrungen unterscheidet, die in den entsprechenden ‚Ereignissen' von zeitlich ferner stehenden Texten, wie das im Esra- und Nehemiabuch der Fall ist, zum Ausdruck gebracht werden. Udjahorresnet kann seine persische Kostümierung – das betrifft die Statuengestaltung ebenso wie die Inschrift – zum Wohle Ägyptens nicht verleugnen, die Verfasser der Bücher Esra und Nehemia (Esr 1 u. ö.; Neh 1 u. ö.) wollen ihre Sicht nicht verbergen, nach der die *providentia dei* bewirkt, was die Fremdmacht zu ermöglichen bereit ist. Wenn Udjahorresnet die ‚Halle des Lebenshauses' wieder einrichtet, kann er an eine 2000 Jahre alte Schriftkultur anknüpfen. Fragt man, „wo eine genuin israelitisch-jüdische Verschriftung anzusiedeln wäre, wie sie Esr-Neh oder Chr vorschwebt, dann kommt als Umfeld für eine verschriftete Tora eigentlich nur der *Schul- und Lehrbetrieb* ernsthaft in Betracht"[69]. Damit hat der Jubilar den Bogen von Esra und Nehemia und ihren Tradenten zu Udjahorresnet und seiner Welt zurückgeschlagen, unabhängig von den erheblichen Unterschieden zwischen der Schulliteratur Ägyptens und der Tora Israels.

---

68 Dazu vor allem Huss, Kollaborateure (s. Anm. 23). Zur positiven Einschätzung persischer Herrschaft s. Koch, Esra (s. Anm. 47), 138-140. Es gibt bekanntlich im Alten Testament kein einziges kritisches Wort gegen Persien.

69 T. Willi, „Wie geschrieben steht" – Schriftbezug und Schrift. Überlegungen zur frühjüdischen Literaturwerdung im perserzeitlichen Kontext, in: Kratz (Hg.), Religion (s. Anm. 1), 257-277: 269.

„Was wir gehört und kennengelernt und unsere Väter uns erzählt haben" (Ps 78,3)

Überlegungen zum Schulbetrieb im Alten Israel

In Franz Werfels Roman *Jeremias. Höret die Stimme*, kurz vor dem Zweiten Weltkrieg in bedrängter Zeit geschrieben, erzählt Jeremia seinem Gefährten Baruch von seinen Erlebnissen am Königshof Josias. Baruch ist durch den Bericht bestärkt, er „folge einem Großen des Altertums nach", und es entwickelt sich folgender Dialog: „,Nun hat mein Lehrer seinen Beweis ...' ,Warum nennst du mich Lehrer? ... Ich bitte dich doch jeden Tag, mir keinen unrechten Namen zu geben ...' ,Was ist mein Herr denn andres als mein Lehrer?' ,Ein unrechtes Wort ... Nenne mich älterer Bruder, Landsmann, oder wenn es dir gefällt und wenn es so sein muß, ,mein Herr' ... Ich selbst bin nicht einmal Schüler ... Wer könnte etwas lernen von mir ...'."[1]

Den beiden Gesprächspartnern begegnen die Leserin und der Leser des Alten Testaments im Jeremiabuch, in dem Jeremia als Prophet und Baruch als Schreiber auftreten. Ist es intellektuelle Zurückhaltung oder prophetische Erkenntnis, wenn der Jeremia des Romans sagt: „Wer könnte etwas lernen von mir ..."? Hat der Romanautor unangemessene oder etwa zutreffende Vorstellungen von Möglichkeiten und Grenzen der Vermittlung traditionsbezogener Kenntnisse und beruflicher Fähigkeiten im Alten Israel? Ist überhaupt die Frage nach Formen eines Schulbetriebs angesichts einer Fülle von Arbeiten zum Thema, die sich entweder für[2] oder gegen[3] die Verbreitung von altisraelitischen Schulen

---

1   F. Werfel Jeremias. Höret die Stimme. Roman, Frankfurt [5]1991, S. 65. Die Originalausgabe von 1937 trug lediglich den zweiten Teil des Titels („Höret die Stimme") als eindringliche Mahnung gegen die pervertierte Herrschaft der Mächtigen jener Zeit.

2   Grundlegend war: A. Klostermann, Schulwesen im alten Israel, Leipzig 1908; ähnlich P. Rießler, Schulunterricht im Alten Testament, in: ThQ 91 (1909), S. 606-607; H. Kaupel, Über die Erziehung und den Unterricht der Kinder im vorchristlichen Israel, in: ThG 18 (1926), S. 615-626; von neueren Arbeiten, die einschränkungslos zustimmen, sind vor allem zu nennen: H.-J. Hermisson, Studien zur israelitischen Spruchweisheit, Neukirchen-Vluyn 1968 (WMANT 28), S. 97-136; T.N.D. Mettinger, Solomonic State Officials. A Study of the Civil Government Officials of the Israelite Monarchy, Lund 1971 (CB.OT 5), S. 140-157; J.P.J. Olivier, Schools and Wisdom Lite-

aussprechen, ohne daß ein Konsens in Aussicht wäre, sachgemäß und sinnvoll? Um Antworten aufzuspüren bzw. die Fragen zu modifizieren, sollen im folgenden zunächst alttestamentliche Andeutungen genannt (I), dann der altorientalische Befund vorgestellt (II) und schließlich Verständnismöglichkeiten von ‚Schule', vor allem im Blick auf die Entstehung und Überlieferung alttestamentlicher Schriften, erörtert werden (III).

I.

Die Beantwortung der Frage, wie und mit welchem Ziel gelernt und gelehrt wurde, hängt entscheidend von der Einschätzung verschiedener Textandeutungen und der Tragfähigkeit altorientalischer Analogien ab. Ein Begriff für ‚Schule' steht erst in der zwischen 190 und 170 v. Chr. entstandenen Schrift Jesus Sirach (51,23), in der von einer Art Lehrhaus[4] die Rede ist, in dem offenbar Weisheitsunterricht erteilt

rature, in: JNWSL 4 (1975), S. 49-60; B. Lang, Schule und Unterricht im alten Israel, in: M. Gilbert (Hg.), La Sagesse de l'Ancien Testament, Gambloux 1979 (BEThL 51), S. 186-201 = in: ders., Wie wird man Prophet in Israel? Aufsätze zum Alten Testament, Düsseldorf 1980, S. 104-119; A. Lemaire, Les écoles et la formation de la Bible dans l'Ancien Israël, Fribourg und Göttingen 1981 (OBO 39); ders., Sagesse et écoles, in VT 34 (1984), S. 270-281; N. Lohfink, Glauben lernen in Israel, in: KatBl 108 (1983), S. 84-99; R. Riesner, Jesus als Lehrer. Eine Untersuchung zum Ursprung der Evangelien-Überlieferung, Tübingen ³1988 (WUNT 2.R 7), S. 153-199; P. Höffken, Aspekte des Lehrens und Lernens im Alten Testament und frühen Judentum in: GlLern 6 (1991), S. 121-132.

3   R.N. Whybray, The intellectual Tradition in the Old Testament, Berlin und New York 1974 (BZAW 135), S. 33-43; F.W. Golka, Die israelitische Weisheitsschule oder „Des Kaisers neue Kleider", in: VT 33 (1983), S. 257-270; N. Heutger, Erziehung im Alten Testament, in: Theologische und religionspädagogische Beiträge - Theorie und Praxis-, G. Klages zum 65. Geb. gewidmet, hg. v. K. Heinemeyer, Hildesheim u.a. 1987 (Hildesheimer Beiträge zu den Erziehungs- und Sozialwissenschaften. Studien-Texte-Entwürfe 26), S. 176-182; J.L. Crenshaw, Education in Israel, in: JBL 104 (1985), S. 601-615; sehr skeptisch, aber letztlich ohne Entscheidung, ist: G. Wanke, Der Lehrer im alten Israel, in: Schreiber, Magister, Lehrer. Zur Geschichte und Funktion eines Berufsstandes, hg. v. J.G. Prinz von Hohenzollern und M. Liedtke, Bad Heilbrunn 1989 (Schriftenreihe zum Bayerischen Schulmuseum Ichenhausen 8), S. 51-59.

4   οἶκος παιδείας. Die üblicherweise genannte Wendung בית מדרש steht zwar in der Kairoer Geniza-Handschrift B, das Äquivalent des griechischen Ausdrucks könnte allerdings ursprünglich eher בית מוסר gewesen sein. Möglicherweise liegt eine „rabbinisierende Überarbeitung" vor, so R. Riesner, a.a.O. (Anm. 2), S. 167.

wurde.[5] Damit ist freilich nicht die Existenz einer Schule in früherer Zeit ausgeschlossen, denn es ist unbezweifelbar, daß nicht alles überliefert ist, was einmal schriftlich geäußert wurde. Aber ebenso sicher ist, daß aufgrund linguistischer Beobachtungen mit der Entstehungszeit einer größeren Anzahl biblischer Texte vor dem 8. Jh. v. Chr. kaum zu rechnen und die Spärlichkeit des Inschriftenmaterials aus der Zeit vor jenem Jahrhundert nicht zufällig ist.[6] Dennoch: Gerade das Alltägliche und Selbstverständliche wird oft in den biblischen Schriften nicht mitgeteilt. Gehört dazu auch die Schule?

Vom Lernen und Lehren und auch vom Schreiben ist sehr oft die Rede im Alten Testament, vom Lernen und Lehren ausdrücklich an mehr als einhundert Stellen.[7] Geht man von dem zentralen Anliegen der Texte aus, die Beziehungen des Volkes und einzelner Personen zu Gott und die Bedingungen und Folgerungen, die daran geknüpft sind, immer wieder neu zur Sprache zu bringen und zu deuten, dann überrascht es nicht, wenn vor allem religiös-ethische Ziele des Lernprozesses zu Wort kommen. Lernen und Lehren wurde zur religiösen Grundpflicht. Die Lernenden sind Kinder und Erwachsene, die Lehrenden Eltern und Priester. Man wird kaum entscheiden können, ob zunächst der Tempel[8] Ort der religiösen Unterweisung war und erst später – gleichsam privatisierend – die Familie oder ob es sich umgekehrt verhielt.[9] Die Priester jedenfalls werden neben kultisch-rituellen Belehrungen das ‚Wissen um Gott' (Hos 4,1; 6,1), die Tora[10] Gottes (Hos 4,6), besonders an den Wallfahrtsfesten (Ex 23,17; 34,23; Dtn 16,16), als Anweisungen (Ps 50,7.16 ff.; 81,9 ff.) vermittelt haben, die grundsätzliches Verhalten und konkrete Forderungen umfaßten.[11] Den Willen Gottes zu überliefern, blieb aber nicht nur auf die Priester beschränkt. Nach den Vorstellungen des Deuteronomium sollten auch die Eltern ‚Religions-

---

5   H. Stadelmann, Ben Sira als Schriftgelehrter. Eine Untersuchung zum Berufsbild des vor-makkabäischen Sōfēr unter Berücksichtigung seines Verhältnisses zum Priester-, Propheten- und Weisheitslehrertum, Tübingen 1980 (WUNT 2.R 6), S. 306ff.

6   E.A. Knauf, War „Biblisch-Hebräisch" eine Sprache? – Empirische Gesichtspunkte zur linguistischen Annäherung an die Sprache der althebräischen Literatur, in: ZAH 3 (1990), S. 11-23.

7   S. die Konkordanzen und Theologischen Wörterbücher zu den Wurzeln אלף I qal, למד qal (lernen), אלף I pi., בין hi., ירה III hi., למד pi. (lehren), ספר, בתכ (schreiben).

8   D. Vetter, Lernen und Lehren. Skizze eines lebenswichtigen Vorgangs für das Volk Gottes, in: Schöpfung und Befreiung. Für C. Westermann zum 80. Geb., hg. v. R. Albertz, F.W. Golka, J. Kegler, Stuttgart 1989, S. 220-232, besonders S. 225.

9   N. Lohfink, a.a.O. (Anm. 2), S. 87.

10   Wiederholt wird die priesterliche Aufgabe der Unterweisung (ירה III hi.) genannt (Dtn 33,10; II Kön 12,3; II Chr 15,3) und Tora-Belehrung vorausgesetzt (Dtn 31,9ff.).

11   Zu Einzelheiten s. D. Vetter, a.a.O. (Anm. 8), S. 220ff.

lehrer' ihrer Kinder sein, und das überall und andauernd: im Haus und auf dem Weg, am Morgen und am Abend (Dtn 6,7; 11,19). Dabei nennt die Antwort auf die Frage der Söhne – nur sie werden genannt, nicht die Töchter – nach den göttlichen Weisungen das Rettungshandeln Jahwes bei der Herausführung aus Ägypten als geschichtliche Vorgabe der lebensfördernden Tora (Dtn 6,20-25).[12]

Wie wichtig die elterliche Unterweisung war, zeigt der deuteronomische Sprachgebrauch, der die Traditionsvermittlung der Hausväter durch das Verbum למד pi. mit dem Lehren Moses vergleicht, aber von der priesterlichen Lehrtätigkeit (ירה III hi.) abhebt.[13] „Hierin zeichnet sich die Auffassung ab, daß die Familie als Ort des Lehrens darauf angewiesen ist, daß die hier Lehrenden Lernende bleiben."[14] Im „Schlüsseltext zum Glaubenlernen"[15] (Dtn 6,4-9) sind offenbar die Väter angesprochen, wenn es heißt: „Höre Israel, Jahwe ist unser Gott, Jahwe als einer allein! Und du sollst Jahwe, deinen Gott, lieben mit deinem ganzen Herzen und mit deiner ganzen Seele und mit deiner ganzen Kraft. Und diese Worte, die ich dir heute gebiete, sollst du auf dein Herz nehmen und sollst sie deinen Söhnen vorsprechen und du sollst von ihnen reden, wenn du in deinem Hause weilst, wenn du unterwegs bist, wenn du dich niederlegst und wenn du aufstehst. Binde sie zum Zeichen an deine Hand, und Marken sollen sie auf deiner Stirne sein, und schreibe sie an die Pfosten deines Hauses und an deine Tore."[16] Von dem Hinweis auf die Verschriftung einmal abgesehen, wird ein memorierendes Rezitieren der ‚Worte' des deuteronomischen Gesetzes[17] durch Väter und Söhne erwartet. „Hier ist offenbar an eine Jugend gedacht, die sozialisiert wird, indem sie neben den Eltern herläuft und deren Leben mitlebt."[18] Umso auffälliger ist, wenn bei einem gleichsam ritualisierten, alle sieben Jahre am Laubhüttenfest stattfindenden ‚Reli-

---

12   Vergleichbare Texte, die durch das Dtn geprägt sein könnten, sind Ex 10,2; 12,26ff.; 13,8.14-16; Jos 4,6ff.21ff., im Dtn selbst noch 6,7ff.; 11,19ff. Zum kollektiven Gedächtnis im ‚Mnemotop' Palästina s. neuerdings J. Assmann, Das kollektive Gedächtnis. Schrift, Erinnerung und politische Identität in frühen Hochkulturen, München 1992, S. 59f.

13   Dazu D. Vetter, a.a.O. (Anm. 8), S. 225f.

14   D. Vetter, a.a.O. (Anm. 8), S. 226. Zur Unterscheidung zwischen למד pi. und ירה III hi. s. E. Jenni, Das hebräische Pi'el. Syntaktisch-semasiologische Untersuchung einer Verbalform im Alten Testament, Zürich 1968, S. 119ff.

15   N. Lohfink, a.a.O. (Anm. 2), S. 92.

16   Übersetzung nach G. von Rad, Das fünfte Buch Mose. Deuteronomium, Göttingen ⁴1983 (ATD 8), S. 44.

17   N. Lohfink, a.a.O. (Anm. 2), S. 92; G. Braulik, Deuteronomium 1-16,17, Würzburg 1986 (NEB), S. 56.

18   N. Lohfink, a.a.O. (Anm. 2), S. 92.

gionsunterricht' die Tora mit der Anweisung vorgetragen werden soll: „vor allem ihre Söhne, die noch keine Kenntnis haben, sollen zuhören und lernen, Jahwe, euren Gott, zu fürchten" (Dtn 31,10-13, hier V. 13). Durch die Fiktionalisierung einer Ursprungssituation wird mit quasi mythischer Kraft die Stabilität des Anfangs vergegenwärtigt. „Im rituellen Spiel des Lernens eines ganzen Volkes gerät dieses wieder in die Ursituation hinein, aus der seine Lebensordnung entspringt."[19] Ein wesentlicher Zweck des deuteronomischen Lernens ist dabei die Krisenbewältigung. Das gibt Dtn 32,1-43, das ,Moselied', als Lerngut (Dtn 31,21; 32,46f.) zu erkennen, in dem nicht nur die erlebte Katastrophe und ihr Grund, sondern auch die Hoffnungen auf ein neues Heilshandeln Jahwes zum Ausdruck kommen.

Dem Priester (Dtn 17,10f.18; 31,9.25f.), dem König (17,18-20) und dem Propheten (18,15-20) wird zwar eine besondere Toraverbundenheit nachgesagt, aber das Deuteronomium legt doch den Schwerpunkt auf die Familie als Ort und Garant der religiösen Unterweisung. Dafür ein Beispiel sind auch die wiederholt zitierten ,Kinderfragen',[20] die im Grunde genommen auf eine Erwachsenenbelehrung zielen und in exilischer Zeit an den Auftrag kultischer Funktionsträger sozusagen rückgebunden werden. „Wenn nun die Belehrung der Kinder wieder dem Vater übertragen wird, so kann dies nicht anders gedeutet werden, als daß die bisher vorhandenen Systeme versagt haben."[21] Ob das neben dem Tempel auch die Schule war,[22] ist die Frage. Sollte sie existiert haben, ist denn dann ihr Bildungsauftrag überhaupt auf das ,Glaubenlernen' bezogen worden, selbst wenn man berücksichtigt, daß für antikes Bewußtsein Formen profaner Lebensaneignungen keine klar abgrenzbaren Erkenntnisbereiche waren?[23] Der sprachliche Ausdruck, nach dem Kenntnisvermittlung und -annahme zusammengehören (למד qal und pi.), setzt mit seiner mimetischen Bedeutung voraus, daß gelernt wird, indem man etwas einübt und sich daran gewöhnt – und das bezieht sich eben nicht nur auf die Weisungen Gottes, sondern ebenso auf das Üben von Liedern (Dtn 31,19.22; II Sam 1,18 u.ö.), das Trainie-

---

19 N. Lohfink, a.a.O. (Anm. 2), S. 94.

20 S. die in Anm. 12 genannten Texte.

21 H.-J. Fabry, Gott im Gespräch zwischen den Generationen. Überlegungen zur „Kinderfrage" im Alten Testament, in: KatBl 107 (1982), S. 754-760, hier S. 758; ähnlich auch G. Wanke, a.a.O. (Anm. 3), S. 56; P. Höffken, a.a.O. (Anm. 2), S. 124.

22 So H.-J. Fabry, a.a.O. (Anm. 21), S. 758.

23 N. Lohfink, a.a.O. (Anm. 2), S. 87f., sieht die Schule des Alten Israel als eine Art säkulare Einrichtung, in der „das Lebensgefühl der internationalen Weisheit" vermittelt und „die Plausibilitäten des Jahweglaubens entzogen" (S. 87) worden wären.

ren von kriegerischen Fähigkeiten (Jes 2,4; Mi 4,3; I Chr 5,18 u.ö.) und die Dressur von Tieren (Jer 31,18; Hos 10,11 u.ö.).[24] Indizien für eine regelmäßige Schulpraxis lassen sich daraus nicht ableiten. Das gilt auch für die drei sozusagen klassischen Stellen, die seit der Untersuchung A. Klostermanns[25] die Hauptbeweislast zu tragen haben: Jes 28,7-13; 50,4-9; Spr 22,17-21. Von einem Lehrer-Schüler-Verhältnis ist dort kaum die Rede, geschweige denn von einer Schule.[26] Es fällt ohnehin auf, daß Begriffe für ‚Lehrer' und ‚Schüler' recht selten erwähnt werden.[27] Andererseits wird häufiger im Sprüchebuch von ‚Vätern' und ‚Söhnen' gesprochen (Spr 4,1; 5,7; 7,24; 8,32) und von Weisen, die – an einer Stelle als Lehrer (מלמדים und מורים) bezeichnet (Spr 5,13) – Erkenntnis (Spr 15,2.7) und Tora (Spr 13,14) vermitteln. Daß damit eine institutionalisierte Weisheitsschule vor unsere Augen tritt,[28] ist angesichts des spärlichen und spröden Materials eine überzogene Schlußfolgerung. Es ist nämlich ebenso möglich, daß ‚Vater' im übertragenen Sinn ein Ehrentitel für eine Autoritätsperson ist (Gen 45,8; Ri 17,10; 18,19; II Kön 6,21; 13,14), also wie in der altorientalischen Welt den Weisen als eine Art geistigen Vater meint.[29] Nicht nur beiläufig sei darauf hingewiesen, daß zuweilen neben dem Vater – altorientalisch ganz ungewöhnlich – die Mutter erwähnt wird (Spr 1,8; 6,20; 31,1.26), wenn es um die Erziehung geht. Es mag dahingestellt bleiben, ob das eher gegen einen organisierten Schulbetrieb spricht.[30] Jedenfalls ist es mehr als eine stilistische Fehleinschätzung, wenn die Parallelität zwischen Vater und Mutter als ornamentales Adiaphoron beurteilt wird.[31]

---

24 Weitere Einzelheiten bei E. Jenni Art. למד, in: THAT⁴ I, 1984, Sp. 872-875; A.S. Kapelrud, Art. למד, in: ThWAT IV, 1984, Sp. 576-582. S. auch den materialreichen Aufsatz von J. Schreiner, Theologie lehren und lernen in alttestamentlicher Sicht, in: ders., Leben nach der Weisung Gottes. Gesammelte Schriften zur Theologie des Alten Testaments II, hg. v. E. Zenger zum 70. Geb. des Autors, Würzburg 1992, S. 195-217, bes. S. 197ff.

25 A.a.O. (Anm. 2).

26 Dazu im einzelnen G. Wanke, a.a.O. (Anm. 3), S. 52.

27 Nachweise bei G. Wanke, a.a.O. (Anm. 3), S. 58 Anm. 12.

28 So H.-J. Hermisson, a.a.O. (Anm. 2), S. 113ff.; T.N.D. Mettinger, a.a.O. (Anm. 2), S. 139ff.; J.P.J. Olivier, a.a.O. (Anm. 2), S. 49ff.; B. Lang, a.a.O. (Anm. 2), S. 108ff.

29 E. Jenni, Art. אב, in: THAT⁴ I, 1984, Sp. 2-17, hier Sp. 6. R.N. Whybray, a.a.O. (Anm. 3), S. 43ff., hat nachgewiesen, daß חכם ganz allgemein ein Weiser ist, nicht ein berufsmäßiger Weisheitslehrer.

30 R.N. Whybray, a.a.O. (Anm. 3), S. 41ff. S. dagegen z.B. zu Sappho als Lehrerin in Lesbos (7. Jh.) H.-I. Marrou, Geschichte der Erziehung im klassischen Altertum, hg. v. R. Harder, Freiburg und München 1957, S. 57ff.

31 B. Lang, a.a.O. (Anm. 2), S. 112: „Die Zeile über die Mutter steht.... wohl nur aus Gründen des Stils: Im parallelismus membrorum balanciert sie die Zeile über den Vater."

Ist freilich erst einmal die Weisheitsschule eingerichtet, dann sind curriculare Vorschläge schnell zur Hand. Auch bei dieser Suche war A. Klostermann wegweisend, sofern er das Buch der ‚Sprüche Salomos' als Unterrichtsstoff[32] auffaßte und damit scheinbar recht behielt, nachdem ägyptische und mesopotamische Schultexte mit Weisheitsliteraturen gefunden wurden. Jede Präzisierung muß aber schon deshalb hypothetisch bleiben, weil die eine Hypothese (Lehrplan) auf der anderen (Schule) aufbaut. So kann der Rekonstruktionsversuch eines dreistufigen Lehrplans, der zunächst das Erlernen des Alphabets vorsieht, dann zu Schreibübungen anhand von Spr 10ff. und schließlich zur Beschäftigung mit Spr 1-9; 22,17-23,11 und Jesus Sirach (einschließlich der Einübung in Briefformulare) übergeht, wohl nur in ironischer Selbstkritik aufrechterhalten werden: „Diese Rekonstruktion ist kühn, scheint mir aber einiges für sich zu haben. Oder kommt mein Vorschlag eines Lehrplans für den Lehrer des alten Israel zweieinhalb Jahrtausende zu spät?"[33] Offensichtlich traut modern-aufgeklärtes Bewußtsein der damaligen Erziehung sehr weitgehende Unterrichtsmaterialien zu, denkt man an die in Spr 1-9 enthaltenen Warnungen vor der fremden verführerischen Frau und die erotisierende Poesie des Hohenliedes, die ebenfalls als Unterrichtsstoff genannt wird.[34]

Für konkrete Rekonstruktionen ist der bisherige Befund wenig ermutigend, weil er zu hypothetisch ist. Ändert sich das vielleicht, wenn man sich den Vorgang des Schreibens bzw. Lesens vor Augen führt? Man erfährt aus dem Alten Testament, daß Briefe (I Kön 21,8; II Kön 10,1; II Chr 32,17), Urkunden (I Sam 20,25; Jer 32,10.44), Listen (Num 33,2) und anderes mehr geschrieben wurden (כתב) und daß dabei Tafeln (לוח), Blätter (eventuell גליון) und Rollen (מגלה bzw. מגלת ספר) als Beschriftungsgrundlage dienten.[35] Ja, man hört sogar einmal, daß ein Weiser

---

32 A. Klostermann, a.a.O. (Anm. 2), S. 11-15.

33 B. Lang, a.a.O. (Anm. 2), S. 117. Selbst eine antike „Studienreform" wird vermutet. N. Lohfink, Kohelet, Würzburg 1980 (NEB), S. 12ff., sieht die Einführung des Lehrbuchs Kohelet als Kompromiß gegenüber griechischer Erziehung: „Vermutlich benutzte man Spr weiter als erstes Lehrbuch und Koh dann erst auf einer späteren Stufe. Das bald darauf verfaßte Buch Jesus Sirach könnte der Versuch gewesen sein, die auch nach der Einführung von Koh nicht befriedigenden Lehrbuchverhältnisse radikaler und ganz neu zu klären." (S. 13). Das zweite Nachwort (Koh 12,12-14) versteht Lohfink als Aufwiegelung der Schüler gegen die Absicht, neue Lehrbücher zu propagieren und die Orthodoxie des Koh zu gewährleisten (S. 13f.).

34 So A. Lemaire, a.a.O. (Anm. 2), S. 43.

35 O. Procksch, Der hebräische Schreiber und sein Buch, in: Von Büchern und Bibliotheken, FS E. Kuhnert, hg. v. G. Abb, Berlin 1928, S. 1-15; K. Galling, Tafel, Buch und Blatt, in: Near Eastern Studies in Honor of W.F. Albright, hg. v. H. Goedicke, Bal-

ruft: "*Mein Sohn, laß dich warnen! Das viele Büchermachen nimmt kein Ende, und das viele Studieren ermüdet den Leib*" (Koh 12,12).[36] Wo sich das alles zugetragen hat, erfährt man aber nicht. Nun steht zweifellos außer Frage, daß man schreiben und lesen lernen konnte und mußte, nicht zuletzt für die Erfordernisse des Verwaltungswesens. Aber sobald es an eine Einschätzung der Literalität im Alten Israel geht, scheiden sich die forschenden Geister. Da wird einerseits die Fähigkeit zu schreiben in breiten Kreisen der Bevölkerung bereits für die Zeit des frühen Königtums angenommen,[37] andererseits aber die Verbreitung von Schriftkenntnissen aufgrund nicht gerade übermäßiger epigraphischer Indizien grundsätzlich sehr zurückhaltend eingeschätzt.[38] Ohne die Tragfähigkeit von Analogien über Gebühr zu strapazieren, macht der für das ägyptische Alte Reich geschätzte Grad an Schreibfähigkeit unter der Bevölkerung, der bei einem Prozent gelegen hat,[39] skeptisch, auch wenn zugestanden werden muß, daß eine Alphabetschrift mit 22 bzw. 23 Buchstaben leichter zu erlernen ist als ein Schriftsystem mit mehreren hundert Zeichen. Die Inschriftenfunde halten sich nun einmal bis zur mittleren Königszeit in quantitativ engen Grenzen, und es scheint so, daß ein Großteil der in Lachisch, Kadesch-Barnea und Kuntillet ʿAġrud gefundenen Alphabetübungen[40] aufgrund des Fundorts und des jeweiligen Schriftträgers gerade nicht als Schulübung interpretiert werden kann.[41]

Sollte es zutreffen, daß Jerusalem erst seit dem 8. Jh. Zentrum des kleinen Staates Juda mit regionaler Verwaltungspraxis wurde,[42] dann

---

timore 1971, S. 207-223; A. Lemaire, Vom Ostrakon zur Schriftrolle. Überlegungen zur Entstehung der Bibel, in: ZDMG Supplement 6, Stuttgart 1985, S. 110-123.

36 Übersetzung nach A. Lauha, Kohelet, Neukirchen-Vluyn 1978 (BK XIX), S. 221.

37 A.R. Millard, The Practice of Writing in Ancient Israel, in: BA 35 (1972), S. 98-111; ders., An Assessment of the Evidence for Writing in Israel, in: Biblical Archaeology Today. Proceedings of the International Congress on Biblical Archaeology, Jerusalem, April 1984, Jerusalem 1985, S. 301-312; ders., The Question of Israelite Literacy, in: BiRe 3 (1987), S. 22-31.

38 M. Haran, On the Diffusion of Literacy and Schools in Ancient Israel, in: VT.S 40 (1988), S. 81-95, vor allem S. 81ff.; E. Puech, Les écoles dans l'Israël préexilique: données épigraphiques, in: VT.S 40 (1988), S. 189-203, vor allem S. 189ff.

39 H.W. Fischer-Elfert, Der Schreiber als Lehrer in der frühen ägyptischen Hochkultur, in: Schreiber, Magister, Lehrer, a.a.O. (Anm. 3), S. 60-70, hier S. 60.

40 Eine Zusammenstellung und Deutung des epigraphischen Materials bei A. Lemaire, a.a.O. (Anm. 2), S. 7-33.

41 M. Haran, a.a.O. (Anm. 38), S. 85-91; vgl. auch E. Puech, a.a.O. (Anm. 38), S. 189ff.

42 So anhand der Analyse von Siedlungsstruktur, Infrastruktur und Luxusgütern D.W. Jamieson-Drake, Scribes and Schools in Monarchic Judah. A Socio-Archaeological Approach, Sheffield 1991 (JSOT.S 109), bes. S. 136ff. Erst für das 7. Jh. wird Jerusalem die Rolle als Hauptstadt eines Regionalstaates neuerdings von Th.L. Thompson,

wäre der Schluß, daß hier und wahrscheinlich nur hier eine spezielle Schreiberausbildung besonders für ökonomische, rechtliche und politische Bedürfnisse praktiziert wurde, naheliegend.[43] Daß in Texten vom 8. Jh. an zunehmend auf Schreibtätigkeiten hingewiesen wird, stützt die Vermutung einer bedeutenden Schreiberausbildung seit der Zeit Hiskias.[44] Inwieweit ein Schreiber (ספר),[45] der ein führendes Staatsamt bekleidete, über die Kanzleigeschäfte hinaus an der Entstehung und Überlieferung von Literatur beteiligt war, ist ein Problem, das allenfalls durch einen kulturellen Vergleich einer Lösung nähergebracht werden kann: „In Analogie zu den Verhältnissen in Ugarit und Alalach ist damit zu rechnen, daß sowohl das Kanzleiwesen als auch die Traditionspflege und das Verfassen von Schriften historiographischen Inhalts (wie auf der Idrimi-Statue) zu dem Arbeitsbereich eines solchen ספר gehört."[46] Das sich noch weiter vortastende Urteil: „Scribes are the main figures behind biblical literature"[47] ist sicher durch Texte schwer zu untermauern, sofern nur wenige Stellen entsprechende Indizien nennen,[48] aber mit Einschränkung kaum zu umgehen, wenn man nach

---

Early History of the Israelite People. From the Written and Archaeological Sources, Leiden u.a. 1992 (Studies in the History of the Ancient Near East 4), S. 409ff., zugestanden.

43 D.W. Jamieson-Drake, a.a.O. (Anm. 42), S. 147ff. Entsprechende Verhältnisse sieht Th.L. Thompson, a.a.O. (Anm. 42), S. 408f., für das Nordreich mit dem Bau der Residenzstadt Samaria duch Omri im 9. Jh. verwirklicht.

44 Crenshaw, a.a.O. (Anm. 3), S. 614, Stellennachweise S. 603f. und bei D.W. Jamieson-Drake, a.a.O. (Anm. 42), S. 150. S. jetzt auch B. Halpern, Jerusalem and the Lineages in the seventh Century BCE: Kinship and the Rise of Individual Moral Liability, Law and Ideology in Monarchic Israel, hg. v. B. Halpern und D.W. Hobson, Sheffield 1991 (JSOT.S 124), S. 11-107, hier S. 79ff.

45 Zu den Schreibern in Staatsämtern s. T.N.D. Mettinger, a.a.O. (Anm. 2), S. 19ff.; U. Rüterswörden, Die Beamten der israelitischen Königszeit. Eine Studie zu śr und vergleichbaren Begriffen, Stuttgart u.a. 1985 (BWANT 117), S. 85-89; A. Lemaire, Art. Scribes I-II, in: DBS 12, Lfg. 1.2, 1992, Sp. 244-266.

46 U. Rüterswörden, a.a.O. (Anm. 45), S. 88f.

47 E. Lipiński, Royal and State Scribes in Ancient Jerusalem, in: VT.S 40 (1986), S. 157-164, hier S. 157. Konkret sieht er die Schreiber über ihre bürokratische Tätigkeit hinaus als „compilers of royal annals, writers of state letters, collectors of proverbs and other items, and authors who diffused the Davidic ideology of the royal propaganda" (S. 157).

48 A. Lemaire, a.a.O. (Anm. 45), Sp. 262, denkt an den Schreiber Baruch in Jer 36 als Redaktor und Herausgeber eines Grundbestandes jeremianischer Worte und an den Schreiber Schafan als Herausgeber eines Gesetzbuches nach II Kön 22,9ff. bzw. an den Schreiber Esra (Esra 7,11) mit entsprechenden Aufgaben. Daneben erinnert er für den weisheitlichen Bereich an den nach dem Prolog als Schreiber geltenden Jesus Sirach (Sp. 263) und resümiert: "Les scribes de l'ancien Israël ne sont pas contentés d'éditer et éventuellement de rédiger les livres de la Bible, ce sont eux qui les ont

einem Sitz im Leben von Literaturen sucht, die am ehesten im Umfeld des Königshofs entstanden sind. Das gilt für historiographische Texte und gegebenenfalls auch für den einen oder anderen Weisheitstext. Pauschale Funktionalisierungen allerdings, die generell die (Weisheits)Literaturen einer Hofschule (=Weisheitsschule) zuschreiben, werden aufgrund der unterschiedlichen Intentionen der verschiedenen Trägerkreise, die hinter jenen Textgruppen stehen, keinesfalls gestützt.[49] Nun ist es aber gerade die Weisheitsliteratur, die den Blick auf altorientalische Verhältnisse gelenkt hat, mit denen die biblischen Informationsdefizite zuweilen gedeckt werden. Hat ein Schulbetrieb in den anderen orientalischen Kulturen, in Ägypten, Mesopotamien und Syrien-Palästina existiert, und was sind gegebenenfalls seine Charakteristika?

II.

In *Ägypten*[50] war der Ort der Erziehung im Alten Reich, also im 3. Jt. v. Chr., ausschließlich die Familie. Auch für die Ausbildung[51] war zunächst die Familientradition grundlegend, der Vater (später Bezeichnung für den Lehrer) unterwies seinen Sohn (später Bezeichnung für den Schüler), bald auch fremde Kinder, um sie zu Amtsnachfolgern zu machen. Zu Beginn des 2. Jts., im Mittleren Reich, wurde der Schreibernachwuchs, dessen Werdegang von allen Berufen am besten be-

---

transmis, recopiés, commentés, expliqués. Cette *transmission scribale* dépasse la simple copie matérielle, encore que celle-ci soit dispensable dans un monde sans imprimerie." (Sp. 263)

49 Zum Problem s. die Rezension H.-P. Müllers in: WO 13 (1982), S. 172-174, hier S. 173f., zur Monographie A. Lemaires, a.a.O. (Anm. 2).

50 H. Brunner, Altägyptische Erziehung, Wiesbaden 1957 ([2]1991); ders., Art. Ausbildung, in: LÄ 1, 1975, Sp. 569-575; ders., Art. Erziehung, in: LÄ 2, 1977, Sp. 22-27; ders., Art. Schule, in: LÄ 5, 1984, Sp. 741-743; ders., Art. Schülerhandschriften, in: LÄ 5, 1984, Sp. 737-741; ders., Schrift und Unterrichtsmethoden im Alten Ägypten, in: L. Kriss-Rettenbeck, M. Liedtke, Erziehungs- und Unterrichtsmethoden im historischen Wandel, Bad Heilbrunn 1986 (Schriftenreihe zum Bayerischen Schulmuseum Ichenhausen 4), S. 27-35; E. Otto, Bildung und Ausbildung im alten Ägypten, in: ZÄS 81 (1956), S. 41-48; R.J. Williams, Scribal Training in Ancient Egypt, in: JAOS 92 (1972), S. 214-221; U. Kaplony-Heckel, Schreiber und Schulwesen in der ägyptischen Spätzeit, in: SAÄK 1 (1974), S. 227-246; A. Onnasch, „Werde Schreiber!" Schulen und Schüler im alten Ägypten, in: Altertum 31 (1985), S. 204-212; H.-W. Fischer-Elfert, a.a.O. (Anm. 39), S. 60-70; R.M. und U. Janssen, Growing up in Ancient Egypt, London 1990.

51 S. zum Folgenden vor allem H. Brunner; Altägyptische Erziehung, a.a.O. (Anm.50), S. 10ff.

zeugt ist, in Schulklassen, die zu Palast und Tempel der Residenzstadt gehörten, zusammengeführt und unterrichtet. Von hauptamtlichen Lehrern erfährt man nichts. Ausbilder waren erfahrene Beamte, Schreiber *(sš)*, die Anfänger in Gruppen und Fortgeschrittene im Einzelunterricht förderten. Seit der zweiten Hälfte des 2. Jts., im Neuen Reich, bemühte sich schließlich jede Berufsgruppe, die schreiben und lesen können mußte, vor allem die Schreiber und Priester, aber auch Handwerksberufe wie Maler und Bildhauer, um ihren Nachwuchs selbst.

Ein Terminus (*'t sb3* ,Raum des Lehrens') für die Institution Schule, und, davon abgeleitet auch für ein Gebäude, ist zum ersten Mal Ende des 3. Jts. belegt,[52] ohne daß Schulen archäologisch immer eindeutig lokalisiert werden könnten. Allerdings weisen seit dem frühen Mittleren Reich Inschriften und reichhaltige Ostraka-Funde auf entsprechende Stätten hin, die viele und für die Überlieferung der ägyptischen Literatur bedeutende Schülerhandschriften[53] mit Weisheitslehren, Hymnen, Gebeten, magischen Texten und Briefen hervorgebracht haben. Dem mittelalterlichen Scriptorium entsprechend gab es daneben das sog. Lebenshaus[54] als eine Art Tempelarchiv, in dem neben medizinischen und astronomischen besonders religiöse Texte entstanden und tradiert wurden, die wahrscheinlich nur hier, nicht aber bei der üblichen Schreiberausbildung, Übungsstoff waren. Diese Ausbildung beruhte – bezeichnend für die konservative ägyptische Geisteswelt – 1000 Jahre lang auf der Grundlage eines Übungsbuches,[55] das seit Anfang des Mittleren Reiches weit verbreitet war und zusammen mit den Weisheitslehren, die schon vor dieser Zeit die Lehrer für ihre eigenen Schüler verfaßt haben wollen und die in Verbindung mit anderen Literaturgattungen während des Mittleren Reiches in eine Art Schulkanon übernommen wurden, zur Schreib-, Gedächtnis- und Persönlichkeitsschulung diente.[56] Dabei verzahnten sich die Bereiche der technischen Fähigkeiten und der Erziehungsideale; Erziehung und Ausbildung, in der Regel nur für Männer, wurden nicht getrennt.

Besonders bemerkenswert ist der Entstehungshintergrund der Schulliteratur, denn es ist kaum zufällig, daß gerade im ausgehenden 3.

---

52 So in einer Grabinschrift des Provinzgouverneurs Cheti (um 2100 v. Chr.); s. E. Edel, Die Inschriften der Grabfronten der Siut-Gräber in Mittelägypten aus der Herakleopolitenzeit, Opladen 1984 (ARWAW 71), S. 108ff.

53 H. Brunner, Art. Schülerhandschriften, a.a.O. (Anm. 50), Sp. 737-739.

54 A.H. Gardiner, The House of Life, in: JEA 24 (1938), S. 157-179. S. auch im vorliegenden Band S. 198-215.

55 Zur *kmjt* (,das Vollständige'), die Briefformulare, Erzählung und Sentenzen enthält, s. W. Barta, Das Schulbuch Kemit, in: ZÄS 105 (1978), S. 6-14.

56 H. Brunner, Altägyptische Erziehung, a.a.O. (Anm. 50), S. 86.

Jt., „einer Zeit der sozialen und politischen Umwälzungen, der Boden
für die Entstehung der Literaturgattung der Weisheitslehren bereitet
wurde, und zwar als Antwort auf den Zusammenbruch der symbolischen Sinnwelt für das Individuum am Ende des Alten Reiches"[57], und
daß in dieser Zeit die Schreiberausbildung ihren privaten Charakter
verlor. Individuelle Bedürfnisse und staatliche Erfordernisse gehen hier
Hand in Hand. „Der zentralistische Verwaltungsstaat bedarf zu seiner
Aufrechterhaltung eines bestimmten Beamtentyps. Aus der Praxis und
Erfahrung wird dieser Typ durch fachliche Ausbildung und charakter-
liche Bildung geformt."[58]

Auch in *Mesopotamien*[59] hat sich die Schreiberausbildung innerhalb
eines Schulbetriebs aufgrund wachsender Verwaltungsaufgaben, und
zwar unter König Schulgi, konstituiert. Seit jener Zeit, d.h. seit etwa
2050 v. Chr., heißt die Schule *é-dub-ba* (‚Tafelhaus'),[60] wenn auch schon
für das gesamte 3. Jt., sozusagen von der sumerischen Schrifterfindung
an, ‚Schriftgelehrte' tätig waren, die sich Tafelschreiber (sumerisch *dub-
sar*, akkadisch *ṭupšarru*) nannten und von ihren Vätern ausgebildet waren. Als Schulen eingerichtet wurden, organisierte man sie wie Hand-
werksbetriebe. Über dem Schüler, dem ‚Sohn des Tafelhauses' *(dumu-é-
dub-ba)*, standen mehrere Autoritäten: der ‚Meister' *(um-mi-a)* als Lehrer, der ‚große Bruder' *(šeš-gal)* als Geselle, der ‚Aufseher' *(ugula)*, vielleicht so etwas wie ein Hilfslehrer, und über ihnen allen der ‚Schulva-
ter' *(ad-da-é-dub-ba)* als Leiter der Institution.[61] Breitgefächert waren die
Kenntnisse, die in der altbabylonischen Schule weitergegeben wurden,
gehörten doch nicht nur die sumerische Sprache und administrative
Aufgaben von der Brieferstellung bis zur Landvermessung dazu, son-

---

57   H. Sternberg-el Hotabi, in: TUAT 3, Lfg. 2, 1991, S. 192.

58   E. Otto, a.a.O. (Anm. 50), S. 47. Zu Fragen der Unterrichtsmethoden und des Anse-
     hens bzw. der Kritik des Schreiberberufs s. H.-W. Fischer-Elfert, a.a.O. (Anm. 39), S.
     63ff.

59   S. N. Kramer, Schooldays: A Sumerian Composition Relating to the Education of a
     Scribe, in: JAOS 69 (1949), S. 199-215; A. Falkenstein, Die babylonische Schule, in:
     Saec. 4 (1953), S. 125-137; C.J. Gadd, Teachers and Students in the oldest School,
     London 1956; A. Westenholz, Old Accadian School Texts. Some Goals of Sargonidic
     Scribal Education, in: AfO 25 (1974/7), S. 95-110; A. Sjöberg, The Old Babylonian
     Eduba, in: AS 20 (1975), S. 159-179; M.A. Dandamayev, Babylonian Scribes in the
     First Millenium B.C., Moskau 1983; H. Freydank, Schreiber, Schule und Bildung im
     alten Mesopotamien, in: Altertum 31 (1985), S. 197-203; H. Waetzoldt, Keilschrift und
     Schulen in Mesopotamien und Ebla, in: L. Kriss-Rettenbeck, M. Liedtke (Hg.), a.a.O.
     (Anm. 50), S. 36-50; ders., Der Schreiber als Lehrer in Mesopotamien, in: Schreiber,
     Magister, Lehrer, a.a.O. (Anm. 3), S. 33-50.

60   G.R. Castellino, Two Šulgi Hymns, Rom 1972 (SS 42), S. 30f.62f.

61   A. Falkenstein, a.a.O. (Anm. 59), S. 127f.

dern auch die Beschäftigung mit literarischen, religiösen und historiographischen Texten, von musikalischer Erziehung einmal abgesehen.[62]
Freilich blieb es für viele Schreiber bei Urkunden und Briefen, die sie
anzufertigen hatten.[63] Von strenger Zucht getragen – zumindest darin
unterschied sich die babylonische Schule nicht von der ägyptischen[64] –
und durch Abschreiben sowie Memorieren gefördert, gingen die Schüler schrittweise vorwärts: Zeichen, Listen, Rechtsurkunden, Formulare
und Sprichwörter wurden auf einer elementaren Stufe von allen gelernt. Sumerische Literatur, d.h. Mythen, Epen, Streitgespräche, Fabeln,
Hymnen, Klagen, Weisheitstexte und anderes blieb einem kleinen,
wohl begüterteren Kreis vorbehalten, der sich in altbabylonischer Zeit
zum Erwerb von administrativen Spezialkenntnissen offenbar in eine
Famulatur begeben mußte, bevor er in den Staatsdienst eintreten konnte.[65]

Anders als in Ägypten standen also nicht die Weisheitslehren im
Zentrum der mesopotamischen Schule, von deren Unterricht und
Lehrplan einige Texte in sumerischer Sprache einen trefflichen Eindruck vermitteln.[66] In Mesopotamien sind literarische Werke in der
Regel anonym überliefert worden. Als in der Zeit zwischen 1800 und
1600 v. Chr. das Sumerische als Volkssprache ausstarb, wurde die
mündliche Überlieferung schriftlich fixiert. Die Schule hat daran einen
entscheidenden Anteil gehabt, denn in ihr wurden die unterschiedlichen Werke memoriert und kopiert. Darüber hinaus trug sie aber auch
zu neuen Liedern, Mythen und Epen bei, und schließlich war sie damit
beschäftigt, gültige Fassungen der einschlägigen Texte zu besorgen, zu
kommentieren und zu interpretieren.[67]

Der für die altisraelitischen Verhältnisse unmittelbare geographische Bereich ist *Syrien-Palästina*. Da in diesem Raum bis zum 1. Jt.
v. Chr. die Keilschrift benutzt wurde, ist hier von vornherein mit Ein-

---

62 H. Waetzoldt, Der Schreiber als Lehrer in Mesopotamien, a.a.O. (Anm. 59), S. 34ff.

63 W. von Soden, Einführung in die Altorientalistik, Darmstadt, 1985, S. 99f.

64 H. Brunner, Altägyptische Erziehung, a.a.O. (Anm. 50), S. 56ff.

65 H. Waetzoldt, Der Schreiber als Lehrer in Mesopotamien, a.a.O. (Anm. 59), S. 38ff.,
    bes. S. 41f.

66 Dazu gehört vor allem der sog. Examenstext A, Text und Kommentar bei A.W.
    Sjöberg, Der Examenstext A, in: ZA 64 (1975), S. 137-176. Vgl. auch unter den humo-
    ristischen Texten die Erzählung „Der Sohn des Tafelhauses", in: TUAT 3, Lfg. 1,
    1990, S. 68-77, bzw. „Der Vater und sein nichtsnutziger Sohn", S. 77-91, jeweils mit
    Publikationsnachweisen; S. 91-102 sind Auszüge aus Schulstreitgesprächen mitge-
    teilt.

67 A. Falkenstein, a.a.O. (Anm. 59), S. 134f.; W.W. Hallo, New Viewpoints on Cunei-
    form Literature, in: IEJ 12 (1962), S. 13-26; F. Rochberg-Halton, Canonicity in
    Cuneiform Texts, in: JCS 36 (1986), S. 127-144.

flüssen und Bedingungen der mesopotamischen Schriftkultur zu rechnen. Das, was bisher bekannt ist, bestätigt diese Vermutung weitgehend, auch wenn längst nicht so viel Material vorhanden ist wie aus der babylonischen Schule. Am bedeutendsten könnten einmal die bisher zum geringsten Teil publizierten Textfunde von Ebla *(Tell Mardiḫ)* im mittleren Syrien sein, wo 1975 ein großes Tontafelarchiv mit etwa 14000 Tontafeln entdeckt wurde, das die politische und wirtschaftliche Bedeutung jener Metropole für die Mitte des 3. Jts. v. Chr. erschließt. Unter anderem wurden auch Schülertexte gefunden, die durch ihre Kolophone eine der altbabylonischen Institution entsprechende hierarchische Struktur der Schule zu erkennen geben, in der Zeichenlisten, ein- und zweisprachige Wörterbücher (sumerisch und eblaitisch), naturbezogene Listen, Personenlisten, aber auch literarische Texte (Mythen, Epen und anderes mehr) zum Lernstoff gehörten.[68] Trotz der Eigenständigkeit im einzelnen – das zeigen beeindruckend die eblaitischen Wörterverzeichnisse – scheint es kulturelle Kontakte und einen Austausch zwischen Schreibern aus Ebla und Mesopotamien gegeben zu haben.[69]

Ein Jahrtausend jünger sind die Texte, die seit 1929 in der nördlich von Ladakije gelegenen altsyrischen Stadt Ugarit *(Ras Schamra)* in einem Tempel und mehreren Palast- bzw. Privatarchiven geborgen wurden. Sie geben Einblick in die Tätigkeit der Schreiber,[70] die neben der ugaritischen auch die akkadische und hurritische Sprache erlernen mußten und bis zu dieser Befähigung den mühevollen Weg von der eigenen, keilalphabetisch geschriebenen Sprache über sumerisch-akkadische Silben- und Wortlisten bis hin zu größeren sumerischen und akkadischen Texten in Anlehnung an die babylonische Schreiberschulung zu gehen hatten.[71] Einer der Schreiber in königlichen Diens-

---

68 G. Pettinato, The Archives of Ebla. An Empire inscribed in Clay. With an Afterword by M. Dahood, New York 1981, S. 230ff.; H. Waetzoldt, Keilschrift und Schulen in Mesopotamien und Ebla, a.a.O. (Anm. 59), S. 42ff.

69 G. Pettinato, a.a.O. (Anm. 68), S. 239ff.

70 J. Krecher, Schreiberschulung in Ugarit: Die Tradition von Listen und sumerischen Texten, in: UF 1 (1969), S. 131-158; A.F. Rainey, The Scribe at Ugarit: His Position and Influence, in: PIASH III-4 (1969), S. 126-147; W.J. Horwitz, The Ugaritic Scribe, in: UF 11 (1979), S. 389-394; M. Dietrich - O. Loretz, Ämter und Titel des Schreibers ILMLK von Ugarit, in: UF 12 (1980), S. 387-389; E. Lipiński, Scribes d'Ugarit et de Jérusalem, in: H.L.J. Vanstiphout u.a., (Hg.), Scripta signa vocis. Studies about Scripts, Scriptures, Scribes and Languages in the Near East presented to J.H. Hospers, Groningen 1986; G. Saadé, La vie intellectuelle et l'enseignement à Ougarit, in: L. Eslinger, G. Taylor (Hg.), Ascribe to the Lord. Biblical and other Essays in Memory of P.C. Craigie, Sheffield 1988 (JSOT.S 67), S. 69-90.

71 J. Krecher, a.a.O. (Anm. 70), S. 131f.

ten, *Ilmlk,* nennt sich ausdrücklich ‚Schüler' (*lmd*) des Oberpriesters (*rb khnm*).[72] Viele Texte mit Schulübungen wurden in den Häusern von drei Schreibkundigen gefunden, zu denen der Oberpriester und ein königlicher Schreiber gehörten, so daß möglicherweise vornehmlich in Privathäusern der Schreibernachwuchs ausgebildet wurde.[73] Unbeantwortet bleiben muß für Ugarit die Frage, ob jene Schreiber neben ihren juristischen und administrativen Aufgaben auch literarische Werke geschaffen und nicht nur kopiert haben.[74] Vorstellen kann man sich das allemal, denn sie lernten die geistigen Traditionen in ihrer Ausbildung kennen und konnten daran anknüpfen. Einige Texte geben jedenfalls „Einblick in den Schulbetrieb eines viel beschäftigten Mannes, der bestrebt war, sein Wissen und seine Kunst – angefangen vom Alphabet bis zu den Mythen – auch Jüngeren zu vermitteln. Wir erfahren auf diese Weise auch, daß die Pflege der Mythen in Ugarit keineswegs ein Monopol der Akropolis und des ‚Grand Prêtre' war."[75]

III.

Der Überblick über Möglichkeiten und konkrete Formen altorientalischen Schulwesens bestätigt im Grunde, was bisher für das Alte Israel angedeutet wurde, daß nämlich eine ‚Schule' im Sinne eines organisierten Unterrichtswesens, wenn überhaupt, für den Stand der Schreiber – am ehesten im Bereich des Königshofs und des Tempels – anzunehmen ist. Dies wird, mit der Beschränkung auf die Zeit von der assyrischen Bedrohung bis zum Untergang Judas und Jerusalems, auch für Israel zutreffen, nicht zuletzt unter der Voraussetzung, daß in Verwaltungsfragen der mesopotamische Einfluß nachhaltiger als der ägyptische war.[76] Wenn der Kulturvergleich tragfähig ist,[77] dann wäre nicht auszu-

---

72 M. Dietrich - O. Loretz, a.a.O. (Anm. 70), S. 387ff.

73 Vgl. C.F.A. Schaeffer, Commentaires sur les lettres et documents trouvés dans les bibliothèques privées d'Ougarit, in: Ug. 5 (1968), S. 607-768, hier S. 629. Zu Möglichkeiten der Übertragung auf Israel s. H.M.I. Gevaryahu, Privathäuser als Versammlungsstätten von Meistern und Jüngern, in: ASTI 12 (1983), S. 5-12.

74 Dies erwägt vorsichtig A. Lemaire, a.a.O. (Anm. 45), Sp. 250; eher ablehnend ist W.J. Horwitz, a.a.O. (Anm. 70), S. 390f.

75 M. Dietrich - O. Loretz, Mythen als Schultexte. KTU 1.133; 1.152 und die Vorlagen KTU 1.5 I 11-22; 1.15 IV 6-8, in: UF 23 (1991), S. 91-102, hier S. 100f.

76 Während T.N.D. Mettinger, a.a.O. (Anm. 2), die königliche Administration ganz von Ägypten her verstand – bis hin zum Schulbetrieb –, hat U. Rüterswörden, a.a.O. (Anm. 45), nachgewiesen, daß „assyrisches Verwaltungswesen auch auf Israel und Juda eingewirkt hat" (S. 123).

schließen, daß auch in Israel literarische Texte durch professionelle Schreiber verfaßt wurden. Aber selbst unter der Voraussetzung, daß dies zutrifft, kann sich im Alten Testament jene Tätigkeit nur gebrochen widerspiegeln, denn das ‚Biblisch-Hebräisch' ist keine Sprache, die vom 10. bis 6. Jh. v. Chr. wirklich gesprochen wurde.[78] Das gilt auch für den Teil, der weitgehend in Schreiberschulen entstanden sein könnte, d.h. für die Prosa von Genesis bis 2. Könige: „ihre Orthographie gehört bereits ins 5. Jh. v. Chr."[79] Die Schreibergelehrsamkeit verbirgt sich in der Endgestalt der Texte unter den exilisch-nachexilischen Redigierungen, deren Haftpunkte nach unserem jetzigen Kenntnisstand im einzelnen nicht genau auszumachen sind. Sicher war vor allem der Zweite Tempel ein zentraler Ort der Überlieferung und Überarbeitung. „Die biblisch-hebräische Literatursprache hat die judäische Orthographie aufgegeben und setzt damit den Untergang des Staates Juda, seiner Verwaltung und seiner Verwaltungssprache voraus."[80]

Ohne Zweifel waren der oder die ‚Staatsschreiber' mit dem Schriftwesen der Kanzlei betraut, denn das konnte nur mit Hilfe von Fachleuten, die mit der Sprachform der Urkunden und anderer Verwaltungstexte vertraut waren, bewältigt werden. Allgemeinere Mitteilungen erforderten nicht viel mehr als die Fähigkeit zu schreiben und zu lesen: ‚Briefe' auf Tonscherben, von denen eine stattliche Anzahl in judäischen Städten gefunden wurde, dokumentieren das eindrucksvoll – ohne nach einer Schule zu verlangen.[81] Im Blick auf einen verbreiteten, organisierten Schulbetrieb bleibt nicht viel mehr als die Vermutung einer Vermutung, denn es gilt: „Das Quellenmaterial gibt einfach nicht

---

77 Wegen der unterschiedlichen kulturellen Entwicklung im Mittleren und Neuen Reich Ägyptens und im frühen Königtum Israels weist F.W. Golka, a.a.O. (Anm. 3), S. 264, einen Vergleich zurück, den er aber unter soziologischen Gesichtspunkten für die israelitischen Verhältnisse und das Alte Reich Ägyptens gelten lassen will. Angesichts häufiger politischer und wirtschaftlicher Kontakte ist das Postulat Golkas von A. Lemaire, Sagesse et écoles, in: VT 34 (1984), S. 271, verworfen worden; ähnlich G. Wanke, a.a.O. (Anm. 3), S. 55f. Neuerdings bestreitet wieder D.W. Jamieson-Drake, a.a.O. (Anm. 42), S. 153, die Analogiefähigkeit angesichts einer unterschiedlichen materiellen Entwicklung in Juda einerseits und Ägypten andererseits.

78 So E.A. Knauf, a.a.O. (Anm. 6), S. 11-23.

79 E.A. Knauf, a.a.O. (Anm. 6), S. 21.

80 E.A. Knauf, a.a.O. (Anm. 6), S. 20.

81 Eine Übersicht zu den Textfunden gibt H. Weippert, Palästina in vorhellenistischer Zeit, München 1988 (Handbuch der Archäologie. Vorderasien II,1), S. 578-587.693-697. Der oft wiederholte Hinweis auf die wenigen Fehler in den Inschriften (z.B. Lang, a.a.O. [Anm. 2], S. 109), spricht ausschließlich für eine gewissenhafte Ausbildung der Schreiber in den Zentren Samaria und Jerusalem, s. dazu D.W. Jamieson-Drake, a.a.O. (Anm. 42), S. 148f.

mehr her, so daß man sich einstweilen mit einer docta ignorantia begnügen muß."[82] Der heuristische Wert einer Schulhypothese verliert in dem Maße an Kraft und Überzeugung, wie sie Grundlage für weitere Spekulationen ist. Am pointiertesten geschieht das bei dem in neuerer Zeit vorgetragenen und verteidigten Versuch, die Entstehung des Alten Testaments im Schulbetrieb gegründet und vorangetrieben zu sehen. Das Schulwesen selbst wird dabei in drei Erscheinungsformen gegliedert: Ein lokaler Typ mit niedrigem Niveau und ein regionaler Typ mit mittlerem Niveau werden von der Schule mit höchsten Ansprüchen in der Hauptstadt unterschieden, in der nebeneinander eine Hof-, Priester- und Prophetenschule existiert haben sollen.[83] Mit Blick auf den übrigen Alten Orient, wo ,klassische' Texte immer wieder als Schultexte kopiert und so mit der Zeit gleichsam kanonisiert wurden, werden die biblischen Schriften als didaktische Texte im Sinne eines Schulhandbuchs verstanden. Damit allerdings werden die ganz unterschiedlichen Intentionen einzelner Schriften ebenso nivelliert, wie der Kanonisierungsprozeß vereinfacht wird, der differenzierter und komplizierter verlaufen ist und durch eine praktisch-institutionelle Gewöhnung nicht erklärt werden kann.[84]

Die Verhältnisse im Alten Israel und in seiner Umwelt sind nicht einfach austauschbar und nicht einschränkungslos kombinierbar. Bevor nicht inschriftliches und anderes archäologisches Material mit eindeutigeren Hinweisen auf ein institutionell organisiertes Schulwesen gefunden wird, sollten die Bedingungen und Möglichkeiten des Lehr- und Lernbetriebs zurückhaltender erwogen werden. Vor, nach und neben der Schreiberschulung war die Familie der Lernort für das Leben mit Gott und das Leben unter den Menschen. Lesen und Schreiben wird dabei nicht die Regel gewesen sein. Trotzdem wird man den Begriff ,Schule' nicht preisgeben müssen, er sollte aber im Blick auf das Alte Testament anders als im heute üblichen Sinn verstanden werden. Drei Arten von Beziehungen, die den Schulbetrieb teils im engeren, teils im weiteren Sinn verstehen lehren, als das mit der Vorstellung einer Institution möglich ist, sind denkbar:

1. Grundlegend mag für Israel ein Tutor-System gewesen sein, bei dem jemand die Kenntnisse des Lesens und Schreibens einem anderen vermittelte. Auf diesem System wird die Ausbildung der Schreiber im

---

82 H.-P. Müller, Rez. zu A. Lemaire, Les écoles et la formation de la Bible dans l'Ancien Israël, Fribourg und Göttingen 1981 (OBO 39), in: WO 13 (1982), S. 174.

83 So die Monographie A. Lemaires , a.a.O. (Anm. 2).

84 S. z.B. die Stellungnahmen von H.-P. Müller, in: Wo 13 (1982), S. 172-174, und von S. Herrmann, in: OLZ 80 (1985), S. 255-258.

Bereich des Königspalastes und gegebenenfalls des Tempels beruht haben. Wenn überhaupt mit einer organisierten Einrichtung zu rechnen ist, dann im Zusammenhang von Palast und Tempel. Es geht hier um die Weitergabe von Kenntnissen, die der Kommunikation im allgemeinen und im besonderen genügen. Welche Person dabei als Lehrer fungiert, ist nicht übermäßig bedeutend, sie muß nur über das entsprechende Wissen verfügen. Auf Kreise der Schreiber am Königshof und der Priesterschaft am Tempel, die sicher nicht immer scharf getrennt voneinander mit ihren Überlieferungen umgegangen sind, kann ein Teil der alttestamentlichen Tradition zurückgehen. Entsprechende Texte können beim Unterricht verwendet worden sein, ohne daß sie dafür grundsätzlich bestimmt waren. Zu denken ist z.B. an kultgesetzliche Ausführungen, die der Priesterschüler kennen mußte.

2. In einem anders akzentuierten Kommunikationsbereich ist das persönliche Verhältnis zwischen Lehrer und Schüler wesentlicher. Hier ist besonders die israelitische Prophetie zu nennen. Der Verbundenheit von Lehrer und Schüler begegnet z.B., wer biblische Bücher kommentiert und dabei an die ‚Verwaltung‘ der prophetischen Botschaft durch Schüler denkt bzw. im Rahmen des Redaktionsprozesses auf ‚fortschreibende‘ Worte stößt, die bei aller Nähe zum jeweiligen Propheten Eigenständiges und Weiterführendes enthalten und deshalb als Arbeit von dem Propheten nahestehenden Schülern verstanden werden können.[85]

3. Bei einer weiteren Form der Bindung verschwimmen die personalen Bezüge, sichtbar sind nur die Konturen einer sachbezogenen Traditionsverbundenheit. Als Beispiel dieses Lehr- und Lernbereichs sei die sog. deuteronomistische Schule genannt, eine vielfältige Bewegung, die in Anlehnung an Gedanken und Sprachformen des Deuteronomium ihr vorliegende Literatur bearbeitet und Neues geschaffen hat.[86]

Daß sich die verschiedenen Aspekte der literarischen Arbeit auch verschränken können, zeigt die Entstehungsgeschichte des Jeremiabuchs, in dem Worte Jeremias und nicht von ihm stammende Erzäh-

---

85   S. z.B. W. Zimmerli, Ezechiel, Neukirchen-Vluyn ²1979 (BK XIII/1), S. 106*ff.; H. Wildberger, Jesaja, Neukirchen-Vluyn 1982 (BK X/3), S. 1548; H.W. Wolff, Dodekapropheton 1. Hosea, Neukirchen-Vluyn ⁴1990 (BK XIV/1), S. XXIIff.; ders., Dodekapropheton 2. Joel und Amos, Neukirchen-Vluyn ³1985 (BK XIV/2), S. 131ff.

86   Dazu zusammenfassend W. Roth, Art. Deuteronomistisches Geschichtswerk/Deuteronomistische Schule, in: TRE 8, 1981, S. 543-552, hier S. 550ff.; G. Fohrer, Erzähler und Propheten im Alten Testament. Geschichte der israelitischen und frühjüdischen Literatur, Heidelberg und Wiesbaden 1988, S. 117ff. Vgl. auch M. Weinfeld, Deuteronomy and the Deuteronomic School, Oxford 1972.

lungen über ihn sowie dem Propheten in den Mund gelegte (deutero-nomistische) Reden voneinander abgehoben werden können.[87] Die Funktion Baruchs, von dem am Anfang die Rede war, wird in der Forschung unterschiedlich beurteilt, wenn es um seine mögliche Rolle im Überlieferungsprozeß geht. Entweder wird ihm nur die Niederschrift prophetischer Worte oder die Verfasserschaft bei den Erzählungen über Jeremia oder aber darüber hinaus die Überlieferung des Buches, d.h. zumindest eines Grundbestandes, zugetraut.[88] Das Jeremiabuch, nach dem er als Schreiber tätig ist (Jer 36), sagt nichts darüber, ob er – den drei Kategorien entsprechend – ein am Königshof beamteter Schreiber oder Jeremias Schüler war, der schreiben konnte, oder ob er primär einer Leidensgeschichte zum Ausdruck verhalf, die in den Sprüchen Jeremias und in den Erzählungen über Jeremia zu Worte kommt. Vielleicht trifft in diesem Fall alles zusammen zu. Das Jeremiabuch ist jedenfalls nicht in einem organisierten Schulbetrieb entstanden und überliefert worden. Seine vielfachen und vielgestaltigen Sprach- und Denkformen wurden allerdings mit anderen Büchern zusammen in der Exilszeit, also nach dem durch Jeremia angekündigten Untergang Jerusalems, so überarbeitet, daß das Volk durch Hören (und Lesen) seiner Worte aus der Geschichte *lernen* sollte, Schulliteratur im weitesten Sinn.

Lehren im Alten Testament ist Anrede, die vielfach und vielfältig (Hebr 1,1) ergeht, weil sie im umfassenden Sinn Erkenntnis ermöglichen will. So wird verständlich, warum Jeremia sich in dem anfangs zitierten Romanausschnitt mit einer eindeutigen Bezeichnung schwertut und warum an einer anderen Stelle des Romans Jeremia auf die Frage Baruchs: „Mein Lehrer, sage mir doch, wozu der Herr die Rollen erdacht hat, die man Bücher nennt?" antwortet: „Bücher sind da, damit der Geist der Menschen erschrecke, erkenne, sich wende, jetzt und später ... ".[89]

---

87 Den ausführlichsten Forschungsbericht hat S. Herrmann, Jeremia. Der Prophet und das Buch, Darmstadt 1990 (EdF 271), vorgelegt, weitere Literatur mit Forschungsberichten a.a.O., S. 206f.

88 Nachweise bei G. Wanke, Untersuchungen zur sogenannten Baruchschrift, Berlin 1971 (BZAW 122), S. 1ff.; unter den neueren Arbeiten, die Notieren, Verlesen, Bewahren und Interpretieren als die wesentlichen Tätigkeiten der Schreiber verstehen, s. vor allem J.A. Dearman, My Servants the Scribes: Composition and Context in Jeremiah 36, in: JBL 109 (1990), S. 403-421; vgl. auch oben Anm. 48.

89 F. Werfel, a.a.O. (Anm. 1), S. 317.

„In Gottes Namen fahren wir…"

Zur Bedeutung von Wallfahrtstraditionen im Alten Israel

Der Titel, ursprünglich Anfang eines Kreuzfahrer- bzw. Pilgerlieds aus dem 12. Jh. n. Chr., steht als Motto über einer Liedsammlung, die vom „Ökumenischen Arbeitskreis für Biblische Reisen" herausgegeben wird. Sie enthält viele aus der evangelischen und katholischen Tradition stammende „Lieder und Gebete für unterwegs".[1] Unterwegs – das heißt: Die Grenzen zwischen Wallfahrt und Tourismus verschwimmen, nicht anders als in der Antike, in der ebenfalls Formen touristischer Wallfahrt bzw. religiösen Tourismus' bezeugt sind. In der Zeit des Kreuzfahrerlieds hatte sich das abendländische Pilgerwesen, das viele *Vor-läufer* hatte, stark verändert, denn seit dem 11. Jh. trat neben die eher vermögenden Kreisen vorbehaltene Reise in die *terra sancta* die Pilgerfahrt zum Grab des heiligen Jacobus in Santiago de Compostela. Dort wird ein Papst Callixtus II. zugeschriebener Codex des 12. Jhs. archiviert, der das Leben des Apostels beschreibt, die Überführung seines Leichnams nach Santiago und seine Wundertaten. Begründet wird darin das Wallfahrtswesen mit Adam, dem ersten Menschen, und parallelisiert mit dem Auszug der Israeliten aus Ägypten.[2]

Wie umfassend auch immer die Begriffe Pilgerschaft und Wallfahrt gedacht werden – heute käme niemand auf die Idee, den ‚ersten' Menschen gleich als ersten Pilger zu verstehen. Gleichwohl wird gern ein Unterschied zwischen einer Wallfahrt zu einer heiligen Stätte mit der Absicht, zurückzukehren, und einer Pilgerfahrt, die eine Rückkehr nicht notwendig einschließt, gemacht und jeweils mit religiösen Motiven und Ortswechseln verbunden. Dass beides etwas mit der Fremde zu tun hat, verdeutlicht die Etymologie des lateinischen *peregrinatio*

---

1   Im Evangelischen Gesangbuch hat das Lied die Nr. 498. Der Text stammt von Niko-laus Herman (1500-1561), der eine reale und spirituelle Pilgerschaft im Blick hat und in Strophe 1 ausdrücklich eine Beziehung zum Exodus herstellt: „In Gottes Namen fahren wir, sein heilger Engel geh uns für wie dem Volk in Ägyptenland, das entging Pharaonis Hand."

2   Herbers, Jacobsweg. Eine Faksimile-Ausgabe des Codex wurde 1993 von Millán Bravo Lozano besorgt.

(daraus ‚Pilger') und des mittelhochdeutschen *wallen*.[3] Zumindest eigene Motive wird man freilich dem volkstümlich gern ‚Adam' genannten Urmenschen (Gattung Mensch, nicht Eigenname Adam) beim Verlassen des Paradieses nicht unterstellen können.

In den folgenden Abschnitten soll der Weg von sicheren zu weniger sicheren Erkenntnissen beschritten werden, d.h., von der Zeit der jüdischen und christlichen Wallfahrten in den Jahrhunderten nach der Zeitenwende (1.) zurück zur Zeit des Zweiten Tempels (2.) und darüber hinaus bis zu erkenn- und erschließbaren frühen Formen des Pilgerns im Alten Israel (3.).

I. Wallfahrten ins Land der Bibel nach der Zeitenwende

Was seit der Kreuzfahrerzeit *terra sancta*, das Heilige Land, genannt wird und den Raum der biblischen Geschichte umfasst, wie sie grundlegend in der Hebräischen Bibel entfaltet wird, wurde schon viele Jahrhunderte vorher von Menschen mit verschiedenem Hintergrund und unterschiedlichen Absichten aufgesucht. Von jüdischen Wallfahrten am Ende der Zeit des Zweiten Tempels abgesehen, nahm eine *Aliyya* als Wallfahrt im strengen Sinne, nicht als dauerhafte Übersiedelung ins Heilige Land, nach der arabischen Eroberung 634 an Fahrt auf,[4] eine ritualisierte Form ist aber erst aus dem Anfang des 10. Jhs. bei dem palästinischen Gaon Ben Meir II. bekannt. Danach wurde besonders am 7. Tag von Sukkot (*Hosha'na Rabba*) in einer Prozession mit Gebeten und Litaneien der Tempelberg umrundet und der Ölberg als letzter Präsenzort der *Schekina* aufgesucht. Im Gegenüber zur christlichen Wallfahrt waren vor allem Trauer um Jerusalem und messianische Hoffnungen zentrale Aspekte jüdischer Wallfahrt. Erst nach dem Sechs-Tage-Krieg rückte die südwestliche Umfassungsmauer des Herodianischen Tempels (‚Klagemauer') ins Zentrum der Wallfahrt. Während schon im Mittelalter Gräber biblischer und nachbiblischer Heroen die Aufmerksamkeit der Wallfahrer anzog, sind auch heute noch Gräber in Hebron (Patriarchen) und Bethlehem (Rachel) besonders populäre Wallfahrtsorte. Es zeigt sich, dass gerade die Gräber der Patriarchen und weitere mit ihnen zusammenhängende Erinnerungsstätten trotz aller theologischen Differenzen schon früh religionsübergreifend Judentum, Christentum und Islam verbindende Orte der Verehrung wurden. Hebron ist

---

3   Zur begrifflichen Differenzierung, unter Berücksichtigung lateinischer und griechischer Termini, s. Kötting, Peregrinatio religiosa, S. 7-11.

4   Grossmann, Aliya, S. 174-187.

ein gutes Beispiel, das weiter entfaltet werden soll. Zunächst aber in aller Kürze zum frühen christlichen Wallfahrtswesen, paradigmatisch auch im Blick auf die Lokaltradition von Hebron.

In den ersten Jahrhunderten fanden christliche Besucher – zunächst nur Bischöfe und Presbyter – vor allem jüdische Lokaltraditionen aus der Hebräischen Bibel vor, die angeeignet, z.T. christlich ‚verschoben' (Traditionen des Tempelbergs nach Golgatha) und um neutestamentliche Überlieferungen ergänzt wurden. Im Zentrum stand dabei Jerusalem: „Lasst uns hingehen zu seiner Wohnung und niederfallen vor dem Schemel seiner Füße" (Ps 132,7). Clemens von Alexandrien und Origenes kamen nicht als Pilger, schon eher der Bischof Melitto von Sardes, der in Jerusalem den Kanon der Hebräischen Bibel studieren, aber auch die Stätten des Wirkens Jesu und der Apostel in einer Rundreise vergegenwärtigen wollte, wie es spätere Pilger machten. Pilger im eigentlichen Sinne des Wortes war dann gewiss der kappadokische Bischof Alexander.[5]

Erst als unter Konstantin dem Großen (306-337) das Christentum offiziell Anerkennung fand, im Heiligen Land viele Sakralbauten errichtet wurden und die Kaiserinmutter Helena 326 die heiligen Stätten Jerusalems besuchte, setzte ein reges Interesse von Pilgern an Gedächtnisstätten von Personen und Begebenheiten ein, und zwar auffällig oft an denen der Hebräischen Bibel. Kritische Stimmen zur Pilgerfahrt ins Heilige Land, wie sie etwa Hieronymus am Ende des 4. Jhs. zum Ausdruck brachte,[6] blieben die Ausnahme. Dass die selig sind, die nicht sehen und doch glauben (Joh 20,29), und dass Gott im Geist und in der Wahrheit seinen wahren Ort der Anbetung findet (Joh 4,19-24), hat Neugier und Abenteuerlust, aber vor allem das Grundbedürfnis, Anteil an der materiellen Sakralität von Orten, Sachen und Personen zu gewinnen, nicht in Frage stellen können.[7] Erhofft wurden mit der devotionalen Erinnerung und Vergegenwärtigung der Heilsgeschichte auch eigene Heilung und Hilfe. Erwünscht war oft die Möglichkeit, an heiliger Stätte begraben zu werden.

Im Zentrum des Pilgerinteresses stand immer Jerusalem. Daneben traten vor allem die Wirkungsstätten Jesu am See Genezareth – erst seit dem 7. Jh. auch Nazareth –, die Taufstelle am Jordan, Bethlehem sowie Hebron und Mamre, von besonderen Quellen, Hügeln, Bäumen und Höhlen einmal abgesehen. Pilgerhandbuch und –führer zugleich war zunächst die Bibel, am Anfang der Pilgerreisen im besonderen Maße

---

5   Einzelheiten bei Kötting, Peregrinatio religiosa, S. 83-98; Donner, Pilgerfahrt, S. 26f.
6   Donner, Pilgerfahrt, S. 13-15.
7   Zu den Motiven vgl. auch Kötting, Peregrinatio religiosa, S. 287-342.

die Hebräische Bibel, wie der erste als Stationenverzeichnis konzipierte Bericht einer Reise, die 333 ein anonymer Pilger von Bordaux unternahm, eindrücklich zeigt.[8] Er besuchte nacheinander das Haus Hiobs, die Stätte der Begegnung zwischen Ahab und Elia, den Ort des Kampfes zwischen David und Goliat, die Opferstätte Abrahams, das Grab Josefs, die Stätte, an dem Jakob mit Gott kämpfte, die Elisaquelle, den Ort der Entrückung Elias, das Grab Rachels und andere Gräber in der Nähe von Bethlehem. Dann schreibt er: „Von dort sind es bis zur Terebinthe 9 Meilen. Wo Abraham wohnte, unter dem Terebinthenbaum einen Brunnen grub, mit den Engeln redete und Speise zu sich nahm, ist auf Befehl Konstantins eine Basilika von wunderbarer Schönheit errichtet worden. Von der Terebinthe nach Hebron sind es zwei Meilen. Dort ist ein viereckiges Steindenkmal von wunderbarer Schönheit, in dem Abraham, Isaak, Jakob, Sarah, Rebecca und Lea bestattet liegen."[9]

Um 570 identifiziert ein Pilger aus Piacenza fälschlich die Patriarchengräber und den Ort des ‚Terebinthenbaums', nämlich Mamre, beschreibt allerdings die Basilika und ihre Besucher höchst bemerkenswert: „Da ist eine Basilika mit vier Säulenhallen errichtet, im mittleren Atrium ungedeckt: mitten hindurch läuft eine Schranke, und von der einen Seite treten die Christen ein, von der anderen die Juden, und bringen viel Weihrauch dar."[10] Ob damals – etwa siebzig Jahre später wurde der Ḥaram, der heilige Bezirk, auch muslimisches Heiligtum – weniger Streit entbrannte als heute, wenn es um die Patriarchengräber in Hebron als jüdisches und islamisches Simultanheiligtum geht, wissen wir nicht. Als man in der Kreuzfahrerzeit meinte, die Gebeine der Patriarchen gefunden zu haben, lockte das viele Pilger an, mit deren Geld die byzantinische Basilika bzw. Moschee zu einer noch heute sichtbaren mittelalterlichen Kirche umgebaut wurde.[11] Schon im 5. Jh. berichtet Sozomenos in seiner ‚Kirchengeschichte' (II,4) ausführlich und lebhaft, wie in Mamre, am kulturellen und klimatischen Schnittpunkt zwischen Kulturland und Steppe, in jedem Sommer ein ‚internationaler' Markt abgehalten wurde, der eindrücklich den Zusammenhang von Wallfahrt und Ökonomie schon in früher Zeit unter Beweis stellt. Diesen berühmten Wallfahrtsmarkt, der nach dem jüdischen Aufstand gegen die Römer (66-70) bei der Zerstörung Mamres verwüs-

---

8   Eine Einführung und Übersetzung bei Donner, Pilgerfahrt, S. 35-67.
9   Ebd., S. 62f.
10 Ebd., S. 273f.
11 Zur Geschichte des Ortes und seiner Relikte s. Keel / Küchler, Orte, S. 670-696, zu Mamre S. 696-713.

tet wurde und den Kaiser Hadrian dem Handels- und Botengott Hermes (vgl. Gen 18) zu Ehren erneuerte, kennt und nennt auch der Jerusalemer Talmud (Avoda Zara 39d,27f.).

Die Höhle von Machpela (Gen 23) als Patriarchengrab liegt unter dem *Ḥaram el-Ḫalīl*, etwa 1 km östlich des *Ǧebel er-Rumēde*, des alten Hebron. Die Baugeschichte ist vom technisch hervorragenden herodianischen Mauerwerk mit imponierenden Bossenquadern über die byzantinische Kirche bis zur mittelalterlichen Moschee erkennbar. Mamre mit seinem heiligen Baum (vgl. Gen 18), seinem Altar und dem schon in alter Zeit bekannten Abrahamsbrunnen wird mit *Rāmet el-Ḫalīl*, etwa 3 km nördlich von Hebron, identifiziert. Erhalten geblieben sind eine nicht vollendete Umfassungsmauer, die Herodes begonnen hat und Hadrian vollendete, sowie die Fundamente der um 330 gebauten Basilika Konstantins. Auch Mamre war wohl eine Zeit lang ein Simultanheiligtum. Das berichtet jedenfalls im 5. Jh. Sozomenos (II,4). Aus dieser Zeit stammt ein Pilgerandenken, das drei Jünglinge/Engel unter dem mit revelatorischer Kraft ausgestatteten Baum von Mamre (vg. Gen 12,6) zeigt, von denen einer die Geburt Isaaks ansagt, während Abraham und Sarah ihnen ein Mahl zubereiten.[12] Wie eng die Verbindung von Wallfahrt und Orakel war, zeigt am Beispiel Mamres vor allem die syrische Baruch-Apokalypse (zwischen 100 und 130), in der sich Baruch nach der Zerstörung Jerusalems zum heiligen Baum von Mamre zurückzieht (6,1-2; 47,1-2), wo er Offenbarungen und deren Deutung erhält und wo er Ermahnungsschreiben an die Menschen im assyrischen und babylonischen Exil schreibt (77,18f.).

II. Wallfahrten in der Epoche des Zweiten Tempels

Ohne eine mögliche Differenzierung zwischen Wallfahrt (ein Ziel haben) und Pilgerfahrt (unterwegs sein) und ohne die grundsätzliche Voraussetzung einer größeren Distanzbewältigung der Wallfahrer bzw. Pilger vorzunehmen, sind Wallfahrten als Aufsuchen einer heiligen Stätte aus religiösen Gründen im Alten Israel als kollektiv verbreitetes und umfassend durch Textzeugnisse und materielle Relikte belegtes Phänomen erst für die Spätzeit des Zweiten Tempels nachweisbar.[13] Ob und in welchem Umfang entsprechende Quellen, d.h., rabbinische Texte, Josephus, Philo von Alexandrien, kanonische und außerkanonische sowie christliche Literatur jeweils zuverlässig sind und auch für eine frühere Zeit ausgewertet werden können, darüber lässt sich trefflich streiten. Der Überlieferungswert von Mischna und Talmud darf jeden-

---

12 Abb.: ebd., S. 706.
13 Grundlegend Safrai, Wallfahrt. Dabei handelt es sich um eine Übersetzung der hebräischen Originalausgabe von 1965 durch Dafna Mach.

falls recht hoch eingeschätzt werden und auch die vielen in Jerusalem entdeckten Grab-Inschriften sprechen eine für das Wallfahrtswesen verständliche Sprache.[14]

Selbst wenn die Wallfahrten zum Jerusalemer Tempel keine religiöse Pflicht waren,[15] so kamen doch – entgegen den abenteuerlich hohen Zahlen bei Josephus – Zehntausende, wie Philo mitteilt, zu den drei großen, in der Hebräischen Bibel (Ex 23,17; 34,23; Dtn 16,16) grundgelegten Festen Pesach/Mazzot, Wochenfest und Laubhüttenfest. Es ist davon auszugehen, dass sich die Pilger mit ihren Abgaben und Opfern nicht zu jedem der drei Feste auf den Weg machten. Wenn sie aber loszogen, dann trotz der scheinbaren Einschränkung auf männliche Pilger (so Ex 23,17; 34,23; Dtn 16,16, vgl. aber auch Dtn 16,11) zusammen mit ihren Familien. Man darf annehmen, dass der in der Mischna enthaltene Bericht über die Abgabe von Erstlingsfrüchten (Bikkurim III,2-4) im Wesentlichen auch auf Wallfahrtsfeste im klassischen Sinne zutrifft. Danach kamen die Pilger unter Psalmen-Gesängen und Flötenmusik in organisierten Gruppen auf Wegen, die vor den Festen ausgebessert wurden. Weil Wasserversorgung und Sonnenschutz gewährleistet sein mussten, wurde das für die heiße Zeit besonders den Bewohnern an den Pilgerrouten ans Herz gelegt, wie auch der Midrasch Ekha rabba mitteilt, der sich auf die Wallfahrt zum Zweiten Tempel bezieht. Obwohl die drei Wallfahrtsfeste in der Mischna die Bezeichnung שלש רגלים (*šlš rgljm*) tragen (Hagiga I,1), sind die Pilger nicht nur zu Fuß gegangen, sondern auch geritten und zu Land und zu Wasser gefahren, wohl nicht zuletzt, wenn sie seit der römischen Zeit auch aus den Ländern der Diaspora nach Jerusalem kamen. Nach den Texten gehören dazu vor allem Babylonien, Ägypten, Rom, Syrien, Griechenland, Zypern, Kleinasien, Libyen und Nubien.[16]

Wie stark die Bindung an Jerusalem war, zeigt ein Beispiel in Ägypten, das Josephus in seiner ,Geschichte des jüdischen Krieges' (VII,420-436) mitteilt. Danach hat ein aus Jerusalem stammender Hoherpriester mit dem Namen Onias zur Zeit Ptolemäus' VI. Philometor um 160 v. Chr. zu Beginn der makkabäischen Revolten das Land verlassen und in Ägypten abseits der alexandrinischen Judenschaft in Leontopolis die Erlaubnis erhalten, ein veritables Heiligtum wie in Jerusalem (mit Kult, Opfern, Priestern und Leviten) einzurichten. Dieser Tempel existierte, offenbar ohne Kritik aus Jerusa-

---

14 Ebd., S. 11-19.
15 Das ist die Überzeugung von Safrai, Wallfahrt, S. 43 und passim.
16 Sehr instruktiv ist der entsprechende Abschnitt zur Wallfahrt aus dem Inland und aus dem Ausland ebd., S. 44-97.

lem, mehr als zwei Jahrhunderte, vermochte aber nie über den Rang eines Lokalheiligtums hinauszukommen.[17]

Die Pilger erlebten nach der oft strapaziösen und auch gefährlichen Reise eine feierliche Ankunft mit festlichem Empfang. Viele kamen schon eine ganze Woche vor dem Fest, um den Reinheitsvorschriften Genüge zu leisten und, so vor allem am Laubhüttenfest, an Gottesdiensten teilzunehmen. Ihr erstes Ziel in der Stadt war der Tempel mit Adorationsgesten an den Toren der Vorhöfe, wie die Mischna (Bikkurim III, 3; vgl. Mt 21,17; Mk 11,12) berichtet. Erst nach dem Tempelbesuch ging es in die meist kostenlosen Quartiere, die zum Teil in der Stadt selbst lagen, und zur Besichtigung der Bauwerke und Mauern der Stadt. Die Pilger brachten zumindest zwei Opfer dar, ein Brandopfer für Gott und ein Schlachtopfer für sie selbst und ihre Familien. Für die Wallfahrer muss die identitätsschaffende und -sichernde Teilnahme an den Riten und Zeremonien des Tempelkults ein buchstäblich umwerfendes Erlebnis gewesen sein: „Für einen Juden, der nach oft jahrelanger Erwartung schließlich zum Tempel kam, war der Besuch dort, wo er sich niederwarf, die Priester ihren Dienst verrichten und die Meister sowie die Ältesten des Volkes Weisung erteilen und Recht und Gerechtigkeit im Volk schaffen sah, ein zugleich erschütterndes und erhebendes Erlebnis."[18] Der Tempel war kein institutionelles Monopol, aber er beeinflusste und durchdrang alle anderen gesellschaftlichen Institutionen wie die Synagoge, Schabbat und Feiertag, Gemeinschaftsmahle und karitatives Handeln. Er war als Bezugspunkt des architektonischen Stadtensembles Zentrum und Fixpunkt kultischer, ökonomischer und ästhetischer Erfahrungen.

Es gibt zahlreiche Zeugnisse dafür, dass sich die Festpilger über den Kult im engeren Sinne hinaus auch dem Studium der Tora öffneten. Sollte die Überlieferung Recht haben, dass es in jener Zeit viele Synagogen in Jerusalem gab, die eine Schule für das Bibelstudium und ein Lehrhaus für das Mischnastudium hatten, wird das sehr verständlich.[19] Den Zusammenhang von Wallfahrt und Lernen (vgl. Lk 2,41-47) zeigt eindrücklich eine griechische Inschrift, die Raymond Weill 1913 bei Ausgrabungen auf dem Südosthügel von Jerusalem entdeckte. Die sehr gut erhaltene Theodotos-Inschrift gehört zu dem über Textevidenzen hinaus archäologisch einzig sicheren Nachweis für eine Synagoge in Jerusalem zur Zeit des Zweiten Tempels. Sie lautet: „Theodotos, des

---

17 Lokalisiert werden kann der Onias-Tempel in *Tell el-Jehūdījeh* 15 km nördlich des alten Heliopolis, in der Nähe von *Shibin el-Qanatir*, s. Zivise, Onias, S. 569-572.

18 Safrai, Wallfahrt, S. 183, zu den Festen im Einzelnen S. 220-254.

19 Krauss, Synagogale Altertümer, S. 200-202.

Vettennos (Sohn), Priester und Synagogenvorsteher, Sohn eines Syn-
agogenvorstehers, erbaute die Synagoge zur Vorlesung des Gesetzes
und zur Lehre der Gebote und das Fremdenhaus und die Kammern
und die Anlagen der Wasser für die es Gebrauchenden aus der Fremde;
diese (Synagoge) hatten grundgelegt seine Väter und die Presbyter und
Simonides".[20] Die Inschrift weist für die Zeit vor der Zerstörung des
Zweiten Tempels eine Synagoge mit Schulraum, kultischen Bädern und
Herberge für Festbesucher aus und ist dabei ein eindrückliches Zeichen
für den in vielen Quellen zur Wallfahrt dokumentierten Zusammenhang von kultischer Reinheit und ethischer Integrität (vgl. auch Ps 15
und 24).[21] Der Zusammenhang von Festfreude, Kult, Ethos, Identität,
Ökonomie und Ästhetik ist erst in der Spätzeit des Zweiten Tempels
für das Wallfahrtswesen deutlich greifbar. Einzelne Elemente davon
prägten schon früher Wallfahrten, die nicht erst zur Zeit des Zweiten
Tempels Gehalt und Gestalt fanden.

III. Wallfahrten im Alten Israel nach der Hebräischen Bibel

Die Quellenlage zu Wallfahrten in der Königszeit und der exilisch-
nachexilischen Zeit ist nicht sehr günstig. Sie lässt auf den ersten Blick
die *terra sancta* eher als *terra incognita* erscheinen. Bis auf einzelne Stellen scheinen allenfalls einige Psalmen Rückschlüsse auf eine Wall-
fahrtspraxis zu erlauben, obwohl die Datierung der betreffenden Texte
schwierig ist und selbst ihre literarhistorischen Einordnungen und
Entwicklungen keine Garantie für die sachlich zutreffende Abbildung
geschichtlicher Verhältnisse sind. In neuester Zeit wurde ein Versuch
unternommen, den Nachweis für Wallfahrten im Alten Israel über die
hasmonäische Zeit hinaus vorzuziehen. Das Ergebnis ist enttäuschend,
denn mit der Untersuchung der Chronikbücher, des Buches Tobit und
einiger Psalmen als selbstredende Zeugnisse kommt allenfalls noch die
hellenistische, also sozusagen prähasmonäische Zeit für eine Rekonstruktion in den Blick. Dabei habe die Bedeutung der Wallfahrt zum
Jerusalemer Tempel in der Identitätsbildung für Israel, in der Konstitution der Tora-Observanz und in der Heilsbedeutung des Tempels bestanden.[22] *Mutatis mutandis* entspricht das freilich auch der späten Zeit

---

20 Übersetzung und archäologischer Hintergrund sind bequem zugänglich bei Küchler,
Jerusalem, S. 78-80.
21 Safrai, Wallfahrt, S. 126.188-191.
22 So die Auswertung von Dyma, Wallfahrt, bes. S. 320-338.

des Zweiten Tempels. Die Akten müssen damit aber nicht geschlossen werden, auch wenn Indizien- und Analogiebeweise drohen.

Wallfahrten sind keine Innovationen der hellenistisch-römischen Zeit. Und sie sind kein israelitisches Spezifikum. Eine Reise zu einem heiligen Ort anzutreten, um einen direkteren Kontakt zum Numinosen zu gewinnen, der göttlichen Segenskraft teilhaftig zu werden, Heilung von Krankheiten und Rettung aus Nöten zu erfahren sowie durch Orakel Entscheidungshilfen in schwierigen Situationen zu erhalten, war im gesamten Orient üblich und nicht nur auf bestimmte Zeitepochen beschränkt. Gleichwohl war nicht jeweils das gesamte Ensemble von Motiven präsent. Ein Beurteilungsproblem bereitet die aus den Texten nicht immer zu gewinnende Trennschärfe zwischen Pilgern und Ortsansässigen, deren Besuch des lokalen Heiligtums natürlich noch keine Wallfahrt ist. Mit dieser Schwierigkeit ist man z.B. in Ägypten konfrontiert. Vor allem der Osiriskult mit seinen Begräbnisriten in Abydos seit dem Mittleren Reich dürfte auf Wallfahrten zum Grab des Osiris hinweisen, wie Votivgaben, deren massenhaft vorkommende Scherben bis heute sichtbar sind, und viele Besucherinschriften zeigen. Jedoch scheinen hinter vielen Besucherinschriften Einheimische zu stehen, die schwerlich Pilger im engeren Sinne sein können.[23] Wallfahrer werden aber auch bei anderen Götterfesten erwähnt, vor allem bei der Prozession der Bastet in Bubastis. In seinen *Historien* (II, 60) schließt im 5. Jh. Herodot wegen der Übernahme durch die Griechen auf ein hohes Alter der ägyptischen Wallfahrtsfeste, die er in Busiris, Sais, Heliopolis, Buto, Papremis und in erster Linie in Bubastis lokalisiert. In der späteren Zeit kamen andere Orte dazu, wie besonders griechische Proskynemata zeigen: Alexandria, Memphis (Serapis), Philae (Isis) und weiterhin Abydos.

Nicht nur südlich des Alten Israel, auch nördlich davon, und zwar schon für das 2. Jt. v. Chr., als ‚Israel' noch nicht existierte, sind Wallfahrten in Texten aus Mari am oberen Eufrat und aus Ugarit an der syrischen Küste nachgewiesen.[24] Ob zur Pilgerschaft auch die Konsultation des Mondgottes Sin im syrischen Harran 675 v. Chr. durch den Assyrer Asarhaddon vor seinem Feldzug nach Ägypten zu rechnen ist, bleibt fraglich. Die Einholung von Orakeln war jedenfalls in der Antike ein breit bezeugter Grund für private Pilgerreisen.[25] In räumlicher Nähe zu Israel sind phönizische Heiligtümer zu nennen, die in Amrit (*Ma'ābed*) und Sidon (*Bustān eš-Šēḫ*) seit dem 7. Jh. Melqart und Eschmun gewidmet waren. Sie verschafften ihren Verehrern zunächst Schutz und später vor allem Heilungen, schließlich ermöglichten sie auch Geburten. Inschriften und Votivgaben lassen eine überregionale Bedeutung jener Heiligtümer erkennen.[26]

---

23 Beinlich, Wallfahrt, S. 1145f.
24 Vgl. Schaper, „Wie der Hirsch…", S. 68.
25 Rutherford, Pilgerschaft, Sp. 1014-1019.
26 Zu beiden Dyma, Wallfahrt, S. 15f.

Eine Verehrung von und an besonderen Naturgegebenheiten (Berge, Quellen, Steine und Bäume) als regionalen und überregionalen Kultorten ist weltweit und zeitunabhängig bekannt. Sie wurde besonders dann traditionsbildend und -bewahrend, wenn sich Ereignisse und Personen mit den jeweiligen Orten verbinden. Das ist auch der Grund, warum für die Königszeit nicht nur mit den aus der narrativen und prophetischen Literatur der Hebräischen Bibel erschlossenen Wallfahrten nach Silo, Bet-El, Gilgal, Beerscheba und Dan und schließlich, nach der Kultzentralisation unter König Josia, allein zu den drei Jahresfesten nach Jerusalem zu rechnen ist. In der ältesten Schicht der Abraham-Überlieferung, die noch im 8. Jh. entstanden ist, werden die großen Bäume von Mamre bei Hebron genannt (Gen 13,18; 18,1; vgl. 12,6f.), bei denen Abraham JHWH einen Altar baut. Das heißt im Zusammenhang ätiologischer Erzählabsicht, dass in Mamre während der Königszeit ein Heiligtum mit einem Altar existierte, den man dem Patriarchen zuschrieb. Die schon erwähnte Bedeutung der Lokaltradition von Mamre in hellenistisch-römischer und frühchristlicher Zeit nimmt hier ihren Anfang. Abgesehen von der späteren christlichen Tradition, die das Erscheinen Gottes in Gestalt der drei Männer in Gen 18,1 trinitätstheologisch gedeutet hat, war zunächst die Sohnesverheißung in der alten Erzählung von Gen 18 überlieferungsbildend. „Mamre ist so das Nazaret des ATs, ebenso schlicht und verborgen wie jenes. Die heilsgeschichtliche Weiträumigkeit der Erzählung im vorliegenden Kontext wird aber kinderlose und unverheiratete Frauen nicht gehindert haben, in Mamre die Erfüllung ihrer ganz privaten Pläne zu erflehen. Aber auch Einblicke in die weltgeschichtlichen Vorhaben Gottes wurde (sic!) hier im Schatten des heiligen Baumes immer wieder gesucht"[27]. Das alles ist noch entfernt von kultisch-theologischen Reflexionen, deutet aber auf existentielle Fragen hin, die Pilger und Pilgerinnen im frühen Juda zur Reise nach Hebron, der Basis des davidischen Königtums (2. Sam 2,1-4), drängen konnten. Angesichts der topographischen Schwierigkeiten einer Gebirgslandschaft und in Anbetracht einer zu Fuß bewältigten größeren Strecke, wie es die Regel gewesen sein wird, relativiert sich übrigens das Kriterium einer größeren Entfernung, um von einer Wallfahrt sprechen zu können. Erst später in spätexilisch-frühnachexilischer Zeit, als Hebron nicht mehr zu Juda gehörte, ent-

---

27 Keel / Küchler, Orte, S. 700. S. 709 zum Nachweis zweier Tortürme des Heiligtums aus dem 9. oder 8. Jh. Als Wallfahrt stilisiert ist auch in dem späten Text Ri 20,18.26f. das ‚Hinaufziehen' der ‚Israeliten' nach Bet-El, um ein Orakel zu erhalten und Opfer darzubringen. Zum ‚Hinaufziehen' nach Bet-El vgl. auch Gen 35,1-9.14f. und 1. Sam 10,3. Beerscheba ist das Ziel in Gen 26,23-25, Mizpa in Ri 21,5.8, der Gipfel des Karmel in 1. Kön 18,42.

stand die priesterschriftliche Tradition vom Familiengrab, nicht nur Sarahs (Gen 23,17-20), sondern auch Abrahams sowie Isaaks und Jakobs mit ihren Frauen Rebekka und Lea in der Höhle Machpela (Gen 25,7-10; 35,27-29; 49,29-32; 50,12f.). Jetzt wird Hebron mit Mamre gleichgesetzt (Gen 23,19; 35,27), Grab und Heiligtum werden identifiziert: Wo die Patriarchen lebten, müssen sie auch begraben sein. Selbst der Urmensch (‚Adam') fand seit dem 2. Jh. n. Chr. eine Zeit lang in der Höhle Machpela sein Grab.[28]

Gern wüsste man mehr zu den alten Pilgerreisen nach Hebron. Leider sind auch die Hinweise auf andere Wallfahrtsorte nicht aussagefreudiger, bestätigen aber zumindest den Eindruck, dass mit regionalen Heiligtümern zu rechnen ist, die von Pilgern aus unterschiedlichen Gründen aufgesucht werden. Es spricht nichts dagegen, die Jugendgeschichte Samuels als einen literarischen Komplex zu verstehen, der aus der frühen Königszeit stammt. 1. Sam 1 geht von der Kinderlosigkeit Hannas, der Frau Elkanas, aus (V. 2) und nennt in diesem Zusammenhang die alljährliche Gewohnheit Elkanas, aus seinem Heimatort Ramathajim in Efraim nach Silo[29], also etwa 20-30 km ,heraufzugehen' (῾lh), um dort JHWH zu verehren und ihm zu opfern (V. 3). Ob die Erzählung geschichtlich ist oder nicht, spielt keine besondere Rolle, denn der Ablauf ist ganz offensichtlich die Widerspiegelung üblicher, priesterlich begleiteter Kultpraktiken um Klage und Dank. Hanna, die ihren Mann begleitet, klagt und bittet mit einem Gelübde um das Ende ihrer Kinderlosigkeit (V. 9-11) und pilgert nach Aufhebung der Not (V. 19f.) erneut zum Heiligtum, um zu danken und das Gelübde einzulösen (V. 24-28). Sie macht das aber erst wieder, nachdem sie ihren Sohn Samuel, wahrscheinlich nach drei Jahren (vgl. 2. Makk 2,27), entwöhnt hatte, und nimmt ihn dann gleich mit auf die Wallfahrt ins Heiligtum. So mag auch die Entwöhnung nicht einfach als ein Familienfest gefeiert worden zu sein, sondern am Heiligtum mit kultischen Vollzügen. Ihr Mann Elkana war zwischenzeitlich weiter jedes Jahr „mit seinem ganzen Haus" zum jährlichen Fest nach Silo gezogen (V. 21). Wenn später von Samuel erzählt wird, dass er in seine Stadt Rama kam, um auf einer Kulthöhe (בָּמָה bāmāh), auf die man ,hinaufgehen' (עלה ῾lh) muss, mit dem ,Volk' (עַם ῾am) ein Opferfest zu feiern und am dazugehörigen

---

28   Zum Adamsgrab in Hebron, das jüdische Tradition ursprünglich in der Höhle unter dem Heiligen Felsen in Jerusalem (eṣ-ṣaḫra) lokalisierte, s. Donner, Pilgerfahrt, S. 153f. mit Anm. 73.

29   Silo ist mit Ḫirbet Selun zu identifizieren. Der Erzähler kannte den Tempel nicht, denn der war schon vorher zerstört worden (Jer 7,12; 26,6; Ps 78,60). Archäologisch ist er bisher nicht nachgewiesen. Über seine Gestalt und die Möglichkeit, in seiner Nähe Pilger zu beherbergen, ist nichts bekannt.

Mahl teilzunehmen (1. Sam 9, 11-14), dann stellt sich für einen Wall-
fahrtshintergrund die Frage, was sich hinter dem Volksbegriff verbirgt.
Eine Ortsfeier wäre freilich kein Pilgerfest.

Die Beurteilung der frühen Verhältnisse ist nicht nur schwierig,
weil wenige Einzelheiten genannt werden. Auch die literargeschichtlichen Verhältnisse und ihre Absichten zwingen zur Vorsicht. In einem
deuteronomistischen, frühesten in der Exilszeit verfassten Text, der aus
Jerusalemer Sicht polemisch die Verhältnisse verzerren dürfte, im Typischen des Erzählten jedoch verwertbare Informationen liefern kann,
wird der kultische Bruch der Nordstämme mit der davidischen Dynastie reflektiert (1. Kön 12,26-32). Darin wird dem ersten König des Nordreichs, Jerobeam I. (927-907 v. Chr.), unterstellt, er wollte verhindern,
dass „dieses Volk hinaufzieht, um im Haus JHWHs in Jerusalem
Schlachtopfer zu veranstalten" (V. 27). Hier sind spätere Verhältnisse
eines Jerusalemer Kultzentrums in die frühe Zeit zurückversetzt. Der
Realität durchaus entsprechen wird die Aktion, dass Jerobeam neben
den Kulthöhen zwei Wallfahrtsheiligtümer in Grenznähe, eins in Dan
im Norden und eins in Bet-El im Süden, errichten ließ, damit die Pilger
zu Festen dorthin ‚hinaufziehen' (עלה 'lh). Theologisch wird das jeweils
aufgestellte Kultbild eines Jungstiers mit dem Hinweis auf den Gott,
der Israel aus Ägypten ‚heraufgeführt' (עלה 'lh hifʻil) hat, begründet:
der Exodus aus Ägypten als erste Wallfahrt.

Für die frühe Königszeit ist auch ein archäologischer Nachweis zu
erwägen, der allerdings umstritten ist, gleichwohl unter Aspekten der
Analogie an Gewicht gewinnt und dabei unterschiedliche Pilgerformen
zur Anschauung bringt. Es geht um einen aus dem 9./8. Jh. stammenden Gebäudekomplex, der 1975/76 in *Kuntillet ʻAğrūd,* im Negev an der
Handelsstraße Gaza-Elat, entdeckt wurde. Das Hauptgebäude ist etwa
25x15 m groß und mit einem Torbereich, an den Innenwänden umlaufenden Bänken und Depositräumen ausgestattet.[30] Besondere Aufmerksamkeit haben Malereien und Inschriften auf zwei Vorratskrügen er-
regt. Die Strichzeichnungen zeigen u.a. Pferd, Eber, Löwin, Capriden
und einen stilisierten Baum mit Lotusblüten und zwei sich ihm zuwen-
denden Capriden, eine säugende Kuh und zwei Bes-Gestalten. Das
Symbolsystem weist vor allem auf eine Segensmotivik, im Zusammenhang der Bes-Genien aber auch auf Schutz für Schwangerschaft und
Geburt. Für die Religionsgeschichte besonders interessant sind die Inschriften, die JHWH von Samaria und JHWH von Teman zusammen
mit der Göttin Aschera (‚seine' Aschera) als Segensmittler nennen. Es

---

30   Ein Plan des Gebäudes in Keel / Uehlinger, Göttinnen, Götter, S. 239. S. 237-282 eine
     ausführliche Diskussion aller Befunde.

spielt im Rahmen dieses Beitrags keine Rolle, ob hier die westsemitische Fruchtbarkeitsgöttin Aschera als Parhedra oder – sehr abstrakt und modern gedacht – als eine Wirkgröße JHWHs zu verstehen ist. Wesentlicher ist die Tatsache, dass überhaupt inmitten der Wüste in einem Gebäude Texte und Ikonographie auf eine religiöse Thematik zielen, die jenseits des Kulturlandes von existentieller Bedeutung ist. Sie spielt nicht nur privat im Kontext von Vorratsgefäßen, sondern auch öffentlich eine Rolle, sofern auch auf dem Verputz der Wände des Gebäudes in phönizischer Schrift Segen erbeten wird und neben JHWH und Aschera auch Ba'al und El (eventuell aber appellativisch ‚Gott') genannt werden.[31] Sieht man die Motive und Texte zusammen, tritt ein syro-phönizischer Darstellungskanon vor Augen, der außerhalb des eigentlichen Territoriums von Juda Religion und Kultur als international ausweist.

Seit der Auffindung des Gebäudes wurde seine Funktion kontrovers diskutiert. Wegen der verschiedenen Gottheiten vermutete der Ausgräber Zeev Meshel selbst ein religiöses Zentrum, in dem die Besucher ihre eigenen Gottheiten auf der Reise verehren konnten. Ein Gegenentwurf ist die These, es handele sich wegen Alphabet-Formulierungen, Wortwiederholungen und z.T. ausschließlich vorkommender Briefeinleitungen um eine Schule oder zumindest um eine Art Schule, von der man dann annehmen muss, dass es sich um eine Wüstengrundschule handelt. Es würde sich folglich um Übungstexte auf Vorratskrügen handeln, die nach ihrem säkularen Gebrauch als Dedikationen für die Gottheit aufgewertet wurden. Die seitlichen Bänke wären in diesem Interpretationsschema als Schulbänke zu deuten. Aber wie plausibel ist die Deutung eines Schulbetriebs auf der Grundlage einer Mehrsprachigkeit, die auf das Interesse der Handel Treibenden und nicht der lokalen Bevölkerung zurückzuführen sei?[32] Wer eigentlich sollte Adressat des Schulbetriebs mitten auf dem zivilisationsarmen Weg zwischen größeren Handelszentren sein? Die Mehrsprachigkeit ist kein didaktisches Ziel, sondern eher die Visitenkarte der Besucher.

Eng mit der Schulthese verknüpft ist die Interpretation des Gebäudekomplexes als eine Karawanserei. „Die geographische Lage ([…] an der Kreuzung von Karawanenrouten, die dauernd wasserführende Quelle in der Wüste, die Anordnung der Gebäude, der rechteckige, festungsartige Aufbau mit im Verhältnis zum Gebäude relativ großem Innenhof, die Vorratskammern, der befestigte Eingang, Öfen/Herde, auch die Bänke in den beiden Eingangsräumen und im Innenhof) lassen [sic!] – beim derzeitigen Stand der Publikationslage – durchaus an etwas wie eine ‚Raststation' od.

---

31 Die Inschriften wurden inzwischen umfassend bearbeitet und ausgewertet, s. dazu Renz / Röllig, Handbuch I/1, S. 47-64.

32 So aber ebd., S. 48-50.

dergl. denken, was auch die Anwesenheit von Gegenständen verschiedener kultureller Herkunft relativ einfach erklären könnte."[33]

Will man die Interpretationen in ein Gleichgewicht bringen, müssen auch die phönizischen Wandinschriften, die als Gebetstexte die Segensthematik psalmartig zum Ausdruck bringen, und beschriftete Steinschalen, die am ehesten als Votivgaben zu deuten sind, berücksichtigt werden. Eine dieser Schalen–Inschriften lautet: „Zugunsten von ʿAbdīyau, dem Sohn des ʿAdnā. Gesegnet sei er vor Jahwe"[34]. Sie ist als Weiheform mit Segenswunsch eindeutig für eine Gottheit bestimmt, die an herausgehobener Stätte, zu der sicher nicht eine Schule gehörte, sofern es so etwas als Institution überhaupt in der Frühzeit des Alten Israel gegeben hat, um ihren Segen gebeten wird. Zum Problem werden die verschiedenen Auffassungen, wenn sie ihr Deutungsgewicht nur auf einzelne Aspekte schieben. Deshalb sind, überspitzt formuliert, die Extreme eines internationalen Religionszentrums und einer mehrsprachigen Handelsschule sehr unwahrscheinlich. Freilich hat man keine Opferstätte und keine typischen Kultgefäße gefunden, das schließt aber nur das Verständnis eines ‚klassischen' Heiligtums aus.

Die Anlage von *Kuntillet ʿAǧrūd* spricht für eine multifunktionale Nutzung, wenn man sie mit strukturell ähnlichen Erscheinungen vergleicht. Das Bild des Pilgers in der israelitischen Königszeit darf nicht ausschließlich von späteren Erscheinungen her interpretiert werden. Grundsätzlich muss nicht ein Tempelgebäude mit Priestern und Kultriten vorausgesetzt werden. Die Untersuchung der Heiligtümer von Karawanenstationen im hellenisierten Osten ergibt ein eindrückliches Bild.[35] Diese Heiligtümer wurden von lokalen Clans aufgesucht, aber auch von auswärtigen Besuchern, und zwar von Pilgern, die dort Familienfeiern durchführten, Heilung und Schutz suchten und um Regen und Fruchtbarkeit beteten, sowie von Händlern, die sich in den Schutz des Heiligtums begaben, eine kurze Erholung und Erfrischung genossen und im Hof des Heiligtums Handel trieben, an dem auch die Pilger teilhaben konnten. Dieses Gemisch von Religion und Wirtschaft wird auch die Anlage am *Darb el-Ghazze*, der Karawanenstraße durch den Negev, bestimmt haben. Internationale Händler und regionale Pilger haben sich in *Kuntillet ʿAǧrūd*, dem „einsamen Hügel der Wasserquellen", göttlichen Segen und Schutz bei Handel und Wandel erhofft.

Schwerlich wird man ‚weitergehen' wollen und für die frühe Zeit eine Wallfahrt in den Sinai annehmen dürfen. Zwar gibt es in der Le-

---

33   Ebd., S. 50.
34   Ebd., S. 56.
35   Dazu Freyberger, Heiligtümer.

vante seit dem 2. Jt. v. Chr. Gefäße, die ‚Pilgerflaschen'[36] genannt werden und die nachweislich in derselben Form seit der byzantinischen Zeit auch diesen Zweck erfüllten. Die aus der Königszeit stammende Grundschicht von 1. Kön 19, in der Elia aus Angst vor Isebel zum Gottesberg flieht, lässt sich jedoch nicht ohne weiteres als Widerspiegelung von Wallfahrten zum Sinai auffassen. Dazu bietet der Text ebenso wenig Hinweise wie das Stationenverzeichnis von Num 33. Freilich könnten seit dem 6. Jh. v. Chr. bestehende größere jüdische Diasporagruppen zu den Jahresfesten nach Jerusalem gepilgert sein und dabei für spätere christliche Pilger rezipierbare Lokaltraditionen vorbereitet haben, so dass „mit großer Wahrscheinlichkeit ein jüdischer Pilgertourismus durch den Sinai für die vorchristliche Zeit anzunehmen ist"[37].

Dass in der mittleren Königszeit im Land regionale Wallfahrtsorte bestanden, geht besonders aus der prophetischen Literatur hervor, die zugleich Vorläufer der Kritik am Wallfahrtswesen ist, wie sie in frühen christlichen Stellungnahmen, die am Anfang des Beitrags erwähnt wurden, zum Ausdruck gebracht werden. Zwei aus dem 8. Jh. stammende Prophetenworte scheinen zwar nicht den Kult und damit auch den Wallfahrtskult grundsätzlich zu verwerfen, aber doch offenbar pervertierte Formen bzw. theologische und ethische Defizite zu brandmarken. Amos 5,4-6 wird das unmissverständlich formuliert: „Fürwahr, so spricht JHWH zum Haus Israel: Sucht mich, so werdet ihr leben. Doch sucht nicht Bet-El auf, kommt nicht nach Gilgal, zieht nicht nach Beerscheba! Denn Gilgal droht die Verbannung und Bet-El der Untergang. Sucht JHWH, dann werdet ihr leben. Sonst dringt er in das Haus Josef ein wie ein Feuer, das frisst, und niemand löscht Bet-Els Brand." In Hos 4,4-19, wo der Nordreich-Prophet einen Gottesdienst ohne Gott beklagt, hat ein Ergänzer aus Juda das Amoswort etwas abgewandelt und damit das sichere Vertrauen auf Wallfahrten erschüttert: „Wenn du, Israel, schon Unzucht treibst, so soll sich doch Juda nicht versündigen: Kommt nicht nach Gilgal, zieht nicht hinauf nach Bet-Awen. Schwört nicht (in Beerscheba): ‚So wahr JHWH lebt'" (Hos 4,15; vgl. auch Jes 1,13f.; Hos 2,13; Amos 5,21-27). Es hat also eine Reihe von Wallfahrtsorten gegeben, die in Juda aufgesucht wurden: Gilgal in der Nähe von Jericho an der Ostgrenze, Bet-El (in Hos 4,15 zu Bet-

---

36 Maeir, Pilgerflasche, S. 563f.

37 Diebner, Sinaitische Wallfahrtstraditionen, S. 690-699, hier S. 698. Diebner rechnet dabei mit einer extremen Spätdatierung von Traditionen und Texten: Die Zeit von Judenverfolgungen in Alexandria unter Prolemaios IV. Philopator im 3. Jh. v. Chr. nimmt er als Zeit der Entstehung von Traditionen zur Unterdrückung in Ägypten und zum Auszug aus Ägypten an. Auch für Diebner besteht so ein Zusammenhang zwischen Exodus und Wallfahrt.

Awen verballhornt) an der Nordgrenze und Beerscheba (Anspielung in Hos 4,15 durch das Verb *šb'* [,schwören']) an der Südgrenze. Zu Anlässen, Motiven und Formen der Wallfahrten schweigen diese Texte, andere sind gesprächiger.

Die sichersten Hinweise auf Wallfahrtsfeste bieten die drei Festkalender Ex 23,14-19; 34,18-26 und Dtn 16,1-17. An dieser Stelle kann nicht auf die Entwicklungsstufen der einzelnen Texte und ihre Entstehungsverhältnisse eingegangen werden.[38] Die Reihenfolge der Texte Ex 23; 34 und Dtn 16 dürfte jedenfalls auch die zeitliche Folge im Rahmen des 8. und 7. Jhs. treffen. Mit den Jahresfesten der agrarisch bestimmten Gesellschaft des Alten Israel wird deutlich, dass das liturgische Jahr wohl im Frühjahr begann. Wahrscheinlich wurden die landwirtschaftlichen Feste zunächst im lokalen Kontext gefeiert, erst später weiter interpretiert und zu jährlichen Wallfahrtsfesten stilisiert.

> Das Mazzotfest (Ex 23,15; 34,18-20) wurde am Anfang der Gerstenernte im Monat Abib (März/April) sieben Tage lang als Fest der ungesäuerten Brote gefeiert. Die Erstlinge der folgenden Weizenernte (Ex 23,16; 34,22) waren die Grundlage des ursprünglich eintägigen Wochenfestes (Schawuot = Siebener) bzw. des Erntefestes (Ex 23,16), das sieben Tage gefeiert werden sollte. Ein eintägiges, später dann aber siebentägiges Fest (Dtn 16,13-15) war das im Herbst anlässlich der Wein- und Olivenernte gefeierte Lesefest (Ex 23,16; 34,22) bzw. Laubhüttenfest (Sukkot: Dtn 16,13.16, vgl. Lev 23,34). Von den agrarischen Festen abzusetzen ist das in Hirten- und Kleinviehzüchtermilieus beheimatete Pesach-Fest, dessen Ursprung dunkel ist. „Eine relative Einigkeit wurde in der exegetischen Forschung dahingehend erzielt, daß die Verbindung des Paschafests mit Mazzot in Dtn 16,1-8 (mit Dissoziation des Pascha vom Familien- sowie des Mazzotfests vom Lokalkult, Einbindung des Pascha in den Opferkult und Streichung des Blutritus, Ausweitung der Opfertiere von Klein- auf Großvieh, Änderung der Zubereitungsart von Braten auf Kochen, Datierung des Festzyklus im Abib, mehrfache Historisierung mit dem Exodus und Aufruf zu lebenslangem Gedächtnis, Bezeichnung der Mazzen als ,Speise der Bedrängnis', Arbeitsruhe am 7. Tag des Mazzotfests) wie auch die Verwandlung der vier genuin familiären bzw. lokalen Jahresfeste in ausschließlich an einem Heiligtum zentral (gleichgesetzt mit dem Jerusalemer Tempel) zu begehende Wallfahrtsfeste, als ein Produkt deuteronomisch/deuteronomistischer Programmatik gilt".[39]

Mit der Zusammenstellung der Jahresfeiern werden die Feste zu Festen JHWHs, der sie als Opferfeste gebietet: „Dreimal im Jahr soll sich sehen lassen all dein Männliches vor dem Angesicht des Herrn JHWH" (Ex

---

38   Ausführlich dazu Körting, Schall des Schofar.
39   Berlejung, Heilige Zeiten, S. 3-61, hier S. 25f.

23,17). Dass in Ex 23,14 bei der Aufforderung JHWHs, dreimal im Jahr
für ihn ein Fest zu feiern, die Formulierung שלש רגלים (šālōš rᵉgālīm)
verwendet wird, könnte auf die übliche Fortbewegung bezogen sein,
die bei einer Zentralisierung des Kults unter Josia, wie in Dtn 16 vorausgesetzt, angesichts der Gebirgslandschaft eine besondere Herausforderung darstellt. Bei allen Unterschieden im Einzelnen fordern die
Festkalender zum jährlich dreimaligen Besuch des Heiligtums auf. Das
ist allerdings nach der Kultzentralisation kaum vorstellbar. Jedenfalls
gewinnen die Bestimmungen im spätesten Text, Dtn 16, ein besonderes
Profil, denn sie verbinden nicht nur Pesach und Mazzot, sondern beschreiben als wesentlichen Faktor die Festfreude, die alle sozialen
Schranken überwindet, weil unter der Voraussetzung theologischen
und ethischen Handelns alle in der Gesellschaft Anteil an den Gott zu
verdankenden Gütern haben sollen. So wird im Anschluss an das Pe-
sach/Mazzot-Fest gesagt: „Danach sollst du JHWH, deinem Gott, das
Wochenfest feiern und dabei eine freiwillige Gabe darbringen, die du
danach bemessen sollst, wie JHWH, dein Gott, dich gesegnet hat. Du
sollst vor JHWH, deinem Gott, fröhlich sein, du, dein Sohn und deine
Tochter, dein Sklave und deine Sklavin, auch die Leviten, die in deinen
Stadtbereichen Wohnrecht haben, und die Fremden, Waisen und Witwen, die in deiner Mitte leben. Du sollst fröhlich sein an der Stätte, die
JHWH, dein Gott, auswählt, indem er dort seinen Namen wohnen
lässt. Denke daran: Du bist in Ägypten Sklave gewesen. Daher sollst du
auf diese Gesetze achten und sie halten" (Dtn 16,10-12). Die Festfreude
ist auch das Charakteristikum des Laubhüttenfestes (Dtn 16,13-15), das
seinen Charakter als Erntefest auch nach der Kultzentralisation, also
nach der Trennung von Alltags- und Festort, bewahrt hat. Die Festge-
meinde muss groß gewesen sein. Nur die Männer waren verpflichtet,
das Zentralheiligtum aufzusuchen, aber Frauen und Kinder, Mägde
und Knechte, Witwen, Waisen, Leviten und Fremde waren ebenfalls
aufgerufen.

Es ist auffällig, dass die drei Wallfahrtsfeste regelmäßig als חַג (ḥāg ‚kreis-
förmig') bezeichnet werden (vgl. arabisch ḥaǧǧ/ḥiǧǧa als muslimische Wallfahrt nach Mekka). Ob aber damit eo ipso eine Wallfahrt assoziiert wird
(vgl. auch das Verbum ḥgg), ist so sicher nicht, weil auch andere Feste so
bezeichnet werden können.[40] Eine begriffliche Fixierung wird sich erst mit
der Zeit durchgesetzt haben; als allgemeinerer Begriff für irgendein Fest
oder eine Feier steht מוֹעֵד (mōʿēd). Die Frage ist, ob auch das Verbum עלה ('lh
‚hinaufziehen') ein spezieller Begriff ist, der so den ersten und zweiten
Exodus wie eine Wallfahrt darstellt, sofern auch der Weg von Ägypten
nach Israel (Ex 12, 38 u.a.) und von Babylonien nach Israel (Esr 2, 1.59 u.a.)

---

40 Zur Wallfahrtsterminologie s. ausführlich Dyma, Wallfahrt, S. 300-319.

mit diesem Lexem ausgedrückt wird. Die Konnotation ‚pilgern' erhält das Verbum, das real und übertragen die Bewegung zu einem höheren Ort ausdrückt, durch den räumlichen und theologischen Aspekt zugleich: Viele Orte lagen auf Anhöhen, und der heilige Ort als Präsenzort Gottes wird in besonderem Maße mit der Vorstellung von ‚Höhe' verbunden. Spätestens in rabbinischen Texten ist das Verbum als *terminus technicus* gebraucht, wenn die Wallfahrt durchgehend als עליה לרגל (*'ljh lrgl*) bezeichnet wird. Neuerdings wird als spezielle Wallfahrtsterminologie vor allem das Verbum ראה (*r'h*) im *nif'al*-Stamm mit dem ‚Angesicht Gottes' als Objekt favorisiert,[41] weil diese Formulierung in typischen Wallfahrtstexten vorkommt: „Dreimal im Jahr soll alles Männliche vor dem Angesicht des Herrn JHWH *erscheinen*" (Ex 23,17, vgl. auch Ex 34, 24; Dtn 16,16; Ps 42,3; 84,8.).

Alle komparatistischen, archäologischen und vor allem textgestützten Indizien und Nachweise zusammengenommen, wird man mit einiger Gewissheit sagen können, dass im Alten Israel des 1. Jts. Pilger und Pilgerinnen sich zu verschiedenen Heiligtümern auf den Weg machten, zunächst zu regional herausgehobenen Orten, seit der Kultzentralisation zum Ende des 7. Jhs. hin dann – zumindest offiziell – ausschließlich nach Jerusalem. Anlässe waren am Anfang der Entwicklung vor allem Erntefeste, an denen Dank für die landwirtschaftlichen Produkte und Bitten um ihre weitere Gewährung vorgebracht, aber darüber hinaus immer auch im umfassenden Sinn Segen und Schutz für das Leben im Alltag erwartet wurden. Die Festbräuche scheinen keine starren Größen gewesen zu sein, denn die Textgeschichte zeigt, wie Feste zusammengelegt (Pesach und Mazzot) und ihr agrarischer Charakter durch Historisierungen (Auszug aus Ägypten), die Natur und Geschichte zusammenbanden, neu interpretiert wurden. Als der Tempel von Jerusalem 587/86 v. Chr. durch die Babylonier zum ersten Mal zerstört worden war, fanden die Feste ein vorläufiges Ende. Zwar sieht man in Jer 41,5 80 Männer aus Sichem, Silo und Samaria, also aus dem Nordreich (!) mit Opfergaben und Weihrauch zum zerstörten Tempel pilgern, aber sie kommen in Trauerkleidung und nicht in Feststimmung. Klgl 1,4 bringt die Situation nach der Tempelzerstörung unmissverständlich ins Bild: „Die (Pilger)Wege zum Zion sind in Trauer wegen fehlender Festgänger. Alle ihre Tore sind verwüstet, ihre Priester seufzen, ihre Jungfrauen grämen sich, ihr selbst bleibt (nur) Bitterkeit."

Die Zeit am Ende des Zweiten Tempels konnte an Traditionen der vorexilischen Epoche anknüpfen. Leider wissen wir nichts aus der Anfangszeit des Zweiten Tempels, der ab 515 v. Chr. wieder für Wallfahrten zur Verfügung stand. Und leider wissen wir aus direkten Zeugnis-

---

41 Z.B. Schaper, „Wie der Hirsch…", S. 5f.52f.

sen auch wenig über das, was die Pilger vor und während und besonders am Ziel ihrer Reise bewegte. Diese Lücke wird gern – zum Teil berechtigt – durch Auswertung von Psalmen geschlossen, die sich scheinbar oder anscheinend auf Pilgerfahrten beziehen. Die soeben genannte Stelle aus dem Buch der Klagelieder, die kurz nach der Zerstörung Jerusalems konzipiert wurden, vermag einen ersten Eindruck zu vermitteln. Es geht in Klgl 1,4 um den geographischen und emotionalen Weg zum Heiligtum, der schließlich zu seinen Toren führt und zu den Priestern, die die Pilger in Empfang nehmen, und zu den Jungfrauen, die sie eigentlich musikalisch begleiten (vgl. Jer 31,13; Ps 68,26), bis hin zum Zionsheiligtum, das in Bitternis verharrt.

Die allgemeine Religionsgeschichte kennt Begründungen und Funktionen von Festen,[42] von denen das eine oder andere auch das israelitische Festverständnis geprägt haben dürfte. Dass zum Fest seine Wiederholung, besondere Zeiten und Räume, den Alltag transzendierende Handlungen und soziale Erfahrungen gehören, wurde bisher schon festgestellt. Darüber hinaus ist auch für die Feste Israels damit zu rechnen, dass sie wesentlich zur Identitätsbildung, zur Bewältigung der schwierigen Lebensbedingungen und zur Überwindung von Krisenerfahrungen dienten und dass das alles als Gabe Gottes mit verbalen und rituellen Vollzügen durch Priester erlebt werden sollte.[43] Bei den Psalmen, deren Datierung oft leider höchst unsicher ist, steht freilich immer zur Diskussion, ob und inwieweit sie speziell für das Verständnis von Wallfahrten herhalten können. Bei einigen Texten wird das mit großer Zuversicht bejaht, so dass wir auch Informationen über Einstellungen, Erwartungen und Vollzüge der Pilger und Pilgerinnen hätten.

Man muss nicht gleich ekstatische Zustände annehmen, aber Lieder und Tänze gehörten zur Festfreude der Wallfahrt, wie besonders eindrücklich Jes 30,29 (vgl. 2. Sam 6,5; Ps 87,7; 150,4) mitteilt und auch später noch die Mischna berichtet (Bikkurim III,4). Dieses ganz und gar nicht bedächtig-andächtige Pilgern hat auch Ps 42,5 im Blick. Ps 42, zusammen mit Ps 43, ist zwar formal ein individuelles Klagelied, dessen Beter im Heiligtum Befreiung von seiner Krankheit erhofft. Der

---

42 Dazu Berlejung, Heilige Zeiten, S. 3-16.

43 Auch andere Möglichkeiten, die über die Beziehung zwischen Gott und Mensch hinausgehen, boten sich bei Festen an: „Kontakte anzuknüpfen (Ri 9,27ff), Handelsbeziehungen zu pflegen, Preise zu vergleichen, Informationen auszutauschen, zu politisieren und intrigieren (Ri 9,27ff). So waren sie Umschlagplatz für Nachrichten und Waren aller Art. Selbstverständlich waren Feste auch Zeiten des Amusements, der allgemeinen Ausgelassenheit, der Sorglosigkeit und Unachtsamkeit, so daß sie Feinden auch die ideale Gelegenheit für ein Überrumpelungsmanöver bieten konnten (Ri 21,19ff)." (Ebd., S. 47).

Psalm, der wahrscheinlich aus vorexilischer Zeit stammt und damit die
Zeit des Ersten Tempels anspricht, dürfte jedoch im Rahmen des Ko-
rach-Psalters, der den Weg von Pilgern zum Jerusalemer Heiligtum
reflektiert,[44] eine Wallfahrt vor Augen haben: „Die Krankheit des lei-
denden Individuums wird zur religiösen Praxis der Wallfahrt in Beziehung gesetzt. Der Beter, der sich nach V. 7 irgendwo im Norden, vielleicht im Gebiet von Dan, aufhält, wo er sich nach dem Tempel sehnt,
hat freudige Erinnerungen an Wallfahrten zum (Jerusalemer) Heiligtum, an denen er einst teilnahm."[45] So bekennt der Beter: „Daran will
ich denken und ausschütten mein Herz bei mir selbst: wie ich einher-
zog in großer Schar, mit ihnen zu wallen zum Hause Gottes mit Frohlo-
cken und Danken in der Schar derer, die da feiern" (Ps 42,5 in der
Übersetzung Martin Luthers). So wie dieser Vers zeigt der gesamte
Psalm, wie der einzelne Pilger in der Gemeinschaft aller Wallfahrer
tempeltheologische Nähe und Wirkung suchte und schätzte. „Diese
Wallfahrten waren der Ausdruck der unauflöslichen Verflechtung von
persönlicher Frömmigkeit und staatlichem Kult. Ps 42/43 zeigt uns dies
gleichsam brennpunktartig."[46]

In Verbindung mit Ps 42/43 steht ein weiterer Korach-Psalm, nämlich Ps 84, der wie Ps 42/43 eine kleinere Sammlung von Korach-
Psalmen (Ps 84-85.87-88) eröffnet und oft als eine Art Tempeltor-
Liturgie, als ein Dialog zwischen Priestern und ankommenden Festpil-
gern am Eingang des Tempelbezirks aufgefasst wird. Auch in diesem
Psalm verzehrt sich der Beter nach dem lebendigen Gott und seinem
Tempel (Ps 84,3). Scheinbar beschreibt er eine Wallfahrt (Ps 84,4-6) und
preist dabei Menschen, die sich zur Wallfahrt rüsten und dabei mit
wachsender Kraft begabt werden, die gleichsam die Wüste in eine blü-
hende Landschaft verwandelt (vgl. Sach 14). Aber genau hier deutet
sich ein Problem an, das noch bei einem weiteren Textkomplex, den
sog. Wallfahrtsliedern (Ps 120-134), aufzugreifen ist. Die in Übersetz-
zungen bevorzugte Formulierung „wenn sie sich zur Wallfahrt rüsten"
(Ps 84,6) verkennt den hebräischen Wortlaut, der von „Wegen in ihren
Herzen", מְסִלּוֹת בִּלְבָבָם ($m^esillōt \ bil^ebābām$), spricht. Genau genommen ist
Ps 84 ein Klagegebet, in dem der Beter einmal die am Heiligtum ein-
treffenden Pilger sprechen lässt (V. 2-5.11) und einmal deren Situation
beschreibt (V. 7-8.12-13). Unter dieser Voraussetzung kann der Psalm
als eine Art ,Sehnsuchtsklage' verstanden werden, die wie Ps 42/43 fern

---

44   Schaper, „Wie der Hirsch…", S. 36.
45   Ebd., S. 66.
46   Ebd., S. 90.

vom Tempel gebetet wird.[47] So gesehen ginge es nicht um eine reale Wallfahrt, sondern um ‚Pilgerwege im Herzen'. Man kann freilich nicht ganz sicher sein, ob der Pilger *in* oder *mit* diesem Psalm pilgert. Trifft der spirituelle Aspekt zu, sind Bedeutung und Wirkung des Wallfahrtweges in Ps 84,6f. metaphorisch zu verstehen: „Wenn Menschen, die von Sehnsucht nach Gott bewegt sind, Regionen des Todes betreten, verwandeln sie diese Wüsteneien in paradiesische Oasen, in denen Wasser des Lebens (V. 7b: ‚Quellgrund') entspringen."[48] Aber auch im ‚geistlichen' Pilgerlied wird die Tempelwallfahrt mit ihrer Wirkung vom Beter verherrlicht: „Fürwahr, besser ist ein Tag in deinen Höfen als tausend, die ich (selbst) erwählt hätte" (Ps 84,11).

Es bleibt zumindest eine kontrollierte Spekulation, wenn man meint, dass der Korach-Psalter „mit hoher Wahrscheinlichkeit" von Wallfahrern als Lied- und Gebetbuch benutzt wurde.[49] Dasselbe wird von einer anderen Psalmensammlung vermutet, die gern mit dem Ausdruck ‚Wallfahrtspsalmen' versehen wird: die *Ma'alot*-Psalmen 120-134.

> Vorzugsweise wird von den Überschriften her argumentiert. Die Bezeichnung שִׁיר הַמַּעֲלוֹת (*šīr hamma'alōt*) ist aber nicht eindeutig.[50] Sie kann im kultischen Sinn auf ‚Stufenlieder' bezogen werden, die nach Middot II, 5 von Leviten auf den 15 Stufen (entspricht den 15 Psalmen) des Nikanortores gesungen werden. Sie kann aber auch historisierend unter Hinweis auf Esra 7,9 mit Liedern für die Heimkehr der Exilanten verbunden werden oder, wie es am üblichsten ist, mit Prozessionsliedern auf Wallfahrten. Diese letzte Deutung kann auch eingeschränkt werden, wenn mit dem ‚Hinaufziehen' der Weg der ‚Abordnungen' (*Ma'adamot*) aus Städten und Dörfern zum Opferdienst in Jerusalem verknüpft wird.[51] Vertreten wurde schließlich auch eine formale Interpretation, die an poetische oder musikalische ‚Stufenformen' denkt, und selbst eine wenig überzeugende spirituelle Deutung, die den Aufstieg des Herzens zu Gott im Blick hat, wurde erwogen. Am plausibelsten ist gewiss die Wallfahrtsthese als Hintergrund, aber in welchem Sinne?

Wie üblich, ist es besonders schwierig, die Entstehungszeit der Psalmengruppe zu bestimmen. Einige Texte mögen aus der vorexilischen Zeit stammen,[52] könnten damit also ein Bild für die Königszeit liefern, aber die bearbeitete Sammlung insgesamt stammt sicher aus der persi-

---

47   So Hossfeld / Zenger, Psalmen 51-100, S. 507-523.
48   Ebd., S. 518.
49   Schaper, „Wie der Hirsch…", S. 90.
50   Die Forschungsgeschichte bietet Crow, Songs of Ascents, S. 1-27.
51   So Willi, שִׁיר המעלות, S. 153-162.
52   Schaper, „Wie der Hirsch…", S. 69-71.

schen oder gar hellenistischen Zeit und kommt damit der Epoche eines im großen Rahmen institutionalisierten Wallfahrtswesen nahe. Durch die Bearbeitungen der einzelnen Psalmen liegt insgesamt eine umfassende Zion-Segen-Theologie vor. Vielleicht war die Sammlung so etwas „wie eine Handreichung für Wallfahrer, eine Art *Vade mecum* mit Gebeten und Liedern, vielleicht ein Brevier, auch mit Texten zur Meditation"[53]. Auffällig ist jedenfalls, dass nicht nur kulttheologischen Themen, sondern auch individuellen Bedürfnissen Rechnung getragen wird: „Die Redaktion der Psalmen 120-134 stellte aus Psalmen verschiedenster Gattungen und Zeiten, wie es auch bei den Korachpsalmen geschah, eine Art Liederbuch für Pilger zusammen: Der Weg der Pilger zum Heiligtum und das religiöse Erlebnis im Kult dieses Heiligtums sind im Aufbau dieses Liederbuches gespiegelt, wie dies ebenso im Korach-Psalter der Fall ist. Aber nicht nur der Weg und die Erfüllung des Wunsches, an diesem Kult teilnehmen zu dürfen, finden sich in diesen Wallfahrtspsalmen wieder, sondern auch typische Wünsche von Pilgern, um derentwillen Wallfahrten durchgeführt werden, Wünsche, die menschliche Urbedürfnisse artikulieren: der Wunsch nach Kindern, nach Rettung aus persönlicher Bedrängnis (Ps 129), nach Schutz für die Familie (Ps 127) und nach Segen für das ganze Land (Ps 132)."[54] Der Gedanke, dass mit der Sammlung Ps 120-134 konkrete Wallfahrtslieder vorliegen, ist verlockend. Man wird aber gegenüber Spekulationen, die aus der langen Geschichte von Wallfahrten bis in die Neuzeit gespeist sind, Zurückhaltung üben müssen, wenn etwa die Lieder als Souvenirs aufgefasst werden, die kalligraphisch auf Papyrus- oder Pergamentblätter oder Silberröllchen geschrieben und von den Pilgern mit nach Hause genommen wurden, damit auch in den Städten und Dörfern der Zionssegen erinnert und besungen werden konnte.[55]

Nimmt man den Korach-Psalter und die Wallfahrtspsalmen zusammen, hätte ein ansehnliches Lieder- und Gebetbuch für Wallfahrer, in Ansätzen seit der Zeit des Ersten, aber dann vor allem während der Zeit des Zweiten Tempels, zu Verfügung gestanden. Für den Umfang kann das allerdings nur mit Einschränkung aufrechterhalten werden: „Auf die Frage, wie die Einzelnen an dieser Segenswirklichkeit partizipieren können, gibt die Sammlung [Ps 120-134] eine dialektische Antwort: Vom Zionsgott kann gesegnet werden, wer real den Weg zu ihm geht und sozusagen physisch in der Nähe des Zionsgottes ist. Aber zugleich kann an dieser Segensfülle teilhaben, wer sein Vertrauen auf

---

53   Seybold, Die Wallfahrtspsalmen, S. 73.
54   Schaper, „Wie der Hirsch…", S. 70.
55   So Zenger, Komposition der Wallfahrtspsalmen, S. 173-190, hier S. 179.

den Zionsgott setzt, in seinen Bedrängnissen zu ihm schreit und seine
Augen gespannt auf ihn richtet, um seine Wegweisung zu erkennen,
und wer die Fähigkeit hat, das Gute des alltäglichen Lebens als Segens-
erweis des Zionsgottes wahrzunehmen."[56] Damit ist eine wichtige Erkenntnis verbunden, die erst mit der sich nach und nach bildenden
Schriftkultur möglich und sicher auch praktiziert wurde: ein Neben-
und Miteinander von realen Wallfahrten zum Heiligtum und von me-
ditativen Pilgerfahrten in die Welt der Psalmen.[57] Man fühlt sich noch
einmal an Hieronymus (etwa 347-420) erinnert, der lange in Bethlehem
lebte, gleichwohl in einem Brief an den Bischof Paulinus schrieb: „Sowohl von Jerusalem wie von Britannien aus steht der Himmel gleichermaßen offen; denn das Reich Gottes ist inwendig in euch."[58]

Es ist jetzt ein Punkt erreicht, an dem das Profil der Wallfahrten
zum und im Heiligen Land vor Augen tritt. Die christlichen Wallfahrer
mit ihrer Mischung aus Anbetung und Neugier legten zwar den
Schwerpunkt auf Jerusalem, nahmen aber auch die Stätten, an denen
nach der Hebräischen Bibel erste Wallfahrten stattfanden, um göttlichen Segen im Allgemeinen und Schutz im Besonderen zu erhalten,
eingehend zur Kenntnis. Den vielen heiligen Stätten in den ersten
christlichen Jahrhunderten entspricht die Vielzahl der heiligen Orte in
der Königszeit des Alten Israel. Dazwischen liegt die Wallfahrt zu dem
einen heiligen Ort, dem Tempel von Jerusalem, wie es die jüdischen
Pilgerinnen und Pilger zur Zeit des Zweiten Tempels praktiziert und
darin eine Tradition fortgesetzt haben, die am Ende der Königszeit
ihren Anfang nahm, als eine deuteronomische Kultzentralisation propagiert wurde. Als Vermächtnis des Deuteronomiums zeigt sich ein
Pilgerfest-Verständnis, das „als Idealzeit konzipiert ist. Sie ist die Zeit
der vorweggenommenen Torarealisierung, des sozialen und politischen Friedens (Ethik der Geschwisterlichkeit, Volk als Familie Jahwes,
Kultur der Gastfreundschaft für Fremde im Fest), der Freude, der Sicherheit, des idealen Kults, des idealen Gottesdienstes in der Gemeinschaft mit Jahwe."[59] Als wieder zum Zweiten Tempel gepilgert werden
konnte und sich die deuteronomischen Ideen festigten, entwickelte sich
eine universale Hoffnung. Sie wurde durch Jes 2,2-5 (vgl. Micha 4,1-5)
allen realen und spirituellen Wallfahrten als Utopie, als etwas, das aktuell *noch* keinen Ort hat, eingepflanzt: „Es wird geschehen am Ende
der Tage: Fest wird stehen der Berg des Hauses JHWHs auf der Spitze

---

56 Zenger, Komposition der Wallfahrtspsalmen, S. 184.
57 Vgl. dazu Smith, Psalms as a Book for Pilgrims, S. 156-166.
58 Hieron., *ep.* 58,2-4. Zitat nach Donner, Pilgerfahrt, S. 13.
59 Berlejung, Heilige Zeiten, S. 56.

der Berge und er wird überragen die Hügel. Und es werden strömen zu ihm alle Völker. Und viele Völker werden sich auf den Weg machen und sagen: ‚Kommt doch, wir wollen hinaufziehen zum Berg JHWHs, zum Haus des Gottes Jakobs. Und er lehre uns seine Wege, dass wir gehen in seinen Pfaden.' Fürwahr, von Zion geht Tora aus und das Wort JHWHs von Jerusalem. Und er wird Recht sprechen zwischen den Völkern und zwischen vielen Völkern schlichten. Dann werden sie ihre Schwerter zu Pflugscharen umschmieden, und ihre Lanzen zu Winzermessern. Man erhebt nicht mehr das Schwert, Volk gegen Volk, und lernt nicht mehr für den Krieg. Haus Jakob, macht euch auf! Wir wollen gehen im Licht JHWHs!"

Literaturverzeichnis

Beinlich, Horst: Art. Wallfahrt, in: LÄ 6 (1986), S. 1145f.

Berlejung, Angelika: Heilige Zeiten. Ein Forschungsbericht, in: JBTh 18 (2003), S. 3-61.

Crow, Loren D.: The Songs of Ascents (Psalms 120-134). Their Place in Israelite History and Religion, SBL.DS 148, Atlanta 1996.

Diebner, Bernd Jørg: Sinaitische Wallfahrtstraditionen im vorchristlichen Judentum, in: JAC.E 20/2 (1995), S. 690-699.

Donner, Herbert: Pilgerfahrt ins Heilige Land. Die ältesten Berichte christlicher Palästinafahrer (4.-7. Jahrhundert), Stuttgart ²2002.

Dyma, Oliver: Die Wallfahrt zum Zweiten Tempel, FAT II/40, Tübingen 2009.

Freyberger, Klaus Stefan: Die frühkaiserzeitlichen Heiligtümer der Karawanenstationen im hellenisierten Osten. Zeugnisse eines kulturellen Konflikts im Spannungsfeld zweier politischer Formationen, DaF 6, Mainz 1998.

Grossmann, Avraham: Aliya in the Seventh and Eighth Centuries, in: The Jerusalem Cathedra 3 (1983), S. 174-187.

Herbers, Klaus: Der Jacobsweg. Mit einem mittelalterlichen Pilgerführer unterwegs nach Santiago de Compostela. Ausgewählt, eingeleitet, übersetzt und kommentiert, Tübingen ⁷2001.

Hossfeld, Frank-Lothar / Zenger, Erich: Psalmen 51-100. Übersetzt und ausgelegt, HThKAT 26, Freiburg u.a. 2000.

Keel, Othmar / Küchler, Max: Orte und Landschaften der Bibel. Ein Handbuch und Studien-Reiseführer zum Heiligen Land, Bd.2: Der Süden, Zürich u.a. 1982.

Keel, Othmar / Uehlinger, Christoph: Göttinnen, Götter und Gottessymbole. Neue Erkenntnisse zur Religionsgeschichte Kanaans und

Israels aufgrund bislang unerschlossener ikonographischer Quellen, QD 134, Freiburg u.a. ⁴2001.

Körting, Corinna: Der Schall des Schofar. Israels Feste im Herbst, BZAW 285, Berlin/New York 1999.

Kötting, Bernhard: Peregrinatio religiosa. Wallfahrten in der Antike und das Pilgerwesen in der alten Kirche, FVK 33/34/35, Münster 1950.

Krauss, Samuel: Synagogale Altertümer, Berlin/Wien 1922 (Nachdruck 1966).

Küchler, Max: Jerusalem. Ein Handbuch und Studienreiseführer zur Heiligen Stadt, OLB 4/2, Göttingen 2007.

Maeir, Aren M.: Art. Pilgerflasche (Pilgrims flask), in: RLA 10 (2003-2005), S. 563f.

Renz, Johannes / Röllig, Wolfgang: Handbuch der althebräischen Epigraphik, Bd. I/1: Text und Kommentar, Darmstadt 1995.

Rutherford, Ian C.: Art. Pilgerschaft I. Klassische Antike, in: DNP 9 (2000), Sp. 1014-1019.

Safrai, Shmuel: Die Wallfahrt im Zeitalter des Zweiten Tempels, FJCD 3, Neukirchen-Vluyn 1981.

Schaper, Joachim: „Wie der Hirsch lechzt nach frischem Wasser". Studien zu Ps 42/43 in Religionsgeschichte, Theologie und kirchlicher Praxis, BThSt 63, Neukirchen-Vluyn 2004.

Seybold, Klaus: Die Wallfahrtspsalmen. Studien zur Entstehungsgeschichte von Psalm 120-134, BThSt 3, Neukirchen-Vluyn 1978.

Smith, Mark: Psalms as a Book for Pilgrims, in: Interp. 46 (1992), S. 156-166.

Willi, Thomas: Das שיר המעלות. Zion und der Sitz im Leben der ‚Aufstiegslieder' Psalm 120-134, in: Prophetie und Psalmen. FS Klaus Seybold, hg. von Beat Huwyler / Hans- Peter Mathys / Beat Weber, AOAT 280, Münster 2002, S. 153-162.

Zenger, Erich: Die Komposition der Wallfahrtspsalmen Ps 120-134. Zum Programm der Psalterexegese, in: Paradigmen auf dem Prüfstand. Exegese wider den Strich. FS Karlheinz Müller, hg. von Martin Ebner / Bernhard Heininger, Münster 2004, S. 173-190.

Zivise, Alain-Pierre: Art. Onias, in: LÄ 4 (1982), S. 569-572.

3. Zur Forschungsgeschichte

Das Alte Testament und die Theologische Fakultät in der Gründungszeit der Friedrich-Wilhelms-Universität Berlin

I. Überlegungen zu einer ,höheren Lehranstalt' in Berlin

Am Anfang war nicht nur das Wort Schleiermachers. Eine ganze Reihe von einflußreichen Personen hat zur Gründung der Berliner Universität beigetragen, im Anschluß und in Auseinandersetzung mit den politischen und gesellschaftlichen Bedingungen Preußens zu Beginn des 19. Jahrhunderts[1].

Über eine ,höhere Lehranstalt' wurde intensiver nachgedacht, als mit den Gebietsverlusten durch die Niederlage Preußens gegen Napoleon (1806) einige preußische Universitäten verlorengingen, unter ihnen auch die größte: Halle. Die Gründung der Universität Berlin steht in dem größeren Kontext eines zeitbedingten, von Adel, Beamtenschaft und Bildungsbürgertum getragenen Versuchs von Widerstand und Erneuerung des Staatswesens angesichts der napoleonischen Herrschaft. Es ist die Zeit der großen, unter Freiherr vom Stein begonnenen und unter Hardenberg abbrechenden preußischen Reformen, vom Zusammenbruch 1806 gefordert, vom Erbe Preußens unterstützt und vom philosophischen Einfluß geprägt[2]. Dabei ging es um die Modernisierung von Regierung, Verwaltung und Gesellschaft. Einer der Schwerpunkte war die Bildungsreform[3], hier vor allem die des neuhumanistisch begründeten Gymnasiums. Daneben stand die Universitätsreform. Die Universitäten waren im 18. Jahrhundert im Zunftwesen verfallen und hatten die mittelalterliche Auffassung, einen festen Lehrbestand als konstitutive Lehrnorm zu tradieren, noch nicht preisgege-

---

1   Einen Überblick verschafft I. Mieck, Von der Reformzeit zur Revolution (1806-1847), in: Geschichte Berlins, Bd. I: Von der Frühgeschichte bis zur Industrialisierung. Mit Beiträgen von E. Bohm u.a., hg.v. W. Ribbe, München 1987, 407ff.

2   S. Th. Nipperdey, Deutsche Geschichte 1800-1866. Bürgerwelt und starker Staat, München ³1985, 31ff.

3   S. H.-U. Wehler, Deutsche Gesellschaftsgeschichte, Bd. II: Von der Reformära bis zur industriellen und politischen „Deutschen Doppelrevolution" 1815-1845/49, München 1987, 491ff; Th. Nipperdey, a.a.O. (Anm. 2), 454ff.

ben, von den fortschrittlichen Universitäten Göttingen und Halle abgesehen[4]. Wohl knüpften künftige Reformer an die spätaufklärerische Durchsetzung der deutschen Sprache gegenüber der lateinischen an, nicht aber an die Konzepte einer ausschließlich praxisorientierten Wissenschaftsaneignung. Freilich, die neuhumanistisch-idealistische Universitätsidee – Wissenschaft als Selbstzweck – konnte sich nur gebrochen durchsetzen. Die Universität blieb vorrangig weiterhin eine Institution für Staatsbeamte, Mediziner und Theologen.

Allein auf eine berufspraktische Ausbildung hatte der kurz nach der Thronbesteigung Friedrich Wilhelms III. zum Justizminister und zum Minister für das geistliche Department (mit den Ressorts Schul- und Universitätsverwaltung) ernannte Julius Eberhard v. Massow gedrängt, der eine Auflösung der Universitäten in Fachschulen und Akademien befürwortete und schon die Gymnasien von berufsfremdem Bildungsgut befreien wollte: Hebräisch z. B. sollte wegfallen, für Theologen zwar nützlich, notwendig aber nur für spätere Gelehrte[5].

Die Fragen um eine Universität in Berlin wurden seit der Jahrhundertwende diskutiert. Einer der ersten, die sich für eine „Allgemeine Lehranstalt" aussprachen – auch die Bezeichnung ‚Universität' ist anfangs umstritten – ist Johann Jacob Engel, Professor am Joachimsthalschen Gymnasium, Direktor des Nationaltheaters und Mitglied der Akademie der Wissenschaften. In seiner „Denkschrift zur Errichtung einer großen Lehranstalt in Berlin. 13.3.1802"[6] sieht er, als er über die Kosten für eine entsprechende Institution nachdenkt, ein Problem beim Fächerkanon: „Ob man auch an eine theologische Fakultät zu denken

---

4   S. H. Schelsky, Einsamkeit und Freiheit. Idee und Gestalt der deutschen Universität und ihrer Reformen, Reinbek [2]1971, 20ff.

5   S. M. Lenz, Geschichte der Königlichen Friedrich-Wilhelms-Universität zu Berlin, Bd. I: Gründung und Ausbau, Halle 1910, 37f. Weitere Lit. zu den Anfängen der Friedrich-Wilhelms-Universität: Ders., a.a.O., Bd. II/1: Ministerium Altenstein, 1910; Bd. II/2: Auf dem Wege zur deutschen Einheit, 1918; Bd. III: Wissenschaftliche Anstalten, Spruchkollegium, Statistik, 1910; Bd. IV: Urkunden, Akten und Briefe, 1910; R. Köpke, Die Gründung der Königlichen Friedrich-Wilhelms-Universität zu Berlin. Nebst Anhängen über die Geschichte der Institute und dem Personalbestand, Berlin 1860 (Neudruck Aalen 1981); H. Schelsky, a.a.O. (Anm. 4), 11ff (Lit.); daneben: Berlin-Bibliographie (bis 1960). In der Senatsbibliothek, bearb. v. H. Zopf/G. Heinrich (Veröffentlichungen der Historischen Kommission zu Berlin beim Friedrich-Meinecke-Institut der Freien Universität Berlin, Bd. XV - Bibliographien Bd. I), Berlin 1965, 394-396, vgl. auch die Berlin-Bibliographie für die Jahre 1961-1966 u. 1967-1977.

6   Abgedruckt bei R. Köpke, a.a.O. (Anm. 5), 147-153; auch in: Idee und Wirklichkeit einer Universität. Dokumente zur Geschichte der Friedrich-Wilhelms-Universität zu Berlin. Gedenkschrift der Freien Universität Berlin zur 150. Wiederkehr des Gründungsjahres der Friedrich-Wilhelms-Universität zu Berlin. In Zusammenarbeit mit W. Müller-Lauter u. M.Theunissen hg. v. W. Weischedel, Berlin 1960, 3-10.

hätte? wag ich nicht zu entscheiden. In Stuttgart war sie vergessen; aber die dortige Universität ging auch unter."[7]

Für den Verfasser eines weiteren Gutachtens, Theodor Anton Heinrich Schmalz, Professor der Jurisprudenz – später der erste Rektor designatus der Berliner Universität – ist die Zugehörigkeit der Theologie selbstverständlich. Bei der Aufzählung der nach seiner Meinung mehrfach zu besetzenden Lehrstühle nennt er in seiner „Denkschrift über die Errichtung einer Universität in Berlin. 22. 8. 1807" eine ‚Theologische Klasse' und unterteilt sie in Exegese, Dogmatik und Moral, Kirchengeschichte und Praktische Theologie[8].

Alle diese Stellungnahmen gehen auf eine Anregung des Geheimen Kabinettrats Karl Friedrich Beyme zurück, der seit 1800 die Überlegungen und Planungen zur Gründung einer Universität gesteuert hat. Er bat auch Johann Gottlieb Fichte um seine Meinung[9], der daraufhin ein ausführliches Gutachten erstellt hat: „Deduzierter Plan einer zu Berlin zu errichtenden Höhern Lehranstalt, die in gehöriger Verbindung mit einer Akademie der Wissenschaften stehe. 1807"[10].

Fichtes Überlegungen, die 1807 niedergeschrieben, aber erst 1817 veröffentlicht wurden, haben die Gründungsgedanken und Gründungswirklichkeit nicht entscheidend mitgeprägt, nicht zum Schaden der Theologie, die er aus der „Schule der Wissenschaft" ausschließen will, „falls sie nicht den ehemals laut gemachten und auch neuerlich nie förmlich zurückgenommenen Anspruch auf ein Geheimnis feierlich aufgeben wolle"[11]. Den biblischen Schriften gesteht er eine didaktische Funktion zu, aber keinesfalls im erkenntniskritischen Sinn, sondern als Arsenal für die Korrektur des Interpreten: der (spekulative) Gedanke soll die Wirklichkeit (nach)gestalten. Der „Volkslehrer", so nennt Fichte den Theologen, hat zunächst „sein Religionssystem in der Schule der Philosophen zu bilden"[12], die Philosophie ist also magistra vitae. Aus der „Höhern Lehranstalt" ausgliedern will er die Praktische Theologie

---

7   A.a.O., 9.

8   Abgedruckt bei R. Köpke, a.a.O. (Anm. 5), 159-163; Idee und Wirklichkeit einer Universität, a.a.O. (Anm. 6), 11-15, hier: 14.

9   S. a.a.O., 28 (Brief an Johann Gottlieb Fichte v. 5. 9. 1807 aus Memel).

10   Johann Gottlieb Fichte's sämmtliche Werke, hg. v. J. H. Fichte, Bd. VIII (Dritte Abtheilung, Dritter Bd.), Berlin 1846, 97-204 u. 205-219 (Beilagen zum Universitätsplane); Fichte, Schleiermacher, Steffens über das Wesen der Universität. Mit einer Einleitung hg. v. E. Spranger, Leipzig 1910, 1-104; Idee und Wirklichkeit einer Universität, a.a.O. (Anm. 6), 30-105; für die Theologie zentral ist § 26 der Fichteschen Schrift.

11   Idee und Wirklichkeit einer Universität, a.a.O. (Anm. 6), 62.

12   A.a.O., 63.

und ebenso den „wissenschaftlichen Nachlaß"[13] der Theologie: „Es hat derselbe zwei Teile, ein von der Philologie abgerissenes Stück, und ein Kapitel aus der Geschichte". Im Blick auf die Praktizierung seines Plans ist Fichte allerdings selbst skeptisch[14].

Die Vorstellungen Fichtes und der anderen Berater Beymes haben weniger bewirkt als Schleiermachers Überlegungen, „da die Berliner Universität seinem Bilde am ähnlichsten geworden ist"[15]. Schleiermacher war gar nicht um ein Gutachten gebeten worden, hat aber eine entsprechende Schrift drucken lassen: „Gelegentliche Gedanken über Universitäten im deutschen Sinn. Nebst einem Anhang über eine neu zu errichtende. 1808"[16]. Während bei Fichte alles von der einen Lehranstalt ausgeschlossen werden sollte, was wie Jurisprudenz und Medizin unmittelbar praktischen Bezug hatte, widersetzte sich Schleiermacher, der traditionell zwischen Gymnasium, Universität und Akademie trennte, insofern dem neuhumanistisch-idealistischen Bildungsdenken, daß er die Universität primär als Lehr- und Erziehungsanstalt für Beamte, Theologen, Mediziner und Juristen verstand. Grundlage des Universitätsbetriebes ist auch für ihn die Philosophische Fakultät, die nicht Fachbereiche kooptieren, sondern die Chance interdisziplinärer Veranstaltungen bieten soll. Nur die Lehre sah er als Aufgabe der Universität, die Forschung band er stärker an die Akademie und beide wollte er unabhängig vom Staat und seinen Interessen wissen[17].

In der Auffassung der Staatskompetenzen unterschied sich Schleiermacher von Fichte, aber auch von dem Programm des Mannes, der einen ganz wesentlichen Beitrag zur Gründung der Berliner Universität geleistet hat: Wilhelm v. Humboldt. Schleiermacher hatte die Unabhängigkeit der Universität gegenüber dem Staat nicht auf die Besetzung von Professuren bezogen, „persönliche Verbindungen", „Parteisucht" und „Intrigue" an der Universität sollten durch den Staat neutralisiert werden, der seinerseits aber durch die Universität zur

---

13   A.a.O., 64f, das folgende Zitat: 64.

14   Vgl. a.a.O., 84.

15   H. Schelsky, a.a.O. (Anm. 4), 64. Zum Spektrum der Berater Beymes: 50ff.

16   1808 gedruckt, wieder abgedruckt in: Friedrich Schleichermacher's sämmtliche Werke, Dritte Abtheilung, Bd. 1, Berlin 1846, 535-644, auch abgedruckt u.a. in: Fichte, Schleiermacher, Steffens über das Wesen der Universität, a.a.O. (Anm. 10), 105-203; Idee und Wirklichkeit einer Universität, a.a.O. (Anm. 6), 106-192.

17   Vgl. zu den Reformplänen Schleiermachers H. Schelsky, a.a.O. (Anm. 4), 60ff, und für den gesamten Bildungskontext R. Vierhaus, Schleiermachers Stellung in der deutschen Bildungsgeschichte, in: Internationaler Schleiermacher-Kongreß Berlin 1984 (SchlA 1,1), hg.v. K.-V. Selge, Berlin 1985, 3-19.

richtigen Beurteilung der zu Berufenden geführt werden mußte[18]. Humboldt dagegen lehnte jeden Einfluß von Senat und Fakultät bei der Berufung von Professoren ab[19]. Spätere Kämpfe zwischen Regierung und Universität waren damit präjudiziert.

II. Die Gründung der Universität

Es existierten Gutachten, aber noch keine konkreten Formen einer Universität. Die Kabinettsorder[20] Friedrich Wilhelms III. aus dem Jahr 1807, eine „allgemeine Lehranstalt" einzurichten, wurde zunächst nicht in die Tat umgesetzt. Als 1808 die Franzosen ihre Zustimmung gaben, die Universität Halle neu zu eröffnen, widerriefen Professoren aus Halle ihre Absicht, nach Berlin zu gehen. Ein Jahr später übernahm Wilhelm v. Humboldt die Leitung der Sektion für Kultus und Unterricht. 1810, als er sein Amt wieder aufgab, wurden die ersten Vorlesungen in der soeben gegründeten Universität gehalten. Er hatte am 24. 7. 1809 an den König den Antrag[21] auf Errichtung einer Universität in Berlin gerichtet, und der König billigte[22] ihn am 16. 8. 1809, so daß, nach Restaurationsarbeiten am Prinz-Heinrich-Palais, dem Vorlesungsgebäude, am 10. 10. 1810 die Eröffnung feierlich vollzogen wurde, obwohl schon 1809 Vorlesungen in dem Palais gehalten worden waren. Wilhelm v. Humboldt versprach in einem Bericht, „sogleich tüchtige Männer zu berufen"[23]. Das ist ihm auch gelungen. Im ersten Studienjahr standen

---

18   S. Idee und Wirklichkeit einer Universität, a.a.O. (Anm. 6), 154.

19   So in der Schrift „Über die innere und äußere Organisation der höheren wissenschaftlichen Anstalten in Berlin" (1809 oder 1810), in: W. v. Humboldts Gesammelte Schriften, hg.v. der Königlich Preußischen Akademie der Wissenschaften, Bd. X (hg.v. B. Gebhardt), Berlin 1903, 250-260, abgedruckt in: Idee und Wirklichkeit einer Universität, a.a.O. (Anm. 6), 193-202, hier: 201. Zu den Verdiensten Humboldts um die Universitätsgründung s. H. Deiters, Wilhelm von Humboldt als Gründer der Universität Berlin, in: Forschen und Wirken. FS zur 150-Jahr-Feier der Humboldt-Universität zu Berlin. 1810-1960, Bd. I: Beiträge zur wissenschaftlichen und politischen Entwicklung der Universität, hg.v. W. Göber und F. Herneck, Berlin 1960, 15-39.

20   Karl Friedrich v. Beyme erwähnt die königliche Verfügung in seinem Brief v. 5. 9. 1807 an Fichte (s. Anm. 9).

21   Vgl. W. v. Humboldts Gesammelte Schriften, a.a.O. (Anm. 19), Bd. X, 148-154, abgedruckt in: Idee und Wirklichkeit einer Universität, a.a.O. (Anm. 6), 210-212.

22   Die Verfügung ist abgedruckt bei R. Köpke, a.a.O. (Anm. 5), 194f; Idee und Wirklichkeit einer Universität, a.a.O. (Anm. 6), 212f.

23   W. v. Humboldts Gesammelte Schriften, a.a.O. (Anm. 19), Bd. X, 199-224 (Bericht v. 1. 12. 1809), im Auszug abgedruckt in: Idee und Wirklichkeit einer Universität, a.a.O. (Anm. 6), 213f, hier: 214.

für die 256 Hörer zwischen 50 und 60 Lehrende[24] zur Verfügung, ordentliche und außerordentliche Professoren, Privatdozenten, Lektoren und lesende Mitglieder der Akademie, darunter eine Reihe ‚programmatischer' Namen: Neben dem klassischen Philologen Friedrich August Wolf waren die bekanntesten Gestalten die Philosophen Johann Gottlieb Fichte und Karl Wilhelm Ferdinand Solger, der klassische Philologe August Boeckh, Begründer der historischen Altertumswissenschaft, der Jurist Friedrich Karl v. Savigny, die Mediziner Christoph Wilhelm Hufeland und Johann Christian Reil, der Historiker Barthold Georg Niebuhr, als Akademiemitglied, nicht als Angehöriger der Universität, und schließlich die Theologen Friedrich Daniel Ernst Schleiermacher, Wilhelm Martin Leberecht de Wette und Philipp Konrad Marheineke, d. h. genauer gesagt: ganz am Anfang waren in der Theologischen Fakultät nur Schleiermacher und sein einflußreiches Wort.

III. Gestalt und Gestalten

Schleiermacher war in die konkreten Vorbereitungen für die Universitätsgründung gerufen worden. Beyme hatte nämlich, nachdem Halle dem preußischen Staat verlorengegangen war, eine aus Berlinern und Hallensern zusammengesetzte Projektgruppe gebildet, zu der als Theologen aus Halle Niemeyer, Vater und Schleiermacher gehörten[25]. Für die Verhandlungen mit den Theologen beauftragte Beyme seinen Vertrauten, den Oberkonsistorialrat Johann Wilhelm Heinrich Nolte, der dem erfreuten Schleiermacher den Ruf überbrachte, noch bevor der seine Schrift über die Universitätsgründung verfaßt hatte[26].

Beachtet man die Chronologie der Äußerungen Schleiermachers, dann fällt auf, daß er zunächst zu möglichen Lehrern der Theologischen Fakultät und erst später zur Fakultätsstruktur Stellung nimmt. Am Anfang des Jahres 1808 wendet er sich in einem Brief[27] an Nolte, in

---

24   Die Zahlen schwanken in den Übersichten, vgl. M. Lenz, a.a.O. (Anm. 5), Bd. IV, 490, mit A. Streckfuss, 500 Jahre Berliner Geschichte. Vom Fischerdorf zur Weltstadt, Berlin ³1880, 657.

25   S. M. Lenz, a.a.O. (Anm. 5), Bd. I, 81ff. Zu Stellungnahmen von Mitgliedern der Projektgruppe 85ff.

26   Vgl. a.a.O., Bd. I, 123 mit Anm. 2.

27   Es handelt sich um einen Brief v. 3. Januar 1808, abgedruckt bei R. Köpke, a.a.O. (Anm. 5), 183f; ebenfalls in: Schleiermacher als Mensch. Sein Werden und Wirken. Familien- und Freundesbriefe. In neuer Form mit einer Einleitung und Anmerkun-

dem er ihn auffordert, die Gründungspläne schnell umzusetzen. Die Zeit drängt. In die Frage einer Wiedereröffnung der Universität Halle ist Bewegung gekommen. Und so kommt Schleiermacher schnell zur Sache und präsentiert Namen, die ihm die „reine Liebe zu der künftigen Anstalt eingibt". Mit den Gestalten der Fakultät wird also ihre Gestalt gewissermaßen präfiguriert.

Nicht mehr rechnet er mit zwei erfahrenen Männern, den ehemaligen Lehrern und späteren Kollegen[28] Knapp und Niemeyer. Der eine, Knapp, dem Pietismus zugeneigt, als Lehrer des Neuen Testaments und der Dogmatik ohne größeren Erfolg, der andere, Niemeyer, der Neologie zugewandt, enzyklopädisch orientiert, mit philologischen Vorlesungen über griechische Klassiker und theologischen über christliche Moral, das Leben Jesu, auch über Einleitung in das Alte Testament, schwerpunktmäßig aber über Praktische Theologie, vor allem Pädagogik. Schleiermacher wird das nicht bedauert haben, denn sein Urteil über sie und andere Hallenser Kollegen wenige Jahre zuvor war wenig schmeichelhaft, denn er sprach ihnen mehr oder weniger einen „religiösen Sinn" ab[29].

Die Vermutung, daß jene beiden Männer aus Halle nicht kämen, hatte Schleiermacher schon einige Monate vorher geäußert: „Niemeyer und Knapp kommen schwerlich, und so braucht man gewiß noch einen Theologen. Denn hier ist gewiß kein Mensch, der lesen könnte, und die beiden Pröpste blamiren sich beim Examen einigermaßen unterrichteter Candidaten jämmerlich."[30]

Mit einem weiteren Theologen war Schleiermacher also damals zufrieden, es mußte nur der richtige sein. Und so spekuliert er abwehrend über eine Kombination, bei der das Alte Testament und seine altorientalische Umwelt zum ersten Mal deutlicher in das Blickfeld treten: „Durch Hrn. D. Vater und mich würde die theologische Fakultät niemanden gehörig besetzt erscheinen."[31] Dieser Mann allein neben ihm hätte also Schleiermachers Verständnis einer Theologischen Fakultät

gen hg.v. H. Meisner, Stuttgart/Gotha 1923, 97-100; in Auszügen in: Idee und Wirklichkeit einer Universität, a.a.O. (Anm. 6), 206f.

28 Zu Georg Christian Knapp (1753-1825) s. ADB 16 (1882, Neudruck 1969), 266f (P. Tschackert) u. RE³ 10, 588-590 (A. Tholuck [G. Müller]); zu August Hermann Niemeyer (1754-1828) s. RE³ 14, 54-58 ([Palmer] E. Hennecke).

29 Fr. Schleiermacher's Briefwechsel mit J. Chr. Gaß. Mit einer biographischen Vorrede hg.v. W. Gass, Berlin 1852, 30 (Brief aus Halle an Joachim Christian Gaß v. 6. September 1805).

30 A.a.O., 73 (Brief an Joachim Christian Gaß v. 18. September 1807).

31 R. Köpke, a.a.O. (Anm. 5), 183; vgl. Anm. 27.

untergraben. Vater[32], als Schüler Wolfs zunächst der griechischen und lateinischen Philologie verpflichtet, wurde 1799 Professor für Theologie und orientalische Sprachen in Halle. Sein Wirken erfaßte die semitische Philologie, aber auch allgemeine Sprachwissenschaft, Bibelwissenschaft, Kirchengeschichte und Praktische Theologie. Der Schwerpunkt seines Schaffens in den Jahren bis zur Universitätsgründung in Berlin lag in der alttestamentlichen Forschung. Dies mag Schleiermacher zu seinem Urteil bewogen haben[33], jedenfalls betont er bei seinem Kompensationsvorschlag, den Gießener Schmidt zu berufen, es handele sich um den „Verfasser einer allgemein geschätzten mit grosser historischen Kritik gearbeiteten Kirchengeschichte, einer eben so treflichen Einleitung ins N. Test. und einer sehr liberalen und gründlichen Dogmatik, kurz einen der gelehrtesten und gründlichsten Theologen"[34]. Auch Schmidt hatte alttestamentliche Studien betrieben, zu jener Zeit aber arbeitete er erfolgreich als Kirchengeschichtler[35].

Schmidt ist gefragt worden, hat aber abgelehnt[36]. Schleiermacher benutzte die Gelegenheit eines an Schmidt gerichteten Briefes[37], in dem er seine Enttäuschung über die Absage bekennt, den Gießener Theologen (und sich selbst) über die notwendigen Fächer und deren geeignetesten Repräsentanten zu befragen:

> „Mein Hauptgedanke ist, daß unsere theologische Fakultät in Ermangelung eines größeren Reichthums, der ihr für den Anfang wenigstens gewiß versagt ist, mit einer solchen Trias von Lehrern beginnen müsse, durch welche die drei Hauptfächer Exegese, Kirchengeschichte, Dogmatik, soweit

---

32 Johann Severin Vater (1771-1826) hat mit seiner 1797 veröffentlichten hebräischen Sprachlehre zum besseren Verständnis des Hebräischen als eigenständiger Sprache beigetragen und sich vor allem einen Namen gemacht, indem er im Anschluß an den englischen Theologen Alexander Geddes die sog. Fragmentenhypothese als Modell für die Erklärung der Entstehungsgeschichte des Pentateuch durch sein 1802 bis 1805 erschienenes dreibändiges Werk über den Pentateuch in Deutschland zu einer vorläufigen Anerkennung verhalf, s. H.-J. Kraus, Geschichte der historisch-kritischen Erforschung des Alten Testaments, Neukirchen ⁴1988, 157f; zu weiteren Schriften und zur Biographie s. ADB 39 (1895, Neudruck 1971), 503-508 (E. Kuhn).

33 Vgl. aber auch die Beurteilung Vaters in: Schleiermacher als Mensch, a.a.O. (Anm. 27), 377, u. ADB 39 (1895, Neudruck 1971), 507.

34 R. Köpke, a.a.O. (Anm. 5), 183f; vgl. Anm. 27.

35 Zu Johann Ernst Christian Schmidt (1772-1831) und seinen Arbeiten s. ADB 31 (1890, Neudruck 1970), 743-745 (Wagenmann).

36 Schmidt ist 1809 gefragt worden. Das geht aus einem Brief Schleiermachers an ihn vom 28. April 1810 (Schleiermacher als Mensch, a.a.O. [Anm. 27], 125-127, hier: 125) hervor. Er hat sich auch einem Brief Schleiermachers v. 19. Mai 1810 zufolge (a.a.O., 127f, hier: 127) interessiert gezeigt, dann aber doch abgelehnt, wie der Brief Schleiermachers an Schmidt v. 20. Juni 1810 zu erkennen gibt (a.a.O., 128f, hier: 128).

37 Vgl. a.a.O., 128f (Brief v. 20. Juni 1810).

es sich thun läßt, doppelt besetzt wären. Ich meines Theils werde mich der Exegese und der Dogmatik widmen; in der Kirchengeschichte würde es mir in den ersten Jahren unmöglich sein, Studien zu machen, die mich irgend befriedigen könnten. Gedacht habe ich an De Wette und Marheineke, an Schleusner und Münscher."

Neben Schleusner[38] und Münscher[39], die gefragt wurden, aber absagten, nennt Schleiermacher in demselben Brief noch weitere Männer[40] schwäbischer Herkunft, darunter auch Ammon, sieht aber auch in ihnen keine erfolgversprechenden Anwärter.

Während unter dem späteren Minister Altenstein die Fakultäten kaum noch ein Recht hatten, bei Berufungen mitzuwirken[41], hatte

---

38 Johann Friedrich Schleusner (1759-1831) kam 1785 als außerordentlicher Professor (künftig: ao. Prof.) nach Göttingen, wo er über Exegese des Alten Testaments und des Neuen Testaments sowie über Dogmatik las und homiletische Übungen abhielt. 1790 wurde er ordentlicher Professor (künftig: o.Prof.) an der Universität Wittenberg; er beschäftigte sich vornehmlich mit dem hellenistischen Griechisch, s. RE³ 17, 618f (E. Reuss).

39 Wilhelm Münscher (1766-1814) wurde 1789 Stiftsprediger in Marburg und 1792 Professor an der dortigen Theologischen Fakultät; er arbeitete vor allem auf dem Gebiet der Dogmengeschichtsschreibung, s. RE³ 13, 537f (Hauck).

40 Engagiert wendet sich Schleiermacher hier gegen Christoph Friedrich von Ammon (1766-1850), einen universal gelehrten Mann (klassische Philologie, Neues Testament, Orientalistik und Philosophie), der 1789 in Erlangen ao. Prof. in der Philosophischen Fakultät, 1790 ao. und 1792 o. Prof. der Theologie wurde. Ammon war zu seiner Zeit ein bewunderter Mann; er hat kirchenpolitisch einflußreiche Ämter bekleidet, schwankte dabei allerdings zwischen restaurativem und kritischem Verhalten. Schleiermacher hat ihm sein Eintreten gegen die Union verübelt, s. RE³ 1, 453f (D. Dibelius). Mit Ammon ist es aber zu Verhandlungen gekommen, Schleiermacher unterstützt nämlich in einem Brief vom 14. September 1810 an den Staatsrat Georg Heinrich Ludwig Nicolovius respektable Gehaltsforderungen Ammons (Aus Schleiermacher's Leben in Briefen, Bd. IV, vorbereitet v. L. Jonas, hg.v. W. Dilthey, Berlin 1863, 180f); zum Scheitern der Verhandlungen s. M. Lenz, a.a.O. (Anm. 5), Bd. I, 227. Neben Ammon erwähnt Schleiermacher drei Anhänger der sog. supranaturalistischen „Älteren Tübinger Schule" Storrs: Johann Friedrich Flatt (1759-1821) wurde 1785 ao. Prof. der Philosophie, 1792 ao. Prof. der Theologie. Er beschäftigte sich zeitweise stärker mit Dogmatik, vor allem aber mit christlicher Sittenlehre, Apologetik, Neuem Testament und Praktischer Theologie. Sein Bruder Karl Christian (1772-1843), 1804 Professor der Theologie in Tübingen, 1812 Stiftsprediger und Oberkonsistorialrat in Stuttgart, später Generalsuperintendent in Ulm, las über Exegese, Archäologie, Kirchenrecht, Dogmatik, Ethik und Geschichte des Judentums; literarisch hat er exegetisch, philosophisch und praktisch-theologisch gearbeitet (zu beiden s. NDB 5 [1961], 223-225 [E.H. Pältz]). Friedrich Gottlieb Süskind (1767-1829) wurde 1798 Professor der Theologie in Tübingen und arbeitete seit 1805 mit größerem Erfolg in verschiedenen kirchlichen und schulischen Ämtern; geschrieben hat er über dogmatische, dogmengeschichtliche, ntl., aber auch philosophische Themen, s. ADB 37 (1894, Neudruck 1971), 184-186 (TH. Schott).

41 S. M. Lenz, a.a.O. (Anm. 5), Bd. I, 404.

Schleiermacher zu Beginn der ersten Verhandlungen noch weitgehend freie Hand. Mit der Kabinettsorder vom 30. Mai 1810 war eine Einrichtungskommission für Berufungen und Strukturfragen gebildet worden, die im Auftrage Humboldts mit Wilhelm Otto v. Uhden, Staatsrat im Kultusministerium, Johann Wilhelm Süvern, Geheimrat in jenem Ministerium, und Schleiermacher besetzt wurde und rasch an die Arbeit ging[42]. Die Kommission billigte Schleiermachers Vorstellungen, die er in seinem im Mai 1810 Humboldt überreichten Gutachten[43] über die Organisation der Theologischen Fakultät zum Ausdruck brachte und die an den soeben erwähnten Brief erinnert, der das offizielle Votum gleichsam privatisiert.

Schleiermacher sieht sich in seinem Organisationsplan nicht genötigt, an einer protestantischen Universität die Existenz einer Theologischen Fakultät zu rechtfertigen. Das sagt er ausdrücklich. Dennoch versäumt er es nicht, die Einheit der Theologie via negationis zu deklarieren und einer Auswanderung einzelner Fächer in andere Fakultäten, wie Fichte sie erwogen hatte[44], entgegenzutreten. Man habe wohl nur „scherzweise gesagt, diese Facultät könne ohne einen wesentlichen Verlust durch eine blosse Umstellung im Lectionsverzeichnis aufgelöst werden, indem man die exegetischen Vorlesungen bei der Philologie, die kirchengeschichtlichen bei der Historie und die dogmatischen vielleicht irgendwie bei der Philosophie untersteckte"[45]. Um nun die einzelnen Fachgebiete doppelt abdecken zu können, müsse man die Dozenten so wählen, „dass der eine ein Exeget und zugleich ein Dogmatiker, der andere ein Exeget und zugleich ein Historiker und der dritte ein Historiker und zugleich ein Dogmatiker wäre"[46].

Nimmt man Schleiermacher beim Wort, bedeutet dieses Konzept, auf zwei Exegeten und einen Historiker mit Kompetenz in einer weiteren Disziplin zugehen zu müssen. Er gibt damit dem Alten Testament, was er ihm in der Briefmitteilung[47] nimmt. Die Reihenfolge der nächs-

---

42 S. a.a.O., 211ff.
43 Abgedruckt bei R. Köpke, a.a.O. (Anm. 5), 211-214; dazu W. Elliger, 150 Jahre Theologische Fakultät Berlin. Eine Darstellung ihrer Geschichte von 1810 bis 1960 als Beitrag zu ihrem Jubiläum, Berlin 1960, 6ff.
44 S. oben, 265f.
45 R. Köpke, a.a.O. (Anm. 5), 211.
46 A.a.O., 212. Zur Praktischen Theologie meint er: „... an solchen, welche die praktische Theologie nebenher vortrügen, darf es in einer an Kanzelrednern so reichen Stadt wie Berlin nicht leicht fehlen, und eine eigene Professur dieses Faches scheint mir eher nachtheilig zu sein" (ebd.).
47 S. oben Anm. 37.

ten Anfragen allerdings steht dazu quer. Zunächst wurde Planck[48] angeschrieben. Planck, bei dem ein schwacher Vortrag und ein starker schwäbischer Akzent keine publikumswirksame Synthese eingingen, hatte sich weder in der Forschung noch in der Lehre der Exegese zugewandt. Er war primär historisch orientiert, las über Kirchen- und Dogmengeschichte, über die Geschichte der Kirchenverfassung und des Kirchenrechts sowie über Dogmatik und Symbolik, Enzyklopädie und Methodologie, aber nicht über Altes und Neues Testament. Auf seinem Gebiet hat er reichlich publiziert[49], entspricht also dem dritten von Schleiermacher inaugurierten Typus.

Als Planck ablehnte[50], erging der Ruf an de Wette, der danach an Schleiermacher schreibt: „Habe ich Ihnen den Ruf nach Berlin zu danken? Ich werde es mündlich von Ihnen erfahren, da ich ihn angenommen habe."[51]

Mit de Wette hatte die Fakultät nun ihren zweiten ordentlichen Professor. Im selben Jahr nahm noch Marheineke[52] das Angebot auf eine Professur für Dogmatik und Kirchengeschichte an, drei Jahre später Neander[53] für Kirchengeschichte und Exegese. Das theologische Profil der Fakultät[54] hatte sich damit gegenüber ersten Plänen verselb-

---

48 Gottlieb Jacob Planck (1751-1833), der sich selbst als rationalen Supranaturalisten bezeichnete, wurde 1784 als o. Prof. der Kirchengeschichte nach Göttingen berufen, s. RE³ 15, 472-477 ([Wagenmann] P. Tschackert).

49 S. G. B. Winer, Handbuch der theologischen Literatur hauptsächlich der protestantischen nebst kurzen biographischen Notizen über die theologischen Schriftsteller, Bd. I, Leipzig ³1838 und Bd. II, ³1840, jeweils unter dem Verfassernamen im Register.

50 S. M. Lenz, a.a.O. (Anm. 5), Bd. I, 224.

51 Aus Schleiermacher's Leben in Briefen, a.a.O. (Anm. 40), 179 (Brief v. 24. Juli 1810).

52 Philipp Konrad Marheineke (1780-1846), spekulativer Dogmatiker des sog. rechten Hegelschen Flügels, kam wie de Wette aus Heidelberg. Dorthin war er 1807 berufen worden, nachdem er seit 1805 ao. Prof. und Universitätsprediger in Erlangen war, s. ADB 20 (1884, Neudruck 1970), 338-340 (Wagenmann); K. Barth, Die protestantische Theologie im 19.Jahrhundert. Ihre Vorgeschichte und Geschichte, Zürich ⁴1981, 442-449; E. Hirsch, Geschichte der neuern evangelischen Theologie im Zusammenhang mit den allgemeinen Bewegungen des europäischen Denkens, Bd. V, Gütersloh ²1960, 165-166. 366-372.

53 Zu Johann August Wilhelm Neander (1789-1850) s. K.-V. Selge, August Neander – ein getaufter Hamburger Jude der Emanzipations- und Restaurationszeit als erster Berliner Kirchenhistoriker (1813-1850), in: 450 Jahre Evangelische Theologie in Berlin, hg. v. G. Besier u. C. Gestrich. Mit 20 Abb., Göttingen 1989, 233-276.

54 Zur Entwicklung der Theologischen Fakultät der Berliner Universität im allgemeinen s. L. v. Zscharnack, Das erste Jahrhundert der Theologischen Fakultät Berlin, in: Chronik der Christlichen Welt 20 (1910), 469-473.484-485.492-498; A. v. Harnack, Die Theologische Fakultät der Universität Berlin (1910), in: Ders., Aus Wissenschaft und Leben, Bd. II (Reden und Aufsätze, NF Bd. II), Gießen 1911, 155-164; W. Elliger, a.a.O. (Anm. 43); Beiträge zur Geschichte der Theologischen Fakultät Berlins. Zum

ständigt: nicht Schmidt oder Schleusner, sondern Marheineke, nicht Planck, sondern de Wette, nicht Münscher oder Ammon, sondern Neander.

IV. Das Alte Testament als Disziplin
der Theologischen Fakultät

Für die alttestamentliche Forschung hatte die erste Berufungsphase sogleich zu einem Höhepunkt geführt. De Wette[55] schien nach seinen bis zur Berufung geschriebenen Arbeiten[56] ein ‚reiner' Alttestamentler bzw. Bibelwissenschaftler zu werden. Er hat sich dann aber in seiner schaffensreichen Berliner Zeit theologisch umfassend geäußert[57] und dabei eine über die Grammatikbeschränkung hinausführende historisch-kritische Exegese mit einer ästhetisch-erbaulichen Betrachtung der biblischen Schriften als kirchenpraktische Aufgabe zu verknüpfen versucht. 1819 mußte er Berlin verlassen, nachdem er an die Mutter des ihm bekannten Theologiestudenten Karl Ludwig Sand, der den unter Studenten verachteten Schriftsteller August v. Kotzebue ermordete,

---

175. Jahrestag der Gründung der Berliner Universität, in: WZ(B). GS XXXIV (1985), 7. 527-532, ein Überblick zur Geschichte des atl. Lehrstuhls von K.-H. Bernhardt (eine kritische Würdigung der Beiträge bei Chr. Gestrich, in: Kirche im Sozialismus 12 [1986], 74-79); zur Theologie in Berlin auch vor und jenseits der Universität s. K.-V. Selge, Theologie, in: Wissenschaften in Berlin, hg.v. T. Buddensieg/K. Düwel/K.-J.Sembach, Berlin 1987, 8-15.

55   Wilhelm Martin Leberecht de Wette (1780-1849), der eine historisch-kritische Theologie mit anthropologischen Kategorien betrieb, wurde 1805 mit einer grundlegenden Arbeit über das Deuteronomium (s. Anm. 56) zum Doktor der Philosophie promoviert und erhielt 1807 einen Ruf als Professor an die Universität Heidelberg, wo er als einziger Dozent über das Alte und das Neue Testament las, s. den Überblick in RE³ 21, 189-198 (G. Frank [F. Kattenbusch]); R. Smend, Wilhelm Martin Leberecht de Wette (1780-1849), in: M. Greschat (Hg.), Theologen des Protestantismus im 19. und 20. Jahrhundert, Bd. I, Stuttgart u.a. 1978, 44-58, wichtige Lit. in Bd. II, 423; TRE 8, 616f (K.-H. Bernhardt); R. Smend, Deutsche Alttestamentler in drei Jahrhunderten, Göttingen 1989, 38-52; zur theologiegeschichtlichen Stellung s. auch K. Barth, a.a.O. (Anm. 52), 433-441, E. Hirsch, a.a.O. (Anm. 52), 357-364; H.-J. Kraus, a.a.O. (Anm. 32), §§ 46-49.

56   Zu seiner 1805 in lateinischer Sprache verfaßten Schrift „Dissertatio critico-exegetica, qua Deuteronomium a prioribus Pentateuchi libris diversum, alius cuiusdam recentioris auctoris opus esse monstratur" und zu seinem 1806/07 erschienenen Werk „Beiträge zur Einleitung in das Alte Testament" s. die Zusammenfassung bei R. Smend, De Wette, a.a.O. (Anm. 55), 48ff.

57   A.a.O., 51f.

einen Trostbrief geschickt hatte, in dem er die Tat verurteilte, aber auch in Schutz nahm[58].

Das Vorlesungsverzeichnis jener Jahre weist für den Anfang der Lehrtätigkeit de Wettes in Berlin nur alttestamentliche Vorlesungen aus[59]. Das überrascht, sofern er als Professor für Theologie, nicht für Altes Testament und ein weiteres Fach nach Berlin geholt wurde. Der erste Hochschullehrer mit einem Auftrag für das Alte Testament war nicht de Wette. Am selben Tag, an dem auch Marheineke berufen worden ist, Michaelis 1810, wurde Bellermann[60], zu dieser Zeit Gymnasialdirektor, aufgefordert, als Privatdozent seine Kenntnisse den Studierenden zu vermitteln, d.h. präziser: seine Kenntnisse der orientalischen Philologie[61], und dies wiederum wird bedeuten, daß Bellermann für die Disziplin Altes Testament gewonnen werden sollte. Es ist nicht anzunehmen, daß er nur die hebräische Sprache unterrichten sollte, dann hätte man ihm eine Lektorenstelle antragen können. Freilich, als Schwerpunkt war

WILHELM MARTIN LEBERECHT DE WETTE

---

58 Dokumentiert bei M. Lenz, a.a.O. (Anm. 5), Bd. I, 60ff; Bd. IV, 358ff.

59 So das Verzeichnis „Index lectionum quae auspiciis Regis Augustissimi Frederici Guilelmi Tertii in universitate litteraria Berolini constituta per semestre hibernum anni MDCCCX a dei XV. octobris instituentur" (im Bestand der Staatsbibliothek Preußischer Kulturbesitz).

60 Johann Joachim Bellermann (1754-1842) wurde 1784 in Erfurt ao. Prof. der Philosophie, 1790 o. Prof. der Theologie. 1804 übernahm er die Leitung des vereinigten Berlinisch-Kölnischen Gymnasiums. Über seine exegetischen, landeskundlichen, bibliographischen und paläographischen Arbeiten informiert ausführlich ADB 2 (1875, Neudruck 1967), 307-310 (H. Bellermann).

61 S. R. Köpke, a.a.O. (Anm. 5), 81.

sicher an das Hebräische gedacht, das er im ersten Semester angekündigt hat.

Noch einmal wird die Frage akut, welche Bedeutung Schleiermacher bei der Universitätsgründung dem Alten Testament institutionell beigemessen hat. Aufschlußreich ist die Begründung Bellermanns, warum er der Theologischen Fakultät angehören möchte. Er argumentiert nicht sachbezogen, sondern beschwört Gewohnheiten: In Erfurt sei er 14 Jahre lang Mitglied der Theologischen Fakultät gewesen[62]. Daß er eine Bitte ausspricht, zeigt deutlich, in Verbindung mit dem Auftrag an de Wette, die positionelle Unklarheit alttestamentlicher Forschung und Lehre, die damals eher zur Philosophischen Fakultät gehörten, in der auch über die alttestamentlichen Doktor-Dissertationen geurteilt wurde.

Schleiermacher hat dem nicht widersprochen. Im ersten Vorlesungsverzeichnis ist als erste Vorlesung Schleiermachers ,Enzyklopädie' aufgeführt. Sie leistete das, was heute, eher mit materialen als formalen Akzenten, einem Studieneinführungskurs zugetraut wird: die Studienanfänger in die einzelnen theologischen Disziplinen einzuführen. Gedruckt wurde diese Einführung, die Schleiermacher zum ersten Mal 1804/05 in Halle gehalten hatte, 1811 (und dann noch einmal verändert 1830) unter dem Titel „Kurze Darstellung des theologischen Studiums zum Behuf einleitender Vorlesungen"[63]. Schleiermacher versteht hier die alttestamentliche Wissenschaft als Hilfsdisziplin[64] für die Erklärung des Neuen Testaments und das Alte Testament, das er mit dem Judentum gleichsetzt, an anderer Stelle als frühe Stufe der Bewußtseins- und Religionsentwicklung[65], ohne damit irgendeine Ver-

---

62   S. M. Lenz a.a.O. (Anm. 5), Bd. I, 269f.

63   Friedrich Schleiermacher's sämmtliche Werke, Erste Abtheilung, Bd. 1, Berlin 1843, 1-132; eine kritische Ausgabe besorgte H. Scholz, QGP 10, Leipzig 1910 (Neudruck Darmstadt 1969); eine Zusammenfassung bei H.-J. Birkner, Friedrich Schleiermacher, in: M. Greschat (Hg.), Gestalten der Kirchengeschichte, Bd. 9, 1, Stuttgart u.a. 1985, 87-115, hier: 106-110, wichtige Lit. zu Schleiermacher: 113ff.

64   Das zeigt eindrücklich die erste Fassung der ,Kurzen Darstellung', dazu R. Smend, Die Kritik am Alten Testament, in: Friedrich Schleiermacher 1768-1834, Theologe-Philosoph-Pädagoge, hg.v. D. Lange, Göttingen 1985, 106-128, hier 107ff. Zahlreiche andere Arbeiten haben sich mit dem Thema ,Schleiermacher und das Alte Testament' befaßt: Lit. bei H.D. Preuss, Vom Verlust des Alten Testaments und seinen Folgen (dargestellt anhand der Theologie und Predigt F. D. Schleiermachers), in: Lebendiger Umgang mit Schrift und Bekenntnis. Theologische Beiträge zur Beziehung von Schrift und Bekenntnis und zu ihrer Bedeutung für das Leben der Kirche. Im Auftrag des Dozentenkollegiums der Augustana-Hochschule hg. v. J. Track, Stuttgart 1980, 127-160.

65   Vgl. H.D. Preuss, a.a.O. (Anm. 64), 150f.

bindung zwischen Judentum und Christentum anzudeuten. Im Gegenteil: Den Eindruck einer Fortsetzung zwischen Altem Testament und Neuem Testament pariert er mit seinem Vorschlag, das Alte Testament (partiell) als Anhang dem Neuen Testament beizufügen[66]. Zugespitzt formuliert reduziert sich für den Plato-Forscher, der sich ohnehin in Athen wohler fühlte als in Jerusalem[67], das Alte Testament auf ‚orientalische Philologie', und die gehört zur Philosophie, nicht zur Theologie.

V. Vakanz und Neubesetzungen

Mit de Wette (und Bellermann) wurde der theologische Ansatz Schleiermachers institutionell konterkariert. Dies wäre wohl noch unterstützt worden, wenn man Augusti[68] berufen hätte, auf den die Fakultät eine Zeitlang zuzugehen überlegte, nachdem Ammon das Angebot einer Professur nicht angenommen hatte[69] und das Problem der Vertretung des Faches Dogmatik weiterhin bestand. Zwar hatte Augusti soeben eine Dogmatik veröffentlicht, aber sein Arbeitsgebiet lag bis dahin eindeutig im ‚Orientalischen'[70]. So ist verständlich, daß schließlich Martini[71] gefragt wurde, dessen Besoldungsforderungen das Ministerium aber nicht erfüllen wollte[72]. Als vierter Mann kam dann 1813 Neander, der einen Ruf als Professor für Kirchengeschichte und Exegese erhielt.

---

66   Dazu R. Smend, a.a.O. (Anm. 64), 116f. Wiederbelebt ist dieser Gedanke bei Th. Bonhoeffer, Arbeitsblätter für einen Einführungskurs, ThZ 43 (1987), 31-41, hier: 34ff.

67   Es gibt eine ganze Reihe von Gründen, warum Schleiermacher zur Fehleinschätzung von Altem Testament und Judentum kam, s. dazu vor allem H.D. Preuss, a.a.O. (Anm. 64), passim, und R. Smend, a.a.O. (Anm. 64), 117ff.

68   Johann Christian Wilhelm Augusti (1771-1841) habilitierte sich 1798 in der Philosophischen Fakultät der Universität Jena und las dort über orientalische Sprachen. 1800 wurde er ao., 1803 o. Prof. der orientalischen Sprachen. Die weiteren Stationen waren Breslau (1812-1819) und Bonn, wo er 1819 Professor der Theologie wurde.

69   Vgl. Anm. 40 und M. Lenz, a.a.O. (Anm. 5), Bd. I, 382f.

70   Eine Übersicht in ADB 1 (1875, Neudruck 1967), 685f (F.A. Nitzsch); RE³ 2, 253f (Hagenbach).

71   Christoph David Anton Martini (1761-1815) war zu jener Zeit Mitglied der Akademie der Wissenschaften in München. Vor seiner Münchener Zeit war er Professor der Kirchengeschichte und der atl. Exegese in Würzburg (1804-1807), dann (bis 1809) in Altdorf. Als Dogmatiker empfahl er sich nicht, s. ADB 20 (1884, Neudruck 1970) 500f (P. Tschackert).

72   S. M. Lenz, a.a.O. (Anm. 5), Bd. I, 383.

Das Problem der Wahrnehmung alttestamentlicher Lehraufgaben stellte sich verstärkt, als de Wette aus seinem Amt vertrieben wurde. Der Minister Altenstein hat offenbar zunächst von sich aus schnell reagiert. Noch 1819 fragte er bei zwei Gelehrten an, blieb aber ohne Erfolg. Diese beiden Männer waren Winer[73] und Nitzsch[74]. Dabei ist es Nitzsch hoch anzurechnen, den Minister darauf aufmerksam gemacht zu haben, „daß er zur Exegese des Alten Testaments nicht tauglich sein werde, da er pflichtgemäß gestehe, daß er das Hebräische bloß zum theologischen Hausgebrauch getrieben habe und von den semitischen Dialekten so viel wie nichts wisse"[75]. Nitzsch empfand mehr wissenschaftliche Verantwortung als die Fakultät, denn als die Ende 1820 um Vorschläge gebeten wurde, erwog und verwarf sie wieder unter anderen die Namen zweier Lehrer, von denen der eine alttestamentlich hervorragend ausgewiesen war, während der andere sich noch in der Qualifikationsphase befand: Gesenius[76] und Kosegarten[77].

---

73   Johann Georg Winer (1789-1858) war bis zur Anfrage noch nicht sonderlich literarisch hervorgetreten. Er hatte sich mit einer Arbeit über den samaritanischen Pentateuch 1817 für Philosophie habilitiert und war 1819, im Jahr des Rufs, Kustos an der Leipziger Universitätsbibliothek und ao. Prof. an der dortigen Theologischen Fakultät, s. weiter ADB 43 (1898, Neudruck 1971), 425-427 (v. Dobschütz); RE[3] 21, 368-371 (G. Lechler).

74   Karl Immanuel Nitzsch (1787-1868) wurde später (1847) dann doch als Professor für Dogmatik und Praktische Theologie nach Berlin berufen. Nitzsch hatte sich 1810 in Wittenberg habilitiert, las über Neues Testament und Dogmatik und wurde 1817 Professor am neugegründeten Predigerseminar. 1817 machte ihn die Theologische Fakultät in Berlin, als Schleiermacher Dekan war, zum Doktor der Theologie honoris causa, s. RE[3] 14, 128-136 (F. Nitzsch).

75   M. Lenz, a.a.O. (Anm. 5), Bd. II, 315 Anm. 1.

76   Heinrich Friedrich Wilhelm Gesenius (1786-1842) wurde 1810 ao. und 1811 o. Prof. der Theologie in Halle. Gesenius, der sich zunächst mit der klassischen Philologie beschäftigte, las vor allem über atl. Exegese, Einleitung, biblische Archäologie und semitische Sprachen, für längere Zeit auch über Kirchengeschichte. Bahnbrechende Forschungen betrieb er zur hebräischen Sprache (Lexikon und Grammatik), s. RE[3] 6, 624-627 ([E. Reuss] R.Kraetzschmar); TRE 13, 39f (J. Hahn); R. Smend, Deutsche Alttestamentler, a.a.O. (Anm. 55), 53-70.

77   Johann Gottfried Ludwig Kosegarten (1792-1860), bekannt als Goethes Berater für dessen Studien zum ‚west-östlichen Divan', war 1817-1824 Professor in Jena und ging dann als Professor der atl. Exegese und der orientalischen Sprachen nach Greifswald, s. ADB 16 (1882, Neudruck 1969), 742-745 (Pyl).

Da inzwischen nicht mehr das Votum eines einzigen galt, fächerten sich zwangsläufig die Kriterien für eine Beurteilung auf. So konnte leicht die Bedeutung der Fachkompetenz und Disziplinenbeherrschung gegenüber theologisch-positionellen Fragen in den Hintergrund geraten. Die von der Fakultät vorgeschlagenen Baumgarten-Crusius[78] und Schott[79] waren als vermittlungstheologisch wirksame Dozenten bekannt, Alttestamentler waren sie aber nicht. Es ist nicht sehr unwahrscheinlich, daß hinter der zu jener Zeit geäußerten Fakultätsmeinung, es gebe schließlich exegetischen Nachwuchs in den eigenen Reihen[80], vor allem Schleiermacher stand, der die ‚Disziplinlosigkeit' des Alten Testaments durch Nichtordinarien als Lehrer zum Ausdruck bringen konnte. Während der Minister sich für Schott verwenden wollte, bewog ihn Friedrich Eylert, Hofprediger in Potsdam und Ratgeber Friedrich Wilhelms III. in kirchlichen Angelegenheiten, Strauß[81] zu berufen. Der Minister folgte dem Rat und anstelle eines neuen alttestamentlichen Ordinarius war ein Hof- und Domprediger sowie Professor für Homiletik an der Fakultät und personalisierte erneut, jetzt auf anderem Gebiet, den Mißerfolg des Schleiermacherschen Plans von 1810[82].

Die alttestamentliche Forschung blieb weitgehend ver-

WILHELM VATKE

---

78   Ludwig Friedrich Otto Baumgarten-Crusius (1788-1843) wurde 1812 ao. und 1817 o. Prof. der Theologie in Jena. Er hat sich vor allem mit Dogmengeschichtsschreibung und Dogmatik beschäftigt, s. ADB 2 (1875, Neudruck 1967) 162-164 (E. Henke).

79   Heinrich August Schott (1780-1835) wurde 1805 ao. Prof. in der Philosophischen Fakultät, 1808 in der Theologischen, war von 1809 bis 1812 in Wittenberg Professor und Prediger an der Schloßkirche und wirkte seit 1812 als Homiletiker, der aber auch dogmatische und ntl. Vorlesungen hielt, in Jena, s. RE³ 17, 750f (L. Pelt).

80   S. M. Lenz, a.a.O. (Anm. 5), Bd. II, 316.

81   Gerhard Friedrich Abraham Strauß (1786-1863) war bis zu seiner Berufung Pastor in Ronsdorf bei Wuppertal und in Elberfeld, s. ADB 36 (1893, Neudruck 1971), 532-534 (G. Frank); M. Lenz, a.a.O. (Anm. 5), Bd. II, 317f.

82   S. oben, 272f.

waist, eine entsprechende Lehrtätigkeit wurde von den beiden jungen Dozenten aus dem eigenen Hause, Bleek[83] und Tholuck[84], erwartet. Vor allem der zur biblisch orientierten Erweckungsbewegung gehörende Tholuck, der neben der Theologie intensive orientalische Sprachstudien betrieben hatte, schien der geeignete Mann, aber hier drohte sich ein wissenschaftsorganisatorischer Zirkelschluß aufzubauen. Tholuck ersuchte 1820 die Fakultät, als akademischer Lehrer tätig werden zu dürfen. Der damals amtierende Dekan Schleiermacher, der die von Tholuck eingereichte Schrift über den mystischen Pantheismus der Orientalen für untheologisch hielt, antwortete ihm, er möge sich gedulden, bis die „ordentliche Professur der Alttestamentlichen Exegese" – so bezeichnete er jetzt de Wettes Stelle! – besetzt wäre. Niemand aus dem Kollegium sah sich in der Lage, Hebräisch und Altes Testament zu prüfen, so daß schließlich der Minister selbst Bellermann, der als Extraordinarius keine Prüfungserlaubnis hatte, mit dem Examen beauftragte[85].

Tholuck, der kaum zum Alten Testament literarisch Stellung genommen hatte[86], hielt dem Vorlesungsverzeichnis zufolge im wesentlichen alttestamentliche Vorlesungen, las aber auch über Orientalia, Neues Testament, Theologiegeschichte und Dogmatik.

1825 ging Tholuck nach Halle. Inzwischen hatte sich, und zwar ein Jahr zuvor, in Berlin ein anderer Mann habilitiert, der ebenfalls ein besonderes Interesse für die orientalische Literatur zeigte und als Arabist 1823 in Bonn zum Doktor der Philosophie promoviert worden war: Hengstenberg[87]. Nach der Habilitation in der Philosophischen Fakultät der Berliner Universität wurde er 1825 zum Lizentiaten der Theologie promoviert. Nur ein Jahr später wurde er außerordentlicher und 1828 ordentlicher Professor für exegetische Theologie. Mit ihm ist zum ersten Mal dauerhaft das Alte Testament in Forschung und Lehre repräsentiert worden, zum Schaden für die Fakultät. Vertrat er in seinen

---

83   Friedrich Bleek (1793-1859) war Neutestamentler, der aber auch zum Alten Testament publiziert hat. Er wurde 1821 Privatdozent und 1823 ao. Prof. für Exegese des Alten und Neuen Testaments, s. RE³ 3, 254-257 (A. Kamphausen); R. Smend, Deutsche Alttestamentler, a.a.O. (Anm. 55), 71-84.

84   Friedrich August Gottreu Tholuck (1799-1877). Zu Leben und Werk informiert kurz: H.-W. Krumwiede, August G. Tholuck, in: M. Greschat (Hg.), Gestalten der Kirchengeschichte, a.a.O. (Anm. 63), 281-292 (Lit.).

85   Die Akten und Urkunden sind abgedruckt bei L. Witte, Das Leben D. Friedrich August Gotttreu Tholuck's, Bd. I (1799-1826), Bielefeld/Leipzig 1884, 174ff.

86   Zur 1821 erschienenen Schrift „Einige apologetische Winke für das Studium des Alten Testaments" s. L. Witte, a.a.O. (Anm. 85), 256ff.

87   Ernst Wilhelm Hengstenberg (1802-1869). Zu Leben, Werk und Sekundärliteratur s. TRE 15, 39-42 (J. Mehlhausen).

Bonner Promotionsthesen[88] noch einen kritischen Ansatz, so ist in den Berliner Lizentiatsthesen[89] schon eine Kehrtwendung zur Erweckungsbewegung im Vollzug. Eine generell die literarische und geschichtliche Authentizität biblischer Schriften verteidigende Auslegung in seinen exegetischen Arbeiten und eine aggressive, Denunziation einschließende Kirchenpolitik in der von ihm redigierten ‚Evangelischen Kirchenzeitung' folgten. „Durch Hengstenberg, den Alttestamentlichen Theologen, wurde die Berliner Fakultät die Hochburg der Unwissenschaftlichkeit im Alten Testament und in Hengstenberg, dem Herausgeber der ‚Evangelischen Kirchenzeitung', sah sie den Chef der kirchlichen Reaktion in ihrer Mitte."[90]

Gegenüber Hengstenberg blieben alle anderen, die zu seiner Zeit einen alttestamentlichen Lehrauftrag hatten[91], im Hintergrund, bis auf einen: Vatke[92]. Er, dem zeitlebens ein Ordinariat verwehrt blieb, hat im Gegensatz zu Hengstenberg einen wesentlichen Beitrag zur kritischen Erforschung des Alten Testaments geliefert[93], durch seinen von Hegel beeinflußten religionsphilosophischen Zugriff auf seine historisch-kritischen Gedanken einen durchschlagenden Erfolg aber verspielt. Vatke stand als außerordentlicher Professor unter der ‚Kuratel' Hengstenbergs, der nicht zuletzt aufgrund des Lehrerfolgs jenes Mannes – Vatke las im Winter 1833/34 seine ‚Biblische Theologie' vor 140 Hörern – die Studierenden zu beeinflussen versuchte: „Hören Sie bei mir und bei Vatke, so ist das gerade so, als wenn Sie vor und hinter dem Wagen ein Pferd anspannen; der Wagen kommt dann nicht von der Stelle."[94] Und das kam er auch nicht, bis Dillmann[95] 1869 als Professor

---

88   S. J. Bachmann, Ernst Wilhelm Hengstenberg. Sein Leben und Wirken nach gedruckten und ungedruckten Quellen, Bd. I, Gütersloh 1876, 328f.

89   Die Thesen sind abgedruckt bei J. Bachmann, a.a.O., 333f.

90   A. v. Harnack, a.a.O. (Anm. 54), 161.

91   S. das ‚Gesamtverzeichnis des Lehrkörpers der Universität Berlin', Bd. I: 1810-1945, bearb. v. J. Asen, Leipzig 1955, 273.

92   Johann Karl Wilhelm Vatke (1806-1882). Kurze Informationen zu Leben und Schriften in ADB 39 (1895, Neudruck 1971), 508-510 (Heinze), ausführlich H. Benecke, Wilhelm Vatke in seinem Leben und seinen Schriften, Bonn 1883.

93   Zur 1835 erschienenen ‚Biblischen Theologie' s. L. Perlitt, Vatke und Wellhausen, BZAW 94, Berlin 1965, 93ff; H.-J. Kraus, a.a.O. (Anm. 32), § 51.

94   H. Benecke, a.a.O. (Anm. 92), 549. Praktisch war das ohnehin kaum möglich, denn das Vorlesungsverzeichnis zeigt, daß beide oft die gleiche Vorlesung zur selben Zeit vortrugen.

95   Christian Friedrich August Dillmann (1823-1894), bedeutend auch in der äthiopischen Sprachwissenschaft, in Tübingen zum Doktor der Philosophie promoviert, wurde 1851 an der Theologischen Fakultät Privatdozent und 1853 ao. Prof. Er lehrte

für Altes Testament und orientalische Sprachen nach Berlin kam. „Erst Dillmann hat die Wissenschaft vom Alten Testament in Berlin wirklich eingebürgert; denn Vatke, der geniale Kritiker, war ein fast wirkungsloser Prediger in der Hengstenbergschen Wüste."[96] Ihm folgten später mit Gunkel, Baudissin, Greßmann[97], Eißfeldt, Galling, um nur einige zu nennen, herausragende Forscher, die zum Verständnis des Alten Testaments als theologische Disziplin wesentlich beigetragen haben. Dillmann hat einmal gesagt, daß Schleiermachers Urteile über die Zusammenhanglosigkeit von christlicher Religion und Altem Testament „durch das bessere Gefühl der Kirche immer wieder überwunden worden" seien[98]. Aber das reicht nicht.

Mit dem Wandel von Theologie, Kirche und Gesellschaft wird die alttestamentliche Forschung selber immer von neuem über Stellung und Funktion des Alten Testaments in der universitären Forschung und Lehre sowie im Leben der Kirche Fragen stellen und sich stellen lassen, nachdenken und Antworten zu geben versuchen müssen in dem, was das Alte Testament mit dem Neuen Testament und dem Christentum verbindet und was es davon trennt. Am Anfang der Theologischen Fakultät in Berlin standen Schleiermachers Wort und Tat. Seine Tat hat sich überholt, sein Wort ist damit nicht ein für allemal erledigt.

zunächst zehn Jahre in Kiel und ging dann 1864 nach Gießen. In Berlin war er 25 Jahre lang Hengstenbergs Nachfolger, s. RE³ 4, 662-669 (W. Baudissin).

96   A. v. Harnack, a.a.O. (Anm. 54), 161f.

97   Zu Greßmann s. P. Welten, Alttestamentliche Exegese in Berlin – Anfänge kultur- und sozialgeschichtlicher Fragestellungen, in: 450 Jahre Evangelische Theologie in Berlin, hg. v. G. Besier u. C. Gestrich. Mit 20 Abb., Göttingen 1989, 333-347.

98   A. Dillmann, Handbuch der alttestamentlichen Theologie. Aus dem Nachlaß des Verfassers hg.v. R. Kittel, Leipzig 1895, 40.

Hermann Gunkel und das Programm einer Literaturgeschichte des Alten Testaments

Hermann Gunkels wissenschaftliches Lebenswerk hatte zwei Schwerpunkte: die Religionsgeschichte und die im folgenden im Mittelpunkt stehende Literaturgeschichte. Beide Forschungsfelder zusammen fanden ihren programmatischen Ausdruck in der von ihm zusammen mit Wilhelm Bousset (1869-1926) und später mit Rudolf Bultmann (1884-1976) von 1903 bis 1932 herausgegebenen Reihe ‚Forschungen zur Religion und Literatur des Alten und Neuen Testaments‘, die bis heute ein hohes wissenschaftliches Ansehen genießt und inzwischen auf über 190 Bände angewachsen ist. Eine im wesentlichen religionsgeschichtliche Ausrichtung hatte Gunkel bei der Konzeption der Enzyklopädie ‚Die Religion in Geschichte und Gegenwart‘ (bis 1908: Die Religion in Vergangenheit und Gegenwart) im Blick, deren 1. Auflage er als Hauptredakteur und deren 2. Auflage er als Mitherausgeber prägte und jeweils durch zahlreiche Artikel bereicherte.[1] Als er im Vorwort seiner 1913 erschienenen ‚Reden und Aufsätze‘ eine vorläufige Bilanz zog, mußte er feststellen: „Inzwischen ist der Religionsgeschichte die zukunftsreiche *Literaturgeschichte* an die Seite getreten, auch sie nicht ohne Abschweifung von der Hauptsache, kann es doch ein Eindringen in die Welt der religiösen Gedanken ohne das Verständnis der Stoffe und Formen nicht geben. Demnach haben Religions- und Literaturgeschichte beide keinen anderen Zweck als den, den eigentlichen religiösen Inhalt der heiligen Schrift verstehen zu lehren."[2] Als Gunkel das schrieb, forschte und lehrte er an der kleinen Fakultät von Gießen; in-

---

1   W. Klatt, Hermann Gunkel. Zu seiner Theologie der Religionsgeschichte und zur Entstehung der formgeschichtlichen Methode (FRLANT 100), Göttingen 1969, 87-90, 1998 erschien der erste Band der ‚völlig neu bearbeiteten‘ 4. Auflage der ‚Religion in Geschichte und Gegenwart‘ (RGG), die sich weiterhin in der Tradition der ersten drei Auflagen sieht (s. Vorwort Vf.), aber anders als die 3. (und 1.) Auflage wieder einen Artikel zur Literaturgeschichte aufweist, s. H. Utzschneider, Literaturgeschichte/Literaturgeschichtsschreibung, II. Altes Testament, RGG⁴, 5, 2002, 405-408 (s. auch U. Köpf, I. Begriff und Problematik, ebenda 403-405; M. Reiser, III. Neues Testament, ebenda 408-409). Alle Abkürzungen nach S. Schwertner, Internationales Abkürzungsverzeichnis für Theologie und Grenzgebiete, Berlin ²1992.

2   H. Gunkel, Reden und Aufsätze, Göttingen 1913, VII.

zwischen konnte er auf ein Vierteljahrhundert akademischer Tätigkeit zurückschauen.

Hermann Gunkel wurde 1862 im Pfarrhaus in Springe bei Hannover geboren. Nach dem in Lüneburg abgelegten Abitur studierte er von 1881-1882 in Göttingen, in erster Linie bei Albrecht Ritschl (1822-1889), evangelische Theologie, daneben Germanistik, Philosophie und Geschichte. In Gießen, 1882 und 1883, waren unter anderen Adolf von Harnack (1851-1930) und Bernhard Stade (1848-1906) seine Lehrer, in Göttingen, wo es ihn anschließend erneut hinzog, Paul de Lagarde (1827-1891) und Bernhard Duhm (1847-1928). Schon während der Schulzeit von der Einsicht geprägt, daß alle geisteswissenschaftlichen Phänomene geschichtlich verstanden werden müssen,[3] gehörte Gunkel in Göttingen zu einem von den Studierenden als ‚kleine Fakultät' bezeichneten Freundeskreis um Albert Eichhorn (1856-1926), William Wrede (1859-1906) und Wilhelm Bousset, zu denen später auch Ernst Troeltsch (1865-1923), Wilhelm Heitmüller (1865-1920) und Johannes Weiß (1863-1914) stießen: „die Geburtsstätte der Religionsgeschichtlichen Schule, von der GUNKEL selbst sagt: ‚Eine seltsame ‚Schule' freilich war es, die so entstand. Eine Schule ohne Lehrer und zunächst auch ohne Schüler!'"[4]

Gunkel, der Neutestamentler werden wollte, reichte 1888, drei Jahre nach seinem 1. Theologischen Examen bei der Landeskirche in Hannover, seine Promotionsschrift[5] ein und wurde nach erfolgreicher mündlicher Prüfung und Verteidigung seiner Thesen zum Licentiaten der Theologie promoviert. Tags darauf hielt er eine öffentliche Probevorlesung und erhielt nach Schwierigkeiten[6] die Venia legendi für „Biblische Theologie und Exegese". Schon ein Jahr später, 1889, habilitierte er sich aus unbekannten Gründen nach Halle um und mußte dort eine Eingrenzung seines Lehrbereichs auf das Alte Testament in Kauf nehmen. In Halle verfaßte er sein erstes Opus magnum: „Schöpfung und Chaos in Urzeit und Endzeit".[7] Diese kühne Arbeit, in der er auf tradi-

---

3   W. Baumgartner, Zum 100. Geburtstag von Hermann Gunkel, in: VT.S 9 (1963), 1-18, hier 3; ders., Hermann Gunkel, in: Zum Alten Testament und seiner Umwelt. Ausgewählte Aufsätze, Leiden 1959, 371-378, hier 374.

4   W. Klatt (wie Anm. 1), 17-28, bes. 20ff., das Zitat 20.

5   „Die Wirkungen des Heiligen Geistes nach der populären Anschauung der apostolischen Zeit und der Lehre des Apostels Paulus. Eine biblisch-theologische Studie", 1888 (³1909).

6   Dazu H. Graf Reventlow, Epochen der Bibelauslegung, Bd. IV: Von der Aufklärung bis zum 20. Jahrhundert, München 2001, 328.

7   Der Untertitel lautet: „Eine religionsgeschichtliche Untersuchung über Gen 1 und

tionsgeschichtlichem Weg den Nachweis suchte, daß sich die endzeitliche Schöpfungsvorstellung in der Offenbarung des Johannes ebenso wie die urzeitliche in der Genesis auf mythische Traditionen babylonischer Kosmogonie zurückführen lasse, bestach von Anfang an mehr durch ihre methodische Innovation als durch ihre Ergebnisse.[8]

1895, das Erscheinungsjahr von „Schöpfung und Chaos", brachte für Gunkel die Ernennung zum außerordentlichen Professor in Berlin. Zwölf Jahre lang blieb er dort, wo Rudolf Bultmann und Gunkels Promovend Martin Dibelius (1883-1947) ihn als fesselnden Lehrer hörten. Hier entfaltete er auch eine auf breitere Kreise abgestimmte rege Vortragstätigkeit und brachte es zu einer beachtlichen wissenschaftlichen Produktion.[9]

Wenn man das Gesamtwerk auf zwei Perioden verteilt,[10] dann steht am Beginn der literaturgeschichtlichen Phase das zweite Opus magnum, der bahnbrechende Genesis-Kommentar von 1901,[11] der zu Lebzeiten Gunkels fünf Auflagen hatte. Auch unter der Berücksichtigung, daß sich sein methodisches Verfahren erst in den folgenden Jahren verfeinerte, ist schon in dem Kommentar, der mit der programmatischen Überschrift „Die Genesis ist eine Sammlung von Sagen"[12] eingeleitet wird, die in herausragender Weise mit seinem Namen verbundene gattungsgeschichtliche Forschung als Voraussetzung einer Literaturgeschichte zur klaren Entfaltung gebracht. Gunkel wollte nicht die Literarkritik aufheben, sondern ergänzen, er setzte sozusagen dort ein, wo jene aufhörte, er wollte die literarischen Gattungen aufdecken, vor allem ihre mündliche Vorgeschichte, um auf diesem Weg die Texte

---

ApJoh 12", Göttingen 1895, ²1921, Nachdruck Ann Arbor, Michigan 1980.

8   R. Smend, Deutsche Alttestamentler in drei Jahrhunderten. Mit 18 Abbildungen, Göttingen 1989, 160-172 zu Gunkel, hier 165; H. Graf Reventlow (wie Anm. 6), 330-333.

9   Zur populärwissenschaftlichen Tätigkeit, die dem dringend notwendigen Nebenverdienst und der wissenschaftlichen Aufklärung zugleich diente, und zu den vielfältigen Arbeiten Gunkels in seiner Berliner Zeit s. W. Klatt (wie Anm. 1), 81-87; H. Graf Reventlow (wie Anm. 6), 328f.

10   So W. Klatt (wie Anm. 1), der eine religionsgeschichtliche Periode mit „Schöpfung und Chaos" sowie weiteren Arbeiten (46-103) und eine literaturgeschichtliche Periode mit dem Genesiskommentar, der programmatischen Skizze zur israelitischen Literatur, den Beiträgen zur Prophetenforschung und den Schriften über die Psalmen (104-260) unterscheidet.

11   Genesis, übersetzt und erklärt von Hermann Gunkel (HK I/1), Göttingen 1901, ³1910=⁹1977. Vgl. auch: Die Urgeschichte und die Patriarchen. Das erste Buch Moses übers., erkl. u. mit Einl. in die 5 Bücher Mosis u. in die Sagen des 1. Buches Mosis vers. von H. Gunkel (SAT 1/1), Göttingen 1911.

12   H. Gunkel, Genesis (wie Anm. 11), VII.

besser zu verstehen: „Gunkel hielt die vorhandenen Genesiskommen-
tare in dem, worauf es ankomme, für ungenügend: Zu viel Philologie,
Archäologie, Quellenkritik, zu wenig Erklärung des Sinnes, Darstellung der Religion."[13] Er selbst forderte ein geschichtliches Verstehen,
das die Gattungen und ihre Geschichte sowie deren ,Sitz im Leben' als
soziokulturellem Haftpunkt des jeweiligen Texttyps zur Grundlage hat.
In dem Aufsatz zu den „Grundproblemen der israelitischen Literaturgeschichte" formuliert er wegweisend: „Jede alte literarische Gattung
hat ursprünglich ihren *Sitz im Volksleben* Israels an ganz bestimmter
Stelle [...]. Wer die Gattung verstehen will, muß sich jedesmal die ganze
Situation deutlich machen und fragen: Wer ist es, der redet? Wer sind
die Zuhörer? Welche Stimmung beherrscht die Situation? Welche Wirkung wird erstrebt?"[14] Nach Vorarbeiten, die auch auf eine schon be-
gonnene Literaturgeschichte der Propheten zielten,[15] verfaßte Gunkel
für die 1906 von Paul Hinneberg herausgegebene ,Kultur der Gegenwart' die 51 Seiten umfassende Abhandlung „Die israelitische Literatur" und legte damit eine Synthese vor, die seiner Erkenntnis der Priorität des literarisch Typischen gegenüber dem schriftstellerisch Individuellen entsprach: „Israelitische Literaturgeschichte ist demnach die
Geschichte der literarischen Gattungen Israels"[16].

Gunkel wurde aus seinen unwürdigen finanziellen Verhältnissen
befreit, als ihn 1906 ein Ruf nach Gießen als Nachfolger Bernhard Sta-
des erreichte. Dort, wo Sigmund Mowinckel (1884-1965) und Walter
Baumgartner (1887-1970) zu seinen Schülern gehörten, erfuhren seine
nicht unumstrittenen Forschungsleistungen[17] 1911 eine akademische
Anerkennung, denn Oslo verlieh ihm die theologische und Breslau die
philosophische Ehrendoktorwürde, nachdem er 1902 schon in Berlin
den Titel eines D. theol. erhalten hatte. In Gießen arbeitete er weiter an
seinem literaturwissenschaftlichen Programm, verstand jetzt nicht

---

13   R. Smend (wie Anm. 8), 167.

14   H. Gunkel, Die Grundprobleme der israelitischen Literaturgeschichte, in: Deutsche
      Literaturzeitung 27 (1906), 1797-1800.1861-1866, wiederabgedruckt in: ders., Reden
      und Aufsätze, Göttingen 1913, 29-38, hier 33, und in: Hermann Gunkel zur israeliti-
      schen Literatur und Literaturgeschichte. Zusammengestellt, eingeleitet und heraus-
      gegeben von R. Liwak (ThST 6), Waltrop 2004. Den Anstoß zur gattungsgeschichtli-
      chen Methode hatten nicht Erzählungen gegeben, sondern Psalmen, die Gunkel
      entsprechend erklärte und unter dem Titel „Ausgewählte Psalmen" 1904 (⁴1917)
      herausgab.

15   W. Klatt (wie Anm. 1), 166.

16   H. Gunkel, Grundprobleme (wie Anm. 14), 31. Das Zitat ist im Original durch Sper-
      rung hervorgehoben.

17   Zur damaligen Kritik im Zuge der Berufung Gunkels vgl. R. Smend (wie Anm. 8),
      169f.

mehr den Mythos, sondern das Märchen als älteste Erzählform[18], und fand zu einem Prophetenverständnis, bei dem die Vorstellungen von den Propheten als individuellen, Religion und Ethos verbindenden Heroen und ihrer Angewiesenheit auf eine allgemein-geprägte Formensprache eine spannungsvolle Synthese eingingen.[19]

Am besten ließ sich die literaturgeschichtliche, oder besser gesagt: gattungsgeschichtliche Untersuchung an den Psalmen zeigen. Über die „Ausgewählten Psalmen" von 1903 hinaus hat Gunkel 1912 die Neubearbeitung der Psalmen für den Göttinger Handkommentar, sein drittes Opus magnum, auf den Weg gebracht, das er erst 1926 abschließen konnte.[20] Als dieses Werk erschien, war er nicht mehr in Gießen. Die Berufungspolitik hatte es mit Gunkel bis dahin nicht gut gemeint. In Marburg war ihm Karl Budde vorgezogen worden, in Heidelberg und Tübingen wollten ihn die Fakultäten, aber nicht die Regierungen, in Halle wollte ihn die Fakultät nicht, die preußische Regierung berief ihn aber trotzdem und Gunkel folgte 1920 willig dem Ruf an eine größere Fakultät, wäre allerdings lieber nach Berlin gegangen. 1923 erhielt er eine von seinen Schülern verfaßte, einen alttestamentlichen und einen neutestamentlichen Band umfassende Festschrift, die ihm 1922 zum 60. Geburtstag überreicht werden sollte, infolge ökonomischer Engpässe der Nachkriegszeit aber erst 1923 erschien.[21] Von Krankheiten geplagt,

---

18 Vgl. H. Gunkel, Das Märchen im Alten Testament (RV II, 23/26), Tübingen 1917 (neuester Nachdruck 1987), vgl. auch ders., Märchen im Alten Testament? IMW 12 (1918), 427-447.515-534.

19 Wesentliches aus zahlreichen Aufsätzen findet sich in seiner Arbeit „Die Propheten. Die geheimen Erfahrungen der Propheten/Die Religion der Propheten/Schriftstellerei und Formensprache der Propheten", Göttingen 1917 (Nachdruck Ann Arbor, Michigan 1980), und vor allem in der 3. Einleitung zu Hans Schmidts in der Reihe ‚Die Schriften des Alten Testaments' erschienenem Kommentar „Die großen Propheten" (SAT 2/2), Göttingen 1915 (^{2}1923), XXXIV-LXX: „Die Propheten als Schriftsteller und Dichter".

20 „Die Psalmen übersetzt und erklärt" (HK II/2), Göttingen 1926 (^{6}1986). Die Einleitung in die Psalmen, die er als eigenständiges Werk konzipierte, wurde von seinem Schüler Joachim Begrich fertiggestellt: H. Gunkel, Einleitung in die Psalmen. Die Gattungen der religiösen Lyrik Israels. Zu Ende geführt von Joachim Begrich (HK 2, Erg. Bd.), Göttingen 1927/1933 (^{4}1985 um Register erweitert).

21 Eucharisterion. Studien zur Religion und Literatur des Alten und Neuen Testaments, Hermann Gunkel zum 60. Geb.-Tage, d. 23.5.1922 dargebracht von E. Balla u.a., hg. v. H. Schmidt (FRLANT 19/1.2), Göttingen 1923. Ein Schriftenverzeichnis Gunkels hat J. Hempel in Bd. 2 der Festschrift, 214-225, zusammengestellt. Ergänzungen und eine Übersicht über die wichtigsten Arbeiten von Gunkel und über Gunkel finden sich bei W. Klatt (wie Anm. 1), 272-274; H.-P. Müller, Hermann Gunkel (1862-1932), in: M. Greschat (Hg.), Theologen des Protestantismus im 19. und 20. Jahrhundert, Bd. 2, Stuttgart u.a. 1978, 241-255. Wichtige Arbeiten 434f.; H. Graf Reventlow (wie Anm. 6), 421f.

ließ er sich 1927 emeritieren, nahm aber noch einen Lehrauftrag für alttestamentliche Literaturgeschichte wahr. Wie schon in Gießen, wurde Hans Schmidt sein Nachfolger in Halle. Gunkel starb 1932. Die Veröffentlichung seiner von Joachim Begrich zum Abschluß gebrachten „Einleitung in die Psalmen", die erst 1933 erfolgte, hat er nicht mehr erlebt.

Hermann Gunkel ist über Julius Wellhausen hinausgegangen, indem er mit der gattungsgeschichtlichen Betrachtung einen weitgehend neuen methodischen Weg einschlug. Seine geistesgeschichtlichen Wurzeln[22] sind vielfältig: Geschichtsbezogene Impulse gingen vor allem von Leopold von Ranke (1795-1886) und Theodor Mommsen (1817-1903) sowie von Adolf von Harnack und Julius Wellhausen (1844-1918) aus. Sowohl die Romantik mit ihrer Wertschätzung der Persönlichkeit wie Georg Wilhelm Friedrich Hegels (1770-1831) Vorstellung vom Weltgeist haben Gunkels (religions)geschichtliche Arbeit stark beeinflußt. Seinen methodischen Weg hat neben Johann Wolfgang von Goethe (1749-1832) in erster Linie Johann Gottfried Herders (1744-1803) Sinn für die Ästhetik der Literaturformen vorgezeichnet.[23] Mit Genesis, Propheten und Psalmen sind die einzelnen alttestamentlichen Schwerpunkte Gunkels genannt, mit der Literaturgeschichte ist sein sie alle zusammen erfassendes und gestaltendes Forschungsziel im Blick.

Gunkel, der sich als „unbequeme Autorität"[24] bezeichnete, weil er seine Meinungen in Neubearbeitungen oft änderte, hatte literarische Pläne, die er bis zu seinem Tod nicht mehr umsetzen konnte. Dazu gehörte neben der Überarbeitung des Genesiskommentars, einer Literaturgeschichte der Propheten und Psalmen sowie der Abfassung einer Autobiographie nicht zuletzt eine umfassende alttestamentliche Literaturgeschichte. Es blieb bei der Skizze, die Gunkel etwa in der Mitte seiner mehr als biblische 40 Jahre währenden wissenschaftlichen Wirkungszeit verfaßte, durch Arbeiten an der Genesis, den Psalmen und

---

22   Den Versuch einer zusammenfassenden Würdigung des Lebenswerkes von Hermann Gunkel unternimmt W. Klatt (wie Anm. 1), 261-271; vgl. weiter H.-P. Müller (wie Anm. 21) und H. Graf Reventlow (wie Anm. 6), 327-346.

23   Vgl. Gunkels Vorwort zur dritten Auflage des Genesiskommentars (wie Anm. 11), Vf., wo er vom „Testament des großen Herder" spricht, ähnlich auch ders., Die israelitische Literatur, in: Die Kultur der Gegenwart. Ihre Entwicklung und ihre Ziele, hg. v. Paul Hinneberg, Teil I Abt. VII: Die orientalischen Literaturen, Berlin und Leipzig 1906, 51-102, hier 99, Nachdruck ²1925, 49, neu hg. von R. Liwak, in: Hermann Gunkel (wie Anm. 14). Vgl. auch seine Anspielung auf eine ‚impressionistische' Aufgabe des Exegeten: H. Gunkel, Ziele und Methoden der Erklärung des Alten Testaments (1904), in: Reden und Aufsätze (wie Anm. 2), 11-29, hier 14f.

24   W. Baumgartner, Zum 100. Geburtstag (wie Anm. 3), 12.

Propheten methodologisch vorbereitet: „Die israelitische Literatur" in der von Paul Hinneberg herausgegebenen Reihe ‚Die Kultur der Gegenwart. Ihre Entwicklung und ihre Ziele' erschien 1906 im Band „Die orientalischen Literaturen"[25], in dem u.a. Adolf Erman (1854-1937) „Die ägyptische Literatur", Carl Bezold (1859-1922) „Die babylonisch-assyrische Literatur", Theodor Nöldeke (1836-1930) „Die aramäische Literatur" und „Die äthiopische Literatur" behandelten und Hermann Gunkel[26] den Aufriß einer Literaturgeschichte des alten Israel vorlegte.

Eigentliche Vorbilder existierten für Gunkel nicht, zumindest nicht im engeren Sinne. 1856 hatte der Tübinger Orientalist Ernst Meier (1813-1866) eine „Geschichte der poetischen National-Literatur der Hebräer" herausgebracht und in seiner Vorrede die Notwendigkeit einer kulturwissenschaftlich orientierten Literaturgeschichte begründet. Dabei hatte er es sich zur Aufgabe gemacht, unter Berücksichtigung der Literaturen aus der altorientalischen Umwelt die Gattungen als Leitprinzip der geschichtlichen Darstellung zu verstehen, war aber hinter seinem Anspruch weit zurückgeblieben.[27] Zwei weitere Werke tragen den Begriff ‚Geschichte' im Titel, ohne daß sie ihr Programm zufriedenstellend einlösen. Eduard Reuß (1804-1891) konnte 1881 in seiner „Geschichte der Heiligen Schrift des Alten Testaments"[28] schon seine Zeitgenossen nicht mit dem Versuch einer Synthese zwischen Geschichte, Literatur und Religion des alten Israel überzeugen, und Karl Budde legte 1906, also in demselben Jahr, in dem Gunkels litera-

---

25 Aufgeteilt ist der Band in I. Die ägyptische Literatur, II. Die westasiatischen Literaturen, gegliedert in A. Die semitischen Literaturen, B. Die indo-iranischen Literaturen, C. Die türkische Literatur, D. Die armenische Literatur, E. Die georgische Literatur, und III. Die ostasiatischen Literaturen, unterteilt in A. Die chinesische Literatur, B. Die japanische Literatur.

26 Nach einer bei W. Klatt (wie Anm. 1), 167 Anm. 4, mitgeteilten Briefnotiz Otto Eißfeldts (1887-1973) sollte Julius Wellhausen die Abhandlung für die Enzyklopädie schreiben. Wellhausen verzichtete aber und brachte Gunkel ins Gespräch.

27 S. zu seinem Werk W. Klatt (wie Anm. 1), 112-116. Auf das Buch von Meier scheint Gunkel zunächst nicht gestoßen zu sein, jedenfalls weist er erst 1906 (kommentarlos) im Zusammenhang einer „Die israelitische Literatur" abschließenden Literaturübersicht auf das Werk Meiers hin, H. Gunkel, Die israelitische Literatur (wie Anm. 23), 99. Grundlegend hatte Hermann Hupfeld (Über Begriff und Methode der sogenannten biblischen Einleitung, Marburg 1844, 12f.) eine „Geschichte der heiligen Schriften Alten und Neuen Testaments, oder der biblischen Literatur" gefordert, die der „Erforschung und Darstellung des innern Zusammenhangs und Entwickelungsgangs der Erscheinungen" (14f.) dienen solle.

28 Eduard Reuß, Die Geschichte der Heiligen Schriften des Alten Testaments, Braunschweig 1881 (²1990). Zu Reuß' jahrzehntelangen Plänen und Vorstellungen einer Literaturgeschichte Israels s. J. M. Vincent, Leben und Werk des frühen Eduard Reuss (BEvTh 106), München 1990, 288-299.

turgeschichtliche Abhandlung erschien, eine „Geschichte der althebräischen Litteratur" vor,[29] die aber nur „eine Einleitung in das Alte Testament in chronologischer Anordnung mit stärkerer Betonung literaturgeschichtlicher Fragen"[30] war. Während bei Reuß und Budde eine Geschichte der Literatur nur dem Titel nach vorliegt, hat Gunkel eine entsprechende Geschichte konzipiert, den Begriff aber im Titel vermieden.[31]

Der Essay[32] „Die israelitische Literatur", der didaktisch übersichtlich durch Randlesarten gegliedert wird, die den Text transparent machen und die Suche nach wesentlichen Informationen sehr erleichtern, ist sozusagen klassisch dreigeteilt. In der Einleitung (1-4) thematisiert Gunkel Grundsätzliches, das breiter in dem Aufsatz „Die Grundprobleme der israelitischen Literaturgeschichte"[33] entfaltet und begründet ist: die Forderung nämlich, „daß die Literaturgeschichte Israels zunächst die Aufgabe hat, die Gattungen, ihre Eigenart und womöglich auch ihre Geschichte zu erforschen" (2), weil im alten Israel, von den textchronologischen Unsicherheiten abgesehen, anonym-typisierende Formprägungen charakteristischer seien als individuell-biographische Texte: „Demnach hat es die Literaturgeschichte Israels, wenn sie ihrem Stoff gerecht wird, zunächst weniger mit den Schriftstellerpersonen zu tun – wenngleich auch diese an ihrem Ort ihr Recht bekommen sollen –, sondern mehr mit dem Typischen, das dem Individuellen zugrunde liegt, d.h. mit der schriftstellerischen Gattung. *Israelitische Literaturgeschichte ist demnach die Geschichte der literarischen Gattungen Israels,* und eine solche vermögen wir aus unseren Quellen wohl herzustellen."[34] Dabei geht Gunkel von einer im Volk umlaufenden mündlichen Überlieferung ursprünglich sehr kleiner und ,reiner' Gattungs-

---

29   Karl Budde, Geschichte der althebräischen Litteratur. Apokryphen und Pseudepigraphen von Alfred Bertholet (Die Litteraturen des Ostens in Einzeldarstellungen 7/1), Leipzig 1906 (²1909).

30   W. Klatt (wie Anm. 1), 175, zum Vergleich zwischen Gunkel und Budde 175f.

31   Vielleicht hängt das mit dem Ort innerhalb einer größeren Gesamtdarstellung zusammen, auffälligerweise fehlt jedenfalls der Begriff auch in Johannes Hempels (1891-1964) Werk, das ebenfalls in breiterem Zusammenhang steht: J. Hempel, Die althebräische Literatur und ihr hellenistisch-jüdisches Nachleben (Handbuch der Literaturwissenschaft [23]), Wildpark-Potsdam 1930 (Nachdruck 1968). A. Ohler (Gattungen im AT. Ein biblisches Arbeitsbuch, Düsseldorf 1972-1973), die ein zweibändiges Kompendium der Gattungen vorgelegt hat, entscheidet sich gegen eine chronologische Anordnung (Bd. 1, 11f.).

32   Die in Klammern stehenden Seitenzahlen im Haupttext beziehen sich von jetzt an auf die nachgedruckte 2. Auflage (wie Anm. 14 u. 23).

33   S. Anm. 14.

34   H. Gunkel (wie Anm. 14), 31.

einheiten aus, die später verschriftet und im wesentlichen von Schriftstellerpersönlichkeiten zu größeren Sammlungen mit Gattungsüberschneidungen verbunden worden seien. Als primäre Aufgabe bestimmt er die Analyse der Sammlungen und die Isolierung der einzelnen Einheiten. Den biblischen Büchern selbst wird kaum Interesse entgegengebracht: „Demnach hat es die Literaturgeschichte Israels der Natur der Sache nach weniger mit der Entstehung der *Bücher* als solcher zu tun, als mit derjenigen der einzelnen Elemente der Schriften" (4). Gunkel besteht auf seinem Programm, obwohl er weiß, daß die sukzessiv entstandenen Schriften nur annähernd zeitlich zu erfassen sind und für sich genommen nur einen Ausschnitt des althebräischen Schrifttums darstellen. Weil auch nach seiner Erkenntnis einzelne Texte, Sammlungen und Bücher wiederholt bearbeitet wurden, setzt er Quellenkritik voraus, will auf der Literarkritik und damit auf der Einleitungswissenschaft aufbauen.[35]

Die drei chronologisch ausgerichteten Hauptteile bringen Gunkels Meinung vom Aufstieg und Niedergang der Literatur in der Formulierung der Überschriften unmißverständlich zum Ausdruck:

I.   Die volkstümliche Literatur bis zum Auftreten der großen Schriftsteller (bis ca. 750 v.Chr.)
II.   Die großen Schriftstellerpersönlichkeiten (ca. 750-540 v.Chr.)
III. Die Epigonen

Die volkstümliche Literatur (4-26) ist für Gunkel, den ein halbes Jahrhundert von den Hypothesen einer im wesentlichen autochthonen, innerkanaanäischen Entstehung und Entwicklung des frühen Israel trennte, ein Produkt der Begegnung von ‚Kanaan' und ‚Israel', das kulturell an ‚Kanaan' (Institutionen und Literatur) und, durch dessen Vermittlung, an weiteren altorientalischen Einflüssen (Kultur und Literatur) partizipiert habe. Im Gegensatz zu heutigen Tendenzen, die Entstehung der Texte des Alten Testaments herabzudatieren,[36] rechnet

---

35   H. Gunkel (wie Anm. 23), 1f., ders., (wie Anm. 14), 37f.
36   Die z.Zt. kühnsten Vertreter, die sich zur sog. Kopenhagener Schule rechnen, N. P. Lemche und Th. Thompson, verstehen das Alte Testament weitgehend als ein Werk aus hellenistischer Zeit, vgl. z.B. die, freilich mit anderer Zwecksetzung angelegten, Beiträge der beiden Alttestamentler in dem Sammelband „Religionsgeschichte Israels oder Theologie des Alten Testaments?", JBTh 10, 1995, 79-92 (N. P. Lemche, Warum die Theologie des Alten Testaments einen Irrweg darstellt) bzw. 157-173 (Th. Thompson, Das Alte Testament als theologische Disziplin?); s. auch N.P. Lemche, The Old Testament – a hellenistic book? in: SJOT 7 (1993), 163-193. Diese extreme Position findet in der Regel bei bibelwissenschaftlichen Überblicken und Würdigungen keine Erwähnung, s. z.B. R. Smend, Richtungen. Ein Rückblick auf die alttestament-

Gunkel mit einer nicht mehr vorhandenen Literatur, die noch über den ältesten Text, das Deboralied von Ri. 5, hinausgehe: „Über diese älteste Literatur der Vorfahren Israels ist eine Katastrophe hereingebrochen [...]. Es ist die Religions- und Volksstiftung des Moses und dann das Einleben Israels in die überlegene Kultur Kanaans, wodurch dies fast alles zugrunde gegangen ist." (5).

Selbst unter der Voraussetzung, daß fremder Stoff aufgenommen wurde, sieht Gunkel das Proprium Israels ganz deutlich und vor allem im literarischen Zusammenhang aufleuchten: „Zunächst die starke *Subjektivität*, ja flammende *Leidenschaftlichkeit* israelitischen Wesens [...]. Freude hat der Hebräer an allem Schwunghaften, Gewaltigen; seine Poesie ist voller Pathos. Auch seine Religion hat etwas Explosives [...]. In der späteren Zeit ist in Israel eine Vorliebe für das Idyllische, Zärtliche, Gemütvolle hervorgetreten [...]. Dazu haben seine Dichter eine wunderbare *Kraft der Anschauung*: an Bildern, die freilich nur angedeutet, nicht ausgeführt zu werden pflegen, ist die hebräische Poesie überreich. Die Kehrseite ist ein Mangel an *logischem Denken*" (7). Man kann heute freilich diese vielleicht an Wilhelm Wundts ,Völkerpsychologie'[37] geschulte, fein säuberlich in gleichsam dionysische und bukolische Phasen separierte und ethnisch isolierte Charakteristika nicht ernsthaft aufrecht erhalten. Positiv zu beurteilen ist dagegen der erste grundlegende Versuch einer Beschreibung aller identifizierbarer Gattungen, die Gunkel in acht Gruppen aufteilt, ohne allerdings die Zusammenstellung noch weiter zu strukturieren und die Wechselbeziehungen zwischen den einzelnen Texttypen (Gattungen) und ihren gesellschaftlichen Lebensbereichen (Sitz im Leben) über das ,Volkstümliche' hinaus zu differenzieren.[38]

Gunkel beginnt seine Darstellung mit profan-individuellen, politischen und gottesdienstlichen Liedern. Weil es keine Trennschärfe zwischen Profanem und Religiösem gebe, sieht er viele Lieder „schon mit einem Fuße in der religiösen Lyrik" (12), deren Alter er nicht auf eine einzige Epoche beschränken will, deren Sitz im Leben er aber z.T. pointiert festlegt: „Älteste religiöse Dichtung ist in Israel und anderswo *Kultusdichtung*" (13).

Neben der Lyrik steht die Erzählung. Gunkel unterscheidet dabei die üblicheren poetischen und die selteneren ,historischen' Erzählungen. Für die frühe Zeit rechnet er zur poetischen Erzählform Mythos,

---

liche Wissenschaft, in: ZThK 97 (2000), 259-275.

37   Gunkel hat jedenfalls dieses Werk benutzt, s. W. Klatt (wie Anm. 1), 134ff.

38   Der Reihenfolge bei Gunkel entspricht z.B. der Aufriß bei R. Rendtorff, Das Alte Testament. Eine Einführung, Neukirchen ⁵1995, 80-136. Rendtorff berücksichtigt allerdings auf breiterer Basis die Gesellschaftsstruktur des alten Israel.

Sage, Märchen und Fabel, noch nicht Novelle und Legende. Einen eigentlichen Mythos läßt er zwar nicht gelten, zumal seiner Meinung nach Israel bei der Mythenrezeption „das Mythische nach Möglichkeit ausgetrieben hat" (17), aber Mythisches findet er dann doch allenthalben in poetischen Texten, nicht zuletzt in der Prophetie, zuweilen „zu Sagen heruntergedrückt" (19). Beeindruckend ist seine Behandlung der Sagen, die Gunkel „zu den schönsten, erhabensten und anmutigsten, die es überhaupt in der Weltliteratur gibt" (19), zählt und für deren Stoffe und Stilistik er explizit die Möglichkeit einer geschichtlich orientierten Darstellung vor Augen führt. Am Ende der Epoche volkstümlicher Literatur komme es dann zur Verschriftlichung. Zögerlich nennt er in diesem Zusammenhang die Sammlungen des ,Jahwisten' und des ,Elohisten'. Strenggenommen unterscheidet Gunkel von der Sage kaum die Eigenarten der ältere Sagenstoffe bewahrenden Geschichtserzählung mit ihren politischen Gegenständen und Implikationen, vermutet allerdings beide in unterschiedlichen Kommunikationsbereichen: „die Sage in der mündlichen Überlieferung der Volkserzähler, die Geschichte für einen besonderen Kreis der Lesenden als Buch niedergeschrieben" (24).

Eine letzte Gruppe in der ersten Epoche bilden Tora und Rechtsspruch. Großes Interesse bringt Gunkel dem nicht entgegen, denn er handelt diese beiden Textsorten recht kurz ab. Im übrigen hat er sich in keinem anderen Zusammenhang schriftlich dazu geäußert. Er unterscheidet zwischen kultischem (Tora) und profanem (Rechtsspruch) Sitz im Leben und setzt wie bei allen Gattungen außer der Geschichtsschreibung der frühen Zeit eine zunächst mündliche Überlieferung voraus, die erst nachträglich schriftlich fixiert worden sei.[39]

„Mit den Propheten ist die Höhe erreicht; alles Weitere ist Begleiterscheinung oder Weiterwirkung" (38). Dieses entwicklungsgeschichtlich gebrochene Urteil kennzeichnet unmißverständlich den Überblick über die zweite Periode der Literaturgeschichte (26-43), für die Gunkels

---

39 Für die Priestertora äußert er die viel zu moderne, das antike Analphabetentum unterschätzende Vermutung, daß „solche Toroth dann etwa zuerst auf steinernen Tafeln und so im Vorhof zur öffentlichen Kenntnis aufgestellt" (25) wurden. Die Datierung des Bundesbuches (Ex. 20,22-23,33), in seiner vorliegenden Gestalt „zusammengeschrieben" (26), zum Ende der ersten Periode hin, also ins 8. Jh., entspricht dagegen durchaus zeitgenössischen Ansetzungen, die das Gesetzeswerk insgesamt in das ausgehende 8. Jh. datieren, vgl. z.B. R. Albertz, Religionsgeschichte Israels in alttestamentlicher Zeit, Bd. 1 (GAT 8/1), Göttingen ²1996, 283-285; F. Crüsemann, Die Tora. Theologie und Sozialgeschichte des alttestamentlichen Gesetzes, Gütersloh ²1997, 132-234, vgl. auch E. Zenger u.a., Einleitung in das Alte Testament, Stuttgart u.a ⁴2001,173-175.

Herz besonders deshalb schlägt, weil sie eine Literatur hervorgebracht habe, die „im höchsten Grade aufgeregt und leidenschaftlich ist" (27) und „im Zeichen eines soeben kraftvoll entstehenden religiösen Individualismus" (28) stehe, der sich vor allem in den Propheten als Schriftstellerpersönlichkeiten Ausdruck verschaffte,[40] die zu Recht unter ereignis-, sozial- und religionsgeschichtliche Voraussetzungen und Bedingungen gestellt werden. Die Propheten sind Sprecher Gottes, sie treibt „eine mehr als menschliche, heilige Leidenschaft, ein glühender Drang, die erkannte Wahrheit zu verkündigen" (30).[41] Dabei nimmt Gunkel eine Entwicklung vom Redner zum Schriftsteller, vom Ekstatiker zum Prediger und religiösen Denker, von der Poesie zur Prosa und von kürzeren Sprüchen zu längeren Reden an, hat allerdings aus ästhetischen Gründen für die Sammlung von Reden keine besondere Wertschätzung übrig. Er sagt: „eine derartige Sammlung galt freilich keineswegs als ein Kunstwerk" (32), und zumindest darin hat er Recht, daß längst nicht alles, was unter dem Namen eines Propheten kursierte, auch von ihm stammt. Die Enttäuschung darüber, daß Originalität oder das, was man dafür hält, „unterlaufen" (32) werden konnte, ist erst in der jüngeren Forschungsgeschichte, in der die Bewertungsmaßstäbe nicht mehr aus schillernden Persönlichkeitsbegriffen bezogen werden, einem Bewußtsein für die Legitimität und Kompetenz ,sekundärer' theologischer und literarischer Arbeit gewichen. Was Gunkel alles zu den prophetischen Gattungen (und ihren Stileigentümlichkeiten) mitteilt, ist bis heute in vielem unangefochten, weniger freilich das Verständnis der einzelnen Propheten, die als Heroen in einsamer Höhe stilisiert werden.[42]

Die Psalmendichtung löst sich nach Gunkel in der mittleren Epoche weitgehend vom Kult, ausnahmslos die individuellen Klagelieder, die

---

40 Die Beurteilungen leiden nach heutigem Empfinden unter romantischen und idealistisch-psychologisierenden Verzerrungen: So sind die Propheten „von Leidenschaften durchschüttert" (28) und der Hiobdichter ist „erschütterndem Seelenkampf" (28) ausgesetzt.

41 „So sind die Propheten Gottes Posaune, die so gewaltig dröhnt, daß von ihrem Klang die Ohren bersten! Und es ist eine *prophetische* Leidenschaft: das Ekstatische der alten Zeit klingt im Stil nach. Daher das Erregte und Gewaltsame, das Bizarre und Groteske ihrer Diktion" (36). Und dann weiter, in absurder Verstiegenheit mit Anspielung auf Jesaja: „Männer, die jahrelang nackend gehen können, werden auch in der Art zu reden das Barocke lieben" (36).

42 Jeremia z.B. wird unter der Hand zum ,Religionsphilosophen' (38, vgl. zu den anderen Propheten 37f.). Mit der Prophetie im allgemeinen sei der Monotheismus „endgültig" (29) zum Durchbruch gekommen. Vgl. dagegen zur gegenwärtigen Diskussion zusammenfassend M. Köckert, Von einem zum einzigen Gott. Zur Diskussion der Religionsgeschichte Israels, in: BThZ 15 (1998), 137-175.

er „im stillen Kämmerlein" (38) singen läßt. Wie sehr er sich von der Chronologie der Schriften selbst unabhängig machen kann und die Gattungsgeschichte zum grundlegenden Prinzip erhebt, zeigt anschaulich seine Behandlung der Weisheitsschriften: „Anders aber als die Chronologie reiht die Literaturgeschichte die Schriften an: danach ist die älteste literarische Form die der Sammlungen, auf Grund deren dann die großen Weisheitsbücher verfaßt sind. Im Leben aber ist die ursprüngliche Einheit der einzelne Spruch gewesen; denn auch diese ‚Weisheit' hat, ehe sie niedergeschrieben wurde, in mündlicher Überlieferung existiert." (40).

Aus heutiger Sieht unzutreffend und beklagenswert zugleich ist der nur wenige Seiten (43-48) umfassende dritte, auf eine Einteilung in Jahrhunderte verzichtende Teil, der in den Bahnen des von Julius Wellhausen sanktionierten Dekadenzschemas[43] in der exilisch-nachexilischen Zeit nur noch Epigonen am Werke sieht. Die benutzten Metaphern sprechen eine deutliche Sprache, statt „Erregung" jetzt „Erschöpfung" (43), statt „höchster Blüte" nun ein „langer Winter" (44). Daß die Zeit nach dem Untergang von Tempel und Königtum eine in hohem Maße literarhistorisch kreative Epoche war, in der ältere Prophetenbücher aktualisiert und neue konzipiert wurden, in der Bücher, die zum dritten Teil des hebräischen Kanons, den ‚Schriften', gerechnet werden, entstanden und sowohl der Pentateuch als auch später die Prophetenschriften ihre quasi-kanonische Gestalt erhielten, vermag Gunkel nicht zu würdigen, weil er die Arbeit an den Texten und Büchern nicht als Werk von inspirierten Schriftstellern verstehen kann, sondern auf eine sie beerbende Schriftgelehrsamkeit zurückführt. Darüber hinaus benennt er metaphorisch die Folgen des Wechsels vom Hebräischen zum Aramäischen als gesprochener Sprache: „Eine Sprache indes, die nur oder vorwiegend *geschrieben* wird, kann sich auf die Dauer nicht halten. So stirbt die hebräische Literatur in dieser Epoche langsam ab" (45). ‚Stirbt' damit auch die Religion? Gunkel läßt sie in zwei Ströme ausmünden: in einen durch die Tora hierokratisch geprägten und nomistisch-leblos verebbenden sowie einen prophetisch vermittelten, der „schließlich im Evangelium Jesu in erneuter und verklär-

---

43 Den Unterschied zwischen Wellhausen und Gunkel beschreibt treffend nach Art einer Graphik W. Klatt (wie Anm. 1), 187: „Die Religionsgeschichte Israels verläuft nach WELLHAUSEN von links oben nach rechts abwärts: ein fortlaufender Abfall vom Urwüchsigen, nur aufgehalten und mit neuen Ideen ausgestattet durch die Propheten. Bei GUNKEL steigt die Kurve von unten links an, bis sie bei den Propheten ihren höchsten Punkt erreicht, danach fällt sie wieder ab, ja man möchte fast meinen, sie sinke tiefer, als sie je gestanden habe..."

ter Gestalt wieder auftritt" (44). Er hat es in diesem Zusammenhang unterlassen, die außerkanonische Literatur einzubeziehen, und sich auch dadurch um ein differenzierendes Verständnis gebracht.[44]

Neben die Tora stellt Gunkel Geschichtsbücher, das deuteronomistische und das chronistische Werk. „Alle diese Erzählwerke stellen einen immer tieferen Sturz in der Kunst der Geschichtserzählung dar: nicht das Geschehene interessiert diese Späteren und Spätesten mehr, sondern nur noch die Beurteilung" (46). Gunkel trennt hier faktisch Untrennbares und setzt in seinen epigonalen Reduktionen die Geschichte selbst gleichsam auf null: „Neue Geschichtswerke sind damals sehr wenig mehr geschrieben worden, weil man keine Geschichte mehr erlebte" (46). Die Prophetie schließlich fällt in dem ‚grandiosen' Schlußgemälde in eine „Agonie", bis die Apokalyptik ihr Erbe antritt, die ihrerseits ein Epigonentum zur Prophetie bildet. Von der Tendenz zum Mischstil abgesehen, halten sich am ‚reinsten' die Psalmen bis in römische Zeit durch, ganz im Gegensatz zur Weisheitsliteratur in Form von Qohelet, „ein tiefer Absturz nach dem Aufschwunge des Hiob und nun gar der Propheten, kaum mehr als eine Urkunde der Auflösung der Religion" (47). So steht das Urteil fest: „Gegen *Ende des Zeitalters* nimmt die religiöse Kraft auf allen Gebieten sichtbar ab: in den spätesten Psalmen, Sprüchen, Prophetenstücken überwiegt die Nachahmung" (48).[45] Daß für Gunkel in dieser Zeit der Auseinandersetzungen mit dem Hellenismus „neue Gestaltungen" beginnen, hat seine Epochengliederung nicht mehr beeinflußt.

Eine Würdigung und Kritik des literaturgeschichtlichen Programms hat von seinem wissenschaftsgeschichtlichen Ort auszugehen. Gunkels Arbeit an der Literatur des Alten Testaments war nicht ganz ohne Vorläufer. Schon in der Antike wurden literarische Gattungen erkannt, freilich ausschließlich im poetischen Bereich.[46] Einen wesentlichen Einfluß hat Johann Gottfried Herder mit seiner ästhetischen Betrachtung des Alten Testaments auf Gunkel ausgeübt; angeregt wurde er darüber

---

44 Vgl. dagegen seine Hochschätzung der Apokryphen und Pseudepigraphen in RGG² 1, 1927, 1090. Antijudaismus- bzw. Antisemitismustendenzen sind in Gunkels Werk nicht zu erkennen, s. W. Klatt (wie Anm. 1), 180f. Anm. 6; vgl. auch K. Kusche, Die unterlegene Religion. Das Judentum im Urteil deutscher Alttestamentler (SKI 12), Berlin 1991, 138-141.

45 Vgl. H. Gunkel, (wie Anm. 14), 36, wo er von der „Tragödie der israelitischen Literatur" spricht: „Aber schon hat die Geschichte der Sammlung der Sammlungen begonnen: der Kanon entsteht".

46 K. Koch, Was ist Formgeschichte. Methoden der Bibelexegese, Neukirchen-Vluyn ⁵1989, 16-18.

hinaus offenbar auch durch Forschungen in der Germanistik und Folkloristik, die ähnlichen Fragen nachgingen. Und dennoch scheint er die Methodologie einer Literaturgeschichte auf der Grundlage bzw. im Sinne einer Gattungsgeschichte, ohne daß literaturwissenschaftliche Felder wie Poetik, Metrik und Stilistik fehlen, fachimmanent erkannt und entwickelt zu haben.[47] Oder mit anderen Worten: Er hat die literaturwissenschaftliche Beschränkung auf Kunstdichtungen aufgehoben und in Anlehnung an die Romantik den Gattungsbegriff auf alle bezeugten Prosaformen des Alten Testaments angewandt.[48] Die alttestamentliche Wissenschaft verdankt ihm die epochale Beobachtung, daß in alttestamentlichen Texten viel häufiger und regelhafter als in der neuzeitlichen Literatur Gattungen, d.h. überindividuelle Gestaltungsmuster, in Wechselbeziehung mit einem Sitz im Leben, also mit typischen Kommunikations- und Sozialzusammenhängen, die Sprache prägen. „Solche konstanten Textstrukturen sind den Sprechern/Autoren immer schon als Gestaltungsregeln vorgegeben, wenn sie ihre Texte jeweils auf eine Situation mit bestimmten Adressaten, Ort, Anlaß, Zweck usw. hin bilden."[49] Gunkel hat auf dieser Grundlage sozusagen das gesamte Alte Testament gattungs*kritisch* erfaßt, gegliedert und in eine gattungs*geschichtliche* Perspektive, d.h., in eine Literaturgeschichte, die mit der Religionsgeschichte konvergiert, zu überführen versucht.[50]

Gunkel hat wiederholt bedauert, daß sich die herkömmliche analytische Einleitungswissenschaft nur mit literarkritischen Problemen einzelner Bücher in ihrer kanonischen Reihenfolge beschäftigt und damit weder die mündliche Überlieferung noch ein zusammenhängendes Bild der Geschichte der Literatur in den Blick bekommt.[51] Inso-

---

47 W. Klatt (wie Anm. 1), 106-116.

48 K. Koch (wie Anm. 46), 17f.

49 R. Rendtorff (wie Anm. 38), 80.

50 Gewichtige Vertreter der Religionsgeschichtlichen Schule sind dem literaturgeschichtlichen Ansatz Gunkels gefolgt, so z.B. Walter Baumgartner, Martin Dibelius und Rudolf Bultmann, s. dazu W. Klatt (wie Anm. 1), 167f.

51 So z.B. H. Gunkel, (wie Anm. 14), 29f.; ders., Literaturgeschichte, Biblische, RGG², 3, 1929, 1675-1680, hier 1677. Neuere Versuche in der alttestamentlichen Wissenschaft, einen literaturgeschichtlichen Abriß zu konzipieren, berücksichtigen Geschichte und Theologie, sind aber keine eigentlich formen- bzw. gattungsgeschichtlichen Werke, s. z.B. H.-J. Zobel und K.-M. Beyse unter Mitarbeit von G. Eggebrecht, H. Koehn und K. Scholl, Das Alte Testament und seine Botschaft. Geschichte – Literatur – Theologie, Berlin ²1984; G. Fohrer, Erzähler und Propheten im Alten Testament. Geschichte der israelitischen und frühjüdischen Literatur, Heidelberg, Wiesbaden 1988. Vgl. dagegen in der neutestamentlichen Wissenschaft: G. Strecker, Literaturgeschichte des Neuen Testaments, Göttingen 1992; nach Strecker sollen „die verschiedenen Literaturformen einander zu- und nach Möglichkeit in den Rahmen einer geschichtlichen

fern wollte Gunkel über Julius Wellhausen hinausgehen, ihn aber nicht ersetzen. Das versprach Konsistenz durch innere Verknüpfungen und nicht ein vielfältiges Nebeneinander von Quellen und Anschauungen. So zutreffend das grundsätzlich ist, kritische Fragen sind unumgänglich. Das Problem der Datierbarkeit von biblischen Büchern und ihren Teilen ist auch Gunkel bewußt gewesen: „wir werden uns eben begnügen müssen, mit den Perioden der Schriftstellerei zu rechnen, und dabei von bestimmteren Angaben ganz wohl absehen können."[52] Was die Entwicklung der Formen betrifft, so zeigt die heutige folkloristische Forschung, daß schon in der Volkspoesie von Anfang an mit Mischprodukten zu rechnen ist, Gunkels ‚reine Formen' am Anfang der Entwicklung also eher fiktiv sind.[53] Schwerwiegender ist das Bedenken, daß Gunkel seine Methode nicht an größeren Einheiten bzw. biblischen Büchern in ihrer Endgestalt anwendet.[54] Dieses Monitum kann freilich nicht die Methode als solche desavouieren, jedenfalls wenn sie eine redaktionsgeschichtliche Betrachtung einschließt.[55] Beachtlich und problematisch in einem ist das Bestreben, die Einheit des Alten Testaments aus der ihm zugrunde liegenden Geschichte gegen einleitungswissenschaftliche Atomisierungen zu sichern. Beachtlich daran ist, daß eine Literaturgeschichte mit ihrem Anspruch einer konsistenten Synthese ein Korrektiv gegen eine beliebige, gegebenenfalls auch chronologisch geordnete Vielfalt literarischer und religiöser Formen ist. Problematisch jedoch ist, daß Gunkel das Alte Testament nicht als Teil einer offenen Geschichte verstehen kann: „Die Geschichte Israels hat kein über sich selbst hinausweisendes Ziel, längst vor der Zeitenwende kommt sie an ihr Ende."[56] Damit ist ihm eine Perspektive auf die zweifache Fortsetzungsgeschichte im Judentum und im Christentum verwehrt.

In der Forschung bisher zu keiner befriedigenden Lösung gekommen sind die Verhältnisbestimmungen zwischen der Gattungsgeschichte[57]

Entwicklung eingeordnet" werden (42).

52   H. Gunkel, (wie Anm. 14), 30.

53   H. Bausinger, Formen der „Volkspoesie", Berlin 1968, 10.

54   O. Eißfeldt, Einleitung in das Alte Testament unter Einschluß der Apokryphen und Pseudepigraphen sowie der apokryphen- und pseudepigraphenartigen Qumran-Schriften, Tübingen ³1964=⁴1976, 5f: neuerdings auch O. Kaiser, Grundriß der Einleitung in die kanonischen und deuterokanonischen Schriften des Alten Testaments, Bd. 1, Gütersloh 1992, 14.

55   K. Koch (wie Anm. 46), 127.

56   W. Klatt (wie Anm. 1), 190f. Zum Problem differenziert 189ff.

57   Seit M. Dibelius (Die Formgeschichte des Evangeliums, Tübingen 1919) wird der Begriff ‚Formgeschichte' bevorzugt, den Gunkel allerdings abgelehnt hat, wie aus einem Brief von ihm an A. Jülicher (1857-1938) vom 8.9.1925 hervorgeht. S. H. Rol-

einerseits und weiterer historisch-kritischer Fragestellungen, nämlich der Literarkritik, Redaktionsgeschichte, Überlieferungsgeschichte und Traditionsgeschichte andererseits. Ebenfalls keinen nennenswerten Konsens haben die Diskussionen um einzelne Probleme erbracht, etwa im Blick auf Mündlichkeit und Schriftlichkeit als Kriterium für Zeit- und Gattungsunterschiede oder auf die Notwendigkeit einer Institutionsbezogenheit des Begriffes ‚Sitz im Leben'.[58] Vorausgesetzt, die methodologischen Fragen könnten zufriedenstellend beantwortet werden, bleibt das entscheidende Problem der ganz unsicheren Chronologie der Texte.[59] Die Forschung darf sich freilich dadurch nicht entmutigen lassen. Eine der neueren ‚Einleitungen' macht sich zur Aufgabe, Einleitungswissenschaft und Literaturgeschichte miteinander zu versöhnen, indem sie neben der analytischen Aufgabe „das Ziel im Auge behält, die Entstehung des Alten Testaments von seinen Anfängen in der mündlichen Überlieferung bis zu seinem schließlichen Ganzen im Zusammenhang mit der Geschichte Israels zu erklären."[60] Mag man auch dem gattungsgeschichtlichen Ansatz einer Literaturgeschichte, freilich modifiziert durch neuere literatursoziologische und -wissenschaftliche Fragen, weiterhin eine programmatische Bedeutung zuerkennen,[61] andere bibelwissenschaftliche Positionen[62] tragen im methodischen Diskurs ihren spezifischen Anteil dazu bei, die bisherigen Erkenntnisse kritisch aufzunehmen und das zukünftige Arbeitsfeld abzustecken.

---

lemann, Zwei Briefe Hermann Gunkels an Adolf Jülicher zur religionsgeschichtlichen und formgeschichtlichen Methode, in: ZThK 78 (1981), 276-288, hier 283f.

58   Im einzelnen H.-P. Müller, Formgeschichte/Formenkritik, I. Altes Testament, TRE 11, 1983, 271-285, hier 274. Zu Weiterentwicklungen des form- bzw. gattungskritischen Ansatzes, etwa im Sinne des textorientierten ‚rhetorical criticism' oder des soziaorientierten ‚cultural criticism', s. M.-Th. Wacker, Bibelkritik, I. Methoden der Bibelkritik im Alten Testament, RGG⁴, 1, 1998, 1474-1480.

59   Eine kühne gesamtbiblische Sicht, die eine biblische Literaturgeschichte in vier Perioden gliedern will, die von 1000 v.Chr. bis 130 n.Chr. reichen, hat B. Lang vorgelegt, s. ders., Literaturgeschichte der Bibel, Neues Bibellexikon, II, 1995, 649-654.

60   O. Kaiser (wie Anm. 54), 13; ähnlich ders., Einleitung in das Alte Testament. Eine Einführung in ihre Ergebnisse und Probleme, Gütersloh ⁵1984, 23-25. S. auch ders., Literaturgeschichte, Biblische. I. Altes Testament, TRE 21, 1991, 306-337, hier 306-308. Eine Aktualisierung und Erweiterung hat O. Kaiser vorgelegt in: Studien zur Literaturgeschichte des Alten Testaments (fzb 90), Würzburg 2000, 9-69, hier 9-12. Ähnlich auch H.-Chr. Schmitt, Literaturgeschichte. I. Altes Testament, Evangelisches Kirchenlexikon, 3, 1992, 128-133, hier 128.

61   O. Kaiser, Literaturgeschichte, Biblische. I. (wie Anm. 60), 307f.; ders., Studien zur Literaturgeschichte des Alten Testaments (wie Anm. 60), 11f. Vgl. zu möglichen Konzepten H. Utzschneider (wie Anm. 1), 406; E. Otto, Bibelwissenschaft. I. Altes Testament, RGG⁴, 1, 1998, 1517-1528, hier 1528.

62   Vgl. zusammenfassend M.-Th. Wacker, Bibelkritik. I (wie Anm. 58), 1474-1480.

Über die literaturwissenschaftlich vermittelten synchronen Ansätze hinaus erfordern die nachweisbar in unterschiedlichen Zeiten entstandenen und gewachsenen Texte und Bücher aber immer auch eine diachrone Erschließung. Der in diesem Zusammenhang in der Bibelwissenschaft zu beobachtende Übergang von einem ursprungsorientierten zu einem wirkungs- und rezeptionsorientierten Forschungsinteresse weist zur Zeit einen Weg, auf dem die Literaturgeschichte vor allem eine Geschichte der Fortschreibungen und Redaktionen wird.[63] Für die Epochen der Literatur bedeutet das eine Verlagerung von der vorexilischen in die exilische und besonders in die nachexilische Zeit. Dabei muß die Arbeit am Alten Testament in Korrelation mit außerbiblischen Texten des alten Israel und seiner altorientalischen Umwelt und – trotz der unvermeidlichen Zirkularität – im Zusammenhang von politischer und sozialer Geschichte, von Kultur und Religion, wie sie in den Texten des Alten Testaments zum Ausdruck kommen, geleistet werden: Literaturgeschichte als Literatur der Geschichte und Geschichte der Literatur.

---

[63]   So E. Otto (wie Anm. 61), 1518. 1527f. Vgl. auch H. Utzschneider (wie Anm. 1), 406.

Exegese zwischen Apologie und Kontroverse

Benno Jacob als jüdischer Bibelwissenschaftler

Die Wiederentdeckung Benno Jacobs (1862-1945) als Bibelwissenschaftler liegt im deutschen Sprachraum erst 14 Jahre zurück. Sein Sohn Ernest I. Jacob[1] hatte zwar in den 60er Jahren des 20. Jhs. mit kurzen englischsprachigen Beiträgen auf das Leben und Werk seines Vaters aufmerksam gemacht und auch Kurt Wilhelm[2] konnte dazu mit einem eindrücklichen Essay beigetragen. Aber erst mit der Veröffentlichung des mehr als 1000 Seiten umfassenden Exodus–Kommentars[3] wurde 1997 in Deutschland ein Interesse geweckt, das sich Benno Jacob freilich von einem anderen Leserkreis gewünscht und erhofft hatte. Die Anfänge des Kommentars zum Buch Exodus liegen im Jahr 1935. Vorläufig abgeschlossen wurde er 1940, erst 1943 jedoch gewann er seine endgültige Gestalt. Jüdische Gemeinden als eigentliche Adressaten existierten damals nicht mehr, Benno Jacob selbst war mit seiner Familie vor der nationalsozialistischen Schreckensherrschaft geflohen und lebte inzwischen in London im Exil. 1934, unmittelbar vor dem Beginn seiner Arbeit am Buch Exodus, hatte er seinen Genesis–Kommentar[4]

---

1   Ernest I. Jacob, Life and Work of B. Jacob (1862-1945), in: Paul Lazarus Gedenkbuch. Beiträge zur Würdigung der letzten Rabbinergeneration in Deutschland, Jerusalem 1961, 93-100; ders., The Torah Scholarship of Benno Jacob, CJud 15 (1961), 3-6; ders., Benno Jacob als Rabbiner in Dortmund, in: Aus Geschichte und Leben der Juden in Westfalen. Ein Sammelband, hg. v. H. Ch. Mayer, Frankfurt a.M. 1962, 89-92.

2   Kurt Wilhelm, Benno Jacob. A militant Rabbi, YLBI 7 (1962), 75-94.

3   Benno Jacob, Das Buch Exodus, hg. im Auftrag des Leo Baeck Instituts von Shlomo Mayer unter Mitwirkung von Joachim Hahn und Almuth Jürgensen, Stuttgart 1997 (mit einer von A. Jürgensen erstellten Bibliographie, 1090-1097). Fünf Jahre vorher erschien eine englischsprachige Übersetzung: Benno Jacob, The Second Book of the Bible: Exodus, Hoboken N.J. 1992.

4   Benno Jacob, Das Buch Genesis, hg. in Zusammenarbeit mit dem Leo Baeck Institut, Stuttgart 2000. Hierbei handelt es sich um einen Nachdruck des 1934 im Schocken Verlag, Berlin, erschienenen Werkes: Das erste Buch der Tora: Genesis. Übersetzt und erklärt von Benno Jacob. Schon 1974 war eine gekürzte englische Ausgabe, die vom Sohn und Enkel Benno Jacobs besorgt wurde, erschienen: Genesis: His Commentary abridged, edited and translated by Ernest I. and Walter Jacob, New York (mit einer Bibliographie, 350-358). Eine bearbeitete Version erschien 2007.

beendet, der mit ebenfalls mehr als 1000 Seiten im Jahr 2000 in einer Neuauflage erschien. Viele Exemplare der Erstpublikation waren durch die Nationalsozialisten beschlagnahmt worden.

Beiden Kommentaren sind Einführungen vorangestellt, die der Qualität der Werke und ihrer wissenschaftlichen Ausstrahlung ein Denkmal setzen: „Denn vieles von dem, was die Wissenschaft vom Alten Testament in den vergangenen zwei bis drei Jahrzehnten wieder-entdeckt hat, ist in der einen oder anderen Form bereits bei B. Jacob zu lesen. Sei es das Phänomen der Intertextualität oder der ästhetischen Qualität der hebräischen Erzählüberlieferung."[5] Genauso werden sprachliche Präzision und Gestalt der Kommentare hymnenartig gefei-ert: „B. Jacob legte immer Wert darauf, daß seine Kommentare auch von Laien benutzt werden konnten, also im guten Stil ‚lesbar' waren. Darum schrieb er einen einfachen, klaren Stil und bemühte sich um eine schöne, zuweilen elegante Sprache."[6] Auf ein Meisterwerk hatte schon früh Franz Rosenzweig gehofft. In seinem eigenen Vorwort zum Genesis-Kommentar führte Benno Jacob die Entstehung des Kommen-tars auf dessen Anregung zurück: „Ohne sein beständiges Drängen und seinen ermutigenden Glauben an meine Eignung hätte ich nicht einmal angefangen. Freilich war das, was er ursprünglich wollte, viel bescheidener. Er wünschte sich einen populären, modernen Kommen-tar zur hebräischen Bibel oder wenigstens zur Tora für die jüdische Gemeinde […]. Aber damit konnte ich mich nicht befreunden. Was mir für unsere Zeit dringend notwendig schien, war ein wissenschaftlicher, unabhängiger jüdischer Kommentar, der von unserer Gemeinschaft die Beschämung nehmen sollte, zur wissenschaftlichen Belehrung über ihr eigenstes und heiligstes Buch nur auf christliche Kommentare angewie-sen zu sein".[7] Franz Rosenzweig schrieb am 27.5.1921, nachdem er ein Manuskript des Kommentars gelesen hatte, an Benno Jacob begeistert: „Sie *müssen müssen müssen* Ihrem Werk die Form geben, durch die man es nicht mehr übersehen kann. Und das ist einzig (Exeget, der Sie sind) die *Form* der Exegese, das heißt der Kommentar."[8]

---

5 Bernd Janowski/Erich Zenger, Ein Klassiker der Schriftauslegung. Zu Benno Jacobs Genesis-Kommentar, in: Benno Jacob, Das Buch Genesis (s. Anm. 4), 1-3, hier 1.

6 Bernd Janowski/Almuth Jürgensen, »Dies wunderbare Buch«. Zur deutschen Aus-gabe des Exoduskommentars von Benno Jacob, in: Benno Jacob, Das Buch Exodus (s. Anm. 3), XI-XVIII, hier XIII.

7 Benno Jacob, Das Buch Genesis (s. Anm. 4), 9-12, hier 11f.

8 Franz Rosenzweig, Briefe und Tagebücher, hg. v. R. Rosenzweig und E. Rosenzweig-Scheinmann unter Mitwirkung von B. Casper, 2. Band, 1918-1929, Haag 1979, Nr. 663, 707-709, hier 707. Vgl. auch die Briefe vom 22.5.1921 (Nr. 661, 706f.) und von Anfang Januar 1922 (Nr. 697, 740), die den Einfluss Benno Jacobs auf Franz Rosen-zweig bekennen.

Nachdem Brevard S. Childs[9] berichtet hatte, wie er im Kolleg bei Gerhard von Rad 1951/52 in Heidelberg auf den Namen Benno Jacob stieß und im späteren Genesis-Kommentar des Heidelberger Exegeten die Bezüge zu Benno Jacob wiederentdeckte, entwickelte sich eine rege Beschäftigung mit Werk und Person Benno Jacobs, in der sich wiederholt vor allem engagiert und kenntnisreich Almuth Jürgensen[10] beteiligte, nicht zuletzt in den beiden Sammelbänden „Die Exegese hat das erste Wort. Beiträge zu Leben und Werk Benno Jacobs"[11] und „Benno Jacob – der Mensch und sein Werk"[12]. Im Zentrum aller Würdigungen stehen die beiden großen Kommentare, denen Kommentierungen der übrigen Bücher der Tora folgen sollten.[13] Der Tod Benno Jacobs im Jahr 1945 verhinderte das.

Im vorliegenden Beitrag soll nicht das oft gewürdigte Werk der Kommentare im Mittelpunkt stehen, sondern der Weg, der zu ihnen führt: durch Erklärungen Benno Jacobs zu einer jüdischen Bibelwissenschaft in Auseinandersetzung mit der christlichen am Beispiel einiger Vorträge (und Publikationen) in den letzten Jahren des 19. Jhs. und seine Stellungnahmen zu Friedrich Delitzsch' Vorträgen über Babel und Bibel. Am Ende wird eine Art virtuelle Beziehung zwischen den Intentionen Benno Jacobs und der Arbeit des *Institutum Judaicum Berolinense* als der Vorgängerinstitution des inzwischen 50jährigen *Instituts Kirche und Judentum* hergestellt. Zunächst aber wird eine biographische Skizze zu Benno Jacob den Kontext markieren, in dem seine Arbeiten und zeitgenössische Aktionen und Reaktionen gesehen werden müssen.

„To learn and to teach, to fight and to help" – Stationen im Leben Benno Jacobs

Das Zitat ist die Inschrift auf dem Grabstein Benno Jacobs, der am 24. Januar 1945 in London starb und dort auch begraben wurde. Sie bün-

---

9   Brevard S. Childs, The Almost Forgotten Genesis Commentary of Benno Jacob, in: Recht und Ethos im Alten Testament – Gestalt und Wirkung, FS Horst Seebass zum 65. Geburtstag, hg. v. S. Beyerle, G. Mayer, H. Strauß, Neukirchen-Vluyn 1999, 273-280.

10   Z.B. Almuth Jürgensen, „Die Tora lehren und lernen." Rabbiner Benno Jacob in Dortmund (1906-1929), in: Juden im Ruhrgebiet. Vom Zeitalter der Aufklärung bis in die Gegenwart, hg. v. J.-P. Barbian, M. Brocke, L. Heid, Essen 1999, 67-104.

11   Die Exegese hat das erste Wort. Beiträge zu Leben und Werk Benno Jacobs, hg. v. W. Jacob und A. Jürgensen, Stuttgart 2002.

12   Benno Jacob – Der Mensch und sein Werk, Trumah 13 (2003), 1-153.

13   Die ersten Kapitel des Buches Leviticus liegen kommentiert in Manuskriptform vor, s. W. Jacob, Benno Jacob on Leviticus, in: Die Exegese hat das erste Wort (s. Anm. 11), 169-190, bes. 181-190.

delt in kürzester Form, aber treffend, das Lebenswerk dieses gebilde-
ten, streitbaren und fürsorgenden Mannes in einer dauerhaften Erinnerung.

Benno Jacob[14] wurde am 8. September 1862 in Frankenstein (heute: Ząb-
kowice Śląskie) geboren, legte in Breslau seine Reifeprüfung ab und studierte dort von 1883 bis 1890 am Jüdisch-Theologischen Seminar und an
der Universität. Von antisemitischen Haltungen Adolf Stoeckers, Heinrich
Treitschkes und Theodor Mommsens aufgeschreckt, begann er als Student
einen furchtlosen Kampf gegen stärker werdende antisemitische Strömungen. Nach der Weisheit, dass Angriff die beste Verteidigung sein kann,
gründete er zusammen mit einigen Medizinstudenten die erste deutsch-
jüdische schlagende Studentenverbindung *Viadrina* und forderte damit
buchstäblich die christlichen Burschenschaften heraus, die jüdische Studenten ausschlossen. Bei seinen klassischen, historischen und philologischen
Studien wurde er besonders von Heinrich Graetz (1817-1891) gefördert, der
von 1854 bis zu seinem Tod 1891 im Breslauer Seminar Dozent für jüdische
Geschichte und Bibelkritik war. Benno Jacob wandte sich zunächst der
Homerexegese zu und danach ganz der Bibelinterpretation. Mit seiner Dissertation[15] über das Buch Esther entdeckte er die Liebe zur philologischen
Arbeit, deren bedeutendste Früchte die beiden großen Kommentare wur-
den, denen er sich nach dem Ausscheiden aus dem aktiven Dienst mit
Hingabe widmete.

Für Benno Jacobs spätere Werke grundlegend war seine Zeit als Rabbiner in Göttingen (1890/91-1906), wo er Helene Stein heiratete, mit der er
drei Kinder hatte: Ernst (1899-1974, anglisiert Ernest), später ein be-

---

14   Am eindrücklichsten ist die auch private Korrespondenzen, Skizzenbücher und
     Interviews auswertende Darstellung zu Leben und Werk durch Walter Jacob, dem
     Enkel Benno Jacobs, einem bedeutenden Rabbiner des amerikanischen Reformjuden-
     tums, der u.a. auch Präsident des Abraham Geiger Kollegs an der Universität Pots-
     dam ist, in: Benno Jacob, The Second Book of the Bible (s. Anm. 3), XV-XXXIII: The
     Life and Work of Benno Jacob, mit kleinen Veränderungen wieder abgedruckt in:
     Die Exegese hat das erste Wort (s. Anm. 11), 11-31. Darüber hinaus: Julius Carlebach,
     Benno Jacob – Eine Rekonstruktion, in: Benno Jacob, Das Buch Exodus (s. Anm. 3),
     IXX-XXV; Almuth Jürgensen, „Die Tora lehren und lernen" (s. Anm. 10); dies., „Der
     Duft der Thora schwindet nie". Zu Benno Jacobs Leben und Werk, Trumah 13
     (2003), 7-42; Biographisches Handbuch der Rabbiner, hg. v. M. Brocke und J. Carle-
     bach, Teil 2: Die Rabbiner im Deutschen Reich 1871-1945; Bd. 1, München 2009, 303-
     305; H. Bomhoff, Die Tora ist nie zu Ende erforscht. Benno Jacob, streitbarer Rabbi-
     ner und Gelehrter, Kescher 8/1 (2010), 20-22; W. Jacob, Benno Jacob. Kämpfer und
     Gelehrter. Mit einer Einführung von Hanna Liss (Jüdische Miniaturen 115), Berlin
     2011.
15   Benno Jacob, Das Buch Esther bei den LXX, ZAW 10 (1890), 241-298 [Inaugural-
     Dissertation Leipzig], Separatdruck: Benno Jacob, Das Buch Esther bei den LXX,
     Gießen 1890.

kannter Rabbiner[16], Hannah (1902-1988) und Ewald (1904-1979). Prägend für seine unerschrockene Verteidigung jüdischer Identität war hier 1892 eine Begegnung mit dem rassisch begründeten Antisemitismus des Parlamentsabgeordneten Liebermann von Sonnenberg, dem er nach dessen zweieinhalbstündiger Talmud-Hetze öffentlich einen originalsprachlichen Band vorlegte, aus dem jener seine Belege zitieren sollte. Der publikumswirksame Erfolg der Aktion blieb allerdings eine Episode.[17]

In Göttingen entwickelten sich mit der Zeit seine biblisch-methodischen Überzeugungen. Während seines Rabbinats forschten und lehrten an der dortigen Universität berühmte Wissenschaftler, zu denen Rudolf Smend sen., Emil Schürer und Wilhelm Bousset gehörten, und vor allem Julius Wellhausen, der in der alttestamentlichen Wissenschaft der Neueren Urkundenhypothese zum Durchbruch verholfen hatte. Es wird zwar erzählt, dass Julius Wellhausen einige Ideen Benno Jacobs für genial hielt,[18] aber über Begegnungen Benno Jacobs mit ihm oder anderen Forschern ist nichts Näheres bekannt. Streitbare Thesen präsentierte Benno Jacob zunächst noch nicht. Er lieferte u.a. in linguistischen Studien ,Beiträge zu einer Einleitung in die Psalmen'[19], die zwischen 1896 und 1900 in der ,Zeitschrift für die alttestamentliche Wissenschaft' erschienen, und Arbeiten zum palästinischen Aramäisch[20], darüber hinaus zusammen mit Wilhelm Ebstein auch zwei Bände zur Medizin[21] in der Bibel und im Talmud. Und er verfasste eine viel beachtete Studie zur Wendung ,Im Namen Gottes'[22], in der er ein entwicklungsgeschichtliches und magisches Verständnis verwarf und zum ersten Mal deutlicher auch die Quellentheorie der Pentateuchkritik anficht. Für sein Bibelverständnis von besonderer Bedeutung ist

---

16   Zu Ernst [Ernest] I. Jacob s. Biographisches Handbuch der Rabbiner (s. Anm. 14), 305f.

17   Benno Jacob hat erst in seiner Dortmunder Zeit darüber berichtet: Liebermann von Sonnenberg. Über persönliche Erfahrungen mit diesem Antisemiten in Göttingen und umliegenden Städten, in: Mitteilungen des Verbandes der jüdischen Jugendvereine Deutschlands 3/2 (1912), 6-9.

18   Dazu W. Jacob, The life and work of Benno Jacob, in: Die Exegese hat das erste Wort (s. Anm. 11), 14; ders., Benno Jacob (s. Anm. 14), 18f.

19   ZAW 16 (1896), 129-181.265-291; ZAW 17 (1897), 48-80.263-279; ZAW 18 (1898), 99-119; ZAW 20 (1900), 49-80.

20   Christlich-Palästinensisches, ZDMG 55 (1901), 135-145; Das hebräische Sprachgut im Christlich-Palästinensischen, ZAW 22 (1902), 83-113.

21   Benno Jacob/Wilhelm Ebstein, Die Medizin im Alten Testament, Stuttgart 1901; dies., Die Medizin im Neuen Testament und im Talmud, Stuttgart 1903.

22   Benno Jacob, Im Namen Gottes. Eine sprachliche und religionsgeschichtliche Untersuchung zum Alten und Neuen Testament, Berlin 1903.

eine Monographie[23] zum Pentateuch, in der er über Zahlen, Genealogie, Chronologie und das Wüstenheiligtum handelt, indem er z.B. im Blick auf den ‚wandernden Sinai‘[24], wie er im Exodus-Kommentar das Zelt der Begegnung nannte, technische und historische Rekonstruktionsversuche ablehnte, weil allein symbolisch vermittelte theologische Ideen beabsichtigt seien. Seine große Stärke, der souveräne Umgang mit der biblisch-hebräischen Sprache im Rahmen literarischer, philologischer, aber auch archäologischer Untersuchungen, immer unter Einbeziehung der Erkenntnisse schon vorliegender jüdischer Exegese, konnte er sich ein wissenschaftliches Leben lang erhalten. Zustimmung zu seinen sich jetzt herausbildenden und gegen die christliche, d.h., protestantische Bibelwissenschaft gerichteten Überzeugungen, dass der Pentateuch bzw. die Tora ein von einem vielleicht schon in der frühen Königszeit wirkenden Verfasser oder Erzähler stammendes, einheitlich-harmonisches Werk ist, das zwar durchaus auf mündliche und schriftliche ‚Quellen‘ im Sinne vorliegender Stoffe zurückgehen kann, die aber nicht mehr rekonstruierbar seien, erhielt Benno Jacob im Wesentlichen nur von jüdischen Wissenschaftlern, zunächst von Franz Rosenzweig, Umberto Cassuto, Martin Buber, Yehezkel Kaufmann u.a. Mit seinen exegetischen und theologischen Grundsätzen machte er 1898 und 1899 die Öffentlichkeit auch in einer Reihe von Vorträgen bekannt, die im folgenden Abschnitt ebenso vorgestellt werden sollen wie seine Stellungnahmen zum Babel-Bibel-Streit einige Jahre später.

> Während der Zeit seiner populären Vorträge wurde er mit der Bitte konfrontiert, nach Berlin zu kommen, die Göttinger Gemeinde konnte ihn aber halten. Das war 1899. Einige Jahre später schien dann aber doch seine Aufmerksamkeit über die Welt der Gemeinden hinauszugehen. Er bewarb sich, allerdings ohne Erfolg, auf eine Professur an der Israelitisch-Theologischen Lehranstalt in Wien. Als er schon im Ruhestand war, sollte er auf einen Lehrstuhl an der Hebräischen Universität in Jerusalem berufen werden, aber das scheiterte aus Altersgründen.

Nach seiner 15jährigen Tätigkeit in der kleinen Göttinger Gemeinde, die ihm genug Zeit für seine Bibelstudien ließ, wechselte er 1906 nach Dortmund, wo sich vor allem durch die Übersiedlung von osteuropäischen Juden und Jüdinnen eine sehr große Gemeinde mit fast 4000 Mitgliedern entwickelte.[25] Aber auch die zahlreichen Verpflichtungen in

---

23 Benno Jacob, Der Pentateuch. Exegetisch-Kritische Forschungen. Mit Figuren und zwei Tafeln, Leipzig 1905.

24 Benno Jacob, Das Buch Exodus (s. Anm. 3), 1031f.

25 Zur Zeit in Dortmund s. Almuth Jürgensen, „Die Tora lehren und lernen" (s. Anm. 10); dies., „Der Duft der Thora schwindet nie" (s. Anm. 14), 12-15; W. Jacob (s. Anm. 14), 30f.

der Gemeinde, mit vielen Amtshandlungen und einer rastlosen Vortragstätigkeit, hielten ihn nicht von seiner publizistischen Wirksamkeit ab. Dazu gehörte in der Zeit vor dem Ersten Weltkrieg im biblischen Kontext eine Untersuchung, die das in den späteren Kommentaren wieder aufgenommene Phänomen eines durchdachten, die These der Einheitlichkeit stützenden Zahlensystems im Pentateuch erweisen wollte.[26] Und dazu gehörte eine Arbeit, in der Benno Jacobs Toraverständnis grundlegend entfaltet wird: „Die Thora Moses"[27]. Während des Weltkriegs erlebte die jüdische Gemeinde einen patriotischen und karitativen Benno Jacob, dem das Schicksal des deutschen Volkes ebenso am Herzen lag wie das seiner Gemeinde, indem er Kriegsandachten hielt, ein Kriegshilfekomitee gründete und für einen zeitweiligen Umzug von Kindern in die neutrale Schweiz sorgte.[28] Trotz der Kriegswirren schrieb er einen vielbeachteten Essay zur „Quellenscheidung und Exegese im Pentateuch"[29], eine Studie zur Josefsgeschichte, in der er polemisch und ironisch eine Kritik der Kritik vorlegte und dabei (rassisch, politisch oder kulturell motivierte) antisemitische bzw. (theologisch akzentuierte) antijudaistische Prämissen und Tendenzen bei der Arbeit christlicher Alttestamentler benannte. Es ist für seinen Aufklärungsdrang bezeichnend, dass er die Probleme der Pentateuchkritik immer auch einer breiteren Öffentlichkeit in populären Darstellungen nahezubringen versuchte.[30]

Die Anregungen Franz Rosenzweigs zu einem Kommentar vor Augen, begann Benno Jacob in Dortmund mit der Arbeit der Kommentierung der Bücher der Tora. Nur in dieser Zeit wurde ihm zweimal die Gelegenheit zuteil, in einem Kreis internationaler Fachwissenschaftler seine Forschungsergebnisse vorzutragen: Während des 5. Deutschen Orientalistentags in Bonn (21.-25.8.1928) nannte er die „Talion im Bundesbuch" als ei-

---

26 Benno Jacob, Die Abzählungen in den Gesetzen der Bücher Leviticus und Numeri, Frankfurt a.M. 1909.

27 Benno Jacob, Die Thora Moses. I. Das Buch, Volksschriften über die jüdische Religion I, 3. und 4. Doppelheft, Frankfurt a.M. 1912/13.

28 Zu seinen zahllosen Aktivitäten im Ersten Weltkrieg s. W. Jacob, The life and work of Benno Jacob, in: Die Exegese hat das erste Wort (s. Anm. 11), 19f. Benno Jacob hat mehrfach, während des Krieges und auch danach, die Juden als loyale Patrioten dargestellt, so in „Krieg, Revolution und Judentum", Dortmund/Berlin 1919, eine Rede vom 14. Dezember 1918 im ,Centralverein der deutschen Staatsbürger jüdischen Glaubens', und in ,Die Juden und das Berliner Tageblatt. Ein Briefwechsel', Berlin 1920.

29 Benno Jacob, Quellenscheidung und Exegese im Pentateuch, Leipzig 1916; vgl. auch zur Kritik der Quellenscheidung seinen umfangreichen Anhang zum Genesis-Kommentar (s. Anm. 4), 949-1049.

30 Benno Jacob, Mose am Dornbusch. Die beiden Hauptbeweisstellen der Quellenscheidung im Pentateuch, Exodus 3 und 6, aufs Neue exegetisch geprüft, MGWJ 66 (1922), 11-33.116-138.180-200.

nen „Versuch, nachzuweisen, daß mit Wendungen wie ‚Auge um Auge‘ nicht eine der Entschädigung entsprechende Verstümmelung des Schädigers gemeint sei, sondern ein dem Geschädigten zukommendes Ersatzgeld, wie überhaupt die Tora wohl die Hinrichtung bestimmter Verbrecher fordere, aber, von einer einzigartigen Humanität beseelt, jede Verstümmelung eines Menschen ausschließe"[31]. Auf dem 17. Internationalen Orientalistenkongress in Oxford (27.8.-1.9.1928) hielt er einen Vortrag, bei dem er die literarische Einheit der Sintfluterzählung durch ein sich durchhaltendes Zahlsystem bei einzelnen Worten und Begriffen, die 12mal, 24mal oder 48mal vorkämen, zu erweisen sich anschickte.[32]

Erst nach dem aktiven Dienst, als Benno Jacob mit seiner Frau Helene 1931 nach Hamburg gezogen war, wo ihre Tochter Hanna wohnte, schloss er den Genesis-Kommentar ab. Der jüdische Schocken Verlag, der das Werk 1934 herausbrachte, versuchte zwar, viele Exemplare in Prag in Sicherheit zu bringen, aber dort vernichtete die Gestapo einen Großteil der Bücher. Nachdem der Kommentar zur Genesis abgeschlossen war, begab sich Benno Jacob sofort an die Exodus-Kommentierung, die von einer Orient-Reise profitierte, welche ihn 1934 nach Palästina zu seinem Sohn Ewald und darüber hinaus in den Libanon, nach Syrien, Ägypten, Griechenland, Zypern, die Türkei und Italien führte. Im Zusammenhang dieser Reise, die seine kritische Haltung gegenüber dem Zionismus abschwächte, steht seine Bewerbung um einen Lehrstuhl am Bibeldepartment der Hebräischen Universität, vom Chef-Rabbiner Joseph Hermann Hertz leider ohne Erfolg befördert. Nicht der inzwischen 73 Jahre alte Benno Jacob erhielt die Stelle, sondern viele Jahre später der aus Italien emigrierte Bibelwissenschaftler Umberto Cassuto.[33]

Der Exodus-Kommentar wurde im Londoner Exil abgeschlossen. 1939 konnte Benno Jacob dem Nationalsozialismus entkommen. Er folgte, ohne seine Frau, die 1932 in Hamburg gestorben war, seiner Tochter Hanna, deren Mann Ludwig Loewenthal und ihren Kindern nach London, wo er noch in hohem Alter unermüdlich arbeitete.[34] Die Publikation des Kommentars erlebte er nicht mehr, sie wurde erst 1992

---

31 So in der Besprechung des Vortrags von Otto Eißfeldt, Der Fünfte Deutsche Orientalistentag in Bonn (21.-25. August 1928) und der Siebzehnte Internationale Orientalistenkongreß in Oxford (27. August bis 1. September 1928), ThBl 7 (1928), 306.

32 Benno Jacob, Die biblische Sintfluterzählung – ihre literarische Einheit, Berlin 1930.

33 S. Almuth Jürgensen, „Der Duft der Thora schwindet nie" (s. Anm. 14), 18f. Benno Jacob reiste über Rom zurück, wo er mit Umberto Cassuto, der von ihm stark beeinflusst wurde, über seinen Genesis-Kommentar diskutierte.

34 Eine eindrückliche Beschreibung bei W. Jacob, The life and work of Benno Jacob, in: Die Exegese hat das erste Wort (s. Anm. 11), 26-31, bes. 29; ders., Benno Jacob (s. Anm. 14), 59-65.

durch seinen Enkel Walter Jacob realisiert. Eine Emigration zu seinem Sohn Ernst, der inzwischen in den USA lebte, kam nicht mehr zustande. Benno Jacob starb am 24. Januar 1945 im Alter von 83 Jahren, mit der Bibel in der Hand.

„Wellhausen hat gesagt!"[35] –
Benno Jacobs Programm einer jüdischen Bibelwissenschaft

Am Ende des 19. und am Anfang des 20. Jhs. war ein respektvoller jüdisch-christlicher Diskurs unbekannt. Die historisch-kritische Forschung zu den literarischen und religionsgeschichtlichen Grundlagen der Bibel schien auch für jüdische Kreise eine unanfechtbare Domäne der christlichen Bibelwissenschaft zu sein. Erst ganz allmählich setzte sich im Judentum eine Wertschätzung der Bibel neben der rabbinischen Tradition durch und auf diesem Weg das Bewusstsein, dass die Forschung zur Bibel bisher ganz eine Domäne christlicher Gelehrter war.[36] Das rief nach „einer eigenen leistungsfähigen Forschung, um Superioritätsansprüchen und antisemitischen Perspektiven ein wirksames Gegenbild entgegensetzen zu können. Die Einschätzung, daß man damit erst am Anfang stand, war realistisch. Zwar hatten jüdische Semitisten wertvolle Beiträge auf dem Gebiet der philologischen Exegese geleistet, doch eine der modernen historisch-kritischen Bibelforschung parallele jüdische Erscheinung hat es bis zum Ersten Weltkrieg nicht einmal in Ansätzen gegeben"[37]. Dabei verhinderten vor allem Inspirationsprämissen eine kritische Forschung, und zwar sowohl in orthodoxen wie auch liberalen Kreisen, wenn auch mit graduellen Unterschieden.[38]

Als umfassendster Versuch einer kritischen jüdischen Pentateuchforschung im Gegenüber zu Julius Wellhausen und seiner Schule darf das Werk Benno Jacobs gelten, der vielleicht in Göttingen besonders durch den *genius loci* herausgefordert wurde. Jedenfalls stammen aus jener Zeit seine wegweisenden Arbeiten zur Kritik der Neueren Urkundenhypothese und zur Forderung einer jüdischen Bibelwissenschaft.

---

35 Benno Jacob, Dogmatische Pseudowissenschaft, AZJ 63 (1899), 34.
36 Besonders eindrücklich ist Max Dienemanns Essay „Unser Verhältnis zur Bibel", AZJ 81 (1917), Nr. 25, 289-291; Nr. 26, 301f.
37 Christian Wiese, Wissenschaft des Judentums und protestantische Theologie im wilhelminischen Deutschland, SWALBI 61, Tübingen 1999, 180. Vgl. zur jüdischen Bibelkritik im 19. Jh. Hans-Joachim Bechtholdt, Die jüdische Bibelkritik im 19. Jahrhundert, Stuttgart/Berlin/Köln 1995.
38 So Max Wiener, Jüdische Religion im Zeitalter der Emanzipation, Berlin 1933, 228f.

In den Vorträgen, die 1898 und 1899 in der ‚Allgemeinen Zeitung des Judenthums' abgedruckt wurden,[39] hat sich Benno Jacob grundsätzlich zu Gehalt und Gestalt einer jüdischen Bibelwissenschaft geäußert. In seinem ersten Vortrag beklagt er pathetisch den „Verlust der Bibel": „Die Bibel ist fast verschwunden aus der jüdischen Wissenschaft, aus dem jüdischen Hause und hat nicht überall die gebührende Stellung im jüdischen Unterricht. Das schlechthin Einzige, was Israel an unvergänglichen, weltbeglückenden Gütern hervorgebracht hat, die Grundlage seines Glaubens, die Quelle seines dreitausendjährigen Geisteslebens, sein höchstes Gut, sein theuerstes Heiligthum ist ihm entrissen. Unsere Bibel ist nicht mehr u n s e r e Bibel." Aus der Klage zieht er eine existenzielle Schlussfolgerung: „Das Judenthum aber ohne Bibel ist dem Tode verfallen." Das Leben, das ihr christliche Wissenschaft eingehaucht hat, will er aber nicht akzeptieren, auch wenn er sich fragt: „Darf die Wissenschaft konfessionell sein?"[40] Gleichwohl begründet er die Notwendigkeit einer eigenständigen jüdischen Bibelexegese, und zwar mit der Ablehnung der Extreme einer christlich-dogmatischen, mit dem Alten Testament als Vorstufe zum Neuen Testament rechnenden Auffassung einerseits und der historisch-kritischen Sicht, die er zunächst zu evaluieren scheint, dann aber in polemischer Zuspitzung angreift: „Kein falscher Respekt vor berühmten Namen noch Furcht vor der augenblicklichen Herrschaft der Tagesweisheit darf uns hindern, es in aller Bestimmtheit auszusprechen: daß die heutige Methode dieser Wissenschaft auf einer unzureichenden Grundlage beruht, daß sie in den schwersten Irrthümern und Vorurtheilen befangen und ein Tummelplatz der größten Willkür ist. Die Bibel leidet unter ihr noch schwerer als unter der christlich-dogmatischen Auffassung, und für das Judenthum wäre ihre bedingungslose Anerkennung der reine Selbstmord."[41]

Der Beweisgang für die Ablehnung von Textkritik, Quellenkritik, Literarkritik, Geschichtskritik und Religionskritik, wie sie christliche Bibelwissenschaft praktiziert, wird positiv in der Integrität des hebräischen Textes und negativ in den trotz derselben Methode unterschiedlichen Ergebnissen der Literarkritik geführt und daraus dann geschlossen: „Die Bibelkritik ist der verlorene Sohn der christlichen Theologie."[42]

Entscheidend ist für Benno Jacob, dass „selbst die radikalsten Kritiker Bekenner des C h r i s t e n t h u m s, meistens sogar Professoren der evangeli-

---

39   Benno Jacob, Unsere Bibel in Wissenschaft und Unterricht, AZJ 62 (1998), Nr. 43, 511-513; Nr. 44, 525-526; Nr. 45, 534-536. Als Replik folgte eine Gegendarstellung von Benzion Kellermann, Bibel und Wissenschaft, AZJ 62 (1898), Nr. 49, 583-586, die Benno Jacob in derselben Zeitschrift kommentierte: Dogmatische Pseudowissenschaft, AZJ 63 (1899), Nr. 3, 31-34.

40   Alle Zitate AZJ 62 (1898), Nr. 43, 511.

41   AZJ 62 (1898), Nr. 43, 512.

42   AZJ 62 (1898), Nr. 43, 512.

schen Theologie sind. Verzichtet aber der Kritiker auf jede persönliche Stel-
lungnahme, dann ist diese Wissenschaft nur noch (Litteratur-)Geschichte,
ein Aufarbeiten historischen Materials. Sie will Schicht machen, säuberlich
rubrizieren und in ein Fach ihres Alterthumsmuseums verschließen. Die
Theologie wird zur Geologie, zum Studium einer verwitterten Schicht des
religiösen Lebens."[43] Voraussetzung jeder wissenschaftlichen Beschäftigung ist also ein lebensweltlich und religionshermeneutisch unterschiedlicher Kontext, der Differenzierung erfordert: „Uns […] ist die Bibel ein Buch
des Lebens, unseres Lebens, und darum brauchen wir eine eigene, eine
jüdische Wissenschaft von der Bibel, damit sie uns neue Quellen
des Lebens eröffne."[44] Um solche Vitalisierungsziele zu erreichen, kann
Benno Jacob selbst die Annahme von Quellenschriften akzeptieren und die
Frage der Verfasserschaft der Tora und der Psalmen dispensieren. Das
Proprium der jüdischen Bibelwissenschaft sieht er jedenfalls eindeutig in
der Exegese statt im kritischen Zugriff: „wir wollen die Bibel verstehen,
nicht richten", und er erkennt es in der Theologie statt im geschichtlichen
Zugang, „damit wir dann uns nach ihr [=der Bibel], nicht sie nach uns,
korrigiren"[45].

Weil der Vortrag in der wissenschaftlichen Vereinigung jüdischer
Schulmänner in Berlin gehalten wurde, wendet Benno Jacob seine Ein-
sichten auch auf religionspädagogische Ziele an und gibt dazu den
pädagogisch bemerkenswerten Hinweis, „daß jedem systematischen
Aufbau zuvor ein induktives, analytisches Sammeln und Zurechtlegen
der Bausteine vorangehen muß". Das macht auch dem ‚Curriculum' im
Studium der Theologie heute noch alle Ehre. „Aus Religion mache man
dann ein System, nicht aus System Religion. Laßt die Jugend erst um-
hergestreift sein in den Gassen der Heimathstadt, bevor ihr mit ihr den
Stadtplan studirt."[46]

Am Schluss seines Vortrags beschwört Benno Jacob die Bedeutung
der Bibelkunde, deren Grundlage er bei den „unteren Hunderttausen-
den" wie die klassische Bildung bei den „oberen Zehntausend" voraussetzt. „Abraham, Moses, David sind immer noch bekanntere Gestalten
als Achill, Solon, Cäsar."[47] Als kulturelles Wissen machen heute beide
Namensreihen nachdenklich.

Im Vergleich mit zeitgenössischen Verhältnissen wirkt seine Einschätzung
– zumindest im christlichen Kontext – utopisch, dass schon im Religions-
unterricht und nicht als Voraussetzung für die Rabbinerseminare und das
theologische Fachstudium die Bibelkenntnisse auf der Grundlage der heb-

---

43   AZJ 62 (1898), Nr. 43, 513.
44   AZJ 62 (1898), Nr. 43, 513.
45   AZJ 62 (1898), Nr. 44, 525.
46   Beide Zitate AZJ 62 (1898), Nr. 44, 526.
47   AZJ 62 (1898), Nr. 45, 534.

räischen Sprache erworben werden sollen: „Das Ideal der Bibelkunde wäre gründliche Kenntniß der ganzen Bibel im Original, womit der Eingang zu dem gesammten übrigen Schriftthum eröffnet ist, zu dem ja die Bibel der Text ist. Im Original. Denn wenn irgendwo, so ist bei der Bibel jede Übersetzung nur eine Krücke. [...] Der Unterricht in der hebräischen Bibel ist für mich die Krone jedes Religionsunterrichts"[48]. Zwei Gründe veranlassen Benno Jacob zu seinen Forderungen, die heute zumindest an theologischen Fakultäten bei Lehrenden und Lernenden Kopfschütteln hervorrufen: Die Bibel ist ausschließlich als originalsprachliches Dokument angemessen zu verstehen, „ihren eigentlichen Geist hört man nur in der hebräischen Sprache wehen", und: ihre vitalisierende Wirkung auf die Glaubensgemeinschaft wird nicht durch historische Kritik ermöglicht: „Das Historische wird nie auf die Dauer Leben erzeugen." Im Zentrum des Unterrichts steht die Tora, weil man alles wieder vergessen könne, aber nicht diese Quelle des Lebens, „der Duft der Thora schwindet nie wieder und gibt der geistigen Persönlichkeit ein durch nichts zu verwischendes Aroma"[49]. Gleichwohl sieht das von Benno Jacob vorgeschlagene Curriculum einen dreijährigen Rhythmus vor, bei dem Pentateuch, Propheten und Schriften auf die drei Jahre gleichmäßig verteilt werden. Bei den Propheten stehen Lektüre und Erklärung von Jesaja und Jeremia im Zentrum, aus den Schriften ragen, vor allem in der Oberstufe von Mädchenschulen, warum auch immer gerade hier, Psalmen als ‚Herz' und ‚Auge' der Bibel heraus.[50]

Benno Jacob schließt seinen Vortrag mit einem Appell: „Einen Weckruf wollte ich ausstoßen, den Weckruf, uns um das zu schaaren, was durch alle Stürme der Jahrhunderte unser Panier gewesen ist: um die Thora, um die Bibel. Unsere Bibel muß wieder unsere Bibel werden in Wissenschaft und Unterricht."[51]

Wie provokativ Benno Jacobs Grundsätze auch im jüdischen Umfeld waren, zeigt eine scharfe Erwiderung von Benzion Kellermann[52], der 1896 in Gießen promoviert wurde, am Rabbinerseminar und an der Hochschule für die Wissenschaft des Judentums in Berlin studierte und später als liberaler Rabbiner in Berlin wirkte. Zur Zeit seiner Replik, die in derselben Zeitschrift erschien,[53] war er Religionslehrer und Rabbiner in Konitz (heute Chojnice) in Westpreußen. Er zitiert jeweils markante Passagen und versucht dann, die Darstellung Benno Jacobs als dessen persönliche Sicht, die sich nicht mit der allgemeinen wissenschaftlichen

---

48   AZJ 62 (1898), Nr. 45, 535.
49   Alle Zitate AZJ 62 (1898), Nr. 45, 535.
50   AZJ 62 (1898), Nr. 45, 535f. Dabei werden konkrete Texte genannt, die auswendig gelernt werden sollen.
51   AZJ 62 (1898), Nr. 45, 536.
52   Zu Benzion Kellermann s. Biographisches Handbuch der Rabbiner (s.Anm. 14), 328f.
53   Benzion Kellermann, Bibel und Wissenschaft, AZJ 62 (1898), Nr. 49, 583-586.

Auffassung decke, zu isolieren. Von einem den gesamten Essay prägenden Positivismus einer objektiven Wissenschaft einmal abgesehen, verdeutlicht die Kritik Benzion Kellermanns die konstitutiven Prämissen einer Bibelwissenschaft, wie Benno Jacob sie forderte. Benno Jacobs Polemik gegen die Totengräber der Bibel beantwortet er mit der Frage, ob jener im Rahmen der Wissenschaft des Judentums die jüdischen Bibelkritiker Leopold Zunz, Abraham Geiger und Heinrich Graetz auch zu diesem Kreis rechnet, und bekennt dann: „Wir kennen keine christliche und jüdische Bibelforschung, sondern eine rein wissenschaftlich objektive, und es ist uns Jeder willkommen, der an diesem Geschäft theilnehmen will, sei es Jude oder Christ."[54]

> Gegen Benno Jacob verteidigt Benzion Kellermann entschieden und vehement die historische Kritik, auch die Quellenscheidung, und vertritt dabei modern wirkende Einschätzungen, wenn das Deuteronomium als Werk der Josia-Zeit, die Priesterschrift als exilisches Erzeugnis und der Pentateuch insgesamt als postprophetische Gestaltung aufgefasst und wenn das Ergebnis der historischen Arbeit darin gewürdigt wird, „daß gerade in Zeiten, die man früher als ein Stadium des Rückgangs bezeichnet hat, wie die des zweiten Tempels, die wichtigsten Institutionen geschaffen wurden, und wichtige Theile der Bibel entstanden sind"[55]. Auch Benzion Kellermann überspitzt seine Kritik an der Kritik, wenn er zwar zu Recht Benno Jacobs Postulat einer statisch-unbewegten Geistesgeschichte ablehnt, aber das mentalitätsgeschichtlich simplifiziert: „Also Sprache, Sitte und Recht, Kunst und Wissenschaft, alles bleibt sich ewig konstant! Ein Kind, ein Wilder bewegen sich auf demselben geistigen Niveau wie ein Jesaias, ein Newton oder Kant. Der Verfasser spricht hier mit kühler Ruhe über alle Geisteswissenschaften ein Todesurtheil aus."[56] Benno Jacobs Ersetzung von Kritik durch Exegese und von Geschichte durch Theologie als Programm jüdischer Bibelforschung will Benzion Kellermann nicht gelten lassen, weil anstelle von Wissenschaft dann Erbauung und Belehrung als individuelle Zwecke träten.

Einen Mann vom Schlage Benno Jacobs lässt Kritik nicht unberührt. Also benutzte er noch einmal dieselbe publizistische Plattform zur Erwiderung, die ihrerseits ungewöhnlich ausführlich seine Beurteilung der hebräischen und griechischen Textform und darüber hinaus noch einmal seine Ablehnung der Quellentheorie begründet und den Vorwurf, religionsgeschichtliche Entwicklungen zu leugnen und Erbauungstendenzen zu stärken, wortreich zurückweist.[57] Die Kriterien der Quellenscheidung (Gottesbezeichnungen, Widersprüche, Wiederho-

---

54   AZJ 62 (1898), Nr. 49, 583.
55   AZJ 62 (1898), Nr. 49, 583.
56   AZJ 62 (1898), Nr. 49, 585.
57   Benno Jacob, Dogmatische Pseudowissenschaft, AZJ 63 (1899), Nr. 3, 31-34.

lungen) löst er als ‚falsche Exegese' auf und urteilt lapidar: „Niemals ist in einer Wissenschaft ein absurder Einfall kritikloser angenommen und ohne jede Prüfung zur Grundlage des ganzen Aufbaues gemacht worden."[58] So führt er ein Argument vor, das schon oft in ähnlicher Form gegen die Quellenkritik vorgetragen wurde: Er wolle sich „anheischig machen, nachzuweisen, daß G o e t h e s F a u s t von mindestens einem halben Dutzend Verfasser sei, G, O, E, T, H, E u.s.w."[59] Die beiden anderen Punkte versucht er zurechtzurücken: Entwicklung in der Religion verstehe er nicht als konsequente Entwicklung zu kontinuierlichem und immer höherem Fortschritt: „Ich leugne nicht, daß die Bäume w a c h s e n, ich behaupte nur, daß der liebe Gott dafür gesorgt hat, daß sie nicht i n d e n H i m m e l w a c h s e n."[60] Gegen den Vorwurf der Erbauung setzt er die Exegese als Lebenswissenschaft: „Die Pseudowissenschaft kann eine Antiquität erschnüffeln, der G e i s t d e r B i b e l wird ihr ewig verschlossen bleiben."[61] Typisch ist, wie Benno Jacob zwar die Forschungen anderer auch zu würdigen weiß, dabei aber immer nach dem Grundsatz handelt, dass sich ein Urteil widerlegen lässt, aber niemals ein Vorurteil, und deshalb auf eigene Forschungsarbeit setzt: „W e l l h a u s e n h a t g e s a g t! das ist das A l l a h i l A l l a h der dogmatischen Pseudowissenschaft."[62]

Auf das Ganze gesehen, hat Benno Jacob eine jüdische Bibelwissenschaft gefordert, weil sie der jüdischen Identitätsfindung und der Abwehr antijüdischer Implikationen in der christlichen Forschung dient. Dabei soll die jüdische philologisch-exegetische Tradition als Katalysator der historisch-kritischen Exegese fungieren. Bibelkritik als solche wird nicht abgelehnt, sie bleibt aber dem Auftrag untergeordnet, die Tora als Lebensbuch zu profilieren.

Nur wenige Jahre später hat Benno Jacob noch einmal in der ‚Allgemeinen Zeitung des Judenthums' grundsätzlich Stellung zum Alten Testament und seiner Erforschung genommen. [63] Anlass war ein mit Lichtbildern dekorierter Vortrag, den der Assyriologe Friedrich Delitzsch am 13. Januar 1902 im Saal der Singakademie zu Berlin vor der deutschen Orient-Gesellschaft in Anwesenheit von Kaiser Wilhelm

---

58   AZJ 62 (1899), Nr. 3, 32.
59   AZJ 62 (1899), Nr. 3, 32.
60   AZJ 62 (1899), Nr. 3, 33.
61   AZJ 62 (1899), Nr. 3, 33.
62   AZJ 62 (1899), Nr. 3, 34.
63   Benno Jacob, Das Judenthum und die Ergebnisse der Assyriologie, AZJ 66 (1902), Nr. 16, 187-189; Nr. 17, 198-200; Nr. 18, 211-212; Nr. 19, 222-225; ders., Prof. Delitzsch' zweiter Vortrag über „Babel und Bibel", AZJ 67 (1903), Nr. 17, 197-201; Nr. 18, 213-215; Nr. 19, 223-226.

II. und höfischem Gefolge hielt.[64] Delitzsch' These der Abhängigkeit des Alten Testaments von babylonischer, also heidnischer Literatur war in Einzelheiten fachlich nicht originell, wirkte auf das breite Publikum aber als Sensation. Von der Behauptung, bis hin zum Monotheismus hätten biblische Erzählungen und Traditionen ihren Ursprung in Babylon, war vor allem das Judentum betroffen, das schneller als das Christentum reagierte.[65] Dennoch entwickelte sich schnell eine konfessionsübergreifende Abwehr, die am Anfang von dem Juden Jacob Barth und dem Alttestamentler Eduard König formiert wurde.[66] Benno Jacob nahm auch in diesem Zusammenhang eine eigene Position ein, denn er setzte sich sowohl von jüdisch-orthodoxen wie von christlichen Einschätzungen ab.

Eine wirkliche Bedrohung erkannte er nicht für das Judentum, sondern für christlich-orthodoxe Strömungen, auch wenn er durchaus Delitzsch' Schrift als „Mahnruf an das Judenthum"[67] auffasste. Bevor er auf die einzelnen Punkte bei Friedrich Delitzsch eingeht, reflektiert er ausführlich das Judentum als Religion und schließt dann mit einem Stoß gegen die christlich-alttestamentliche Forschung: „Wir bekennen uns [...] zur absoluten Freiheit der Forschung und ihrer Ungefährlichkeit für das Judenthum und dürfen daher den etwaigen Vorwurf dogmatischer Befangenheit gegenüber den Ergebnissen der alttestamentlichen Wissenschaft mit gutem Gewissen ablehnen."[68] Den Gewinn der Assyriologie für das Verständnis der Bibel erkennt Benno Jacob ohne Einschränkung in ihren sprachlichen, politisch-geschichtlichen, kulturgeschichtlichen und religionsgeschichtlichen Erkenntnissen. Gleichwohl gibt er sein apologetisches Bekenntnis nicht auf, denn „an der Wahrheit und Treue der biblischen Ueberlieferung wird damit im großen Ganzen nicht nur nichts geändert, sondern sie hat sogar eine

---

64 Friedrich Delitzsch, Babel und Bibel. Ein Vortrag. Mit 50 Abbildungen, Leipzig 1902; ders. Zweiter Vortrag über Babel und Bibel. Mit 20 Abbildungen, Stuttgart 1903; ders., Babel und Bibel. Dritter (Schluss-)Vortrag mit 21 Abbildungen, Stuttgart 1905. Zum Babel-Bibel-Streit s. vor allem die Monographien von Klaus Johanning, Der Babel-Bibel-Streit. Eine forschungsgeschichtliche Studie, EHS. XXIII/343, Frankfurt a.M. u.a. 1988; Reinhard G. Lehmann, Friedrich Delitzsch und der Babel-Bibel-Streit, OBO 133, Freiburg, Schweiz/Göttingen 1994; zum religionsgeschichtlichen Vergleich s. R. Liwak, Bibel und Babel. Wider die theologische und religionsgeschichtliche Naivität, BThZ15 (1998), 206-233 (wieder abgedruckt im vorliegenden Band), zur Schöpfungstradition und zum sog. Sündenfallzylinder 211-226, vgl dazu AZJ 66 (1902), Nr. 18, 211f; Nr. 19, 222.

65 Zur frühen Reaktion s. Reinhard G. Lehmann, Friedrich Delitzsch (s. Anm. 64), 108-123, zu wichtigen Stimmen aus dem Judentum s. Klaus Johanning, Der Bibel-Babel-Streit (s. Anm. 64), 219-247

66 Dazu Reinhard G. Lehmann, Friedrich Delitzsch (s. Anm. 64), 114-117.

67 AZJ 66 (1902), Nr. 16, 187.

68 AZJ 66 (1902), Nr. 17, 198.

glänzende Rechtfertigung erfahren"[69]. Im Einzelnen diskutiert er die bibli-sche Schöpfungs- und Urgeschichte sowie die Zehn Gebote und den Mono-theismus, legt dabei wenig Wert auf die Frage der Priorität, aber allen Nachdruck auf das, was Israel mit turmhoher Überlegenheit aus den vor-gegebenen Traditionen gemacht hat. So kann er, nicht ohne Ironie, formu-lieren: „Darum dürfen wir der Assyriologie aufrichtig glücklichen Fort-gang ihrer Forschungen, freilich auch etwas mehr Vorsicht wünschen, denn wir haben nicht zu fürchten, daß sie dem Judenthum schaden und seine Wahrheiten entwinden wird. Wahrheiten können niemals ausgegra-ben werden, weil echte Wahrheiten nie verschüttet werden können. Einmal in die Welt getreten, sind sie unausrottbar und finden einen Fahnenträger, der sie hoch hält, auch wenn eine Welt in Trümmer geht. Und wer anders ist auch ferner zum Fahnenträger der biblischen Wahrheit berufen als wir, als das Judenthum?"[70] Das ist an die Adresse christlicher Alttestamentler gerichtet, zu denen er auch bei dem Kommentar zum zweiten Vortrag von Friedrich Delitzsch Abstand hält: „Alle die Zurückweisungen und Wider-legungen, die Delitzsch' Angriffe auf das Alte Testament von der extrems-ten Orthodoxie bis zur radikalsten Kritik, von Theologen und Orientalisten erfahren hat, sind ‚nicht von der Liebe zu Mordechai, sondern von der Ab-neigung gegen Haman' eingegeben."[71] In der Sache urteilt Benno Jacob im Blick auf die im zweiten Vortrag heftigeren Angriffe auf die Ursprünglich-keit und den Offenbarungscharakter des Alten Testaments unaufgeregt-nüchtern: „Das Resultat unserer Erwägungen ist, daß die Gemeinsamkei-ten nicht durch eine Entlehnung der Bibel aus Babel, sondern am wahr-scheinlichsten durch die Annahme einer gemeinsamen Ueberlieferung zu erklären sind, welche die Bibel reiner erhalten hat als Babel."[72] Noch deut-licher konnte er zum ersten Vortrag sagen: „Je genauer man das antike Heidenthum, auch das babylonische, kennen lernt, um so heller strahlt der Stern Israel."[73]

Benno Jacob erkennt durchaus die Bedeutung der Assyriologie für die Erhellung biblischer Traditionen an. Zusammen mit christlichen For-schern kritisiert er aber falsche Interpretationen religionsgeschichtlicher Parallelen und betont eklatante Differenzen beim monotheistischen Gottesbegriff sowie die Besonderheit Israels als auserwähltes Volk und seiner Bibel als Offenbarung Gottes. Was er er auch im Babel-Bibel-Streit vermisst, ist die Solidarität der christlichen Wissenschaft mit dem Judentum.

Die apologetisch-polemische Grundhaltung, die sich im gesamten Werk Benno Jacobs radikalisierend durchhält und damit das Ausmaß

---

69   AZJ 66 (1902), Nr. 17, 199.
70   AZJ 66 (1902), Nr. 17, 225.
71   AZJ 67 (1903), Nr. 17, 197.
72   AZJ 67 (1903), Nr. 19, 226.
73   AZJ 66 (1902), Nr. 19, 223 (gesperrt gedruckt).

seiner Abhängigkeit von literarkritischen und historischen Erkenntnissen der zeitgenössischen protestantischen Exegese überdeckt, ist aus dem Kontext der Bedingungen jüdischer Forschung am Ende des 19. und zu Beginn des 20. Jhs. zu erklären.[74] Man wird allerdings einem der größten jüdischen Bibelwissenschaftler nicht gerecht, wenn man ihn einseitig als Opponenten der protestantischen Bibelkritik karikiert.[75] Zweifellos zieht sich von Anfang an die Ablehnung der Quellenscheidung wie ein roter Faden durch seine Arbeiten, sein Werk entbehrt aber nicht bibelkritischer Tendenzen.[76] Exegetische Ansätze der neueren Zeit vorwegnehmend, attackierte er bei der Quellenscheidung die zirkulären Begründungen und begegnete dem Argument der sprachlich unterschiedlichen Quellen mit dem Hinweis auf Sprachvariationen, die abhängig vom Gegenstand sind. Seine Beobachtungen an den hebräischen Texten werden durch scharfe Präzision, hohes Einfühlungsvermögen und stupende Gelehrsamkeit getragen, sie kommen den Sprach- und Stilgesetzen auf die Spur, beachten die Überlieferungsgeschichte der Texte, ihren Zusammenhang und ihre Querverbindungen.[77] So kommt er zu dem Urteil der theologischen Einheit und historischen Integrität der Tora, die er als Organismus versteht, dessen Einheit in allen seinen Teilen präsent ist, und der er eine pädagogische Funktion für Israel, jedoch keinen Katechismuscharakter zuschreibt.[78] Seine Auslegungen sind „inspirierte Lektüren", deren Bedeutungen für den Leser als Adressaten generiert werden.[79]

Die Arbeiten Benno Jacobs wurden von den christlichen Exegeten seiner Zeit wahrgenommen, freilich nicht auf breiter Basis und im We-

---

74 Dazu umfassend Christian Wiese, Wissenschaft des Judentums (s. Anm. 37), bes. 16f.78-85 u.ö.

75 So auch Yaakov Elman, Benno Jacob in historical context, in: Die Exegese hat das erste Wort (s. Anm. 11), 123. Instruktiv ist ein Vergleich mit den zeitgenössischen Rabbinern David Hoffmann vom orthodoxen Berliner Rabbiner-Seminar und Mordechai Breuer, ebenfalls aus orthodoxem Umfeld, bei Meir Seidler, Vergleichende Betrachtungen zu Benno Jacobs Kritik der Quellenscheidung, Trumah 13 (2003), 121-139.

76 Beispiele bei Shimon Gesundheit, Bibelkritische Elemente in der Exegese Benno Jacobs, in: Die Exegese hat das erste Wort (s. Anm. 11), 98-110.

77 Zu den exegetischen Schritten s. Almuth Jürgensen, „Die Exegese hat das erste Wort" – Zu Benno Jacobs Bibelauslegung, in: Die Exegese hat das erste Wort (s. Anm. 11), 124-147.

78 Vgl. bei Benno Jacob, Das Buch Exodus (s. Anm. 3), 484 mit 144.

79 Andreas Schüle, Kritik und Verstehen. Eine Auseinandersetzung mit der biblischen Hermeneutik Benno Jacobs, Trumah 13 (2003), 43- 67, hier 48f.

sentlichen sehr kritisch.[80] Seitdem die großen Kommentare über Genesis und Exodus vorliegen, nehmen die Besprechungen christlicher Alttestamentler fast euphorischen Charakter an, durchaus verständlich angesichts der überwältigenden philologischen und theologischen Leistung, aber auch auf dem Hintergrund antijüdischer Auslegungen und antisemitischer Ideologien. Gleichwohl steht noch eine kritische Auseinandersetzung aus. Er ist jedenfalls nicht einfach für eine heute gern praktizierte kanonische Exegese einnehmbar, die die sogenannte Endgestalt des Textes, was immer das sein mag, verabsolutiert. Für Benno Jacob steht der Text der Bibel nicht am Ende, sondern am Anfang der Exegese,[81] er bewegt sich bei seiner Exegese, wie das auch bei mittelalterlichen Kommentatoren der Fall ist, zwischen *peshat* und *derash*, „das heißt zwischen kontextuell-historischer und akontextuell-homiletischer Arbeit hin und her"[82]. Mit anderen Worten: „Wenn also innerhalb der protestantischen Bibelwissenschaft Benno Jacob heute gern zum ‚exegetischen Ombudsmann' für die ‚post-kritischen Kritiker' mutiert, so wird er in erster Linie zum Objekt einer (ihm fremden!) Bibelwissenschaft, die an ihm ihre eigenen Probleme mit der Quellenscheidung durchspielt."[83]

„Liebe zu Mordechai" oder „Abneigung gegen Haman"?[84]

Benno Jacob ist im Laufe seines Wirkens zunehmend skeptischer gegenüber einer möglichen Partnerschaft von jüdischer und christlicher Bibelexegese geworden. In einem Brief vom 9. April 1940 an seinen Sohn Ernst schreibt er: „Darüber darf man sich keiner Täuschung hingeben, daß eine rückhaltlose Anerkennung [der jüdischen Bibelwissenschaft] von nichtjüdischer Seite niemals erfolgen wird und eine wirkliche Zusammenarbeit von Juden und Christen zur vorurteilslosen Erforschung des Alten Testaments eine Fiktion ist."[85] Gewiss: Es gab

---

80   S. die von Almuth Jürgensen zusammengestellten Rezensionen zu Benno Jacobs Publikationen in: Die Exegese hat das erste Wort (s. Anm. 11), 191-199.

81   Andreas Schüle, Kritik und Verstehen (s. Anm. 79).

82   Herbert Marks, „Ich werde es sein, der ich es sein werde". Ein Kommentar zum Kommentar, in: Die Exegese hat das erste Wort (s. Anm. 11), 152-168, hier 159.

83   Hanna Liss, Die Renaissance des Benno Jacob, Trumah 13 (2003), 141-153, hier 152.

84   Benno Jacob, Prof. Delitzsch' zweiter Vortrag über „Babel und Bibel", AZJ 67 (1903), Nr. 17, 197-201, hier 197.

85   Benno Jacobs unveröffentlichte Briefe befinden sich im Nachlass, den sein Enkel, Rabbiner Prof. Dr. Walter Jacob, Pittsburgh, verwaltet. Zitiert wird der Brief von Bernd Janowski/Almuth Jürgensen, „Dies wunderbare Buch" (s. Anm. 6), XV.

zur Zeit Benno Jacobs einzelne dialogische Ansätze innerhalb der Bibelwissenschaft, etwa die Beteiligung jüdischer Wissenschaftler bei der zweiten Auflage der *Religion in Geschichte und Gegenwart*[86], oder eine christliche Initiative zur Einrichtung von Lehrstühlen für die Wissenschaft des Judentums in Preußen und sogar den Vorstoß für eine jüdisch-theologische Fakultät an der Universität Frankfurt.[87] Anregungen und Forderungen, die es auf jüdischer Seite seit Abraham Geiger zu Recht dazu gibt, aber immer abgelehnt wurden,[88] haben neuerdings wieder durch die vom Wissenschaftsrat im Januar 2010 ausgesprochenen „Empfehlungen zur Weiterentwicklung von Theologien und religionsbezogenen Wissenschaften an deutschen Hochschulen"[89] an Fahrt aufgenommen.

Allerdings verband sich mit der Aufgeschlossenheit für die Wissenschaft des Judentums oft ein judenmissionarischer Impetus der christlichen Judaistik.[90] Das gilt auch für Hermann L. Strack, den in jüdischen Kreisen hochangesehenen Begründer der modernen christlichen Talmudforschung und ersten Leiter des *Institutum Judaicum Berolinense*[91], das von 1883 bis 1956 bestand. Er demonstrierte seine „Abneigung gegen Haman" durch seine engagierte Verteidigung des jüdischen Schrifttums gegen antisemitische Angriffe,[92] sah sich aber auch genötigt, seine „Liebe zu Mordechai" mit dem Evangelium für Israel unter Beweis zu stellen.[93] Als nach seinem Tod 1922 das Institut in die

---

86   Leonore Siegele-Wenschkewitz, Das Verhältnis von protestantischer Theologie und Wissenschaft des Judentums während der Weimarer Republik, in: Juden in der Weimarer Republik, hg. v. W. Grab/J.H. Schoeps, StGG 6, Stuttgart/Bonn 1986, 153-178, hier, 167-171.

87   Dazu ausführlich Christian Wiese, Wissenschaft des Judentums (s. Anm. 37), 335-355.

88   Leonore Siegele-Wenschkewitz, Das Verhältnis von protestantischer Theologie und Wissenschaft des Judentums während der Weimarer Republik (s. Anm. 86), 153-160.

89   Vom Wissenschaftsrat am 29. Januar 2010 (unter dem Aktenzeichen Drs. 9678-10) veröffentlicht. Zur Judaistik und Jüdischen Studien 31-37.69-73. Ausdrücklich genannt wird auch die Profilierung einer jüdischen Bibelwissenschaft (73).

90   Christian Wiese, Wissenschaft des Judentums (s. Anm. 37), 88-130.

91   Zur Geschichte des Institutum Judaicum, seiner Bibliothek und wichtigen Dokumenten s. Ralf Golling, in: Hermann L. Strack und das Institutum Judaicum in Berlin. Mit einem Anhang über das Institut Kirche und Judentum, hg. v. R. Golling/P. von der Osten-Sacken, SKI 17, Berlin 1996, 70-203. Zum Verhältnis von Juden und Christen in Berlin seit dem 16. Jh. s. Peter von der Osten-Sacken, Christen und Juden in Berlin. Begegnung mit einer verlorenen Zeit, in: 450 Jahre Evangelische Theologie in Berlin, hg. v. G. Besier und C. Gestrich, Göttingen 1989, 547-599, zum Institutum Judaicum 593-596.

92   Einzelheiten bei Christian Wiese, Wissenschaft des Judentums (s. Anm. 37), 112-123.

93   Ralf Golling, Strack und die Judenmission, Judaica 38 (1982), 67-90.

Theologische Fakultät integriert wurde, die keine judenmissionarischen Ziele verfolgte, übernahm Hugo Greßmann bis zu seinem frühen Tod 1927 kommissarisch die Leitung und setzte neue Akzente, indem er dem verbitterten Urteil Benno Jacobs über die Fiktion einer jüdisch-christlichen Bibelwissenschaft ‚orthopraktisch' widersprach. Er lud namhafte jüdische Wissenschaftler – Ismar Elbogen, Juda Bergmann, Michael Guttmann, Julius Guttmann und Leo Baeck, Lehrer der ‚Hochschule für die Wissenschaft des Judentums',– im Wintersemester 1925/26 zu Vorträgen über „Entwicklungsstufen der jüdischen Religion" ein und veröffentlichte 1927 die Referate. In seiner programmatischen Einführung schreibt er: „Das von Professor D. Strack gegründete Institut hat die Aufgabe, das nachbiblische Judentum mit wissenschaftlichen Mitteln zu erforschen, d.h. seine geschichtliche Entwicklung und Bedeutung vom Ende der biblischen Zeit an bis in die Gegenwart herauszuarbeiten, und diese Wissenschaft in Vorlesungen, Übungen und Veröffentlichungen zu pflegen. Ich betone ausdrücklich das Negative: Missionarische Absichten liegen ihm vollkommen fern; die einzige Mission, die es treibt, ist die Wissenschaft."[94] Dabei fordert Hugo Greßmann, für den das „Christentum eine Tochterreligion des Judentums" ist, eine Institutionalisierung der jüdischen Wissenschaft über die Seminarformen hinaus: „Dasselbe Recht, mit dem die christliche Kirche ihre evangelischen und katholischen Fakultäten fordert, darf auch die jüdische ‚Kirche' für sich in Anspruch nehmen, und ich freue mich, daß es mehrfach evangelische Theologen gewesen sind, die diesen Anspruch als durchaus gerechtfertigt anerkannt haben, und daß auch ich meinerseits als evangelischer Theologe ihn aufs wärmste unterstützen darf."[95] Dieses Bekenntnis blieb allerdings folgenlos.

Der Verfasser dieses Beitrags ist in einer besonderen und beachtenswerten, aber durchaus auch spannungsvollen Weise mit seinem Thema verbunden. Er ist zum einen Vorsitzender der „Landeskirchlichen Stiftung für evangelische Theologen, begründet von Hermann L. Strack". Die 1906 von Hermann L. Strack gegründete „Landeskirchliche Stiftung für evangelische Theologen" wollte junge Theologen fördern, die in der Satzung „auf das uneingeschränkte Festhalten an den protestantischen Glaubensinhalten in der Auseinandersetzung mit dem Ju-

---

94 Entwicklungsstufen der Jüdischen Religion. Mit Beiträgen von Leo Baeck, Juda Bergmann, Ismar Elbogen, Hugo Greßmann, Julius Guttmann, Michael Guttmann, Giessen 1927, 1. Schon 1925 hatte er eine internationale Arbeitsgemeinschaft christlicher und jüdischer Forscher angeregt, s. Hugo Greßmann, Die Aufgaben der Wissenschaft des nachbiblischen Judentums, ZAW 43 (1925), 1-32, hier 9.

95 Hugo Greßmann, Entwicklungsstufen (s. Anm. 94), 1f. Zu Hugo Greßmann als Institutsleiter s. Ralf Golling, in: Hermann L. Strack (s. Anm. 91), 91-108.

dentum"[96] verpflichtet wurden. Nach einem jahrelangen Ringen mit der Stiftungsaufsicht konnte die Satzung 2008 offener formuliert werden, ohne freilich die evangelische Theologie anzutasten, weil das dem Willen des Stifters widerspräche. Der Verfasser ist zum anderen vom Abraham Geiger Kolleg beauftragter Benno Jacob-Gastprofessor für Hebräische Bibel an der Universität Potsdam und in dieser Funktion als christlicher Alttestamentler an der Ausbildung liberaler Rabbinerinnen und Rabbiner beteiligt. Benno Jacobs Ruf und Mahnung waren kein „Schrei ins Leere"[97].

---

96 Zu den Anfängen der Stiftung: Ralf Golling, in: Hermann L. Strack (s. Anm. 91), 77f., das Zitat 77.

97 S. zu diesem Diktum Gershom Scholems: Christian Wiese, Ein „Schrei ins Leere"? Die Wissenschaft des Judentums und ihre Auseinandersetzung mit protestantischer Theologie und ihren Judentumsbildern als Kontext des Werkes Benno Jacobs, in: Die Exegese hat das erste Wort (s. Anm. 11), 49-69.

Register

Namen

2. Orte und Ortslagen

3. Bevölkerungsgruppen und Herrscherdynastien

4. Götter und Göttinen

Sachen

Stellen

Nachweis der Erstveröffentlichungen

Bibel und Babel. Wider die theologische und religionsgeschichtliche Naivität, in: Berliner Theologische Zeitschrift 15 (1998), 206–234 (*Wichern Verlag*).

„Wer eine Grube gräbt ...“ Zum Verhältnis Von Archäologie und Exegese am Beispiel einer Ausgrabung in Jerusalem, in: Maier, C.; Jörns, K.-P. (Hg.): Exegese vor Ort. FS Peter Welten, Leipzig 2001, 217–247 (*Evangelische Verlagsanstalt*)

Die altorientalischen Großmächte in der Metaphorik der Prophetie, in: Liwak, R.: Prophetie und geschichtliche Wirklichkeit im alten Israel. FS Siegfried Herrmann, Stuttgart u.a. 1991, 206–230 (*Kohlhammer Verlag*).

Herrschaft zur Überwindung der Krise. Politische Prophetie in Ägypten und Israel, in: Lux, R. (Hg.): Die unwiderstehliche Wahrheit. Studien zur alttestamentlichen Prophetie. FS Arndt Meinhold (Arbeiten zur Bibel und ihrer Geschichte 23), Leipzig: 2006, 57–81 (*Evangelische Verlagsanstalt*).

Die Rettung Jerusalems im Jahr 701 v. Chr. Zum Verhältnis und Verständnis historischer und theologischer Aussagen, in: ZThK 83 (1986), 137–166 (*Verlag Mohr Siebeck*).

Phönizien und Israel, in: TRE 26 (1996), 581–586 (*Verlag W. de Gruyter*).

Der Herrscher als Wohltäter. Soteriologische Aspekte in den Königstraditionen des Alten Orients und des Alten Testaments, in: Vieweger, D.; Waschke, E.-J. (Hg.): Von Gott reden. Beiträge zur Theologie und Exegese des Alten Testaments. FS Siegfried Wagner, Neukirchen-Vluyn 1995, 163–186 (*Neukirchener Verlag*).

„Sonne der Gerechtigkeit, gehe auf zu unserer Zeit ...“ Notizen zur solaren Motivik im Verhältnis von Gott und König, in: Dörrfuß, E.M.; Maier, C. (Hg.): Am Fuß der Himmelsleiter. Gott suchen, den Menschen begegnen. FS Peter Welten, Berlin, 1996, 111–120 (*Selbstverlag*).

„... um die Halle des Lebenshauses wieder einzurichten.“ Der Ägypter Udjahorresnet und seine Bedeutung für das Verständnis des perserzeitlichen Juda, in: Männchen, J. (Hg.): Mein Haus wird ein Bethaus für alle Völker genannt werden (Jes 56,7). Judentum seit der Zeit des Zweiten Tempels in Geschichte, Literatur und Kult. FS Thomas Willi, Neukirchen-Vluyn 2007, 71-86 (*Neukirchener Verlag*).

„Was wir gehört und kennengelernt und unsere Väter uns erzählt haben“ (Psalm 78,3). Überlegungen zum Schulbetrieb im Alten Israel, in: Axmacher, E.; Schwarzwäller, K. (Hg.): Belehrter Glaube, FS Johannes Wirsching, Frankfurt am Main, Berlin u.a. 175–193 (*Peter Lang Verlag*).

„In Gottes Namen fahren wir...“. Zur Bedeutung von Wallfahrtstraditionen im Alten Israel, in: Hafner, J.E.; Talabardon, S.; Vorpahl, J. (Hg.): Pilgern. Innere Disposition und praktischer Vollzug, Judentum-Christentum-Islam (Interreligiöse Studien 10), Würzburg 2012, 17-39 (*Ergon Verlag*).

Das Alte Testament und die theologische Fakultät in der Gründungszeit der Friedrich-Wilhelms-Universität Berlin, in: Besier, G.; Gestrich, C. (Hg.): 450 Jahre evangelische Theologie in Berlin, Göttingen 1989, 163-182 (*Verlag Vandenhoeck & Ruprecht*).

Hermann Gunkel und das Programm einer Literaturgeschichte des Alten Testaments: ursprünglich veröffentlicht als: Einleitung zu: Hermann Gunkel zur israelitischen Literatur und Literaturgeschichte (Theologische Studien-Texte 6), Waltrop 2004, IX–XXXI (*Verlag Spenner*).

Exegese zwischen Apologie und Kontroverse. Benno Jacob als jüdischer Bibelwissenschaftler, in: *Mazel tov*. Interdisziplinäre Beiträge zum Verhältnis von Christentum und Judentum. Festschrift anlässlich des 50. Geburtstages des Instituts Kirche und Judentum zu Berlin, hg. v. T. Pilger/M. Witte, Leipzig 2012, 55–76 (*Evangelische Verlagsanstalt*)